Knaur

Das große
New York-Lesebuch

Herausgegeben
von Holger Wolandt

Erzählungen

Knaur

Originalausgabe August 1998
Copyright © 1998 Droemersche Verlagsanstalt Th. Knaur Nachf., München
Alle Rechte vorbehalten. Das Werk darf – auch teilweise – nur mit
Genehmigung des Verlages wiedergegeben werden.
Umschlaggestaltung: Agentur Zero
Satz: Franzis-Druck GmbH, München
Druck und Bindung: Claussen & Bosse
Printed in Germany
ISBN 3-426-60740-9

2   4   5   3   1

Inhalt

Jurek Becker
New Yorker Woche

1. Tag

New York fängt gut an, das Flugzeug muß fünfzig Minuten über dem Kennedy-Airport kreisen, weil nach dem Schneesturm keine Landebahn für uns frei ist. Ich schaue aus dem Fenster und möchte gern ergriffen sein bei dem Gedanken: Das da unten also ist New York.

Es ist Abend und wolkig, ich weiß sofort, daß ich nie zuvor so viele Lampen auf einmal habe brennen sehen. Zu einem besonders hellen Strich denke ich mir das Wort *Broadway*. Nach zwanzig Minuten Kreisen ist das Licht aber nur noch das Licht. Nicht einmal mehr die Kinder schauen aus den Fenstern.

Mein Visum verrät mich als einen, der nicht zur Einwanderung berechtigt ist. Der Paßbeamte studiert es lange. Dann fragt er mich, ob ich wirklich nicht hierzubleiben vorhabe. In seiner Stimme klingt unüberhörbar mit: Na los, sag schon, wir sind unter uns. Ich bin froh, weil ich den Sinn seiner Worte sofort verstehe. Ich lächle und schüttle den Kopf, er kann beruhigt sein. Denke aber im nächsten Augenblick: Woher will ich das jetzt schon wissen?

Der Zollbeamte fragt mich, welche Schriften ich mit mir führe. Ich unterdrücke die Antwort, daß ihn das einen Dreck angeht, wie ich es seit vielen Jahren von zu Hause her gewohnt bin. Ich sehe ihm deutlich an, daß er meinen Koffer untersuchen wird, was immer ich sage. Ich zeige ihm freiwillig meine Manuskripte und eine Taschenbuchausgabe des Talmud, die ich mir als Lektüre für Amerika vorgenommen habe. Sein Blick wird wohlwollend, als hätte er einem wie mir das gar nicht zugetraut, vielleicht ist er Jude.

2. Tag

Von Amerika-Kennern ist mir dringend geraten worden, nie mehr als zwanzig Dollar bei mir zu tragen, und sie jedem Räuber auf Verlangen sofort zu geben. Kühn halte ich aber 45 Dollar in der Tasche sowie den Schlüssel zum Hotelsafe. Dort liegt der Rest des Geldes, dazu mein DDR-Paß, ja auch ein Wertstück.

Das erste Problem, als ich am Morgen auf die Straße trete: Ich kenne die Umrechnungsformel von Fahrenheit auf Celsius nicht. Es ist kalt, doch ich weiß nicht, wie kalt. Ich weiß nicht, wie sehr ich zu frieren habe, das soll kein Witz sein. Ich vermute, daß man in gleichem Maße nach dem Thermometer friert, wie man etwa nach der Uhr hungrig wird; eine Art Opportunismus der Empfindungen.

Ein zweiter Rat ist, in New York soll ich laufen, laufen. Ich laufe also los und komme mir schon an der ersten Kreuzung wohlberaten vor. Ich erkundige mich nicht nach der Richtung, weil ich in jede gehen möchte.

Die Verwahrlosung der Stadt trifft mich nicht unvorbereitet. Dennoch habe ich das Gefühl, einen Rekord zu sehen: das Äußerste, was sich an Verwahrlosung rausholen läßt. Ich frage mich, was erst in jenen Vierteln los ist, vor denen man mich gewarnt hat. Ich stecke Münzen in eine Sammelbüchse, die mir den Weg versperrt. Eine junge Frau lächelt so unwiderstehlich, wie ich noch nie auf offener Straße angelächelt worden bin. Ich habe keine Ahnung, für welchen Zweck sie sammelt; aber ich kann mich nicht entschließen, mein Wörterbuch hervorzuholen und mir den Satz, der um ihren Hut herumgeschrieben ist, ins Deutsche zu übersetzen. Zehn Minuten lang beobachte ich aus sicherer Entfernung, wer noch Geld spendet: nicht einer.

In einer stillen Nebenstraße drehe ich mich ein paarmal um, doch niemand folgt mir. Die Feuerleitern an den Hausfassaden sind alte Bekannte, ich kenne sie, seit ich ins Kino gehe. Auf einmal wird mir der Spaziergang schwer: Ich habe die Wahl, mir entweder zwischen einer Unzahl von Mülltonnen und Abfallsäcken den

Weg zu bahnen oder die Straßenseite zu wechseln. Dazu müßte ich aber eine meterhohe Barriere aus dunkelgrauem Schnee überwinden, also kehre ich um. Ich komme zurück auf den Broadway und kaufe mir einen Stadtplan. Ich finde darauf die Stelle, an der ich mit dem Stadtplan stehe.

Nach dem Mittag spaziere ich weiter, doch mit Augen, die nur noch eine Art Notdienst leisten; als sie im Depot für erste Eindrücke kein Platz mehr. Spät abends geht im Fernsehen das Zeitalter von Muhammad Ali zu Ende, der neue Mann heißt Spinks. Ich denke, daß doch nicht ein neues Zeitalter begründen kann, wem alle Schneidezähne fehlen.

Im Bett weiß ich noch lange nicht, was New York zu bedeuten hat. Ich sage mir: Ist ja normal, du bist hier nicht in Jena. Ich finde es selbst ein wenig lächerlich, mir so verloren vorzukommen.

3. Tag

Beim Frühstück eine Show im Fernsehen, in der dreimal gebetet wird: einmal für George Forman, einen untergegangenen Boxer, einmal für ein gelähmtes Mädchen, das blankgeputzt in seinem Rollstuhl vor der Kamera sitzt, einmal für ganz Amerika. Ich schalte aus und wieder ein, ich will das bis zum Ende sehen. Hämische Urteile gehen mir im Kopf herum. Das in Mitteleuropa, denke ich, und dann ein Kritiker sein. Dann die Frage: Aber haben die nicht alles durchgerechnet? Brauchen die denn nicht einen bestimmten Standard, um den Preis für die Werbesekunde hochzuhalten? Am Ende steht schon lange fest, daß so die wahre Show geht, nur bis zu uns da drüben hat es sich noch nicht herumgesprochen?

Mir fällt auf, wie oft ich plötzlich EUROPA denke, ein Wort, das mir zuvor kaum in den Sinn gekommen ist. Bis hierher gab ich mir immer viel detailliertere Namen: ich war Berliner, ich war Köpenicker. DDR-Bürger. Ein Deutscher – das kam mir schon exotisch vor. Und auf einmal bin ich Europäer, nicht weniger.

Vor allem laufen. Wenn ich etwas kaufen möchte und viel Zeit mit meinem Englisch brauche, hat man Geduld mit mir. Es ist keine Schande hier, nicht gut englisch zu können. Im Reisebüro vor mir zum Beispiel ein steinalter Mann und seine Frau, die nach Las Vegas möchten. Das Englisch der beiden ist verwegen, das höre sogar ich, es ist schlechter noch als meins. Dabei kein Zweifel, daß sie Amerikaner sind, man sieht es schon an ihren Jacken. Ich überlege, warum der Angestellte nicht auch mich für einen Amerikaner halten wird.

Oben auf dem Empire-State-Building stecke ich ein paarmal zehn Cents in das Fernrohr und suche im Dunst nach den weltberühmten Sehenswürdigkeiten. Auf der Balustrade finde ich ein Herz, gemalt mit dickem blauem Filzstift. Ich denke sofort an zu Hause, an Baumrinden, an Kiefern im Wäldchen hinter der Brücke, an ein bestimmtes Mädchen. Als liege meine Erinnerung nur so auf der Lauer, als sei ihr kein Anstoß zu gering. Später lese ich die Inschrift in dem blauen Herz: 2. Februar 78, Harry & Henry.

Laufen. Auf der Straße nach dem Mittag spricht mich eine Schwarze an, in meinem Ledermantel, mit meinem Pelzkragen. Sie lädt mich zu sich ein, sie wohnt nicht weit. Sie nennt mir einen Preis, der wie ein Geschenk ist, gemessen an dem Preis für das Hotelzimmer. Sie ist hübsch. Ich habe noch nie eine schwarze Frau gehalten, nur manchmal habe ich daran gedacht, zuletzt auf dem Herflug. Zweimal drehe ich mich um nach ihr, sie hat mich aber schon vergessen.

4. Tag

Ein Bekannter führt mich durch das UN-Gebäude. An einer Wand im Erfrischungsraum hängt ein riesiger Teppich, ein farbiges Geschenk der Volksrepublik China. Es stellt ein Stück Chinesische Mauer dar, die zieht sich über sanfte Berge. An irgendeiner Stelle, gerade noch erkennbar, drei parkende Autos. Wie kommen die da hin, mitten ins Gebirge? Weil der Teppich aus China ist, vermutet man eine besondere Bewandtnis, hat sie bisher aber nicht finden können.

Auch die DDR hat den Vereinten Nationen ein Geschenk gemacht, die Plastik *Der Aufsteigende* von Fritz Cremer. Ich erkundige mich natürlich nach dem Standort. Da draußen, sagt mein Führer und zeigt in Richtung des East River. Durch das Fenster sehe ich nichts als Schnee.

Man sagt mir, daß in der 47. Straße die orthodoxen Juden ihre Diamantenläden haben. Die Straße finde ich, die Läden finde ich, die orthodoxen Juden nicht. Die Namen über den Geschäften: Katz, Finkelstein, Geländer, Breslauer. Ein koscheres Restaurant, vor dem ich nach viel Fragerei stehe, sieht aus, als sei es seit Jahren geschlossen. Ich wollte gern zum erstenmal im Leben so essen, wie mein Vater es mir erzählt hat.

In einem Café esse ich statt dessen Apple-Pie, die ich bisher nur von Schallplatten kannte. Beim zweiten Glas Tee habe ich das Gefühl, schon einmal hier gewesen zu sein. Es beginnt bei der ältlichen Bedienung hinter der Theke, die mich anlächelt wie jeden Kunden, aber doch etwas Vertrautes im Blick hat, sie muß auf mich gewartet haben. Ich würde wetten, daß sie tüchtig ist, rechtschaffen und grundehrlich, der Satz in meiner Vorstellung lautet: Sie hat es nicht leicht im Leben. Links von mir an der runden Theke sitzt die hübsche Junge, die sich vom Einkauf ausruht. Ihr kleines Gebirge aus Paketchen. Ich schließe die Augen und überlege, was ich sehen werde, wenn ich den Kopf wende. Den Spielautomaten. Ich finde ihn tief hinten im Raum, auch die zwei Burschen davor. Aber das Klavier ist nicht da, somit auch nicht der Mann am Klavier. Und nicht die Zigarette in seinem Mund. Und wo ist der Fremdling, der hier nichts zu suchen hat? Die Junge geht nach vorne, auf spindeldürren Beinen, und zahlt beim Kassierer. Dann kommt sie zurück, legt Trinkgeld auf die Theke, zieht ihren Mantel an, behängt sich mit den Päckchen. Sie ruft: Bye, bye, Millie. Natürlich! schießt es mir durch den Kopf, Millie, das ist der Name. Ich ärgere mich, daß ich nicht vor-

11

her draufgekommen bin. Millie wünscht der Jungen ein hübsches Wochenende. Wie lange ich Millie schon kenne. Millie holt das Trinkgeld ein. Sie wischt den Platz der Jungen sauber und legt ein frisches Gedeck auf. Sie lächelt neuen Gästen zu. Ein Opa und sein Enkel kommen herein, der Opa ein klein wenig wie Spencer Tracy. Deutlicher aber der Enkel wie dieser kleine Bursche aus der Serie *Flipper*, nur daß er abstehende Ohren hat.

Ich will nicht glauben, daß all die Filme, die plötzlich durcheinander da sind, auf so wunderbare Weise realistisch gewesen sein sollen. Wahrscheinlicher kommt mir vor: Ich erlebe Beweise für die Wirkung von Kunst.

5. Tag

Im Madison Square Garden spielen die *Harlem Globetrotters*, ich bin da. Als Vierzehnjähriger habe ich sie ihre Späße mit dem Basketball treiben sehen, und ein halbes Jahr lang träumte ich davon, ein *Globetrotter* zu werden. Schon vor der Vorstellung weiß ich, daß sie keinem Vergleich mit früher standhalten werden. Doch bin ich da, als müßte ich es unbedingt nachprüfen. Ich bin sogar vor Aufregung viel zu früh da.

Auf dem Spielfeld werfen sich die anderen Spieler ein, die Gegner. Es nützt ihnen nichts, sie werden verlieren. Nicht weit von mir sitzt eine Frau mit ihrer Tochter, die etwa acht Jahre alt ist. Die Frau interessiert sich nicht für Basketball, sie ist nur dem Kind zuliebe gekommen. Ihr Gesicht drückt Opferbereitschaft aus. Das Mädchen ist unförmig dick. Es knabbert Popcorn. Seine Bewegungen kommen mir bald wie die einer Maschine vor: Die eine Hand ist ein unbewegliches Teil, sie muß die Schachtel halten. Die andere steckt Popcorn in den Mund, immer in den rechten Mundwinkel, fährt dann zurück in die Schachtel, kommt mit neuer Ladung heraus, steht zwei Sekunden wartend vor dem Mund, der noch kaut, findet dann Einlaß, lädt ab, zurück zur Schachtel. Vor dem Spiel die Nationalhymne, die mitten in der Halle von einer Berühmtheit gesungen wird. Das Kind läßt sich nicht stören. Es steht zwar wie wir alle auf, doch arbeiten Hand und Mund pausenlos weiter. Es hat bläuliche Flecken im Gesicht, die aber nicht von Schlägen kommen.

Dann hat das Kind die Pappschachtel leergegessen und wirft sie unter den Sitz. Es dreht den Kopf zur Mutter und sagt: Popcorn. Die Mutter beugt sich zu ihm und flüstert etwas, das bestimmt eine Ablehnung ist. Das Kind hält sich nicht lange auf mit ihr. Es hebt den Kopf und sucht die Tribüne ab. Viele Reihen tiefer entdeckt es einen Popcorn-Verkäufer. Das Kind schreit: Popcorn! Es klingt wie: Hilfe! Der Verkäufer kommt die Stufen hoch. Zu seiner Orientierung hebt das Kind die Hand. Als er nur noch wenige Schritte entfernt ist, sagt es noch einmal, jetzt leiser: Popcorn.

Der Verkäufer gibt dem Mädchen eine Schachtel. Die Mutter bezahlt widerspruchslos. Dann ruft sie den jungen Mann zurück und kauft noch ein zweites Paket, das Spiel hat eben erst begonnen. Das Kind arbeitet sich durch die neue Schachtel hindurch wie durch die vorige, doch es verfolgt das Spiel. Sein Gesicht ist todernst, obwohl die Zuschauer ihren Vorderleuten vor Lachen auf die Schultern schlagen. Einmal ruft das Kind, mitten aus dem Kauen heraus: Mahoney, he, he, he! Ich sehe, daß Mahoney einer von denen ist, die gegen die *Globetrotters* spielen.

6. Tag

Im Omnibus sehe ich, wie eine Frau ihre Brille mit einer Fünf-Dollar-Note putzt. Ich vermute, daß man es in New York sich schneller als anderswo abgewöhnt, verwundert zu sein über das, was man nie zuvor gesehen oder gehört hat. Schon vor zwei Tagen, als ich aus dem Eishockey-Stadion kam, fand ich nichts dabei, als der Taxifahrer mich fragte, wie die Motherfucker gespielt hätten. Er konnte nur die *New York Rangers* meinen, ich antwortete ihm: beschissen.

Man nimmt mich mit zum Gottesdienst nach Harlem. Sieh dich vor in Harlem, ist auch ein Rat. Geh nicht durch die Straßen, als hättest du Angst. Du weißt, vor allem die Furchtsamen werden gebissen. Verbirg dein klopfendes Herz. Viel lieber, als in Harlem zu sein, möchtest du es doch hinter dir haben? Die in Harlem haben keine Hemmungen, vergiß das nicht einen Augenblick lang, in Harlem fühlen sie sich stark. Und dann du mit deinem Pelzkragen. Und streunende Hunde soll es geben, die sollen sich zu Rudeln zusammengetan haben, die sollen nach vierzig Tagen Frost vor nichts zurückschrecken.

Die Kirche ist ein ehemaliges Kino. Reverend Walker ist eine bekannte Persönlichkeit, der Raum ist bunt. Die Besucher scheinen mir übertrieben gut angezogen. Mein Bekannter sagt, sie lebten von Sonntag zu Sonntag. Auf dem Podium vorn, das den Eindruck einer Bühne ohne Vorhang macht, stehen drei Chöre in Kostümen wie die College-Teams: Grün-Gold, Grün-Weiß, Braun-Braun. Ich tippe auf Braun-Braun; dann rufe ich mich zur Ordnung, indem ich mich daran erinnere, daß meine Schwierigkeiten mit Kirchen nicht an Harlem liegen.

Der Gesang geht los, und ich warte ungeduldig auf diese angenehme Stimmung. Ich habe Mahalia Jackson im Ohr und das Golden Gate Quartett und Sister Rosetta, doch die bleiben weit. Trotzdem nicht schlecht, denke ich, ein bißchen davon spürt man immerhin, und sitze da wie ein Konzertbesucher, der nicht enttäuscht sein will.

Dann predigt Reverend Walker. Eine Weile versuche ich gar nicht erst, ihn zu verstehen, ich sehe nur der Predigt zu. Er weiß, wie man sich zu bewegen hat, so vorne. Er arbeitet viel mit Blicken. Seine Pausen sitzen wie Pausen in einem Musikstück. Er hebt und senkt die Stimme auf eine Art und Weise, die jeden seiner Sätze wie eine Offenbarung klingen läßt. Aber die Besucher sind echt, da ist kein Zweifel, sie leben von Sonntag zu Sonntag.

Nach einiger Mühe finde ich die Eingangstür zur Predigt. Reverend Walker spricht über die Allmacht des Herrn. Er gibt ein Beispiel, für das mir Vokabeln fehlen, sein zweites Beispiel kann ich leicht verstehen: Der Herr ist in der Lage, Krebs zu heilen. Reverend Walker kennt einen Fall, an dem die besten Spezialisten sich die Zähne ausgebissen haben. Erst die Hinzuziehung des Herrn brachte Rettung. Er trifft sich heute noch manchmal mit der Frau, sie wohnt nicht weit.

Eindruck macht mir, daß während der Predigt kein atemloses Schweigen herrscht. Andauernd wird dazwischengerufen. Doch nie, finde ich dann heraus, eine Ansicht, eine entgegengesetzte gar. Stets sind es Worte, die Rückenwind für den Reverend sein sollen. Ja, ja: Oder? Genau so ist es! Oder: Oh, Lord! Oder: Wie wahr du sprichst! Die Stimmung erinnert mich an meine alten Parteiversammlungen, nur daß es dort natürlich disziplinierter zugegangen ist.

Auf einmal sagt der Reverend: Er sieht, daß wir heute eine Anzahl Gäste in unserer Runde haben. Die Gäste sollen aufstehen. Jeder von ihnen soll sagen, wer er ist und woher er kommt. Als ich an der Reihe bin, nenne ich ein seltsames Herkunftsland: *Germany*. Ich weiß ja gar nicht, was dieses Wort bedeutet, und sage es trotzdem. Die Leute vor mir, Westdeutsche, haben auch gesagt: *Germany*. Und ich hatte das Gefühl, daß mein korrektes *German Democratic Republic* wie eine Zurechtweisung klingen würde, die nicht hierhergehört.

Wieder wird gesungen. Alle greifen sich an den Händen. Bevor ich mir wie ein Loch in der Kette vorkommen kann, werde ich von meinen beiden Nachbarn an meinen beiden Händen gehalten. Ich bewege lautlos die Lippen, denn ich will nicht der einzige sein, der den Text nicht kennt. Auch die Westdeutschen singen, aber sie sind Theologen. Mit meinem Tip liege ich richtig, Braun-Braun sind die besten. Ich weiß, daß ich nicht hätte herkommen dürfen; wenigstens bin ich für den Rest meines Lebens zum Gottesdienst in Harlem gewesen.

7. Tag. Abfahrt

Du kommst in eine neue Stadt: Du hast vorher viel über sie gehört, dein Kopf ist voll von mitgebrachten Richtersprüchen. Du stellst fest, daß jedes deiner Vorurteile sich belegen läßt, ohne große Mühe eigentlich, an jedem einzelnen ist etwas dran. Du sammelst Beobachtungen wie Beweise. Du willst dir zeigen, wie gut du die Stadt schon kanntest, bevor du dort gewesen bist. Du bringst es fertig. Das Resultat ist eine verlorene Woche, die sonstwas hätte werden können.

Im letzten Autobus fragst du dich, wie du dazu kommst, mit einer Strichliste durch die Straßen zu ziehen, den Bleistift zum Abhaken in der Hand: Richtig, Armut. Richtig, Rassenprobleme. Richtig, Kriminalität. Eine tadellose öde Reihe von Rubriken. Was, so fragst du dich, hast du dich unentwegt abzuplagen für das längst Bewiesene? Wer hat dich beauftragt mit diesem sterbenslangweiligen Job? Dein Gewissen? Lächerlich. Kommst hier an mit dem festen Vorsatz, nicht nur die Oberfläche zu sehen, und die Folge ist: Du siehst gar nichts.

Jetzt ärgerst du dich, daß du nicht eine Sekunde versunken bist in der aufregenden Stadt. Daß du dich nie hast fallenlassen, wo soviel Gelegenheit war. Dabei hast du sie nicht etwa übersehen, die Gelegenheiten. Jedesmal hast du den Schritt beschleunigt, bloß weg. Ohne nachzudenken, hast du gedacht: Wo soll das hinführen? Und jetzt fragst du dich, wohin das führen soll. In den langweiligen Augenblicken hast du die Augen schön offengehalten. Du wolltest immer nur sehen, was alle schon wissen, und nie, was keiner weiß.

Plötzlich fürchtest du um deine Fähigkeit, aufgeregt zu sein. Stellst dir jemanden vor, der sich unentwegt vor dem Überraschenden hütet. Der sich alles im voraus ausrechnet, und der dann versucht, so zu leben, daß die vorher gemachte Rechnung stimmt.

Vielleicht komme ich irgendwann noch einmal nach New York, das wäre gut. Vorerst fahre ich mit dem Autobus zum Flughafen

La Guardia. Ich habe einen Fensterplatz und mache die Augen zu, sobald Schwarze zu sehen sind, verwahrloste Straßen, Polizisten, Weiße, Reklameschilder, Verkehrschaos.

Bill Bryson
New York City

Es war zehn vor sieben in der Frühe, und es war kalt. Ich stand vor dem Busbahnhof von Bloomsburg und konnte meinen Atem sehen. Die wenigen Autos, die zu dieser frühen Stunde unterwegs waren, zogen Rauchwolken hinter sich her. Verkatert wie ich war, würde ich in wenigen Minuten in einen Bus steigen, der mich in fünf Stunden nach New York bringen sollte. Lieber hätte ich Katzenfutter gefressen.

Mein Bruder hatte mir geraten, mit dem Bus zu fahren, weil mir auf diese Weise die Parkplatzsuche in Manhattan erspart bliebe. Das Auto könnte ich bei ihm lassen und es in ein, zwei Tagen wieder abholen. Um zwei Uhr nachts, nach ausgiebigem Biergenuß, schien es ein guter Plan zu sein. Doch nun, in der morgendlichen Kühle, wurde mir klar, daß ich im Begriff war, einen großen Fehler zu machen. In den Vereinigten Staaten setzt man sich nur dann in einen Überlandbus, wenn man sich entweder keinen Flug oder – und das ist in diesem Land wirklich das allerletzte – kein Auto leisten kann. Wer sich in Amerika kein Auto leisten kann, ist nur noch einen Schritt von der Gosse entfernt. Folglich gehören die meisten Passagiere von Überlandbussen zu einer der folgenden Kategorien: Es sind entweder schizoide Menschen, bewaffnete und gemeingefährliche Typen, Drogensüchtige, frisch aus der Haft Entlassene oder Nonnen. Gelegentlich befindet sich auch ein Studentenpärchen aus Norwegen darunter. Daß es sich um norwegische Studenten handelt, ist unschwer an ihrem rosigen, kerngesunden Aussehen zu erkennen. Außerdem tragen sie grundsätzlich blaue Söckchen in ihren Sandalen. Im großen und ganzen verbindet eine Fahrt in einem amerikanischen Überlandbus fast alle Schattenseiten des Gefängnislebens mit denen einer Ozeanüberquerung an Bord eines Truppentransportschiffes.

Als der Bus vor mir hielt, einen pneumatischen Seufzer ausstieß und seine Türen aufklappte, stieg ich daher mit einigem Unbehagen ein. Nicht einmal der Fahrer machte einen soliden Eindruck. Mit seiner Frisur sah er aus, als hätte er an einer Hochspannungsleitung herumgespielt. Von dem rund einen halben Dutzend Fahrgästen wirkten jedoch lediglich zwei ernstlich geistesgestört, und nur einer redete mit sich selbst. Ich setzte mich in den hinteren Teil des Busses und wollte ein wenig schlafen. In der vergangenen Nacht hatten mein Bruder und ich ohne Frage ein paar Bierflaschen zuviel geleert, und auch die scharfen Gewürze auf dem Jumbo-Sandwich zeigten ihre Wirkung. Sie blähten sich unheilverkündend in meinen Gedärmen auf und würden in Kürze aus dem einen oder anderen Ende entweichen.

Ich fühlte eine Hand auf meiner Schulter. Durch den Spalt im Sitz sah ich hinter mir einen Mann indischer Abstammung.

»Darf man in diesem Bus rauchen?« fragte er mich.

»Keine Ahnung«, antwortete ich. »Ich rauche nicht mehr und bin in diesen Dingen nicht auf dem laufenden.«

»*Glauben* Sie denn, daß man in diesem Bus rauchen darf?«

»Ich weiß es wirklich nicht.«

Für ein paar Minuten war er still. Dann lag seine Hand wieder auf meiner Schulter. Sie klopfte nicht, sie lag einfach nur da. »Ich kann keinen Aschenbecher finden«, sagte er.

»Ist nicht möglich«, gab ich geistreich zurück, ohne die Augen zu öffnen.

»Glauben Sie, das bedeutet, daß man hier drin nicht rauchen darf?«

»Ich weiß es nicht. Und es interessiert mich auch nicht.«

»Aber *glauben* Sie denn, daß das bedeutet, man darf hier drin nicht rauchen?«

»Wenn Sie nicht augenblicklich Ihre Hand von meiner Schulter nehmen, werde ich mich darüber erbrechen.«

Er zog schnell seine Hand zurück und schwieg vielleicht eine

Minute lang. Dann hörte ich ihn sagen: »Würden Sie mir helfen, einen Aschenbecher zu finden?«

Es war sieben Uhr morgens, und es ging mir wirklich miserabel. »WÜRDEN SIE MICH BITTE IN RUHE LASSEN!« schnauzte ich ihn eine Spur zu heftig an. Zwei Reihen hinter mir beobachtete ein norwegisches Studentenpärchen schockiert die Szene. Ich warf ihnen einen Blick zu, der besagen sollte: »Das gilt auch für euch, ihr gesunden, kleinen Dinger!« Ich sank in meinen Sitz zurück. Es würde ein harter Tag werden.

Ich fiel in diesen unruhigen, unbefriedigenden Halbschlaf, in dem man die Dinge, die um einen herum passieren, in seine Träume aufnimmt – das Knirschen des Getriebes, das Geschrei von Babys, das Hin- und Herschlingern des Busses, wenn der Fahrer sich nach einer heruntergefallenen Zigarette bückt oder eine Phase seelischer Störungen durchlebt. Meistens träumte ich, der Bus würde über eine Felswand stürzen und ins Nichts entschweben. In meinem Traum fielen wir Hunderte von Meilen in die Tiefe. Wir segelten friedlich durch die Wolken, und nur das Geräusch der vorbeirauschenden Luft war zu hören. Und dann hörte ich den Inder sagen: »Hätten Sie was dagegen, wenn ich *jetzt* eine rauche?«

Als ich erwachte, war meine Schulter vollgesabbert, und ein neuer Fahrgast saß mir gegenüber, eine hagere Frau mit strähnigen, grauen Haaren, die eine Zigarette nach der anderen rauchte und beachtlich rülpste. Es waren Rülpser, wie Kinder sie machen, um sich zu belustigen – satte, volltönende Rülpser, in tiefem Baß. Die Frau war sich der Töne, die sie von sich gab, nicht im geringsten bewußt. Sie sah mich an, öffnete den Mund, und heraus kam ein Rülpser. Es war faszinierend. Dann zog sie an ihrer Zigarette und rülpste eine große Rauchschwade in die Luft. Auch das war faszinierend. Ich schaute hinter mich. Der Inder war noch da und sah jämmerlich aus. Als er mich erblickte, beugte er sich langsam nach vorn, wohl um noch eine Frage loszuwerden, doch als ich ihm mit erhobenem Zeigefinger drohte, lehnte er sich wieder zurück. Ich starrte aus dem Fenster und fühlte mich krank. Ich vertrieb mir die Zeit, indem ich mir noch unangenehmere Situationen als diese vorzustellen versuchte. Doch außer tot zu sein oder ein Konzert der Bee Gees über mich ergehen lassen zu müssen, fiel mir nichts ein.

Am Nachmittag kamen wir in New York an. Ich nahm ein Zimmer in einem Hotel in der Nähe des Times Square. Das Zimmer kostete 110 Dollar pro Nacht und war so klein, daß ich auf den Flur treten mußte, um mich umdrehen zu können. Ich war noch nie in einem Zimmer gewesen, in dem ich alle vier Wände gleichzeitig berühren konnte. Ich tat alles das, was man in Hotelzimmern so tut – ich spielte an den Lichtschaltern und am Fernseher herum, sah in die Schubladen, packte alle Handtücher und Aschenbecher in meinen Koffer – und ging dann hinaus, um mir die Stadt anzusehen.

Ich war das letzte Mal in New York gewesen, als ich sechzehn war. Damals besuchten mein Freund Stan und ich meinen Bruder und seine Frau, die zu der Zeit in einem eigenartigen, kafkaesken Viertel von Queens lebten. Das Viertel hieß Lefrak City und bestand aus etwa einem Dutzend hochaufragender Wohnblocks, die um eine Reihe von einsamen Innenhöfen gruppiert waren. Es war diese Art von Innenhöfen, in denen sich die Regenpfützen wochenlang halten und in deren Blumenbeeten verwaiste Einkaufswagen herumstehen. Dort wohnten rund 50 000 Menschen. Ich hatte nicht mal geahnt, daß auf so wenig Raum so viele Menschen leben konnten und verstand nicht, warum die Leute in einem so großen und offenen Land wie Amerika freiwillig in solche Gegenden zogen. Doch für all diese Menschen war dies das Zuhause. Dort verbrachten sie ihr Leben, ohne jemals einen eigenen Garten zu besitzen. Niemals würden sie ein Barbecue veranstalten oder zu mitternächtlicher Stunde aus ihrer Hintertür treten, um in die Büsche zu pinkeln oder die Sterne zu zählen. Ihre Kinder würden in dem Glauben aufwachsen, Einkaufswagen wucherten wild wie Unkraut.

Abends, wenn mein Bruder und seine Frau ausgegangen waren,

griffen Stan und ich zu einem Fernglas und nahmen damit die Fenster der Nachbarhäuser in Augenschein. Wir hatten Hunderte von Fenstern zur Auswahl, und hinter jedem flackerte gespenstisch ein Fernseher. Natürlich hielten wir nach nackten Frauen Ausschau, die wir zu unserem Entzücken auch gelegentlich zu Gesicht bekamen. Das führte dann jedoch meistens zu handgreiflichen Auseinandersetzungen um das Fernglas, so daß die Frauen längst ihre Abendgarderobe angelegt und das Haus verlassen hatten, wenn wir die Fenster wieder im Visier hatten. Hauptsächlich entdeckten wir allerdings andere Männer mit Ferngläsern, die ihrerseits die Fenster unseres Gebäudes inspizierten.

Besonders gut kann ich mich daran erinnern, wie beklommen uns zumute war, wenn wir das Haus verließen. Überall hingen Gruppen von Jugendlichen in Lederjacken herum und beobachteten jeden, der vorbeiging. Ich rechnete jedesmal damit, daß sie hinterrücks über uns herfallen, uns unseres Geldes berauben und uns anschließend die Messer, die sie in den Gefängniswerkstätten gebastelt hatten, in die Rippen stoßen würden. Doch sie ließen uns in Ruhe und glotzten nur. Es war trotzdem beängstigend. Schließlich waren wir bloß zwei schmächtige Jungs aus Iowa.

New York machte mir noch immer angst. Als ich nun zum Times Square schlenderte, empfand ich die Stadt als ebenso bedrohlich wie damals. Ich hatte so viel über Morde und Gewaltverbrechen auf den Straßen gelesen, daß ich mich jedem, der mir begegnete, ohne mir etwas anzutun, zu Dank verpflichtet fühlte. Ich trug mich mit dem Gedanken, Kärtchen mit der Aufschrift »Danke, daß Sie mich am Leben lassen!« zu verteilen. Die einzigen, die über mich herfielen, waren die Bettler. In New York gibt es 36 000 Stadtstreicher. Im Laufe der zwei Tage, die ich dort verbrachte, hat mich jeder einzelne von ihnen um Geld angebettelt, manche sogar zweimal. Viele New Yorker fahren nach Kalkutta, um sich von der Bettelei zu erholen. Ich begann zu bedauern, nicht in einer Zeit zu leben, in der ein Gentleman solche Leute noch mit seinem Spazierstock zurückstoßen konnte. Ein Typ, der Raffinierteste von allen, kam auf mich zu und fragte, ob ich ihm einen Dollar leihen könnte. Das haut mich glatt um. Ich wollte schon sagen: »Einen Dollar *leihen*? Na klar. Sagen wir, zu einem Prozent über dem Leitzinssaz? Und nächsten Donnerstag treffen wir uns wieder und begleichen die Angelegenheit.« Ich gab ihm keinen Dollar, natürlich nicht – ich würde nicht einmal meinem besten Freund einen *Dollar* geben –, aber ich drückte ein Zehncentstück in seine schmuddelige Pfote und zwinkerte ihm angesichts seiner Hinterlist freundlich zu.

Der Times Square ist unglaublich. So viele Lichter und ein solches Gedränge sieht man nicht alle Tage. Ganze Häuserseiten hat man in Werbeflächen umfunktioniert. Alles blinkt und wogt, wie bei einem Sturm auf einem elektronischen Meer. Von diesen großflächigen Aufrufen zum Kommerz gab es vielleicht vierzig, und bis auf zwei stammten alle von japanischen Firmen: Mita Copiers, Canon, Panasonic, Sony. Mein mächtiges Heimatland war nur durch Kodak und Pepsi Cola vertreten. Der Krieg ist vorbei, alter Yankee, ermahnte ich mich.

Das Spannendste an New York ist, daß dort alles passieren kann. Erst eine Woche zuvor hatte eine Rolltreppe eine Frau gefressen. Ist denn das zu fassen? Sie war auf dem Weg zur Arbeit, als plötzlich die Treppe unter ihr nachgab und sie in deren Innenleben stürzte, mitten in das dröhnende Getriebe, in all die Zahnräder, mit all den Konsequenzen, die Sie sich vorstellen können. In diesem Gebäude möchte ich nicht zum Reinigungspersonal gehören. (»Bernie, kannst du heute früher kommen? Aber bring eine Drahtbürste und *jede Menge* Ajax mit!«) Tag für Tag geschehen in New York erstaunliche und unvorhersehbare Dinge. Auf der Titelseite der *New York Post* las ich von einem aidskranken Perversen, der an diesem Tag verhaftet worden war, weil er kleine Jungs vergewaltigt hatte. Gibt's denn so was? »Was für eine Stadt!« dachte ich. »Welch ein Irrenhaus!«

Zwei Tage lang wanderte ich mit weit aufgerissenen Augen durch die Straßen und murmelte in unablässigem Staunen vor mich hin.

An der Eighth Avenue taumelte eine großer schwarzer Mann aus einer Tür und teilte mir in einem Zustand beängstigender Verstörtheit mit: »Ich habe gerade Eis geraucht! Eine ganze Schüssel voller Eis!« Obwohl er nicht darum gebeten hatte, drückte ich ihm schnell einen Quarter in die Hand und machte mich davon. Ich ging in den Trump Tower, ein neuer Wolkenkratzer an der Fifth Avenue. Allmählich macht sich der Immobilienspekulant Donald Trump in ganz New York breit. Über die ganze Stadt verteilt baut er Wolkenkratzer, die seinen Namen tragen. Ich ging also in den Trump Tower und sah mich um. Eine so geschmacklose Eingangshalle habe ich noch nie gesehen. Alles war aus Messing und Chrom und aus rotweiß geschecktem Marmor, der wie das Zeug aussah, um das man einen großen Bogen macht, wenn man es auf dem Gehsteig liegen sieht. Hier war alles voll davon – der Boden, die Wände, die Decke. Mir war, als befände ich mich im Magen von jemandem, der gerade eine Pizza verspeist hat. »Unglaublich«, staunte ich und ging weiter. Nebenan, direkt an der Fifth Avenue, verkaufte ein Laden Pornovideos. Besonders interessant fand ich eine Kassette mit dem Titel *Yiddish Erotica, Volume 2*. Was wohl darauf zu sehen war? Rabbis mit heruntergelassenen Hosen? »Na großartig. Unglaublich«, murmelte ich und zockelte weiter.

Als ich am Abend zurück zum Hotel ging, fiel mein Blick auf das Fenster eines Stripteaselokals am Times Square, in dem Fotos der Stripperinnen aushingen. Es waren durchweg hübsche Mädchen. Auch ein Foto von Samantha Fox befand sich darunter. Da Ms. Fox damals jedoch rund 250 000 Pfund jährlich dafür kassierte, daß sie die Leser britischer Tageszeitungen wie *The Sun* einen Blick auf ihre wohlgeformten Brüste werfen ließ, schien es mir mehr als unwahrscheinlich, daß sie ihre Hüllen auch in einem verrauchten Kellerlokal am Times Square fallen lassen sollte. Ich würde sogar so weit gehen, zu behaupten, daß das Ganze ein einziger Schwindel war. Die Leute mit einer Person von betörender Schönheit zu ködern ist nichts weiter als ein billiger Trick. Genauso haben sie uns in Iowa auf dem Jahrmarkt reingelegt. Die

Stripteasezelte hinter den Karussells waren mit erotischen Bildern der schönsten Frauen bedeckt, Frauen mit den seidigsten Haaren, den prallsten Brüsten und den geschmeidigsten Körpern, die man sich vorstellen kann – Frauen, deren feuchte, schmollende Lippen zu sagen schienen: »Ich will dich – ja, dich da drüben, dich, mit den Pickeln und der Brille. Komm und erfüll mir meine Träume, kleiner Mann.« Vierzehnjährig und im Taumel der Sinne glaubt man diesen Bildern mit ganzem Herzen und vielen benachbarten Organen. Man zieht eine zerknitterte Dollarnote aus der Tasche und geht hinein in das staubige Zelt, in dem es nach Pferdemist und Alkohol stinkt, um dann eine lustlose Stripperin auf der Bühne zu erblicken, die der eigenen Mutter nicht unähnlich ist. Es war eine dieser Enttäuschungen, von denen man sich nie ganz erholt. Und nun war mein Herz bei den einsamen Matrosen und den japanischen Vertretern von Fotokopiergeräten, die da unten saßen, süße, lauwarme Cocktails tranken und eine Nacht kostspieliger Enttäuschungen verlebten. »Aber wir lernen ja aus unseren Fehlern«, sagte ich weise und mit reuevollem Lächeln zu mir selbst und gab einem Bettler zu verstehen, daß er sich verpissen soll.

Ich kehrte in mein Zimmer zurück und war froh, weder einem Raubüberfall noch einem Mordanschlag zum Opfer gefallen zu sein. Auf meinem Fernseher stand eine Karte, der ich entnahm, daß ich für 6,50 Dollar auf einem privaten Kabelkanal einen der folgenden vier Filme empfangen konnte: *Freitag der Dreizehnte Teil 19*, in dem ein unter Persönlichkeitsstörungen leidender Mann mit Hilfe von Messern, Beilen und einem Schneepflug eine Reihe von jungen Frauen tötet, die gerade im Begriff sind, unter die Dusche zu steigen; *Mann ohne Gnade*, in dem Charles Bronson Michael Winner verfolgt und erledigt; *Bimbo*, in dem sich Sylvester Stallone als Rambo einer Geschlechtsumwandlung unterzieht und anschließend eine beachtliche Anzahl fernöstlicher Typen hopsgehen läßt; und schließlich, auf dem Kanal für Erwachsene, *Heiße Höschen*, eine einfühlsame Studie zwischenmenschlicher Beziehungen und sozialer Konflikte im zeitgenössischen Dänemark, aufgelockert mit jeder Menge lüsternem Treiben. Für einen Moment spielte ich mit dem Gedanken, ein wenig in letztgenannten Film hineinzuschauen – nur, um etwas zu entspannen, wie man in evangelischen Kreisen sagt –, konnte mich aber dann doch nicht entschließen, dafür 6,50 Dollar auszugeben. Zudem hege ich grundsätzlich den Verdacht, daß ein Hotelangestellter mir am Tag, nach dem ich den entsprechenden Knopf am Fernseher betätigt habe (ich kann Ihnen sagen, der war vielleicht abgewetzt!), einen Computerausdruck unter die Nase halten und mich vor die Wahl stellen wird, ihm entweder umgehend 50 Dollar auszuhändigen oder mich damit abzufinden, daß er eine Kopie meiner Hotelrechnung an meine Mutter schickt, natürlich nicht, ohne vorher den Rechnungsposten »Verschiedenes: abnormer Pornofilm, 6,50 Dollar« rot zu unterstreichen. Also zog ich es vor, mich aufs Bett zu legen und mir auf einem der regulären Kanäle eine Wiederholung des Comedy-Programms *Mr. Ed* aus den sechziger Jahren anzusehen. Es ging um ein sprechendes Pferd. Nach der Qualität der Witze zu urteilen, schrieb Mr. Ed seine Texte selbst. Wenigstens enthielten sie nichts, was mich potentiellen Erpressern ausgeliefert hätte.

Und so endete mein Tag in New York, der aufregendsten und anregendsten Stadt der Welt. Mir wurde klar, daß ich keinen Grund hatte, mich den einsamen Herzen in dem Striptease-Club zwanzig Stockwerke unter mir in irgendeiner Weise überlegen zu fühlen. Ich war nicht weniger einsam als sie. Tatsächlich gab es in dieser großen, herzlosen Stadt Tausende und Abertausende von Menschen, die ebenso mutterseelenallein waren wie ich. Was für ein melancholischer Gedanke.

»Aber ich wette, daß kaum jemand von ihnen das hier fertigbringt«, munterte ich mich auf und streckte Arme und Beine aus, um alle vier Wände meines Zimmers gleichzeitig zu berühren.

Jonathan Raban
Das größte Kaufhaus der Welt

Zuerst einmal – das Land selbst. Ein Land, in dem Milch und Honig fließt. Links und rechts Leute mit Geld. Die Bettler benutzen beide Hände. Sie scheffeln es förmlich. Und es gibt so viele Möglichkeiten, Geld zu machen, daß einem schwindlig wird. Man tut, was immer einem gefällt. Du willst eine Fabrik – sollst du haben. Du willst einen Laden aufmachen – bitte schön. Du willst einen Handkarren schieben, auch das ist erlaubt. Oder du wirst Hausierer oder sogar Verkäufer in einem Geschäft! Es ist ein freies Land. Du kannst aufgebläht sein vor Hunger, auf der Straße sterben – und keiner wird dich stören; keiner wird auch nur ein Wort sagen.

Sholem Aleichem, *On America*

Alice' Appartement war eine Wabe in einem Bienenstock aus Beton in der East 18th Street zwischen Gramercy Park und Union Square. Ich hatte Alice nie kennengelernt; ich kannte jemanden, der sie kannte, und hatte über ihn ihr Appartement, ungesehen, für zwei Monate gemietet, während sie im Ausland arbeitete. Da dieses Arrangement den Bestimmungen der Hausverwaltung zuwiderlief, hatte man mir geraten, mich den Portiers und dem Hausmeister als Alice' Cousin oder mindestens als ihr guter Freund vorzustellen. Soweit es die Handikaps von Geschlecht und Stimme erlaubten, sollte ich versuchen, möglichst Alice selbst zu sein.

Ich kam in eine ordentliche, aber ziemlich düstere Kabine, kaum halb so groß wie die von Officer B – das vollmöblierte Leben einer kleinen, schlanken Person mit zierlichen Bewegungen. Alice mußte einmal Ballett oder Gymnastik gemacht haben, um in dieser Puppenstube herumlaufen zu können, ohne bei jedem Gähnen etwas umzustoßen. Alles war klein: kleiner Tisch, kleine Stühle, kleine Couch, kleiner Schreibtisch, ein sehr kleines Wandklavier mit einem Stück von Schumann auf dem Notenständer. Nur das Bett war groß. Von seiner Nische aus, umgeben von Büchern, Arbeitslampen und Karteikästen, beherrschte es den Rest des Raumes und diente Alice offenbar gleichzeitig als Hauptgeschäftssitz. Auf den Kissen kauerte ein Patchworktier. Es hieß wahrscheinlich so ähnlich wie Merriwether oder Smudge. Wie ein ungelenker Tölpel schnüffelte und schnupperte ich herum und versuchte die Dimensionen dieses gemieteten neuen Lebens zu erfassen. Ich studierte die grobkörnigen gerahmten Photographien an den Wänden, die alle mit *For Alice with Love* von ihren jeweiligen Photographen signiert waren; eine Winterlandschaft, eine Frau im Bett (könnte das Alice selbst sein?), ein Holzschuppen irgendwo im Westen. Alice hatte eine beachtliche Bibliothek mit moderner Poesie, Photobüchern und ein paar Schmökern über Ägyptologie und die Antike. Keine Geschichte, keine Politik, keine erkennbaren Bestseller. Es lag etwas Abschreckend-Exklusives in ihrer Vorliebe für Robert Lowell, Alfred Stieglitz und die Pharaonen, als ob ihr Appartement zu klein wäre für exzentrische Fremde, die sich fast immer an anderer Leute Bücherregalen zu schaffen machen. Ihre Küche – ein gekachelter enger Kasten wie eine Duschkabine – enthüllte eine Vorliebe für Kräutertees und koffeinfreien Kaffee sowie eine beruhigende Schwäche für Wodka und Weißwein. Das Bad verriet nicht allzuviel: Sie neigte zu Kopfschmerzen und hatte gelegentlich Probleme mit den Nebenhöhlen. Ich mochte den Geruch ihres Shampoos. Auf dem Schreibtisch machte ich eine nützliche Entdeckung. Zwischen zahlreichen Fotos lag ein vergilbter Ausschnitt aus einer Lokalzeitung aus Mississippi, circa 1954. Er zeigte unter der Überschrift WASCHBÄRJÄGER VON MORGEN? eine Gruppe von kleinen Kindern, die eine ungestüme Meute von jungen Labradorhunden zurückhielten. Aus der Zeile am unteren Bildrand ging hervor, daß Alice das Kind in der Mitte war. Also hatte Smudge – oder Merriwether – den Wechsel von einer ländlichen Kindheit im tiefsten Süden zu einem Singledasein in New York City überdauert. Der Zeitungsausschnitt, mit seiner putzig-anheimelnden Überschrift, suggerierte eine Fülle von Bildern: eine Baptistenkirche im griechisch-römischen Stil, eine Schule für weiße Kinder, wo Alice die Intelligente in der zweiten Reihe war, eine Landschaft mit Baumwollfeldern, Zypressen und Sumpfeichen. Da gab es einen staubigen Feldweg... Alice mit schwingendem Schulranzen... die trägen Erwachsenengespräche über Hunde und Waffen... Es war alles weiter von New York entfernt, als New York es sich vorstellen konnte – eine einsame Strecke für jeden, der alleine reist.

Ich vertrieb Smudge oder Merriwether vom Bett und probierte aus, was für ein Gefühl es war, Alice zu sein. Die letzten Sachen, die sie gelesen hatte, waren Joseph Brodskys Essays, eine französische Grammatik für Fortgeschrittene (offenbar machte sie immer noch ihre Hausaufgaben) und die Oktoberausgabe von *Vanity Fair*. Ich schaltete den Fernseher ein. Sie hatte zuletzt Cable News Network gesehen.

»Bewahren Sie Ihr freiheitliches Erbe – werden Sie Mitglied der National Rifle Association...«, dann wechselte das Bild, und man sah Ausschnitte aus Wahlkampfreden von Michael Dukakis und George Bush. Alice würde, wenn auch widerstrebend, Dukakis unterstützen, dachte ich. Sie würde zusammenzucken beim Anblick der zu neuen Wildlederjacke und des zu steifen karierten Freizeithemds, in denen er gerade ein Publikum von Farmern in Iowa beschwatzte. Er zwinkerte ständig mit den Augen, als ob er von Scheinwerfern geblendet würde; ein Schauspieler aus der Großstadt bei dem erfolglosen Versuch, sich als heimgekehrter Countryboy zu verkaufen. Bush dagegen, der sich auch irgendwo in der finstersten Provinz herumtrieb, sah aus, als sei er gerade vom Golfplatz gekommen: Hier, das merkte man, steckte jemand wenigstens in seinen eigenen Kleidern, und es war schon besorgniserregend, wie nahe er sich den Menschen fühlte, zu denen er sprach.

Während ich noch mit halbem Ohr dem Geplapper der Kandidaten in meinem Rücken zuhörte, blickte ich, auf den Ellbogen gestützt, durch Alice' Fenster nach draußen. Es hatte aufgehört zu regnen, und auf dem Dach des gegenüberliegenden Gebäudes hängte ein dickwanstiger Mann seine Wäsche auf eine Leine. Eine Eberesche, die irgendwo tief unten in irgendeinem Hinterhof verwurzelt war, stand noch in vollem Saft, und ihr farnartiges Blattwerk wucherte durch ein Gewirr aus Rohren und Feuerleitern dem Licht entgegen. Hoch über der Straße sprang ein Eichhörnchen furchtlos von Haus zu Haus: ein Regenrohr runter, einen Ast hoch, über eine Feuerleiter, wieder ein Regenrohr hoch ... ein städtischer Luftakrobat, so flink und behende in seinen Bewegungen wie ein Taschendieb.

Der Ausblick wurde von einem einzigen Gebäude beherrscht: ein aufgeblähter, mit Ornamenten reich verzierter florentinischer Palazzo aus hellrotem Backstein, der sich nach oben hin zu einem riesigen, als Campanile getarnten Wassertank auswuchs. Dieses gutmütige, ältliche Monster überragte schützend Alice' kleines New Yorker Viertel mit seinen Häusern aus dem 19. Jahrhundert, seiner Kneipe, seiner Eberesche und den über die Dächer ragenden Bäumen des Gramercy Park. Jenseits des verrückten Palazzos begannen die grauen Felsen von Midtown Manhattan – mit ihren Überhängen und zerklüfteten Steilwänden ein Paradies für Bergsteiger. Kein Wunder, daß Alice sich hier im siebten Stock eines Hauses in der East 18th niedergelassen hatte: Es war ein freundliches Dorf am Fuß der Berge, wie geschaffen als Ausgangspunkt für die Besteigung der gefährlichen Gipfel der Stadt.

Und doch konnte man auch in diesem relativ ruhigen Winkel New Yorks das Zittern der Stadt unter den Füßen spüren. Das Gebäude vibrierte jedesmal, wenn der Verkehr an der Kreuzung East 18th Street Ecke Third Avenue losbrauste. Statt Vogelgezwitscher hörte man ständig das böse Aufheulen von Krankenwagen, Streifenwagen und Feuerwehrwagen. Es war der Klang von Herzinfarkten und Herzensleid, von Zusammenstößen, Überfällen, Brandstiftung, Fahrerflucht, Verfolgungsjagden und plötzlichem Tod; der Klang einer Stadt, die sich Tag und Nacht im Ausnahmezustand befindet.

Das Eichhörnchen erreichte die Regenrinne von Pete's Tavern. Der Mann gegenüber, den Mund voller Wäscheklammern, warf einen letzten, ängstlichen Blick zum Himmel, bevor er in seiner Dachluke verschwand. Wenn man hier leben wollte, mußte man taub werden gegen den Lärm von New York und sich in die stille Luftblase seiner eigenen Welt zurückziehen. Frag deshalb nie, wem die Sirene gilt; dir gilt sie bestimmt nicht.

Alice muß hart an sich gearbeitet haben, wenn sie nach diesem heiteren Motto leben konnte. Für mich war die Luft von New York voller Raub und Mord; für sie war wahrscheinlich alles nur ein unhörbares weißes Rauschen. Ich stellte mir vor, wie Alice es sich in ihrer Zelle gemütlich machte, wie sie auf ihrem Klavier Tonleitern übte und wartete, bis das Wasser für ihren Kamillentee kochte, während unten in der Eingangshalle die Wachmänner patrouillierten. Ich beschloß, es zu versuchen und so zu sein wie Alice.

Ihr Name und die Puppenstube, in der sie lebte, erinnerten an Lewis Carrolls Alice und Tenniels Illustrationen zu *Alice hinter den Spiegeln*. Ihr schulterlanges Haar wurde im Nacken von einem Ring zusammengehalten; sie trug ein Trägerkleid und gestreifte Kniestrümpfe. Aber vor allem hatte sie diesen robusten, bürgerlichen Sinn für Normalität, den auch die andere Alice hatte. Alice war der Prüfstein für das, was richtig und falsch war, eine Säule der Vernunft in einer verkehrten Welt. Um in New York nicht seinen Halt zu verlieren, brauchte man den gesunden Menschenverstand, der es Lewis Carrolls Alice ermöglichte, ihr Leben auf dem Schachbrett im Haus hinter den Spiegeln zu meistern.

Endlich in der gelobten Stadt, fanden sich die Einwanderer in einem kakophonischen Basar wieder. So viele Dinge auf einmal! Die Straßen waren überflutet von Waren, von denen die Armen Europas nicht zu träumen gewagt hätten – unbekannte Lebensmittel, schicke Kleidung, technische Neuheiten, Luxusartikel aus der billigen amerikanischen Massenproduktion. Die eigene Bleibe in New York mochte nicht mehr als ein Stück Fußboden in einer Mietskaserne an der Lower East Side sein, wo es von Kakerlaken wimmelte und wo man mit jedem Atemzug Tausende von

Typhus-, Ruhr- und Tuberkulosebazillen schluckte; aber dennoch war kein Gebäude so erbärmlich, daß seine Mieter nicht in irgendeiner Form an der Großzügigkeit des amerikanischen Lebens hätten teilhaben können. Durch Wuchermieten in ihrer Existenz bedroht und unter Bedingungen, die genauso schlimm waren wie die in ihrem alten Land, waren die Einwanderer von Symbolen außergewöhnlichen Wohlstands umgeben. Da gab es Eisdielen, Süßwarenläden, Beefsteaks und dicke Zigarren. In New York aßen auch einfache Leute, ganz normale Lohnempfänger, in Restaurants; sie hatten Wecker und Grammophone, auf denen sie »Jass«-Musik spielten; und im Vergleich zu Europa waren sie gekleidet wie Könige.

Zwei Bilder. Das erste ist ein im Jahr 1900 aufgenommenes Foto von Einwanderern in Ellis Island. Mit den bäuerlichen Kleidern Mitteleuropas, den Holzschuhen, Kopftüchern, langen Röcken, abgetragenen Mänteln und ausgebeulten Hosen bilden sie eine völlig heterogene Gruppe. Nichts und niemand paßt zusammen. Das einzige, was sie gemein haben, ist der Ausdruck des leeren Staunens auf den Gesichtern, außer denen der ganz jungen. Das zweite Bild, aus derselben Zeit, zeigt eine sonntägliche Menschenmenge am Union Square. Auf diesem Foto tragen die Männer Schirmmützen, raffinierte Anzüge, gestreifte Hemden und modische Krawatten und die Frauen frische Hemdblusenkleider. Um sich von einer Figur auf dem ersten Bild in eine Figur auf dem zweiten zu verwandeln – eine magische Metamorphose –, bedurfte es vielleicht eines Monats. Oft geschah es (wie Abraham Cahan, Louis Adamis und andere Einwanderer berichten) in nur 24 Stunden.

Die Einwandererschiffe lieferten das Rohmaterial, aus dem die New Yorker Konfektionsindustrie Amerikaner von der Stange machte. Die Kleider wurden auf Singer-Nähmaschinen in Serie hergestellt. Die Arbeiter waren selbst meistens Einwanderer, die für erschreckend niedrige Löhne in den Ausbeutungsbetrieben des Bekleidungsviertels schufteten. Die Kombination von Nähmaschinen und einem unerschöpflichen Reservoir von billigen

Arbeitskräften machte schicke amerikanische Kleidung für beinahe jeden erschwinglich.

In Ellis Island hatte ihnen der Einwanderungsbeamte, der zu beschäftigt war, um sich mit den unaussprechlichen Z und X ihrer Namen aufzuhalten, einen neuen Namen gegeben. (Gold war ein gern gewählter Ersatz, weil die Straßen New Yorks damit angeblich gepflastert waren.) Sie trugen neue Kleider. Selbst wenn sie nicht mehr als ein oder zwei Worte Englisch sprachen und in einer finsteren Höhle irgendwo an der Delancey Street wohnten, konnten sie sich in der Öffentlichkeit als gelassene, modebewußte New Yorker geben.

Im Jahr 1904 verbrachte Henry James ein paar entsetzliche Stunden auf Ellis Island, als er erlebte, wie die Beamten »den unmöglichen Fremdling« in seinem Heimatland aufnahmen. »Es ist ein Drama, das sich ununterbrochen fortsetzt, Tag für Tag und Jahr für Jahr, dieser sichtbare Akt des Verschlingens von seiten unserer politischen und gesellschaftlichen Organe, so schlimm, daß es einen wirklich in Erstaunen versetzt, ein Erstaunen, das weit über das hinausgeht, was man beim Anblick von Schwertschluckern oder Feuerschluckern im Zirkus empfinden mag.« James wurde verzehrt von dem Gefühl seiner eigenen »Enteignung«; es weckte in ihm die Sehnsucht nach »dem Luxus eines so starken, frischen und unversehrten Nationalbewußtseins wie dem des Schweizers oder des Schotten«. Theodore Roosevelt gab demselben Gefühl in weniger gequälter Grammatik Ausdruck, als er sagte, daß die Einwanderung Amerika in eine »polyglotte Pension« zu verwandeln drohte.

Die Konfektionsindustrie ermöglichte es den Pensionsgästen, zumindest wie Einheimische auszusehen, und die Filmindustrie zeigte ihnen, welche Kleidung sie tragen mußten, wenn sie als richtige amerikanische Pinkel gelten wollten. Mit einer etwas zu optimistischen Floskel behauptet Daniel Boorstin in seinem Lobgesang auf die Industrie, daß sie »eine Demokratie der Kleidung« herstellte, während Michael Harrington mit seiner Bemerkung, daß sie die Amerikaner zu einer gesichtslosen Klasse verkümmern ließ, schon eine unangenehmere Wahrheit aussprach. Aber sie war gigantisch (einer Statistik aus dem Jahr 1914 zufolge arbeiteten damals allein in New York City 572 514 Menschen in der Bekleidungsindustrie); sie drückte den Neuankömmlingen den Stempel Amerikas auf (wie sie vielen von ihnen zu ihren ersten Jobs verhalf); und das Sortiment, das sie anzubieten hatte, war phantastisch reichhaltig.

Bis jetzt war die Erfahrung der Einwanderer nur die einer langen Häutung gewesen. Auf dem Weg von Europa hierher hatten sie ihre Namen, ihre Familien, ihre Arbeit, ihre Uniformen und ihre Sprachen verloren. Die Photographien von Ellis Island zeigen Menschen, die aussehen, als ob sie vergessen hätten, daß sie jemals irgend jemand Besonderes gewesen sind. In New York konnten sie – wie Kinder mit Anziehpuppen zum Ausschneiden – wählen, wer sie zuerst sein wollten.

In Europa war Identität keine Frage des individuellen Geschmacks. Selbst wenn man das Geld für das Material hatte, konnte man sich nicht wie ein Aristokrat kleiden, nur weil einem der Stil des Landedelmannes gefiel. Als Jude wurde man sogar vom Gesetz bestraft, wenn man versuchte, als Adliger zu gelten. Jeder Europäer war das Produkt einer komplizierten Gleichung, in der Faktoren wie Herkunft, Besitzstand, Erziehung, Sprache und Religion bestimmend waren. Die Regeln waren subtil und flexibel: Selbst das rigideste Klassensystem hat eine gewisse Durchlässigkeit und bietet den Menschen innerhalb seiner Struktur gewisse Auf- oder Abstiegsmöglichkeiten. Hatten die herrschenden Mathematiker aber erst einmal eine individuelle Formel ermittelt, war das Ergebnis präzise und nicht verhandelbar. Was dann bei a durch b mal x durch y geteilt durch z herauskam, waren ein Baumwollhemd, eine Lederweste und ein Paar Holzschuhe.

Bei jedem, der in einem solchen System aufwuchs, muß die Ankunft in New York zu einem schwindelerregenden Gefühl sozialer Schwerelosigkeit geführt haben. Hier wurde Identität nicht durch die unsichtbare Geheimpolizei der Gesellschaft festgelegt. Die Gleichung war auf einen einzigen Faktor reduziert worden – Dollars. Es gab tausend verschiedene Möglichkeiten, Amerikaner zu sein, und man wurde aufgefordert (innerhalb der Grenzen, die einem der Geldbetrag setzte, den man für das Spiel aufbringen konnte), mit ihnen zu experimentieren, seine Phantasie zu benutzen, mit fremden und farbigen Selbstbildern zu spielen. Reklametafeln (auch sie ein exotischer Aspekt des New Yorker Lebens) offerierten kostenlosen Unterricht. Man konnte von ihnen die amerikanische Sprache lernen und gleichzeitig die Bilder des cleveren Amerikaners absorbieren, der man selber einmal werden könnte. In Lichtspielhäusern für fünf Cent Eintritt saß man im Dunkeln und träumte sich in die Kleider und in die Person des Liebhabers, des Gangsters, des Millionärs, der zarten Heldin hinein – jeder sein eigener Douglas Fairbanks, jede ihre eigene Mary Pickford.

Die Schaufenster der Kaufhäuser waren Theaterbühnen. Sie zeigten Ausschnitte aus dem noch nicht gelebten, noch herrenlosen amerikanischen Leben. Wenn man seine Nase fest genug an die Scheibe drückte, gehörte es einem fast schon, dieses andere Leben, das mit seinem Tafelsilber und seinen Brokatdecken auf einen wartete. Na gut, man arbeitete als Bügler oder Büglerin für $ 12,50 die Woche in einer Hemdblusenfabrik – und wenn schon! Der Besitzer der Fabrik war ein Landsmann, vielleicht sogar ein Cousin. Er hatte gegenüber dem Neuankömmling nur wenige Jahre Vorsprung und wohnte schon in einem Backsteinhaus auf der 84th Street in Uptown Manhattan. Erfolg war in dieser Stadt greifbar nah; sein Geruch lag förmlich in der Luft, und sogar die Ärmsten konnten ihn wittern. Die Entfernung zwischen Slum und Herrschaftshaus betrug weniger als eine Meile. Harte Arbeit… ein bißchen Zeit… und man konnte durch Bloomingdale's und Macy's schlendern, um sich das Leben zu kaufen, das man führen wollte. Diese Horatio-Alger-Version der amerikanischen Karriere war in ihrer Unbekümmertheit und Arglosigkeit weit von der Realität entfernt. Die weitaus meisten Einwanderer starben in ihren Mietskasernen, und nur wenige konnten große Beerdigungen an der Upper East Side bestellen. Und doch waren es allein schon die Gedrängtheit in Manhattan (wo Alger, ein unitarischer Pfarrer, in einer Unterkunft für Zeitungsjungen gelebt und sich über sein eigenes soziales Scheitern den Kopf zerbrochen hatte), das Nebeneinander von Reichen und Armen, und die Möglichkeit, amerikanische Mode- und Luxusartikel relativ billig zu kaufen, was Geschichten wie *Ragged Dick* und *Tattered Tom* in New York eher Wirklichkeit werden ließ als in jeder anderen Stadt der Welt. Das Leben von New York war mindestens so unrealistisch wie alles, was sich der Reverend Alger in seiner Herberge zusammenträumen konnte.

Das Kaufhaus war der große Schatz in der Kultur der Neuen Welt. Es war ein prachtvolles Gebäude – eine mehrstöckige Ausstellungshalle, teils Opernhaus, teils klassischer Tempel. Es hatte die Absicht oder zumindest den Anspruch, eine ganze Zivilisation auf der Fläche eines Häuserblocks unterzubringen. Systematisch geordnet, Abteilung für Abteilung, Stockwerk für Stockwerk, nach einem ebenso genialen und geheimen Ordnungsprinzip wie dem der Gebrüder Roget in ihrem *Thesaurus*, fanden sich hier all die berühmten Materialien und Objekte der amerikanischen Gesellschaft, ihre Künste und Wissenschaften, ihre Erfindungen, Nahrungsmittel, Kleidung, Einrichtungs- und Gebrauchsgegenstände. Lange vor der World's Columbian Exposition 1893 in Chicago hatten die Kaufhäuser bereits ihre eigenen Weltausstellungen veranstaltet, und sie verwandelten den Akt des Einkaufens in eine Art Bildungsreise durch ein Museum für zeitgenössisches Leben. In statuengeschmückten Säulenhallen präsentierten sich die sozialen Werte des Zeitalters – das Neue, das Gediegene, das Namhafte.

Rowland H. Macy eröffnete sein Geschäft auf der Sixth Avenue unterhalb der 14th Street im Jahre 1858. Er war in Massachusetts und Kalifornien viermal hintereinander in der Textilbranche gescheitert; in New York war er, 20 Jahre bevor Algers Bücher erschienen, der Prototyp des Algerschen Helden. Seine Geschäftspolitik bestand darin, gegen Barzahlung zu kaufen und zu verkaufen und die Preise aller Konkurrenten zu unterbieten. In Wirklichkeit arbeitete er mit Krediten, die ihm ständig ausgingen. Aber sein Geschäft befand sich in idealer Lage, im Schnittpunkt zwischen dem wachsenden Konfektionsviertel und der großen Einwanderungswelle. Als er sein Sortiment von Textilien und Kurzwaren auf Schmuck, Silber, Uhren, Pariser Mode, Möbel und Lebensmittel ausdehnte, schluckte sein Geschäft die angrenzenden Läden und fraß sich seinen Weg durch die Sixth Avenue und die 14th Street. Macy starb 1877, und danach übernahm die Familie Straus – reiche jüdische Einwanderer aus Deutschland – allmählich das Geschäft, zunächst nur einen Teil der Verkaufsräume für ihre eigenen Geschirrwaren, bis sie dann 1896 den letzten von Macy's Erben ausbezahlte.

Im Jahr 1900 kaufte die Familie Straus ein riesiges Grundstück auf der 34th Street zwischen Broadway und Seventh Avenue und beauftragte die Architekten, die das neue Flatiron Building entworfen hatten (mit seinem Spitzgiebel und seinen 22 gerippten Stockwerken ein klassisches Beispiel für den mangelnden Realitätssinn dieser Stadt), mit den Plänen für das größte Kaufhaus der Welt, wie sie es jetzt nannten. Das Ding war ein Monster. Die zehn Stockwerke aneinandergereiht ergaben eine Fläche von gut anderthalb Kilometern Länge und ungefähr 150 Metern Breite. Es war eine Mischung aus erbaulichem »Klassizismus« und modernster Technik. An den Eingängen stützten füllhornschwingende Satyre den Namen von R. H. Macy; auf einem Fries über der Straße präsentierte sich ein bunter Haufen von Göttinnen mit Getreidegarben, Panflöten und nicht identifizierbaren Küchengegenständen. Drinnen gab es dann noch mehr Gottheiten in Togen, dazu Marmorsäulen und gewaltige elektrische Lüster. Es herrschte eine Atmosphäre wie im Palast eines jener zügel- und skrupellosen Art-deco-Moguln, die Babys aßen und den Niedergang der Nation herbeiführten. Gleichzeitig war es ein prahlerisches Monument des technischen Zeitalters. Jede neueste Spielerei war in das Haus integriert worden: teakholzgetäfelte Aufzüge, die den Luxuskabinen auf Schiffen in nichts nachstanden, die ersten Rolltreppen, ein Schienensystem, auf dem die Waren über den Köpfen der Kunden wie in Seilbahnen transportiert wurden, mehrere Kilometer Rohrpostleitungen, in denen Nachrichten in wenigen Sekunden von Stockwerk zu Stockwerk gesaugt oder geblasen wurden.

In *The Art of Memory* beschrieb Frances Yates das »Welttheater« des im 16. Jahrhundert lebenden Venezianers Giulio Camillo. Es bestand aus sieben Ebenen mit sieben Rampen, und jedes der sieben Segmente des Theaters war einem der sieben Planeten, der sieben Engel und der sieben Stadien des mystischen Aufstiegs von der Materie zur Unendlichkeit zugeordnet.

> Derjenige, der es studiert, soll also ein Zuschauer sein, der mit den sieben Stadien der Welt *in spettacolo* oder in einem Theater konfrontiert wird. Und da in antiken Theatern die distinguiertesten Personen in den untersten Sitzen saßen, werden in diesem Theater die größten und wichtigsten Dinge auf der niedrigsten Ebene sein …

In Mailand diktierte Camillo am Ende seines Lebens den Plan des Theaters, welches das Geheimnis des Wissens verkörpern sollte, Girolamo Muzio, einem befreundeten okkultistischen Philosophen. Das Diktat dauerte sieben Vormittage. Wenn man mit Camillos kabbalistischen Symbolen vertraut war, konnte man durch das Theater wie durch die Bereiche des Geistes wandern. Alles, was der Geist je geschaffen hatte, war da, auf der einen oder anderen Ebene, der einen oder anderen Rampe, und man konnte das Wirken des Universums mit einem Blick erfassen.

Der Vergleich zwischen dem neuen Macy's und dem »Welttheater« der Renaissance war verlockend. New Yorks berühmtes Einzelhandelstheater war nicht irgendein Kaufhaus, sondern *das* Kaufhaus des amerikanischen Lebens – eine dreidimensionale Enzyklopädie kommerzieller und nationaler Prägung. Die Vorliebe der Gebrüder Straus für Säulen und Statuen verstärkte noch diese Ähnlichkeit. Macy's war ein theatralisches Ereignis, der Kunde wurde wie ein Zuschauer behandelt. Wenn man, angetrieben von modernsten Elektromotoren, durch die verschiedenen Ebenen nach oben fuhr, kam man durch alle Stufen und Kategorien der Materie. Wenn man Macy's, mit all seinen Unterscheidungen und Diskriminierungen, begriff, dann war man nicht weit davon entfernt, das Wirken Amerikas in seiner ganzen Universalität zu erfassen.

Eine kleine koreanische Frau quälte sich mit einem großen Mikrowellenherd durch die Schwingtüren am Broadway/Ecke 35th Street. Mit übertriebener Höflichkeit versuchte ich ihr zu helfen, aber sie knurrte mich nur wütend an, drückte ihren kostbaren Herd an die Brust und steuerte im Laufschritt die nächste U-Bahn-Station an. Ich kam mir albern vor und speiste mich dann in die gierige Menge ein, die an diesem Samstag in das Kaufhaus strömte.

Ich war 1972 schon einmal im Macy's gewesen, als ich im Erdgeschoß nach ein paar neuen Sachen zum Anziehen stöberte. Es war an einem heißen Nachmittag im Juni, doch drinnen war es angenehm kühl, wie in einer Höhle. Die mütterliche Verkäuferin machte ein paar eher altmodische Bemerkungen über meinen britischen Akzent, und die Sachen selbst waren für europäische Verhältnisse erstaunlich billig. Sie waren aus irgendeinem Synthetik, ansonsten schick, farbenfroh und typisch amerikanisch. Ich kaufte mir ein gestreiftes Sommersakko aus synthetischem Kreppleinen, eine waschbare Hose mit eingebauten Langzeitbügelgelfalten und zwei Button-down-Hemden mit weißem Kragen und blauer Brust. Das Ganze kostete weniger als $ 70, was mir – bei einem Wechselkurs von $ 2,40 für das Pfund – wie Diebstahl vorkam. Wieder draußen auf der Straße, konnte ich mich in meinem neuen amerikanischen Tarnanzug endlich unter die Menge mischen, ohne aufzufallen.

Irgend etwas war seitdem passiert. Das Macy's von 1988 roch nach dickem Geld. In den Schwingtüren fing sich der Geruch von neuem Leder und Rive Gauche. Drinnen klimperte ein Mann mit weißer Krawatte und Frack volkstümliche Klassiker auf einem Konzertflügel. Über den Vitrinen und den mahagonigetäfelten Boutiquen hingen die kunstvoll gestalteten Embleme der Nobelmarken – Louis Vuitton, Calvin Klein, Givenchy, Dior, Ralph Lauren. Es war das Reich der Platin-Karte, eine funkelnde, schlachtfeldgroße Galerie mit Gold, Seide, Parfum und Eidechsenleder. Als ich das letzte Mal da war, hing über dem Eingang der Slogan WER KLUG IST, SPART. Irgendwann zwischen der Ära von Richard Nixon und den letzten Tagen von Ronald Reagan war dieser Ausdruck schlichter puritanischer Gesinnung übermalt worden. Nur Muffel waren heutzutage sparsam.

Die Menge lief träge durch die von Marmorpfeilern gesäumten Gänge der Schmuck-, Handtaschen- und Kosmetikabteilung. Sie scharte sich um die Mädchen in Pumps, Netzstrümpfen, knisternden Röcken und Zylinderhüten, die jeden, der in ihre Nähe kam, ob männlich oder weiblich, mit Duftproben besprühten. Einige Augenblicke lang lag ich im Clinch mit irgend jemandes Ehemann, der eine Bomberjacke und eine Lederkappe mit Ohrklappen trug und einen starken Geruch von Schweiß und Rosenöl verbreitete. Winselnd wurde er von einer bitterbösen Walküre in Fuchsstola zu den Aufzügen gezerrt, während ich bereits vom Strom der Menge in die Herrenabteilung geschwemmt wurde.

Das Sortiment selbst war enttäuschend langweilig – gewöhnliche Baumwollhemden und Krawatten, die in England ein Indiz dafür gewesen wären, daß man früher einmal einem obskuren Kreisregiment angehört oder eine wenig renommierte Schule besucht hatte. Das Besondere daran war allein die Art der Präsentation. Jede Ecke war in eine Grotte mit thematisch beziehungsreichem Plunder verwandelt worden. Zwischen den Hemden und Krawatten lagen haufenweise alte Angeln, Golfschläger, Schneeschuhe, Hutschachteln, matte Silberbecher, Gummistiefel, Geweihe, brüchige Lederkoffer mit Aufklebern von Hotels in Split, Prag, Venedig, Florenz; Spazierstöcke mit Goldknauf, ein Paar gekreuzte Ruder, ein Grammophon mit Schalltrichter, ein übel zugerichteter Schulglobus, Schrotpatronen, ein paar gesplissene Rohrmöbel aus der Zeit der Radschas, alte Familienphotos in verzierten Silberrahmen.

Das war es also, was in dem Container gewesen war, dessen Inhalt im Ladeverzeichnis der *Conveyor* mit »Bric-à-brac« angegeben wurde. Auf all den Plunder aus den Speichern des vornehmen England wartete in Amerika ein neues Leben. Macy's mußte die Hälfte der Old Rectories und Mulberry Lodges in Cheshire durchstöbert haben, um solche Mengen an mottenzerfressenem Trödel aus der Zeit König Edwards anzuhäufen. Das Zeug diente offenbar irgendeinem alchimistischen Zweck: Wenn ein gewöhnliches weißes Hemd ein oder zwei Tage in Gesellschaft von Krocketschlägern, Flachmännern für die Jagd, Forellenfliegen und Steigbügeln verbrachte, wurde es, so nahm ich an, vor Exklusivität und Vornehmheit allmählich steif, da es die Moleküle von Ställen, Bediensteten, Holzfeuern, Feldern und Flüssen absorbierte. Sicherlich konnte das Hemd sein $-90-Preisschild nur rechtfertigen, wenn man bereit war, mindestens $ 50 für die Arbeit des Alchimisten zu zahlen, und keinen übertriebenen Wert auf Qualität legte.

Die Menge strömte auf die Rolltreppen. Als Macy's 1902 eröffnete, waren diese Treppen mit ihren Parkettstufen die neueste Errungenschaft; jetzt wurden sie nur noch wegen ihres Alters geschätzt, paßten sie doch hervorragend in das Ambiente von antikem Reisegepäck und aufziehbaren Grammophonen. Durch holzgetäfelte Treppenschächte rumpelten sie nach oben. Wir standen dichtgedrängt auf dieser knarrenden Jakobsleiter – ein Sprachgewirr aus Spanisch, haitianischem Französisch, Brooklyn-Slang und Russisch. Überall herrschte lärmende Euphorie, als ob der Akt des Einkaufens wie eine Inhalation von Benzedrin wirkte.

Wir stiegen durch eine Wolkenbank von Büstenhaltern und Negligés; eine Wiese von Kleidern zog vorbei. Angenommen, man käme gerade aus Guyana oder Bukarest – wo, wenn nicht hier, wurden der ganze Überfluß Amerikas, die überquellenden Füllhörner der Früchte des Kapitalismus deutlicher sichtbar? Hier standen die Waren Schlange nach den Menschen, nicht umgekehrt. Hier wurde man zum Objekt raffinierter Verführungsstrategien und Schmeicheleien.

Man gönnte uns keine Pause. An jedem Treppenabsatz wartete eine neue Überraschung auf den Passanten. Möchten Sie einen Blick in einen exklusiven viktorianischen Herrenclub werfen? Wir haben einen nachgebaut. Eine Blockhütte aus der Zeit der Pioniere? Hier ist sie. Nach der Blockhütte eine High-Tech-Arena aus Spiegeln und Aluminium. Nach der Arena eine Baustellenphantasie mit Gerüsten und unzähligen Monitoren, die alle dasselbe Bild – schöne Menschen in Freizeitkleidung – zeigten. Das ganze Haus wimmelte von Lautsprechern, und jede architektonische Extravaganz trug ihren eigenen musikalischen Stempel. Duke Ellington … Telemann … Miles Davis … Strauss …

Macy's fürchtete nichts mehr als unsere Langeweile. Diese Welt war geschaffen für Leute mit Aufmerksamkeitsspannen von Kindern, für die jeder Augenblick neue Sensation liefern mußte. So gehätschelt und verführt zu werden, nur damit sich ein paar Hemden und Sakkos, Bettücher und Handtücher verkaufen! Es war unanständig, sogar an den relativ toleranten Londoner Maßstäben gemessen. Viele der Menschen auf den Rolltreppen kamen direkt aus dieser anderen Welt, der Welt der Bekleidungsgutscheine und Lebensmittelkarten – wäre ich einer von ihnen gewesen, ich wäre angesichts dieses aggressiven amerikanischen Frohsinns von einer Welle blanker Hilflosigkeit hinweggeschwemmt worden.

Um bei Macy's ungeschoren davonzukommen, brauchte man ein stabiles Selbstwertgefühl. Überall flüsterte es *Für Sie! Nur für Sie!* – und man mußte schon sehr in sich verliebt sein, um an diese Schmeicheleien zu glauben, denn die Botschaft enthielt einen heimtückischen Schlußteil, und der flüsterte *Sind Sie sicher, daß Sie hierher gehören?*

Bei jedem Stockwerk mußten wir die Rolltreppe verlassen und zur anderen Seite des Treppenschachts gehen; und auf dem Weg dorthin wurden wir auf raffinierte Weise mit Spiegeln gepeinigt, von denen jeder so plaziert war, daß man meinte, er sei nur ein belangloses Detail des Ganzen. Ich prallte unentwegt gegen eine Figur, die mich dunkel an Henry James' »unmöglichen Fremdling« erinnerte. Ich entdeckte sie zuerst in dem viktorianischen Herrenclub: ein magerer, schäbiger Typ in ausgetretenen Schuhen und Ziehharmonikahosen, dessen Haare (oder das bißchen, was davon übrig war) dringend gestutzt werden mußten. Auch ein paar neue Zähne hätte er nötig gehabt. Wäre er mir in einer U-Bahn-Station begegnet und hätte mir einen Plastikbecher unter die Nase gehalten, hätte ich ihm ein paar 25-Cent-Stücke gegeben und wäre schnell weitergegangen, aber bei Macy's gab es kein Entkommen. Er sprang hinter einem Kleiderständer mit diebstahlgesicherten Pelzmänteln hervor und wartete auf mich in der Bücherabteilung. Wo er auch auftauchte, er sah immer gleich deplaziert aus, und ich schämte mich immer mehr für ihn.

Scham war ein zentrales Element in dieser Show. Das verschwenderische Feuerwerk zielte darauf ab, den Kunden zu zermürben, indem es ihn zunächst in seinem Selbstwertgefühl bestätigte, ihm dann aber plötzlich einen solchen Schlag unter die Gürtellinie versetzte, daß er sich nur noch wie der letzte Dreck vorkommen konnte. Es funktionierte. Noch bevor ich ganz oben angelangt war, hatte ich einen amerikanischen Haarschnitt und ein neues Paar glänzende rotbraune italienische Slipper. Ich bedauerte, daß es bei Macy's, wo man so gut wie alles bekam, keine Boutique gab, in der man sich neue Zähne kaufen konnte.

Im neunten Stock war der Menschenstrom zu einem Rinnsal geworden, und die Luft war kühl wie ein Grab. Hier oben auf dem Gipfel, in der Abteilung Möbel & Teppiche, war der Ort, wo das große Geld den Besitzer wechselte. Er verströmte Gediegenheit und Erhabenheit. Die Verkäufer, Herrscher in ihrem Imperium, saßen in Chefsesseln hinter langweiligen Direktionstischen und waren von den Mädchen, die im Erdgeschoß mit ihren Kosmetika hausierten, so weit entfernt wie Könige. Die Musikuntermalung lieferten hier diskrete Barockklänge auf dem Cembalo, der Geruch war eine exotische Mischung scharfer Essenzen.

Ein Verkäufer, der diskret in ein Telefon sprach, hatte mich entdeckt und taxierte mich als potentiellen Kunden. Mit tränensackunterlaufenen Augen blickte er geringschätzig über den Rand seiner Halbmondbrille. Innerhalb von einer Sekunde senkte er den Blick wieder und setzte sein Gespräch fort. Ich war kein geeignetes Objekt für Möbel & Teppiche. *Keine Chance.* Der Generalbaß des Cembalos klang wie das gedämpfte Plätschern eines Baches; der Verkäufer schlug dazu mit dem fleischigen Mittelfinger seiner linken Hand den Takt auf den Tisch.

Die Möbel waren auf mehreren tausend Quadratmetern zu richtigen Theaterszenen arrangiert. Ganze Leben standen hier zum Verkauf. Die Besitzer dieser Leben waren gerade aus ihren Zimmern gegangen, hatten die Bücher neben ihren Betten aufgeschlagen liegenlassen, und auf den für acht Personen gedeckten Eßtischen standen halbvolle Champagnergläser und noch nicht angerührte Teller mit Essen aus bemaltem Gips. Macy's hatte alles so inszeniert, daß der Kunde sich wie ein Bettler vorkommen mußte. Im neunten Stock gingen die Leute auf Zehenspitzen und sprachen im Flüsterton, während sie an den beneidenswerten Existenzen dieser gespensterhaften Geschöpfe vorbeizogen, Geschöpfe, die sie selbst werden konnten, wenn sie genug Zaster für die Operation hatten.

Die Gespenster, stellte ich mit Interesse fest, waren bibliophil. In ihrem Leben gab es keine abgegriffenen Taschenbücher, sondern nur in Kalbs- und Saffianleder gebundene Bücher mit kunstvollen Goldlettern und marmorierten Vorsatzblättern. Ich warf einen Blick auf die Titelseite eines Buches neben einem Geisterhimmelbett: *The General Assembly of the Presbyterian Church: Reports of the Boards*, 1919. Es lag über *Archives of Ophthalmology*, 1945, und dieses wiederum auf einer in Isländisch verfaßten Abhandlung über die Sagas. Dieser gelehrte calvinistische Gespensteraugenarzt (ich sah einen angegrauten Neuengländer mit scharfgeschnittenem Gesicht in einer kleinstädtischen Praxis irgendwo in Maine vor mir) hatte eine liebenswerte Schwäche: Er hatte eine Flasche Moët & Chandon in Reichweite, um beim Lesen im Bett gelegentlich einen kräftigen Schluck zu nehmen.

Nebenan war ein Wohnzimmer, etwa zweimal so groß wie Alice' gesamtes Appartement: Von Wandleuchten in sanftes Licht getaucht, gehörte dieser Ort zu einem Geist, der mit *Outline of Economics* von Richard T. Ely und *A Book of Famous Explorers* in der Marco-Polo-Library-Ausgabe geliebäugelt hatte – vielleicht ein Börsenmakler mit ehrgeizigen Vorstellungen vom Reisen. Um die hohe Decke seines Zimmers zu betonen, hielt er sich eine voll ausgewachsene Palme in einem Holzkübel. Sein Couchtisch, lang wie eine Luxuslimousine, war aus braungesprenkeltem Marmor mit einer in Silber gefaßten Platte aus schwarzgetöntem Glas. Der Tisch diente als Sockel für einen ein Meter hohen chinesischen Drachen aus Porzellan, der mit $ 2400 ausgeschildert war. Neben einer unglasierten, mit japanischen Schriftzeichen bemalten Urne stand ein lackierter Paravent in Gold und Schwarz. Der Paravent kostete noch einmal $ 2400. Über einem holzgeschnitzten Kaminsims hing ein großes Stilleben mit Früchten und Blumen, das Fantin-Latour nachempfunden, aber offensichtlich nach Zahlen gemalt war, und dafür, wie ich fand, mit $ 3500 recht teuer. Das L-förmige, haferbreifarbene Sofa, das einer ganzen Konferenz von Börsenspekulanten bequem Platz geboten hätte, wurde nur von einer Person okkupiert – ein alter Bekannter. Der Picknicktyp mit der Fliegerkappe aus dem Ersten Weltkrieg probierte das Leben eines Börsenmaklers aus. Ohne auf den herablassenden Blick eines Verkäufers in perlgrauem Anzug zu achten, der ihn aus mittlerer Entfernung beobachtete, nutzte er das beachtliche Volumen seines gut gepolsterten Hinterns, um die Federung des Maklersofas zu testen. Auf seinem Gesicht lag ein Ausdruck vollkommener Entrücktheit, als er mit flatternden Ohrklappen und bis zum Bauchnabel geöffneter Bomberjacke heftig auf und ab wippte. Ein völlig in seinem eigenen Ego aufgehendes Geschöpf, wie eine Kakerlake, die zu einem mitternächtlichen Angriff auf eine Zahnpastatube ansetzt.

Jedes Geisterzimmer stellte eine Variation des Themas dar, das bereits unten im Erdgeschoß zwischen den Hemden und Krawatten eingeführt wurde. Ich hatte noch nie soviel indisches Rohr und so viele Korbmöbel gesehen, so viele Großvateruhren und so schweren Chintz. An den Wänden hingen Geweihe, Pferdemotive und Jagdszenen. Es gab verschiedene Ansichten der Oxford Colleges und von der Themse ($ 125). Für $ 225 konnte man eine Graphik von einem Soldaten des 19. Jahrhunderts in der Uniform der Yorkshire-Husaren oder des South-Salopian-Regiments mitnehmen. Für $ 995 konnte man sich einen Vorfahren von »Burton« aussuchen, gemalt in Ölfarben, die aussahen, als seien sie über Holzkohle geräuchert worden.

Dieser Burton war der Genius loci bei der Möbelabteilung. Seine Werke waren überall, und nachdem ich eine halbe Stunde lang an den verschiedensten Stellen mit Burtons konfrontiert worden war, wurde mir sein Stil so vertraut wie der eines echten alten Meisters. Er war stark beeinflußt von John Copley, dem Bostoner Portraitmaler aus dem 18. Jahrhundert. Wie Copley war Burton fasziniert von einem aristokratischen Ideal, und verstand es, all seine Modelle in dünnlippige Gentlemen mit römischen Nasen vom Typ eines Lord Chesterfield zu verwandeln. Ihr dunkles Haar fiel über die Kragen ihrer schwarzen Mäntel, und eins der Merkmale eines echten Burton war die Sorgfalt, die er auf die Spitzenkrause an den Hälsen seiner Herren verwandte. Seine Hintergründe bestanden aus dunklen Anspielungen auf breite Äcker und Landgüter.

Zuerst konnte ich nicht feststellen, was den Arbeiten von Burton diesen seltsamen Hauch von Originalität verlieh. Seine Bilder hatten irgend etwas – ein Irgendetwas, das sich der direkten stilistischen Analyse entzog. Dann, nach meinem achten oder neunten Burton, hatte ich es: Es war der fahle, olivfarbene Teint der Modelle und dieser Blick, der nicht so ganz zum Bostoner Menschenschlag passen wollte. Dieser Vorfahre, wie all die anderen, war der Ururururugroßvater, der in direkter Linie von jenem puertoricanischen Pilgervater abstammte, der auf der *Mayflower* herübergekommen war.

Ich ging zurück zur Rolltreppe. Vorfahren für tausend Dollar pro Stück und Erinnerungen an Jagdreviere und Jagdgesellschaften waren nicht das, was ich im Sinn hatte, als ich nach Amerika aufbrach. Ich wollte ein neues Leben kennenlernen und nicht ein schlechtes Imitat des Lebens meiner verwitweten Großtanten aus Wiltshire, um 1952. Mit einem Anflug von Klaustrophobie erinnerte ich mich an ihre Zimmer – den Geruch von Mottenkugeln und verschrumpelten Äpfeln; die Regale mit ungelesenen und unlesbaren Büchern; die Portraits von verdienstvollen Vorfahren, die auf ihre Art genauso schlimm waren wie die von Burton; die schäbigen Andenken an das verlorene Empire, wie die malaiischen Dolche und die als Papierkörbe dienenden Elefantenfüße. Diese Tanten mit ihren rauhen Stimmen lebten in einer vor Vornehmheit erstarrten Welt. Immer wenn wir sie besuchten, hieß es »Nicht anfassen« und »Das ist nicht zum Spielen«. Sie servierten bittere Tees auf Messingtabletts aus Benares und sprachen über die Toten. Mit ihren leichten Oberlippenbärten, ihren alten Tweedsachen und derben Straßenschuhen versetzten sie mich jedesmal in Panik, wenn sie mich berühren oder – schlimmer noch – küssen wollten. Sie haßten das 20. Jahrhundert, seine lauten Städte, seine ungehobelten jungen Leute und sein Desinteresse für die überzeugten Ansichten der Tanten.

Durch eine Ironie des Schicksals, die meine Tanten ebenso verwundert hätte, wie sie mich verwunderte, waren sie nun mit einem Mal die Attraktion der New Yorker Mode. Was im obersten Stockwerk von Macy's verkauft wurde, war ihr borniertes Festhalten an Konventionen, ihr an Nekrophilie grenzender Ahnenkult und ihre Vorliebe für alles Solide, Rustikale und Altmodische.

Beim Club Room schob sich die von der Rolltreppe kommende Menge an einer heraldischen Präsentation von gekreuzten Poloschlägern vorbei. Ich fragte mich, was zum Teufel die anderen Leute mit der Welt anfingen, die Macy's heraufzubeschwören versuchte. Mit ihren Nike-Schuhen, ihren Rastalocken und ihren Trainingsjacken kam ihnen das alles sicherlich genauso nichtssagend und unwirklich vor wie die Kultur der Ch'ing-Dynastie oder Tutenchamuns. Doch offensichtlich wußte man hier genau, was man tat, denn auf jeder Etage konnte ich den unablässigen, grünen Strom des hin und her wandernden Geldes sehen. Es strömte (wie ich später herausfand) mit einer Geschwindigkeit von $ 175 000 pro Stunde oder $ 50 pro Sekunde in die Ladenkassen. Von diesem Strom gespeist, hätte es sich Macy's ohne weiteres leisten können, sich in eine perfekte Kopie des fernen Arabien, des Hofs von Ludwig XIV. oder einer anderen historischen Traumwelt seiner Wahl zu verwandeln; aber in diesem späten Stadium des 20. Jahrhunderts fanden Geld und Prestige ihren Ausdruck in der undemokratischen Schäbigkeit des englischen Landadels.

Es tat gut, wieder auf der Straße zu sein, dieser verwirrenden, mehrstöckigen Fiktion zu entkommen und in die rauhe Wirklichkeit des Broadway zurückzukehren, der bereits in der Dämmerung lag. Es ging ein scharfer Wind, und auf den finsteren Gesichtern der Menschen, die sich drängelnd und stoßend in die verstopften U-Bahn-Eingänge zwängten, lag ein Ausdruck unverhohlener Aggressivität. Zwei Männer beteiligten sich nicht an der Hast. Einer war blind und schwarz. Er wich in dem Menschenschwarm nicht vom Fleck und hatte eine Blechbüchse in der Hand und um den Hals ein Schild mit der Aufschrift ICH BIN BLIND / BITTE HELFEN SIE MIR / DANKE & / GOTT SEGNE SIE. Der andere saß auf einem Campinghocker und trillerte auf einer Vogelpfeife – die selbsternannte Nachtigall vom Herald Square. Er hielt die Pfeife mit der linken Hand an die Lippen; der Ärmel seines Dufflecoats war mit einer Sicherheitsnadel an der Stelle festgesteckt, wo sein rechter Ellbogen hätte sein sollen. Auf seinem Gesicht lag ein Ausdruck reinen Wohlwollens, während er trillernd und flötend die grimmige Menge an sich vorbeiziehen ließ. Seine Augen waren weit geöffnet, und ihr blasses Blau paßte genau zu der verwaschenen Jeansmütze, die er über sein an Harpo Marx erinnerndes weißes Haar gestülpt hatte. Nach den raffinierten Verkaufsstrategien bei Macy's war seine Masche erfrischend direkt. Auf ein Stück Pappe hatte er mit Kugelschreiber VOGELPFEIFE/ALLE FARBEN/$ 1,00 DAS STÜCK geschrieben. Ein gutes Bestechungsgeschenk für vierjährige Kinder erkenne ich allemal, und so kaufte ich fünf Pfeifen in Rot, Gelb, Grün, Weiß und Blau. Als ich sie aus der Schachtel zu seinen Füßen herausholte, lächelte der Mann – ein breites, spontanes, offenes Lächeln, das so aussah, als ob er es wirklich ernst meinte.

»Erst Wasser in Loch, dann Pfeife los!« Zur Veranschaulichung hielt er mir seine eigene Pfeife unter die Nase.

»Wo kommen Sie her? Welches Land?«

»Ich?« Er schien überrascht und erfreut, daß jemand ihm so eine Frage stellte. »Ich kommen aus Kiew. Kiew. In Ukraine.«

»Wie lange in Amerika? – Wie viele Jahre?«

»Ich kommen … 19 – acht-null. Ich acht Jahre in New York.«

»Was war Ihr Beruf in der Ukraine? Was haben Sie gemacht, bevor Sie hierher kamen?«

Er grinste, seufzte und blickte mich hilflos an. »Entschuldigung. Nix verstehen. Englisch nix gut.« Seine offenen freundlichen Augen blickten mich weiter an, während er seiner Pfeife ein langgezogenes Trillern entlockte, das an den Ruf des Rotkehlchens beim Abstecken seines Terrains erinnerte. Ich war enttäuscht, weil ich unbedingt wissen wollte, warum er so glücklich war. Der Sowjetunion zu entkommen, nur um an einer kalten Straßenecke von Manhattan Plastikspielzeug zu verkaufen und sich dabei nicht niedergeschmettert und vom Schicksal verraten zu fühlen, das schien mir ein außerordentlich sonniges Gemüt zu erfordern. Aber der Mann mit den Pfeifen schien überhaupt nicht niedergeschmettert. Noch schien er verrückt oder besonders einfältig; nicht übermäßig sprachbegabt, das war alles. Unten, in dem gekachelten Labyrinth der U-Bahn-Station, hörte ich immer noch, wie diese fröhliche ukrainische Seele auf ihrer Plastikflöte den ungekünstelten Gesang der Waldvögel in die Luft von New York sprühte, und fragte mich, wie oft und wie schmerzlich er sich wünschte, wieder in Kiew zu sein.

Wenigstens hatte er so etwas Ähnliches wie ein Geschäft. Im Vergleich zu den Bettlern, die in der U-Bahn-Station Zuflucht suchten, war er ein *alrightnik*. Jede Station hatte ihre eigene Stammbevölkerung von verlorenen Bittstellern, und mit jeder Fahrt durch die Stadt stieg man hinunter in das hilflose Elend einer dritten Welt.

Die cleversten Bettler stellten die ursprüngliche Bedeutung des Begriffs *panhandler* wieder her: Sie schwangen Milchtöpfe mit langen Griffen, der Boden größer als die Öffnung, so daß die Almosen darin geschützt waren. Wenn man sie schüttelte, produzierten diese Töpfe ein geradezu ideales Geräusch: Das traurige scheppernde Klimpern der 25- und 10-Cent-Stücke auf Teflon hatte dieselbe Tonart wie die Saiten des Herzens. Nach dem Milchtopf kamen der Aluminiumhumpen, der Blechteller, die speckige Mütze, der Plastikbecher, die rissige und schmutzige offene Hand. Ein Dutzend Männer und Frauen im Abstand von einem Meter – ein rasselndes, klingelndes, klapperndes Kammerorchester von Verzweifelten.

Wettbewerb bedeutet Werbung. Einige der Bettler rollten ihre Ärmel und Hosenbeine hoch, um nässende Flecken violetten Narbengewebes, Wucherungen, Amputationen und offene Entzündungen herzuzeigen. Andere benutzten Methoden, die sie von Radio und Fernsehen kannten. Ein gutgekleideter Bettler an der Third Avenue brachte seinen Slogan – »Ich bin arm, ich habe noch kein Frühstück, Mittagessen, Abendessen gehabt, und ich suche Arbeit« – perfekt an den Mann. Der entgegenströmenden Menge zugewandt, spulte er seine Worte wie ein Schauspieler herunter, der mit wechselnden Interpretationen eine Passage aus *Hamlet* spielt. Er hatte auch eine Cocktailparty-Wegwerf-Version: Ach, übrigens, wissen Sie, »*ich* bin arm! *Ich* habe noch kein Abendessen gehabt! Und *ich* will arbeiten!« Dann nahm seine Stimme einen weinerlichen, flehentlichen Ton an: »Ich bin *arm* ... Ich habe kein *Abendessen* gehabt ... und ich will *arbeiten* ...« Er war ein richtiger »Milchtopf-mann«.

Immer wenn ich auf der Straße haltmachte oder zögerte, weil ich nicht wußte, welche U-Bahn ich nehmen sollte, tauchte jemand anderes neben mir auf, und immer war die Stimme diskret und vertraulich. Ich war ein Kummerkasten für gemurmelte Geschichten über verlorene Ehefrauen, verlorene Kinder, verlorene Bus-fahrkarten, verlorene Jobs, Hunger und Durst. 50 Cents oder einen Dollar – nie mehr – wollten die Leute haben. Mit einem Hörnchen, einem Hamburger, einer Tasse Kaffee, einer U-Bahn-Marke, sagten sie, wäre ihr Problem gelöst.

Mir fiel auf, daß ich immer mit »Sir« angesprochen wurde. Während der Großen Wirtschaftskrise hieß es: »Hast du mal 'n Zehner übrig, Kumpel?« 50 Jahre später waren wir keine Kum-pel mehr. Sie waren die Ausgestoßenen, und ich war der Mieter einer Wohnung mit uniformierten Portiers in der Eingangs-halle – kein Appell mehr an meinen Sinn für Brüderlichkeit. Ich bedauerte das Verschwinden dieses *Kumpels*; daß es ihn nicht mehr gab, war ein Zeichen für eine neue Grausamkeit im Leben von New York.

Die Bettler schliefen tagsüber die meiste Zeit auf irgendwelchen Bänken im Untergrund. Die Beleuchtung war grell, ein ständiges Knallen und Kreischen begleitete die ein- und ausfahrenden Züge. Mit ihren über den Kopf gezogenen schmutzigen Mänteln sahen die Bettler aus wie die tödlich verunglückten Opfer bei einem Verkehrsunfall. Nur weil sie ab und zu stöhnten und im Schlaf schrien, wußte man, daß sie noch lebten.

Nachts machten sie sich auf die Suche nach Überresten. Wenn ich spätabends nach Hause zurückkehrte, sah ich kleine Grüpp-chen von ihnen in den Nebenstraßen um die East 18th, wo sie Mülltonnen umkippten in der Hoffnung auf ein Stück Pizza oder eine halb ausgetrunkene Büchse Coors. Sie schwankten und stol-perten hin und her, viel zu schwach, um selbst in der dunkelsten Straße eine Bedrohung darzustellen – und zu dieser Stunde sprach mich ohnehin niemand an; sie wußten, daß gutgenährte

Männer des gehobenen Mittelstands sich schleunigst aus dem Staub machen, wenn sie bei Dunkelheit in Manhattan von Fremden belästigt werden.

Die geläufige Bezeichnung für diese Unglücklichen war *street people*, ein Ausdruck, der Begriffe wie Stadtstreicher, Wermutbruder oder Penner abgelöst hatte. Die Street People wurden als Stamm gesehen wie die Glockenbecher- oder Hügelgräberleute, und das zeigte recht deutlich, daß es heute viel mehr davon gab als noch vor einigen Jahren. In New York stellten sie ein ganzes Volk dar; eine arme Nation, die von den Überresten der Reichen lebte. Sie unterschieden sich anthropologisch durch ihre Hautausschläge, ihre verfallenen Körper, das spärliche Haar und die knochigen Gesichter. Sie sahen aus wie die Indianer in einem alten Western.

Der Ausdruck traf die Sache nur halb. Er scherte die Kriminellen und die Unbescholtenen, die Gefährlichen und die Harmlosen achtlos über einen Kamm. Er umfaßte die psychisch Kranken, die man im Zuge dessen, was man mit einem sublimen Euphemismus »Entinstitutionalisierungsprogramm« nannte, aus der Heilanstalt entlassen hatte, die Cracksüchtigen, Diebe, Alkoholiker, Tippelbrüder, die vorübergehend Arbeitslosen, die Geschiedenen, die ihren Unterhaltszahlungen nicht nachkamen, die Opfer von Mieterhöhungen und all diejenigen, die bei dem erschreckend hohen Standard, der in Manhattan schon für einigermaßen passables Wohnen und Essen herrschte, nicht mithalten konnten.

Es wurde erwartet, daß man vor den Street People Angst hatte, daß man, wenn man diese geschlagene Gesellschaft sah, sofort *Crack! Raubüberfall! Mord! Triebverbrechen!* dachte. Auf diese Weise wurden die Dinge für Appartementbewohner wunderbar vereinfacht, weil mit einem einzigen verbalen Schlag ein großer Brocken der Stadt aus dem Blickfeld verschwand.

Schon wenige Stunden nach meiner Ankunft war ich vollgepumpt mit Propaganda. Bummle nicht einfach – lauf immer entschlossenen Schrittes und signalisiere, daß du ein direktes Ziel hast.

Halte dich am äußeren Rand des Bürgersteigs. Meide Hauseingänge. Nimm nie »Augenkontakt« auf. Antworte nie, wenn man dich nach der Uhrzeit oder nach einem bestimmten Ort fragt. Geh nie weiter als bis zur 96th im Norden, bis zur Canal Street im Süden oder bis zur Ninth Avenue im Westen. Halt dich an »weiße« U-Bahn-Linien wie die Lexington Avenue Line und fahr nie mit der U-Bahn nach Einbruch der Dunkelheit. Betrachte jeden Ausflug in die Straßen von New York als Tiefffliegerangriff über feindlichem Territorium.

Das klang wie der Ratschlag, den Alice von der Königin bekam:

> Hierzulande mußt du so schnell rennen, wie du kannst, wenn du am gleichen Fleck bleiben willst. Und um woandershin zu kommen, muß man noch mindestens doppelt so schnell laufen … Sprich französisch, wenn es dir auf deutsch nicht einfällt – die Füße schön auswärts gesetzt beim Gehen! –, und vergiß nicht, wer du bist!

Wie Alice versuchte ich ihn so artig wie möglich zu befolgen, mit merkwürdigen Resultaten.

Ich straffte die Schultern, konzentrierte mich auf einen weit entfernten imaginären Punkt und marschierte mit schwingenden Armen wie ein Marathongeher drauflos. Im Nu hatte sich mein Blickfeld auf die Manhattaner Tunnelperspektive verengt. Die Street People wichen vom Zentrum an die Peripherie des Bildausschnitts; innerhalb von ein oder zwei Minuten wurden sie praktisch unsichtbar – reglose Requisiten wie die Hydranten und Abfalleimer. Links, links, links, rechts, links … Solange die Ampel *Walk!* blinkte, lief ich mit kontinuierlichen 10 km/h am Rand des Bürgersteigs entlang. Blinkte sie *Don't Walk*, blieb ich stehen, zog meinen Bauch ein und streckte die Brust heraus, wobei ich mir alle Mühe gab, einen Wachposten in seinem Häuschen zu parodieren. Es gab jetzt keine Street People mehr; nur noch die marschierenden Rücken von Männern in Straßenanzügen. Das physisch wahrnehmbare New York verwandelte sich in eine reine

Flugbahn, eine Geschoßbahn (mit einem rechtwinkligen Querschläger) zwischen dem Ausgang der U-Bahn und meinem Wohnblock.

Es war eine ermüdende Übung. Mein starrer Blick wurde immer wieder von Gesichtern, Schaufenstern und aushängenden Speisekarten abgelenkt. An der West 22nd Ecke Broadway fand ich einen freien Hydranten und ließ mich auf ihm wie auf einem Armsessel nieder, wie es die Street People taten, um die vorbeiziehende Menge zu beobachten. Jeder bewegte sich mit der steifen Mechanik eines Uhrwerks; jeder hatte denselben grimmigen Ausdruck im Gesicht. Wenn sie sich meinem Hydranten näherten, beschleunigten sie leicht von der Taille abwärts, sahen starr horizontal geradeaus und fegten in übertrieben großem Bogen an mir vorbei. Ich versuchte Augenkontakt herzustellen und konnte ein paar unvorsichtige Pupillen einfangen; blitzschnell, wie Fische, schossen sie in ihren Augenhöhlen zur Seite.

Es war eine interessante Erfahrung, von völlig fremden Menschen gezwungen zu werden, sich in Nichts aufzulösen. Ich hatte noch nie die Gewalt einer so offenen Verachtung verspürt – und alles nur, weil ich auf einem Hydranten saß. Jeder von diesen Kerlen wollte mich ausgelöscht sehen. Ich war ein Virus, ein schlechter Geruch, ein schmutziger Fleck, der weggewischt werden mußte. Es dauerte nur ein oder zwei Minuten, bis meine Empfindungen ihnen gegenüber in dieselbe Richtung gingen: Wäre ich noch eine Stunde auf meinem Hydranten geblieben, hätte ich mir nichts sehnlicher gewünscht, als einen Montierhebel oder den Kolben einer 38er in die Hand zu bekommen, nur um einen dieser Zombies wissen zu lassen, daß auch ich ein Mensch war.

Es gab die Street People, und es gab die Air People. Die Air People befanden sich, ähnlich wie Fakire, ständig im Schwebezustand. Sie verbrachten die meiste Zeit des Tages in oder, wenn sie darauf warteten, vor den Aufzügen, jenem Transportmittel, das für die Kultur des gehobenen Mittelstands von New York genauso unerläßlich war wie in der Renaissance die Gondeln für

Venedig. Das war der große Unterschied – in der Lage zu sein, auf einen Knopf zu drücken und in die Wohnung zu entschweben. Es spielte keine Rolle, ob man im sechsten, im 16. oder im 60. Stockwerk wohnte: Der Zugang zum Aufzug war Beweis genug, daß man den nötigen Auftrieb hatte, um sich in einer Stadt über Wasser zu halten, deren Grund als Reich des Versagens und der Bedrohung angesehen wurde.

In Gebäuden wie dem von Alice, wo die Mieter rund um die Uhr von Portiers geschützt wurden, war der Aufzug der Dorfanger. Sobald sich die Leute in die Sicherheit ihres Käfigs gerettet hatten, fingen sie an, in jovialer Offenheit mit Fremden zu reden. Wenn wir durch die Stockwerke schwebten, hörte man »Hi!« und »Bye!« und »Wo haben Sie das her? – Einfach toll« und »Ist das Wetter nicht schrecklich« … ein geselliges Geträllere und Gekreische, das deutlich machte, wie erleichtert jeder war, der beängstigenden Hartherzigkeit der U-Bahn und der Straßen entkommen zu sein.

Als ich in Alice' Appartement zurückkehrte – zu Kamillentee, Klavier und Notenblättern und der Patchworkkreatur auf dem Bett –, betrat ich mein eigenes Luftschloß auf Zeit; ein Leben in einer Seifenblase, das so weit von der untenliegenden Stadt entfernt war, als ob ich einen falschen Aufzugknopf gedrückt hätte und von der East 18th Street in eine ruhige kleine Stadt in Mississippi oder in die Höhle eines Gnoms in Zürich entführt worden sei. Wie die *tableaux vivants* auf dem letzten Stockwerk bei Macy's war Alice' Raum eine vollmöblierte Phantasie; weniger ein wirklicher Ort zum Leben als eine schöne Vorstellung, wie man leben könnte, wenn man nur nicht in Manhattan wohnte. Die Schuhschachtelputzigkeit, die übertriebene geschmackliche Ausgewogenheit und die museale Zurschaustellung von Kleinmädchensachen aus Alice' Kindheit waren eine Bastion gegen die Übergriffe der Stadt – ihre wilde Unordnung, ihre Vulgarität, ihre Härte. Wenn Alice nach New York in ihre Wohnung zurückkam, war sie auf der Flucht vor New York. Ich sah, wie sie die Vorhänge des Fensters zur Straße zuzog, eine Bachkantate auflegte und in die Lüfte entschwebte – ein Ballonfahrer hoch über dem gesetzlosen Chaos der Stadt.

Alle, die ich kannte, lebten so. Ihr New York bestand aus einer Reihe von hochgelegenen Interieurs in Gebäuden mit Portiers, dreifach verschlossenen Türen und elektronischer Überwachung. Sie hielten Kontakt, indem sie von einem Interieur zum nächsten flogen, wie gesellige Möwen, die von Klippe zu Klippe sausen. Für sie wurde das alte New York mit seinen Straßen, Plätzen und Vierteln immer mehr zu einer vagen Erinnerung an etwas weit Zurückliegendes. Es war der Ort, wo Fernsehkrimis gedreht wurden. Es war der Ort, wo die Street People lebten.

Diane, die ich seit 20 Jahren kannte, war, seit ich sie das letzte Mal gesehen hatte, ins Lager der Air People übergewechselt. Früher hatte sie im Parterre eines kleinen Reihenhauses in Greenwich Village gelebt; jetzt hatte sie eine Mietwohnung im 29. Stock einer Festung in der 30th Street.

Sie heutzutage zu besuchen war kaum weniger schwer, als am Buckingham Palace vorbeizuschauen, um ein paar Worte mit der Queen zu wechseln. In der riesigen marmorgetäfelten Eingangshalle des Gebäudes patrouillierten Männer, die mit ihren litzenbesetzten Mützen und überladenen Livrees an Offiziere im Dienst eines grimmigen südamerikanischen Diktators erinnerten. Abgewiesene Besucher saßen auf gepolsterten Bänken und warteten verzweifelt auf ihre Akkreditierung. Wenn es einem gelang, von einem Mitglied der Tontons Macoutes zum Aufzug eskortiert zu werden, empfand man das als außergewöhnliches soziales Privileg.

»Das sind die Sachen, womit die Leute heutzutage angeben«, sagte Diane. »Überall hört man die Frauen darüber reden, wie viele ›Männer‹ sie haben. Wir haben jetzt alle Männer. Hast du Männer?«

Ihr Appartement war ein sonnendurchflutetes, in der dünnen Luft von High Manhattan schwebendes Rechteck. Breite Fenster boten einen faszinierenden Ausblick auf Backsteingipfel und fahle Gebirgsketten. Nur das schwache Summen der Klimaanlage störte die alpine Kulisse. Dianes ganz in Weiß gehaltener Salon war nur spärlich möbliert, als ob sie in ihrem Leben eine Menge Ballast hatte abwerfen müssen, um so hoch zu kommen. Es gab ein paar gerahmte Familienphotos und zwei kleine Bilder von befreundeten Malern an den Wänden, eine Schreibmaschine auf einem Tisch und einen einzigen Blütenzweig …

»Eigentlich ist das hier so eine Art Nirgendwo. Aber genau das ist es, was ich an New York so mag, dieses *Nirgendwo*. Ein Nirgendwo mit Ausblick.«

Und so war es. Sie hatte einen luftigen Freiraum gefunden, einen sicheren Ort am Himmel.

»Schau mal, das da ist der East River …«

Ich mußte eine Weile suchen, bevor ich ganz oben, eingeklemmt zwischen den Mauern zweier Bürogebäude, ein kurzes Stück Fluß erkannte. Hinter einem getönten Fenster kam ein winzig wirkender Schleppkahn hervor und wurde sofort von einem Versicherungspalast geschluckt.

»Ich sehe gern die Schiffe vorbeifahren, wenn ich arbeite. Nachts hört man manchmal ihre Nebelhörner.«

Phantastisch. Alles, was ich jemals in New York gehört hatte, war das barbarische Heulen von Polizeisirenen; in Dianes Seifenblase bestand die Klangkulisse der Stadt aus einsamen Schiffen auf See, die im frühen Morgennebel mit der Strömung vorbeizogen. Vielleicht kam es letztlich doch darauf an, in welchem Stockwerk man wohnte. Je höher, desto leichter war es, in der Welt seiner eigenen Vorstellungen zu leben. Ab dem 30. Stock konnte man sich wahrscheinlich völlig von der Realität lösen. Im Vergleich zu Dianes Wohnung schien mir Alice' Appartement geradezu banal real, lag es doch immer noch im Gravitationsfeld der Straße und ihrer Menschen.

Hier mußte man schon die Nase gegen die Doppelscheiben pressen, um die Straße überhaupt sehen zu können. Tief unten, Welten entfernt, war die Hölle los. Durch eine backsteinrote Staubwolke hindurch sah man, wie Kräne und Bulldozer Häuser aus dem 19. Jahrhundert niederrissen, die Dianes großem Wohnblock gerade einmal bis zu den Knöcheln oder Knien reichten. Geschäfte wurden mit Brettern vernagelt. An einer Ampel wartete eine endlose Reihe schmutziggelber Taxis. Die Menschen waren nicht größer als Läuse auf einer Kopfhaut. Mit einem sehr starken Teleskop könnte man vielleicht die am Boden liegenden Bettler erkennen, die Crack-Dealer mit Piepsern in den Gesäßtaschen ihrer Jeans oder den Süchtigen, der in einem Eingang des zerfallenen Kaufhauses seinen Schuß ausschwitzte; aber für die, die im 29. Stock lebten, waren diese Dinge ebenso uninteressant wie für Touristen eine Führung durch die Kanalisation von New York.

In ihrer Lehrzeit als Air Person hatte Diane gelernt, tagelang hoch oben in den Lüften zu bleiben. Jeden Morgen brachte ihr rumänisches Dienstmädchen grauenhafte Geschichten von der Straße mit. Nachmittags kam eine Sekretärin zum Tippen. Abends meldeten sich Freunde bei den Portiers an und kamen – die Ohren noch zu von der Fahrt nach oben – auf einen Drink vorbei.

Ihre Tage wurden durch die Ankunft von »Männern« unterbrochen. »Männer« brachten Kartons mit Lebensmitteln, die telephonisch bestellt waren, an die Tür. »Männer« brachten, gleich stangenweise, französische Zigaretten, Kisten mit Wein und Stolichnaya, frische Blumen, Bücher, Zeitschriften und Zeitungen. Ich fragte mich, ob sie wußte, wo diese Waren herkamen. Tief unten in der unbewohnbaren Stadt gab es Geschäfte, die für die Air People nur Telephonnummern waren; dort wurden die Sachen zusammengestellt, eingepackt, berechnet und via Portier und Aufzug zugestellt, wie Botschaften in eine andere Welt.

Diane benutzte ihren Fernseher wie eine Videoüberwachungskamera, um das Geschehen auf der Straße, in unmittelbarer Umgebung ihres Wohnblocks, zu verfolgen. Vier Straßen weiter westlich brach ein Gebäude zusammen und begrub eine Frau 13 Stunden lang unter einem Aktenschrank. Es war im Fernsehen. Eine Straße weiter südlich wurde ein Wäscheausfahrer erschossen in seinem Lieferwagen aufgefunden. Der Täter, sagte ein Polizeisprecher im Fernsehen, mußte »äußerst professionell vorgegangen sein«. Jeden Tag registrierte unser Viertel eine Drogenrazzia, einen bewaffneten Raubüberfall, eine Vergewaltigung und einen Mord; es war immer im Fernsehen.

Für Diane waren Orte wie Brooklyn und die Bronx genauso weit entfernt wie Beirut und Teheran. *Niemand* fuhr dorthin. Die U-Bahn war ein häßliches Gerücht – sie hatte seit Jahren keinen Fuß mehr hineingesetzt. Trotzdem lief sie öfter allein durch die Straßen um die East 30th, was waschechte Air People nie wagen würden, und manchmal veranlaßte sie das, was sie im Fernsehen gesehen hatte, den Aufzug hinunter auf die Straße zu nehmen und durch ihr Viertel zum Ort einer Katastrophe oder eines Verbrechens zu laufen wie eine Kriegsberichterstatterin, die sich mutig auf das Schlachtfeld vorwagt, um eine Story zu ergattern.

Manchmal begleitete ich sie, wenn sie abends irgendwo in Uptown Manhattan zum Essen eingeladen war. Diese Abende hatten immer etwas von einem gefährlichen Einsatzkommando. Um acht Uhr war die Eingangshalle ihres Gebäudes voll von wartenden Air People. Der Portier kümmerte sich um ein Taxi, und dann rasten wir durch New York in die Gegend um die West 60th oder East 80th. Für mich waren Taxis viel schlimmer und beängstigender als die U-Bahn. Die Stoßdämpfer waren meistens von den Schlaglöchern in den Straßen schon seit langem ruiniert. Die kugelsichere Plexiglasscheibe zwischen uns und dem Fahrer war von Messern zerkratzt und mit den Jahren milchig und dunkel geworden; die blutroten Sitzbezüge waren zerrissen und durchlöchert. Der Fahrer war fast immer in einem Zustand ungezügelter Wut und bereit, sein Taxi als Waffe einzusetzen, als Exocet-Rakete im Krieg von New York. Über die schrecklichen Straßen zu holpern, während der Fahrer jedem, der ihm unter die Augen kam, Obszönitäten entgegenschleuderte, war eine Erfahrung, die bei den Air People keinen sehnlicheren Wunsch auslöste, als in ihren sicheren Horst zurückzukehren.

Bei meinem ersten nächtlichen Kommando mit Diane mußte der Fahrer an einer Ampel auf der Lexington Avenue halten. Da das Taxi völlig überheizt war, kurbelte ich mein Fenster herunter und starrte mit der arglosen Neugier eines Mannes hinaus, der die Grundregeln des Straßenlebens von New York völlig vergessen hatte. Meinem Blick gehorchend, löste sich aus der Dunkelheit eine Gestalt und kam humpelnd auf mich zu. Sie trug eine speckige, bestickte *jarmulke* auf dem Kopf. »Sir …« Aus seinem Mund tröpfelten lustlos ein paar Sätze von der Art, wie ich sie an dem Tag schon zwanzigmal gehört hatte. *Hab nichts zum Essen … keinen Platz zum Schlafen … Sir, haben Sie 50 Cent übrig?*

Ich suchte in meinem Portemonnaie nach einem Dollarschein, fand aber nur eine Zehndollarnote. Eine zarte Musikerhand mit brüchigen, rußschwarzen Fingernägeln griff danach. Der Mann, der ebensogut 17 wie 35 hätte sein können, starrte auf den Schein. »Das kann doch nicht Ihr Ernst sein! Mein Gott! Das *kann* nicht Ihr Ernst sein!«

Diane, der diese Szene peinlich war, starrte geradeaus, und ihr Blickfeld verengte sich zur Tunnelperspektive. Die Ampel blieb hartnäckig auf Rot.

Der Mann hielt die Zehndollarnote ins Licht der Laterne, rief »Oi weh!« und stopfte den Schein in eine Tasche. Dann begann er zu tanzen – einen verrückten, gehumpelten, zappeligen Tanz –, und während er tanzte, stöhnte er ein paar Worte vor sich hin, die jiddisch klangen. Er tanzte so lange, bis die Ampel auf Grün sprang, und humpelte dann zurück in den Schatten, in dem er lebte.

Als wir losfuhren, sah ich, wie der Fahrer durch den Rückspiegel seinen Blick auf mich richtete. Er war nicht freundlich. Der Fahrer sagte: »Blödes Arschloch – mach das Fenster wieder hoch!«

Es war eine Fahrt, bei der einem die Handknöchel weiß wurden. Diane saß kerzengerade, redete kein Wort und klammerte sich an den Haltegriff vor ihr, während das Taxi durch die düstere Gegend um die 30th Street sauste. Auf dieser Ebene und zu dieser Stunde sah ganz New York häßlich, kantig, rußschwarz und entstellt aus, ein Reich böser Träume. Auf den Bürgersteigen sah man nur noch Street People. Jetzt begann die Zeit, in der die Dinge passierten, die man am nächsten Morgen im Frühstücksfernsehen oder auf den groß aufgemachten Titelseiten der *Post* und *Daily News* wiederfinden würde: Vater ersticht dreijährigen Sohn – hielt ihn für den Satan. Mann erschlägt zwei Verwandte mit Knüppel. Querschläger tötet Frau in Hauseingang. Personenverwechslung – verurteilter Mörder auf der Flucht.

Wenige dieser Fahrten dauerten länger als zehn oder elf Minuten: Sie waren gerade lang genug, um einen kurzen Blick auf die Welt zu werfen, die man fürchtete. Dann tauchte plötzlich wieder ein neuer Portier in exotischer Livree auf, und man wurde durch Customs & Immigration in eine neue Eingangshalle geschleust.

Ein Aufzug, der genauso aussah wie der, den wir gerade verlassen hatten, zauberte uns mit einem langen, tiefen, mechanischen Flüstern nach oben. Auf der gewünschten Höhe traten wir in eine Halle in Pseudotudor, wo ein philippinischer Diener Mäntel entgegennahm; und dahinter ein prachtvoller Salon, dessen hohe Decke verschwenderisch mit pseudogeorgianischem Stuck verziert war. Die Gäste, die vor uns angekommen waren, saßen auf einem Ledersofa mit Messingbeschlägen um einen offenen, mit verblüffend naturalistischer Plastikasche dekorierten Kamin, in dem ein »Holzfeuer« loderte. Auf dem holzgeschnitzten Kaminsims stapelten sich geprägte Einladungskarten für Wohltätigkeitsessen und Gedenkgottesdienste.

Es gab verschiedene Anklänge an Macy's neuntes Stockwerk: eine Wand mit Büchern in weinroten Ledereinbänden; ein großer japanischer Paravent; ein Stilleben, französische Schule, mit schlachtfrisch gegrilltem Hasen, ausgewählten Früchten und Blumen, das dreimal so groß war wie das bei Macy's. Mein erster Eindruck war, daß wir da irgendwie auf eine Party in der Bibliothek eines schottischen Schlosses Mitte der zwanziger Jahre geraten waren.

Ich konnte mich nicht auf die Unterhaltung konzentrieren, bei der es um deutsche Pedanterie bei der Neubearbeitung von Joyce' *Ulysses* ging – ein Thema, mit dem ich mich unter normalen Umständen schnell angefreundet hätte. Während ich auf der Kante des Ledersofas saß und die über unechten Holzscheiten hochschlagenden Gasflammen beobachtete, dachte ich: Frau getötet, Vater ersticht, Verwandte erschlagen, ich dachte an den Mann mit der *jarmulke* und das Wort Arschloch, das mir nicht aus dem Kopf ging. *Hier oben* fiel es einem schwer zu glauben, daß es ein *Da-Unten* gab, so wie man sich *da unten* kaum die gepanzerte Extravaganz von *hier oben* vorstellen konnte.

Dieses New York, die Stadt der Air People, tat alles, um sich von der anderen, der abscheulichen Stadt gleichen Namens, zu lösen. Und was wäre, wenn man eines Tages ein Zittern unter den Füßen spüren und das Krachen und Ächzen plötzlich nachgebender Stahl- und Betonstreben hören würde? Im Augenblick wurden die beiden aufeinandergetürmten Städte noch durch die dünne Nabelschnur des Aufzugs zusammengehalten, unersetzlich als Transportmittel für die *Times* und das *Wall Street Journal*, für Steaks und Zucchinis, frischgewaschene Hemden, Chateau Léoville-Barton, Dienstmädchen, Blumen, Freunde und Gäste. Schrei dir nur das Herz aus dem Leib, Mann mit der *jarmulke*! Hier oben schweben wir im Himmel, hier ist die Luft glasklar, und der Blick taucht in ein Meer von leuchtendem, makellosem Indigoblau. Du bist tief unter der Wolkendecke. Du bist nicht einmal ein Punkt für uns, *Kumpel*.

»Wie hieß dieser Arzt aus Dublin gleich wieder?«

»Hast du Susans Artikel in der letzten Ausgabe gelesen?«

Von der ungewohnten Höhe ganz betäubt, nahm ich meinen Platz am Tisch ein.

Jeder träumte. Das Wort kam einem aus allen Richtungen entgegen. In der U-Bahn-Station an der 22nd Street war eine Bank ständig von einem Schläfer mit hoch über den Kopf gezogenem Mantel belegt, der mir mit jedem Tag mehr wie ein echter Toter vorkam. Er (oder sie oder es) lag unter einem Werbeplakat für die New Yorker Lotterie, auf dem zu lesen war ALLES, WAS SIE BRAUCHEN, IST EIN DOLLAR UND EIN TRAUM. Immer wenn ich Alice' Fernseher einschaltete, hörte ich Politiker über ihre ersten Träume sprechen. Der republikanische Präsidentschaftskandidat wiederholte ständig seinen Traum von einem freundlicheren, geläuterten Amerika. Der Kandidat der Demokraten wurde von seiner Werbeagentur als jemand verkauft, der »den Traum gelebt« hatte, weil er der Sohn eines Einwanderers war. Jeder Kongreßabgeordnete und Senator schien unter dem seltsamen Zwang zu stehen, den Geist Martin Luther Kings heraufbeschwören zu müssen, indem er den Satz »Ich habe einen Traum« einfließen ließ, bevor er seine von Ghostwritern verfaßte Position zu SDI, zur Gesundheitsfürsorge oder zum Defizit im Staatshaushalt darlegte.

»In *unserem* Land«, sagte Alice ziemlich finster, »fürchte ich, würden die Leute es nicht besonders gern sehen, wenn Politiker so wie hier über ihre Träume reden. Die Leute würden sie für leicht bescheuert halten. Da, wo ich herkomme, gelten Träumer als hilflose und realitätsferne Leute, die sich nicht einmal die Schuhe selber zuschnüren können. Aber in Amerika«, fügte sie höflich hinzu, »ist sowieso alles vollkommen anders, und Träume sind für Amerikaner *viel* realistischer als für uns.«

Da hatte sie recht. *Traum* war das Schlüsselwort für jenes Streben nach Erhabenheit, Fortschritt und Erfolg, das von der Republik als demokratisches Recht sanktioniert worden war. Wie es der Sprecher einer Fernsehwerbung für eine Investmentgesellschaft in tiefem Ernst formulierte: »…weil Amerikaner Erfolg haben und nicht nur überleben wollen…« Erfolg bedeutete hier nicht nur, von Position A zu einem komfortableren Pöstchen auf Position B zu kommen; es war eine in der Persönlichkeit und im Nationalcharakter verwurzelte Eigenart – ein spezifisch amerikanischer Seinszustand, der mit einem ständigen Streben, Ringen und Werden verbunden war. Träumen bedeutete, dem Glauben treu zu bleiben, daß es immer wieder eine neue Grenze gab, immer noch mindestens ein Stockwerk über dem, in dem man jetzt lebte. Es war das Markenzeichen des echten Amerikaners. So hatte man auch bei Macy's – nachdem man über ein Jahrhundert das Motto »Wer klug ist, spart« propagiert hatte – in den letzten 15 Jahren auf Teufel komm raus versucht, den Traum zu verwirklichen, durch Imageaufwertung und Preisanhebung. Das Kaufhaus, das früher für die schwer bedrängte, nach Sonderangeboten jagende Arbeiterklasse New Yorks da war, hatte sich voll auf die gesellschaftlichen Ambitionen der Air People eingestellt; und die Veränderung bei Macy's spiegelte eine tiefgreifende – und bedauerliche – Veränderung im Leben der Stadt selbst wider.

Ich saß im Büro des Kaufhausdirektors am Herald Square und ließ mir die wundersame Aschenbrödel-Geschichte eines Kaufhauses erzählen. »Vor Finkelstein –«, sagte er; bei Macy's galt 1974 als das Jahr Null. *Vor Finkelstein* und *nach Finkelstein*.

»Waren wir schäbig… alt… es ging ständig bergab. Es war einfach kein Schwung in dem Laden. Wir hatten so ein Matronenimage. Kein Konzept, jedes Jahr ein neuer Vorstand – lauter schlechte Omen. Wir näherten uns immer mehr dem unteren Ende der Skala.«

Dann kam Finkelstein als neuer Präsident in die New Yorker Filiale. So wie der Direktor Finkelstein beschrieb, hatte er mehr als nur flüchtige Ähnlichkeit mit einem anderen Präsidenten. Der Vergleich drängte sich auf: Auch er kam aus dem Westen, von Macy's in Kalifornien, angeritten, und ihm wurde das Verdienst zugeschrieben, daß Macy's Leute wieder stolz darauf waren, zu Macy's zu gehören.

Es war Finkelstein, der dem Slogan »Wer klug ist, spart« ein Ende machte. »Vor Finkelstein war Macy's nur ein Laden für Moderate.«

»Moderate?«

»Moderate. Moderates Einkommen, moderate Kunden. Sagen wir die ›weniger Reichen‹.«

Mir gefiel dieser makaber orwellsche Ausdruck.

»Jetzt stoßen wir in die oberen Ränge vor.«

Finkelstein hatte begonnen, »die Moderaten zu verlieren«, indem er die Sonderangebote, für die Macy's berühmt gewesen war, aus dem Tiefgeschoß verbannte. An ihrer Stelle hatte er den Cellar eingerichtet, eine gläserne Luxusladenzeile, wo man »französisches« Brot, handgemachte Pralinen, Espressomaschinen, Fonduegeschirr, Rechauds, Silberbesteckkoffer und »Gourmet«-Eßkörbe kaufen konnte. Im Erdgeschoß gab es vor Finkelstein Süßigkeiten, Arzneimittel und Kurzwaren. Nach Finkelstein zogen dort Parfums, Schals und Handtaschen sowie Konzertpianisten und Mädchen in Netzstrümpfen und Zylinderhüten ein. In den oberen Stockwerken sonderte er die Jeans und die billigen Synthetiks aus und installierte die großen Markennamen – Calvin Klein, Giorgio Armani, Ralph Lauren.

Macy's verkaufte auch weiter viele billige, praktische Sachen, die man in exklusiveren Kaufhäusern wie Bloomingdale's oder Bonwit Teller nicht finden konnte, aber sie wurden mehr und mehr in die abgelegeneren Bereiche des Hauses verbannt, auf Etagen, die etliche Fahrten mit der Rolltreppe erforderten.

»Bei moderaten Kunden spielt es keine Rolle, wo man die Ware plaziert. Die Moderaten suchen und finden sie auch ...« Finkelstein, der in dem New Yorker Vorort La Rochelle als Sohn eines Milchhändlers aufgewachsen war, hatte ein Gespür für die Stadt. Es war eine kluge Entscheidung, Macy's aufzuwerten, obwohl sich das Haus in einem Viertel befand, das heute zu den schäbigsten von Midtown Manhattan gehört, auf der hektischen Schmuddelmeile zwischen Times Square und Penn Station; eine Gegend voller Obdachlosenheime, Bettler, Taschendiebe und Drogensüchtiger. Macy's Hauptrivale bei der moderaten Kundschaft war Gimbel's, das nur einen Katzensprung entfernt auf der Südseite der 34th Street lag; und Gimbel's konzentrierte sich nach wie vor auf die Moderaten. Zehn Jahre lang ging es mit den Geschäften ständig abwärts. Zu Beginn von Reagans zweiter Amtszeit jagte ein Sonderpreis den anderen, ein letzter verzweifelter Versuch, die Kunden zurückzugewinnen. Schließlich ging Gimbel's pleite.

Mit Moderaten war kein Geschäft mehr zu machen. Kein Moderater, der etwas auf sich hielt, wollte als Moderater behandelt werden; und Finkelstein schickte sich an, seine Kunden zumindest in der Illusion von aristokratischem Luxus zu wiegen.

Die verschiedenen Phasen dieser sozialen Klettertour spiegelten sich in der Sprache der Kaufhauswerbung wider. 1933 zum Beispiel umriß Macy's in einem Versandkatalog seine Philosophie in jener kleinkarierten Terminologie, durch die es sich von allen anderen New Yorker Warenhäusern unterschied:

> Wir verkaufen nur gegen bar. Auf diese Weise, wie durch rationelle Arbeitsmethoden und entsprechendes Warenvolumen, sparen wir nach unseren Schätzungen sechs Prozent. Wir bemühen uns, diese Einsparungen an unsere Kunden weiterzugeben, vorbehaltlich der Beschränkungen, die nicht in unserem Ermessen liegen …

Anfang der siebziger Jahre, kurz vor Finkelstein, war der Tenor immer noch derselbe, wenngleich die Sprache wesentlich schwungvoller klang.

> Ein Blick auf unsere Preise dürfte auch dem kritischsten Auge schier unglaublich vorkommen! (Weihnachtskatalog 1970)

> Captain Rowland H. Macy glaubte an niedrige Preise, als er vor 113 Jahren Macy's gründete. Wir tun es immer noch! (Weihnachtskatalog 1971)

Es dauerte eine Weile, bis sich die Werbeabteilung auf Finkelsteins Geschäftsstil einstellte. 1977 setzte sie in ihrem Katalog für den Cellar auf eine Sprache teurer, goldener Worte:

> Steigen Sie hinunter in das pulsierende Leben des Cellar, wo Sie alle Genüsse dieser Welt in einer faszinierenden Melange erwarten. Ein Marktplatz, der alles bietet, was den Gaumen erfreut und die Sinne berauscht. Von pikanten Delikatessen bis zu Pralinés aus der Alten Welt. Ein kulinarisches Wunderland …

Und so ging es weiter – mit kleinen Tupfern in Französisch, selbstbewußten Archaismen und poetischen Versatzstücken.

Doch war das noch sehr zurückhaltend im Vergleich zum Katalog von 1988. Status war angesagt:

> Hüllen Sie sie in Tapisserien… Die Lederwaren-Kollektion von Mark Cross begleitet die erfolgreiche Frau durch ihren arbeitsreichen Tag… Abendtäschchen mit integriertem Solarrechner von Princess Gardner. Bossiertes Eidechsenleder von Karung… Edles Kristall von Baccarat, einst Privileg der Könige. Hasenskulptur für Tierliebhaber, $ 69,00… Spitzenbesetzte Seidennegligés… Judith Leibers juwelenbesetzter, vergoldeter Affe. Ein Kunstwerk und ganz nebenbei noch eine Handtasche…

Dieses letzte – äußerst kuriose – Objekt kostete $ 1980. Selbst die banalsten Artikel waren in Worte gehüllt, die Assoziationen zu Aristokratie, Antike, exotischen Tieren und Kunst ermöglichten. Was früher eine »Artikelserie« war, hieß jetzt »Kollektion«, und die Werbetexter bemühten das ganze Vokabular des Kunstmuseums, um den Waren den Glanz zeitlosen (ein Lieblingswort) Werts zu verleihen. Markennamen waren jetzt Signaturen von Künstlern, und man versuchte dem Kunden mit allen Mitteln zu suggerieren, daß die Hand des Künstlers bei jedem Objekt der Kollektion persönlich im Spiel war. In ungewollter Anlehnung an die inzwischen allgemein diskreditierte Marxsche Theorie über den Wert der lebendigen Arbeit forderten Macy's Werbeleute den Kunden auf, »eine Arbeit« zu kaufen und nicht nur ein Kleid oder eine Handtasche.

In dieser verschwenderischen Sprache wurde die New Yorker Bekleidungsindustrie geschickt zu einer Art Gobelin-Manufaktur – einem großen Atelier visionärer Künstler – hochstilisiert. Hier, in einem verstaubten Dachzimmer mit Bleiglasfenstern, konnte man sehen, wie Ralph Lauren geduldig sein »Polo«-Logo auf ein Hemd nähte… *für Sie, nur für Sie.* All das war so weit von Daniel Boorstins »Demokratie der Kleidung« entfernt, wie man es sich nur vorstellen konnte.

In einer Beziehung zumindest wurde die Sprache der Realität gerecht. Ihre Maßlosigkeit entsprach einer Entwicklung, die sich auch in der Stadt vollzogen hatte – ein Ausbluten des lohnabhängigen Mittelstands, der Moderaten also, für die Macy's traditionell *das* Kaufhaus gewesen war. Da sie nicht in der Lage waren, sich »Männer« zu ihrem Schutz zu leisten, waren sie vor der steigenden Kriminalität geflohen, während gleichzeitig die Mieten in Manhattan so drastisch in die Höhe gingen, daß nur noch die maßlos Reichen und die maßlos Armen dort leben konnten. Als Finkelstein sich anschickte, den »oberen Rängen« den Hof zu machen, folgte er einem klaren demographischen Trend. Die Moderaten verschwanden nach und nach aus der Stadt. Der eigentliche Mittelstand von New York bestand jetzt aus jener uniformierten Armee, deren Aufgabe es war, die Reichen vor den Übergriffen der Armen zu schützen.

An einem Sonntag saß ich in Alice' Appartement und rechnete. In dem Zimmer gab es kaum Platz für mich *und* die 103 verschiedenen Sparten der *New York Sunday Times*. Diese niedrige Einpersonenschachtel in einem »sicheren«, wenngleich uneleganten Wohnblock kostete $ 1350 pro Monat oder $ 16 200 pro Jahr. Geschenkt, wie mir all meine New Yorker Freunde sagten. Auf die Frage, wieviel Miete ich ihrer Meinung nach monatlich zahle, nannte jeder einen Betrag, der näher an $ 2000 lag.

In der *Times* suchte ich nach einem Job, der mir den unluxuriösen Lebensstandard sichern würde, an den ich mich zu gewöhnen versuchte. Ich machte mich 15 Jahre jünger, verlieh mir einen akademischen Titel der Harvard University in Literatur und verfügte natürlich über mehrere Jahre Erfahrung in der Werbe-, Verlags- und Zeitschriftenbranche. Ich war ein Single um die 30, so eine Art Yuppie; einer von denen, die das *New York Magazine* mit besonderer Vertraulichkeit anspricht.

Es gab meterweise Stellenangebote, und die Jobs klangen alle sehr gut. Ich könnte Redakteur werden, Reporter, Pressesprecher, Bibliothekar – alles mögliche. Der einzige Haken war, daß keiner der Jobs so gut bezahlt wurde, daß ich in Alice' Appartement hätte bleiben können. Ich würde leicht $ 25 000 bis $ 30 000 im Jahr verdienen; wenn ich Glück und gute Referenzen hätte und beim Vorstellungsgespräch einen glänzenden Eindruck hinterlassen würde, käme ich vielleicht gerade noch an $ 40 000 heran; aber das wären immer noch $ 10 000 weniger als das Minimum von $ 50 000, das nach meinen Berechnungen notwendig war, um sich ein Leben in einem kleinen Appartement in Manhattan leisten zu können.

Ich würde umziehen müssen – raus nach Jersey oder in die Boroughs. Das hieße dann tägliche Fahrten mit der U-Bahn oder, schlimmer noch, mit dem Bus zum Trümmerhaufen des Port Authority Terminal. Trotz meines Harvard-Studiums und meines nagelneuen Hemds von Brooks Brothers war ich, wie ich mit wachsender Ernüchterung erkannte, ein Moderater.

Isabel gehörte zu den Air People. Ihre Wochenenden dauerten immer bis Dienstag, erst dann fuhr sie mit dem Zug von ihrem Farmhaus im Norden von New York State in die Stadt zurück. Ihr Mann war Börsenmakler an der Wall Street; er hatte eine komplizierte Familiengeschichte, einen albanischen Nachnamen und sprach Amerikanisch immer noch mit einem leicht französischen Akzent. Er besaß einen Stall Pferde und nahm regelmäßig an Parforcejagden teil. Ich sah ihn, wie er in rotem Rock grölend durch die Berkshires ritt, in wilder Jagd nach einem lebendigen Fuchs oder auch nur einer entsprechend aromatisierten Attrappe. Isabel mochte keine Pferde. Sie malte; zarte Aquarelle von Pflanzen und Blumen auf Velinpapier.

Das Paar hatte eine Wohnung in der Park Avenue, auf Höhe der 80th Street, und von dem großen Fenster im Eßzimmer hatte man einen freien Blick über die Madison und Fifth Avenue bis zu den offenen Grünflächen des Central Park. An diesem Fenster baute Isabel ihre Staffelei auf. Wenn sie hier saß, konnte sie völlig vergessen, daß sie in New York war. Während Paul seinen Tag damit verbrachte, unten an der Wall Street in ein Telefon zu brüllen (oder was immer er dort tat – Isabel war hier sehr vage), feuchtete sie die Spitze ihres Pinsels zwischen den Lippen an und ließ nach und nach die ganze »Gräßlichkeit« Manhattans von sich abgleiten. Wenn sie von ihrer Arbeit aufblickte, sah sie den blauen Himmel und ein grünes Feld mit Sandsteinblöcken. Sie hätte ebensogut in ihrem 300 Kilometer entfernten Farmhaus sein können.

An einem Mittwoch morgen begann sie eine Distel im Nadelkissenrot der Spezies *Dipsacus fullonum* zu kolorieren. Die feine Kreuzschraffierung der Pinselstriche zeigte bereits Flächenwirkung. Sie arbeitete unter Zeitdruck: Die echte Distel, die sie von der Farm mitgebracht hatte, welkte schon in ihrem Marmeladenglas dahin. Sie sah einen Augenblick zum Park hinüber – und stellte fest, daß der Park nicht mehr da war.

Sie mußte verrückt sein! Als ihr Gehirn die von den Augen übermittelte Nachricht empfing, meldete es ERROR – RESET. Sie versuchte es noch einmal; wieder kam die ERROR-Meldung.

Wo der Central Park hätte sein sollen, war jetzt ein graues geriffeltes Etwas aus Beton, an dem Männer in Schutzhelmen arbeiteten. Ein Mann mit einer Schubkarre voll Zementschlamm starrte sie an. Er war 20 Meter entfernt. Sie konnte es nicht glauben. Sie war in der falschen Wohnung, auf dem falschen Stockwerk … Wenn sie sich bloß beruhigen könnte, würde sie schon wieder klar sehen, der Mann würde verschwinden und der Central Park zurückkommen … Aber dem war nicht so.

Sie zitterte am ganzen Körper, als sie ihren Mann über die Privatnummer in seinem Büro anrief. Das erste Mal verwählte sie sich, weil sie nicht wagte, die Augen von dem Ding vor ihrem Fenster abzuwenden. Beim zweiten Mal klappte es.

Er hatte seit dem Frühstück etwas über zwei Millionen Dollar umgesetzt. Er hatte sich gerade die erste von fünf Zigaretten angezündet, die er sich tagsüber gönnte. Er war nicht erfreut, die Stimme seiner Frau am Telefon zu hören. Er rührte mit einer Plastikspachtel in seinem Kaffeebecher und sagte die ganze Zeit nur: »Ja! … ja! … ja!« Er hielt den Hörer ein paar Zentimeter vom Ohr entfernt; wenn Isabel aufgeregt war, fand er ihre Stimme unerträglich hoch und schrill. Schließlich sagte er: »Okay, Darling, okay. Ich bringe das schon in Ordnung, wenn ich nach Hause komme«, worauf er eine dicke Rauchwolke in die Luft blies und den Hörer auf die Gabel legte.

Danach haßte Isabel Disteln.

Das neue Macy's verdankte Ralph Lauren viel. Die theatralischen Arrangements von wertvollem englischem Trödel und alten Sportartikeln waren abgewandelte Versionen dessen, was in Laurens eigenem Geschäft, dem früheren Rhinelander Mansion in der Madison Avenue, gezeigt wurde. Im Jahr 1985 hatte Lauren 30 Millionen Dollar investiert, um dieses Gebäude in eine prunkvolle Phantasie zu verwandeln, wo die Kunden empfangen wurden, als kämen sie in das Privathaus des 14. Earl of Ardnamurchan und nicht in einen Laden. Nachdem man sich behutsam an zahlreichen Tischen vorbeigeschlängelt hatte, auf denen Vasen mit frischen Blumen standen, mußte man sich unter Aufsicht eines als Butler getarnten FBI-Schwergewichts in ein ledergebundenes Gästebuch eintragen. Überall hingen Ahnen und Geweihe; ausgestopfte Füchse, ausgestopfte Fasane, ausgestopfte Fische, Schmetterlinge in Glaskästen, Schrotflinten, Pferdegeschirr. Die Preise der Waren standen auf handgeschriebenen Kärtchen, in gestochen scharfer, sepiafarbener Schrift, als ob jedes Baumwollhemd ein Museumsstück wäre.

Lange hatte Lauren sich gewehrt, seine Kollektionen bei Macy's zu verkaufen. Er wollte nicht, daß seine wertvollen Objekte in einem Discountladen für Moderate gesehen wurden, und Finkelstein hatte mehrere Monate damit verbracht, Lauren zu überzeugen, daß seine Träume von sozialer Erhabenheit mit denen von Macy's vollkommen in Einklang standen. Seitdem war der Jahresumsatz von Ralph-Lauren-Produkten in allen Macy's-Filialen der Vereinigten Staaten über die 250-Millionen-Dollar-Marke geklettert.

Lauren war in der North Bronx aufgewachsen, wo sein Vater, ein russischer Einwanderer namens Frank Lifshitz, als Anstreicher arbeitete. Er besuchte die De Witt Clinton High School, brach ein Studium am City College of New York vorzeitig ab und arbeitete ein paar Monate als Verkaufslehrling bei Brooks Brothers, wo er sich ein für allemal in altes Geld vernarrte. Ralph Lifshitz wurde Ralph Lauren. Ein Photo des 22jährigen Lauren zeigt einen jungen Mann, der sich verzehrt nach dem Glanz von Eliteschulen wie Groton und St. Mark's, nach den Sommern am Cape Cod, dem Footballspiel zwischen Princeton und Yale und dem alten Familiensitz auf dem Beacon Hill in Boston.

Seitdem diktierte Lauren den urbanen amerikanischen Geschmack der Reagan-Ära. Wie es eine Anzeige von Bloomingdale's ehrfürchtig formulierte: »Ralph Lauren. In dieser Zeit verkörpert kein amerikanischer Designer auf vollkommenere Weise unsere Traditionen, unsere Werte und unseren Lebensstil.« Heute, im Jahr 1988, hatte Ralph Lauren einen geradezu sakralen Status. Sein Name war jetzt ein magisches Symbol wie der Name Kennedy oder Scott Fitzgerald oder Rockefeller. Er stand für weitaus mehr als nur für sich. Lauren selbst rühmte sich: »Ich mache keine Kleider – ich schaffe eine eigene Welt.«

Die Welt des Ralph Lauren war eine ländliche Idylle. Fernab von jeder Realität idealisierte er das Land, die Vergangenheit und ein Klassensystem, das Amerika selbst nie gekannt hatte. Wie ein arkadischer Dichter des 17. Jahrhunderts, der das Leben von Hirten und Hirtinnen (wie Corydon und Phyllis) idealisierte, fand Lauren das Erhabene in der imaginären Gesellschaft von adeligen Damen und Herren. Die Pastorale war traditionell eine Form, in der sich Aristokraten in sentimentalen Schwärmereien für die Arbeiterklasse ergingen: In Laurens neuer amerikanischer Pastorale fand der Junge aus der Bronx und Schüler von De Witt Clinton Glück, Schlichtheit und Unschuld – die großen pastoralen Tugenden – im Leben der englischen Oberschicht während der Blütezeit des Empire und der Radschas.

Bei Macy's, Bloomingdale's und in Laurens Geschäft in der Madison Avenue 867 verbrachte ich ganze Tage mit dem Versuch, die einzelnen Stücke der Welt des Ralph Lauren zu einem Ganzen zusammenzusetzen. Es war ein seltsamer Ort, ein Ort, an dem sich, ähnlich wie im Haus hinter den Spiegeln, das Vertraute zu etwas zutiefst Fremdem verzerrte.

Es gab keine Landwirtschaft im Land des Ralph Lauren; keine Gutspächter, keine Kleinbauern. Industrie war beschränkt auf Wildkonservierung, Hauswirtschaft und Tierpräparation. Irgendein altes Einfriedungssystem hatte das Land in einen gigantischen Naturpark verwandelt. Wie Yellowstone war er nach amerikanischen Maßstäben konzipiert, aber seine Vegetation und seine Tierwelt stammten weitgehend aus Kent, die Sumpfhühner aus irgendeinem Moor in Yorkshire, das Rotwild aus einem schottischen Forst, die Polofelder aus Jaipur.

Es war eine Landschaft, die ausschließlich für sportliche Betätigung, meist von der blutigen Art, geschaffen war. Sie war durchdrungen vom Klang des Jagdhorns; immer lag ein Geruch von verbrauchter Schrotmunition in der ansonsten frischen Luft. Plätschernde Bäche lieferten der Fliege des Anglers dicke braune Forellen. Fasane und Rebhühner stoben mit ihren plumpen Flügeln aus ihren Schlupfwinkeln hoch. Das Klima war merkwürdig: Sogar im Hochsommer (und es war immer Hochsommer im Land des Ralph Lauren) waren die weißen Abhänge der Hügel mit skifahrenden Figuren dekoriert. Auf den Flüssen kämpften insektenähnliche Achter unter ständigem Rudergeklatsche um Trophäen. Die Meeresküste war übersät mit jenen Jachtclubs, die 99 Prozent der Mitgliedsanträge ablehnen. Jede Koppel hatte ihr Pferd, und neben jedem offenen Kamin gab es einen Hund mit Stammbaum.

Die Mädchen spielten Lacrosse; den Jungen brachte man bei, wie sie den Abzug ihrer Purdey-Flinten zu betätigen hatten. Die Architektur bestand aus verwittertem Backstein und weißen Holzbrettern. Strenge Bestimmungen verhinderten, daß es im Land Ralph Laurens über vier Stockwerke hohe Häuser gab. Überraschend eigentlich, daß man keine Kirchen sah.

Der Symbolgehalt dieser pastoralen Vision wurde meist nicht

direkt aus England bezogen, sondern von der PBS-Fernsehserie *Masterpiece Theatre* und ihrem Repertoire von Seifenopern mit Einführungen von Alistair Cooke. Lauren hatte seine Welt nach den Bühnenbildern für *Upstairs, Downstairs, Brideshead revisited* und *The Jewel in the Crown* erbaut. Das Ganze war die Arbeit eines engagierten Fernsehfans. Der Unterschied zwischen den Filmproduzenten und Lauren bestand darin, daß die Fernsehserie mit einem Verschnitt frisierter historischer Fakten arbeitete, während es Lauren in seiner Version gelungen war, die letzten Spuren von historischer Realität auszumerzen. Er hatte sie in eine rein amerikanische Fiktion verwandelt, eindeutig wie ein Märchen aus dem Schlaraffenland.

Wenn man versuchte Laurens Welt danach zu beurteilen, *wofür* sie eintrat, wurde sie zu einem unwirklichen Spinnengewebe – so schwachsinnig, daß keiner, der klar im Kopf war, sich ernsthaft dafür begeistern konnte. Ihre eigentliche Macht lag in dem, was man heutzutage die geheime Botschaft nennt. Das, *wogegen* sie war, ließ sie funktionieren.

Sie revoltierte gegen die Stadt – gegen einen vom Stadtleben todkrank gewordenen urbanen Stil. Ihre Glorifizierung von Cottage und Landhaus, von weiten, offenen Räumen, von Jagdrevieren, Pferden und Jachten hatte weit mehr mit dem modernen Manhattan und der Bronx zu tun als mit dem alten oder neuen England.

Sie rühmte das Handwerk im Gegensatz zur industriellen Produktion. Dabei waren Ralph Laurens Waren selbst industriell hergestellt, und zwar auf einer Massenbasis, die jeden Konfektionskleiderfabrikanten der zwanziger Jahre verblüfft hätte. Doch Laurens Signatur, das Polo-Emblem, die falschen Handstickereien sowie das Ambiente des ländlichen Kunsthandwerks, in dem die Kleider vermarktet wurden, gaben dem Kunden von Ralph Lauren das Gefühl, in die Welt seiner Urgroßmutter zurückzukehren, wo der Hausschneider immer mit Schere und Metermaß bereitstand. Die Leute nannten ihn »Ralph«, als ob er Zigi oder Ludo wäre, die Kumpels von nebenan.

Sie verschmähte die Gegenwart. In der Welt des Ralph Lauren war die Vergangenheit immer besser, freundlicher und edler – eine Vorstellung, die Laurens Vater sicherlich ebenso verblüfft hätte wie die meisten New Yorker seiner Generation, für die die Vergangenheit Armut, Hunger und Unterdrückung bedeutet hatte. Daß der Sohn eines Einwanderers das Europa, aus dem seine Familie geflohen war, als Urquell von Reichtum und Eleganz nutzen sollte, war eine bittere und seltsame Ironie. Doch fand die Vorstellung in Amerika offenbar auf breitester Ebene Anklang.

Sie distanzierte sich entschieden vom Schmelztiegel der Rassen. Ralph Laurens Amerika war auf aggressive Weise angelsächsisch. Nichts verwies auf das mediterrane Europa, geschweige denn auf afro- oder iberoamerikanische Einflüsse. Hier machte die Lowell-Cabot-Achse des Commonwealth von Massachusetts Front gegen die wimmelnden Massen von Schwarzen, Braunen, Gelben und Mischlingen. Wenn man sich bei Macy's in Ralph Laurens getäfeltem Club Room einkleidete, hieß das, daß man sich mit den verrückten Kerlen von der *Mayflower* gegen den ganzen Rest verbündete.

Wie so vieles jetzt in New York war sie auf der Flucht vor New York, vor seinen verstopften Straßen, seinem Völkergemisch, seiner hektischen Modernität. Sie wurde vermarktet als »konservative« Vision – als Rückkehr zum »Klassischen«, zu »Dingen mit Bestand«, zu einem »zeitlosen Stil«. Nur konnte niemand in das Land des Ralph Lauren zurückkehren, weil es dieses Land auf keinem Kontinent und zu keiner Zeit je gegeben hatte. Es war eine nagelneue amerikanische Erfindung und ebenso ein Produkt seiner Zeit wie ein Sportschuh von Reebok oder ein Space-War-Spielautomat. Ein seltsames Fluchtmittel, zumindest für mich als Europäer.

Wenn man vom Fliehen träumte, gab es auch noch andere Möglichkeiten, seine Träume wahr werden zu lassen. In den Seitenstraßen um die East 18th war es unmöglich, auf dem Pflaster zu gehen, ohne das ständige Knirschen von pulverisiertem Glas unter den Sohlen zu spüren. Hier monopolisierten Teenager mit verdrehten Augen die Telefonzellen, um ihre Deals abzuwickeln. Sie trugen Piepser bei sich, mit deren Hilfe sie an ihre Einsatzorte gelotst wurden. Mit ihren Fahrrädern konnten sie die Streifenwagen austricksen, die gelegentlich in ihrem Territorium auftauchten.

Hin und wieder sah man ein zerfetztes Transparent, das in Höhe des zweiten Stocks zwischen zwei Gebäuden die Straße überspannte. Auf dem Transparent stand: DIE POLIZEI BEOBACHTET DIESEN CRACK-BLOCK – FÜR EINE CRACKFREIE STADT. Das beruhigte niemanden und schreckte auch niemanden ab. Die Dealer zogen einfach ein paar Häuserblocks weiter, bis die Bullen das Transparent abnahmen.

Der Umsatz war enorm. Die Geschäfte vollzogen sich etwa mit der gleichen Offenheit wie der Straßenverkauf von Brezeln und *knishes*. Die Stadt, deren Polizeikräfte ohnehin schon hoffnungslos überfordert waren, schaffte es nicht, Crack zu verbannen.

Der einzige große Sieg im Drogenkrieg war die Isolation der Tabakraucher, die jetzt wie eine lepröse Minderheit behandelt wurden. Das gefiel jedem, einschließlich mir. Dabei war ich selbst süchtig: Alle drei bis vier Tage lief ich durch die Straßen auf der Suche nach einem passablen englischen Pfeifentabak. Ich hätte schon mehr als ein Röhrchen Crack bekommen können, bevor ich einen Dealer mit meiner Droge fand. So wie die Tabakläden an der Ecke pleite gingen, vermehrten sich die Crackdealer – eine mobile Guerilla von mageren Kindern in Windjacken, deren Erfolg nicht weniger spektakulär oder charakteristisch für diese Zeit war wie der von Ralph Lauren.

Ein Röhrchen Crack kostete fünf Dollar. Damit kann man gerade so lange abheben, daß man sich schon während des Trips mies fühlt, weil man weiß, daß man gleich wieder abstürzt. Sobald die Droge den Organismus erfaßt, kommt das Rauscherlebnis. Man schwebt in der Luft. Man kann spüren, wie einem das Blut durch die Adern schießt. Für fünf Minuten ist man unbesiegbar. Es kostete einen Dollar pro Minute, um sich wie der König von Manhattan zu fühlen.

Nach dem Genuß von Crack (sagen die Leute) wird man sofort süchtig: nicht weil das Blut chemisch von dem Stoff abhängig wird, wie meins von Tabak abhängig ist, sondern weil man nach dem Absturz das Leben nicht mehr ertragen kann. Man ist der Häßlichkeit, dem Dreck, dem Lärm – dieser ganzen Scheiße! – entkommen, und jetzt ist alles nur noch schlimmer. Man zittert am ganzen Körper und hat schrecklichen Durst. Wenn man Crack geraucht hat, ist das Verlangen nach Flüssigkeit fast ebenso stark wie schon kurze Zeit später das Verlangen nach mehr Crack.

Als ich einmal in meinem Lebensmittelladen auf der Third Avenue, der bis spätabends geöffnet hat, vor der Kasse wartete, drängelte sich ein furchtbar nervöses Kind mit einer Literflasche Pepsi vor. Ich hatte den Eindruck, daß der Junge von einem kurzen Höhenflug zurückgekehrt war und nun wie ein Besessener dem nächsten entgegenfieberte. Er sah aus wie jemand, dessen Aufzug vom 30. Stock im freien Fall in den Keller gestürzt war.

Was dieses Land braucht, ist eine gute Fünf-Cent-Zigarre … Aber was es hatte, war ein guter Fünf-Dollar-Fix. Die Leute brachten sich gegenseitig um für Crack. Wenn man jetzt nach den Hauptursachen der Straßenkriminalität fragte, wurde immer häufiger Crack genannt. Über die Hauptursache von Crack erfuhr man kaum etwas – doch wenn man eine Zeitlang ruhig auf einem Hydranten ein paar Häuserblocks von meinem entfernt gesessen hatte, konnte man die Ursache in den eigenen Knochen spüren.

Edward Finkelstein verwandelte Macy's in ein Illusionstheater. Die Kunden waren jetzt Zuschauer, denen man Einblicke in das phantastische Leben einer imaginären *haute bourgeoisie* gewährte. Die Kluft zwischen dem Leben der Leute und dem der begüterten Klasse, die im Club Room und im neunten Stockwerk herumgeisterte, war riesig; doch war diese Klasse so leicht als Fiktion durchschaubar, daß schon die acht Zentimeter einer Kreditkarte genügten, um die Kluft zu überbrücken. Niemand glaubte allen Ernstes daran, sich für 150 Dollar in den englischen Landadel einkaufen zu können; was man kaufte, war eine Eintrittskarte für das fiktive Arkadien des Ralph Lauren. Das gab der Floskel vom gelebten Traum eine neue Bedeutung.

Gleichzeitig ebnete Finkelstein den Weg für einen tiefgreifenden Wandel in der Unternehmensstruktur, der ebenso spektakulär und typisch für die Zeit war wie der Erfolg von Ralph Lauren. Er »privatisierte« Macy's. Seit 1924 war Macy's eine Aktiengesellschaft; zwischen 1985 und 1986 konnte Finkelstein 350 seiner Führungskräfte für die Bildung eines Konsortiums gewinnen, mit dessen Hilfe er gegen den erbitterten Widerstand der letzten überlebenden Mitglieder der Familie Straus den »Firmenaufkauf mit Fremdkapital«, einen sogenannten L. B. O. (*leveraged buy-out*), erzwang.

L. B. O.s waren zu der Zeit in den entsprechenden Kreisen New Yorks das Gesprächsthema. Es erregte die Gemüter wie sonst nur die Todesstrafe oder das Drogenproblem. Und von der generellen und grundsätzlichen Meinung zu L. B. O.s hing es ab, ob man dem liberalen oder dem konservativen Lager zugerechnet wurde. Ich hörte den Ausdruck immer und immer wieder. Ich wußte, daß Macy's sich einer komplizierten Bypass-Operation unterzogen hatte. Wie aber dieser Eingriff im einzelnen durchgeführt worden war, davon hatte ich keine Ahnung.

Daß der Begriff so mysteriös klang, kam nicht von ungefähr, denn ein L. B. O. war im Grunde nichts anderes als ein finanzielles Zauberkunststück, ein Taschenspielertrick, bei dem der Erfolg des Chirurgen von seinem Geschick als Magier abhing. Er war die Umkehrung der wunderbaren Brotvermehrung. Bei einem L. B. O. wird eine große Kreditmenge in eine noch größere Schuldenmenge umgewandelt, und wenn der Zauberkünstler den richtigen Zeitpunkt erwischt, entsteht aus den Schulden ein gigantischer Profit.

Es war eine verblüffend einfache Methode, um aus Lohnabhängigen über Nacht Millionäre zu machen. Als ich kapierte, worum es ging, bedauerte ich, daß ich nicht selbst darauf gekommen war. Eine simple Mausefalle, mehr nicht.

Angenommen, man ist Angestellter einer großen Aktiengesellschaft mit riesigem Grundbesitz, Aktienkapital und Industrievermögen; je größer, desto besser. Wenn man alle Aktiva verpfändet, kann man genügend Kapital aufbringen, um die Aktionäre auszubezahlen. Die Gesellschaft selbst steckt jetzt tief in den roten Zahlen, und was als Gewinn erwirtschaftet wird, wird jetzt benötigt, um die Zinsen für die Kredite zu zahlen, die durch das Betriebsvermögen abgesichert sind. Dann unternimmt man eine Zeitlang gar nichts und läßt die Geschäfte der Firma so weiterlaufen wie immer.

Jetzt gibt es zwei Möglichkeiten. Wenn man irgendwann nicht mehr in der Lage sein sollte, die Zinsen zu zahlen, geht die Firma auf spektakuläre Weise bankrott – wie das jüngste Beispiel von Revco gezeigt hatte. Wahrscheinlicher aber ist, vor allem bei Hochkonjunktur, daß sich das Geschäftsvolumen so günstig entwickelt, daß schon nach kurzer Zeit trotz der Zinstilgung Gewinn erwirtschaftet wird. Zumindest kann man davon ausgehen, daß der Wert des Unternehmens beim Kauf zu niedrig angesetzt wurde, wie es bei den meisten Aktiengesellschaften der Fall ist. Man wartet also weiter ab.

Dann schlägt die Falle zu. Nach fünf oder sechs Jahren verkauft man das Unternehmen wieder an Aktionäre, und zwar zu einem Preis, der den tatsächlichen Wert seiner Aktiva und das in diesem Zeitraum erzielte Wachstum widerspiegelt. Mit einem Schlag ist man sehr, sehr reich, und man wird nie wieder für irgend jemanden als Angestellter arbeiten müssen.

So kauften Finkelstein und sein Konsortium Macy's auf. Das Unternehmen mit seinem weitverzweigten Netz von Filialen, das sich über den ganzen Kontinent erstreckte, kostete 3700 Millionen Dollar. Finkelstein bezog damals ein Gehalt von über 780 000 Dollar pro Jahr, und es dürfte ihm nicht schwergefallen sein, davon ein paar Dollar für sein Privatkonto abzuzweigen; aber 3,7 Milliarden Dollar sind eine geradezu unvorstellbare Summe – selbst für einen Mann, der 780 000 Dollar im Jahr verdient.

Die Summe, die Finkelstein und die anderen 350 Mitglieder des Konsortiums gegen eigene Sicherheiten aufbringen mußten, betrug lediglich 17 Millionen Dollar. Für den Rest – 3683 Millionen Dollar – bürgte Macy's mit dem Betriebsvermögen: den Filialen, Einkaufszentren, Lagern und Waren, die Finkelstein bis dahin für die Aktionäre verwaltet hatte.

Die Führungskräfte stiegen auf drei verschiedenen Ebenen in das Geschäft ein. Die Topmanager beteiligten sich mit jeweils $ 200 000; die Führungskräfte in gehobenen Positionen durften $ 70 000 investieren; die Einlage von mittleren Führungskräften war auf $ 17 000 begrenzt, in diesen Kreisen ein besseres Trinkgeld. Diese letzte Gruppe konnte damit rechnen (und diese Erwartung wurde durch realistische Prognosen über Macy's Geschäftsentwicklung gestützt), daß aus den $ 17 000 nach fünf bis sieben Jahren, wenn das Unternehmen wieder in eine Aktiengesellschaft umgewandelt sein würde, 1,5 Millionen Dollar wurden. Für L. B. O.s war das nichts Außergewöhnliches, und wenn man am Ende das Hundertfache seiner Investition herausbekam, galt das als guter Durchschnitt.

Offenbar konnte niemand der Versuchung widerstehen: Wer sagt schon nein zu einer so phantastischen persönlichen Bereicherung – wenn man nicht mehr zu tun braucht, als weiterhin ganz normal seiner Arbeit nachzugehen? Es war wie eine Einladung zu einer Fahrt in einem Zauberlift, der einen mit einem Schlag vom Erdgeschoß in den 30. Stock versetzte.

Für die Investoren war das alles ganz wunderbar. Was Macy's als Unternehmen betraf, waren Zweifel angebracht, ob die Rechnung aufgehen würde. Seine soliden Gewinne hatten sich in ein dickes Schuldenloch verwandelt. Es gab jetzt jährlich $ 625 000 000 für Zinstilgungen aus. Verschiedene kleinere Teile des Macy's-Imperiums mußten verkauft werden, um das Defizit zu verringern. Aber Finkelstein sprach von der »Entstehung eines neuen Unternehmergeists«; die Führungskräfte arbeiteten jetzt Hand in Hand, anstatt sich gegenseitig von der Karriereleiter zu stoßen; einige, die vor dem L. B. O. noch gedroht hatten, Macy's zu verlassen, entschlossen sich jetzt zu bleiben, weil sie die Aussicht auf Millionengewinne lockte.

Der Erfolg der L. B. O.s unter der Reagan-Administration brachte liberale Ökonomen zur Verzweiflung. Für Leute wie J. K. Galbraith und Benjamin Friedman waren L. B. O.s ein Symbol dafür, daß Amerika bereit war, sich zu verschulden, um in einer Phantasiewelt außergewöhnlichen Reichtums leben zu können. Unter Reagan waren die Vereinigten Staaten zu einer Schuldnernation geworden, wie Macy's unter Finkelstein zu einem verschuldeten Unternehmen geworden war. Das Defizit im Staatshaushalt – ein Thema, über das im Wahlkampf niemand sprechen wollte – belief sich inzwischen auf 155000 Millionen Dollar; Macy's Defizit betrug allein schon 3,7 Milliarden – und im ganzen Land verpfändeten Konzernchefs die Betriebsvermögen ihrer Unternehmen, um sich nach ein paar Jahren aus dem Jackpot bedienen zu können. Inzwischen amüsierte sich Nancy Reagan auf der zweiten Amtseinführung ihres Mannes in Kleidern, die den Staat – nicht sie – $ 46000 gekostet hatten; in Macy's Club Room durften sich die Leute der Illusion hingeben, einer neuen Klasse von reichen Müßiggängern anzugehören; hoch über Manhattan schwebten die Air People in der gepanzerten Sicherheit ihrer Appartements, Welten entfernt von der rauhen Wirklichkeit der Straße.

Manche Leute sahen darin eine Rückkehr in die 1890er Jahre, die Zeit von skrupellosen Kapitalisten wie Jim Fisk und Jay Gould. J. K. Galbraith sah einen neuen Großen Börsenkrach heraufziehen. Über die L. B. O.s schrieb er:

Wir sind jetzt gezwungen, uns in unserem Handeln – oder Nicht-Handeln – von der Maxime leiten zu lassen, daß hemmungslose Finanzoperationen, wie irrsinnig und verheerend für die wirtschaftliche Entwicklung sie auch sein mögen, unter keinen Umständen behindert werden dürfen. Es gibt heute (wie in den Jahren, die zum Börsenkrach führten) dieselbe massive Tendenz zur Aneignung von Werten durch Kreditaufnahme; sie ist eins der systemimmanenten, destruktiven Elemente des Kapitalismus.

Als ich Edward Finkelstein schließlich gegenübersaß, konfrontierte ich ihn mit Galbraith' Argumenten. Finkelstein zuckte leicht zusammen, als ich den Namen aussprach. »Ein verbohrter Sozi«, sagte er. »Haßt den Kapitalismus. Versteht nichts davon. Der würde am liebsten jedes Unternehmen in diesem Land verstaatlichen.«

Immer wenn ich zu Macy's ging, sah ich den Mann mit den Vogelpfeifen auf seinem Hocker sitzen und in die Menge trällern; und jedesmal hielt er inne, um mein Nicken mit einem breiten, freundlichen Grinsen zu beantworten. Da ich mich für das Leben dieses verbohrten ukrainischen Kapitalisten interessierte, fragte ich meine Freunde, ob sie irgend jemanden kannten, der Ukrainisch sprach. Schließlich konnte ich der Nachtigall vom Herald Square einen zweisprachigen Verlagslektor vorstellen. Er war sichtlich begeistert, in dieser fremden Umgebung auf einen Landsmann zu treffen: Er schüttelte seinen Mantel aus, legte seine Pfeife weg und begann glücklich in einer Sprache draufloszureden, deren Klang mir nicht mehr sagte als der von zerspringendem Glas.

Später erfuhr ich, was er gesagt hatte. Sein Vater war Pole, von Beruf Schuster. Er war in Kiew aufgewachsen. Obwohl auch er das Handwerk seines Vaters erlernt hatte, reichte es kaum zum Leben. Er hatte geheiratet, aber seine Frau war gestorben und hatte ihn mit ihrer Tochter allein gelassen. Dann hatten ihn die Russen – aus ihm unerklärlichen Gründen – in einen Gulag im tausend Meilen von Kiew entfernten Saratow an der Wolga gesteckt. Er verbrachte acht Jahre in dem Lager. Viele Mitgefangene starben in dieser Zeit. Jeden Tag gab es neue Tote. Es war eine furchtbare Zeit. Nach seiner Entlassung 1979 stellte er einen Antrag, um mit seiner Tochter nach Amerika auswandern zu können. Das war alles andere als einfach. Unzählige Fragen! Unzählige Formulare! Unzählige Behördengänge! Es hatte ein Jahr gedauert, bis er die Ausreiseerlaubnis bekam. Schließlich waren er und seine Tochter mit dem Zug und dem Flugzeug nach Amerika gekommen – ein großes Abenteuer für sie wie für ihn.

Ja, er war glücklich in Amerika. Er und seine Tochter lebten gemeinsam in einer Wohnung in Brooklyn (ich hatte gedacht, daß er in irgendeinem Obdachlosenheim schlief); und seine Tochter arbeitete in einer nahe gelegenen Bäckerei. Er hatte keinerlei Ansprüche. Er ging nie aus und war zufrieden, wenn er die Abende mit seiner Tochter in der Wohnung verbringen konnte.

Obwohl das Geschäft mit den Vogelpfeifen nicht besonders einträglich war, hatte er seine Freude daran. Die Pfeifen selbst kaufte er in der Bronx, für 25 Cent pro Stück. Er hatte Freunde in der Bronx, die auch aus der Ukraine stammten. Sie verkauften ihm die Pfeifen. Er hatte sich den Platz vor Macy's ausgesucht, weil das die beste und belebteste Ecke von ganz New York war. So viele Leute! Er verkaufte 30 bis 35 Pfeifen am Tag; an einem guten Tag machte er einen Reingewinn von 25, manchmal auch 30 Dollar.

Sein Gottvertrauen half ihm zu überleben. Er war zufrieden. Er hatte seine Tochter und seine Pfeifen. Er hatte Freunde. Er mochte New York; es war so völlig anders als Kiew. Nein! Er dachte nicht daran, irgendwann zurückzugehen. Niemals! Nicht in einer Million Jahren – nicht bevor der Kommunismus verschwunden war.

Seine letzten Worte waren: »Sagen Sie dem Engländer – niemand hat mir geholfen!« Der Stolz, mit dem er das gesagt hatte, machte deutlich, daß es offenbar nichts gab, dessen sich ein Einwanderer mehr rühmen konnte; eine trotzige Geste emersonscher Selbstsicherheit. Dem Mann mit den Vogelpfeifen ging es gut. Er kam zurecht im Gelobten Land.

Schon nach wenigen Wochen stellte ich fest, daß ich mir instinktiv eine eigene Nachbarschaft geschaffen hatte. Das Wort selbst hatte etwas Altmodisches, Anheimelndes und Beruhigendes. Es klang nach einem blitzsauberen puritanischen Städtchen, in dessen Mitte das Gemeindehaus stand und dessen Bewohner zum Nachbarn gehen konnten, wenn ihnen das Salz oder die Butter ausgegangen waren. Die Realität von New York dagegen ließ es ratsamer erscheinen, sich wie der Häuptling eines primitiven Stammes mit einem Zauberkreis zu umgeben, um sich vor bösen Geistern zu schützen. Hier mußte man sich seine Nachbarschaft so lange suggerieren, bis sie tatsächlich existierte, damit man sich überhaupt auf die Straße trauen konnte.

So entwarf ich mein eigenes magisches Raster und stülpte es über eine willkürliche Fläche von neun Häuserblocks in der Länge und zwei in der Breite. Hier gab es alles, was man zum Überleben brauchte: ein polnisches Bistro, einen koreanischen Supermarkt, eine Wäscherei, einen Tabakladen, wo es die *Nation*, die *New Republic* und importierten Pfeifentabak gab, ein gutes Blumengeschäft, zwei Kneipen, eine ordentliche Metzgerei und ein Speiselokal. Ich kannte die Namen aller Portiers in meinem Viertel, und ich hatte zwei Bettler, denen ich regelmäßig Almosen gab.

Wenn ich um zwei Uhr morgens auf der Seventh Avenue aus einem Taxi sprang, schlich ich mich am Rand des Bürgersteigs durch die 18th Street, bis ich die Ostseite des Broadway erreichte, wo mein Viertel begann. Hier entspannten sich meine Schultern, mein Schritt wurde gemächlicher, und ich begann Fremden zuzunicken. Das merkwürdige an New York war, daß das eigene Viertel immer »sicher« war; gefährlich waren nur die Gegenden, wo die Freunde wohnten. Jeder, den ich kannte, lebte in einem gefährlichen Viertel, während mein Straßenrechteck seltsamerweise von all den schrecklichen Verallgemeinerungen ausgenommen war, mit denen die Leute von Manhattan sprachen.

Einmal aß ich bei Freunden hoch über der East 84th Street zu Abend (für mich als »Ortsfremder« eine ganz schlimme Ecke), und neben mir saß eine Frau, die mir erzählte, daß sie mit zwei kleinen Kindern unten an der Bowery, nahe der Canal Street, wohnte. Ich fragte mich, welch schreckliche Notlage ihr dieses Schicksal beschert haben konnte und wie um alles in der Welt sie sich diese Uniform leisten konnte, in der normalerweise nur Air People herumliefen.

»Ist das nicht schrecklich da unten? Sie müssen doch ständig Angst um Ihre Kinder haben, oder?«

»Nein, überhaupt nicht. Es ist ein nettes Viertel. Die Leute in unserer Straße sind sehr freundlich. Wo wohnen Sie?«

Ich versuchte nicht zu selbstgefällig zu wirken, als ich sagte: »In der East 18th, direkt an der Third Avenue.«

»Ist man da *sicher?*« sagte sie.

Ich hatte eine Verabredung mit Linda Lee. Sie arbeitete in der persönlichen Kundenbetreuung von Macy's und war spezialisiert auf soziale Ängste. Wenn man neu in New York war und nicht wußte, welches äußere Erscheinungsbild für die jeweilige berufliche Tätigkeit angemessen war, oder wenn einem aus heiterem Himmel eine goldverzierte Einladungskarte für ein Wohltätigkeitsdinner entgegenflatterte, konnte man Miss Lee um Rat fragen. Sie wußte, welche Kleidung es zu verschreiben galt, wenn der Schüchterne selbstbewußt und der Unscheinbare attraktiv aussehen wollte.

In einer so mobilen, angepaßten und an äußeren Zeichen von Wohlstand und Status orientierten Gesellschaft wie der von New York war der Service, den Miss Lee anbot, mindestens so nützlich wie die Psychiatrie. Sie war selbst das beste Aushängeschild ihrer Berufsbranche. Ihr leicht gebräunter Teint suggerierte Bilder von Abfahrten auf schneebedeckten Hängen und von jener Sorte Reitturniere, die man Gymkhanas nennt. Ihr dunkles Haar hatte jenen üppigen, vollen Glanz, den es immer nur in den Werbespots für Haarfestiger zu geben scheint, nie aber in Wirklichkeit. In Schwarz gekleidet, mit einer mattgoldenen Kette um den Hals, war sie eine Schönheit, jedoch eine, die nicht im geringsten einschüchternd wirkte. Diese Frau war glaubwürdig, und man konnte ihr Dinge anvertrauen, über die man mit niemand Jüngerem sprechen würde – oder niemand Älterem oder Reicherem oder Ärmerem. Sie war genau die Richtige. Ich schätzte sie auf 30 und war überrascht zu hören, daß sie ihr Studium zwei Jahre vor mir abgeschlossen hatte.

»Ich habe ein Problem«, sagte ich.

»Da sind Sie bei mir genau richtig«, sagte Miss Lee.

»Ich habe gerade im New Yorker Lotto gewonnen.«

»Das ist doch kein Problem.«

»Aber ich bin 40, ich bin eine Frau und arbeite in einem Lebensmittelgeschäft in der Bronx. Kennen Sie den Slogan ›Alles, was Sie brauchen, ist ein Dollar und ein Traum‹? Mein Traum ist ein eigener Laden am Central Park West. Geld allein genügt aber nicht, um da reinzukommen. Man muß erst einmal ein ganzes Komitee davon überzeugen, daß man die Person ist, die sie suchen. Die nehmen einen völlig auseinander…«

»Sie wollen also eine Totalumwandlung, richtig?«

»Ach, so nennt man das. Gibt es viele Leute, die deswegen zu Ihnen kommen?«

»Nicht viele. Ein paar schon. So… was Sie wollen, ist sicher so ein aristokratisches Image…«

»Ja, so in der Richtung.«

»Okay. Da ist natürlich englisches Erbe gefragt – der zeitlose klassische Stil, Landadel… Harris Tweed, Glen Plaid…« Sie musterte mich im Hinblick auf meine neue Identität. »Ich würde eine Hose in Wildleder oder Leder, Beige oder Braun vorschlagen. Und ein weißes Seidenhemd… Seide deshalb, weil man auf diese Weise zu verstehen gibt: ›Schauen Sie, damit kann ich reiten gehen, ohne mich aufregen zu müssen, wenn ich mal ein paar Schlammspritzer abbekomme.‹ Dann ein sportliches Kaschmir-Tweedjackett von Ralph Lauren und einen Schal von Hermès – obwohl ich zu meinem Bedauern gestehen muß, daß wir Hermès bei Macy's nicht führen. Lederhandschuhe… und nicht zu vergessen, die Accessoires: ein kleiner dezenter Goldschmuck; zum Beispiel eine Brosche, eine Kette, eine Golduhr mit Edelstahl. Das wär's.«

»Und Sie glauben, daß ich es damit schaffe, daß man mir das alte Geld und das Gestüt auf dem Land abnimmt?«

»Sie bekommen Ihren Laden. Obwohl, natürlich« – sie musterte mich –, »wäre es hilfreich, wenn Sie naturblond und groß wären und zufällig diesen langen, schwungvollen Schritt hätten…«

Vor Alice' Appartement fielen die Blätter der Eberesche auf die nasse Straße. Drinnen, auf dem Fernsehschirm, schlugen die Präsidentschaftskandidaten aufeinander ein. Beide hatten sich inzwischen so oft vor den Kameras wiederholt, daß sie in eine rein bildliche Dimension hineingewachsen zu sein schienen und wie von Haferflockenpackungen ausgeschnittene Helden wirkten. Ihre simplen Wertvorstellungen deckten sich mit denen von Skeletor, He-Man und Castle Greyskull.

Dukakis war der Hagere und Hungrige. Er war der von Gewissensbissen gepeinigte Sohn eines Einwanderers, der den Geist eines vergangenen Amerikas heraufbeschwor und der mit seiner schlichten Art so gar nicht in die optimistische Parteistimmung von 1988 passen wollte. Was sein Erscheinungsbild anging, hätte er sich wohl besser von Linda Lee beraten lassen. Sein chronisches Blinzeln mochte als Zeichen seiner Aufrichtigkeit verstanden werden, aber im Fernsehen wirkte er damit wie ein unbeholfener Außenseiter auf der Party seines schlimmsten Feindes. Er schien wie gelähmt. Immer wieder hatten seine Helfer ihm geraten, offen über die wichtigen Themen zu sprechen – das Defizit im Staatshaushalt, Mittelamerika, Verteidigungsausgaben, Obdachlosigkeit und Armut –, aber Dukakis redete nur leeres Zeug und blinzelte. Irgendwie war es dem amtierenden Präsidenten trotz der erdrückenden Tatsachen gelungen, viele Menschen davon zu überzeugen, daß unter seiner Administration der amerikanische Traum wiederhergestellt worden war, und Dukakis wagte natürlich nicht, die Nation aus ihrem Schlummer zu reißen, weil er befürchten mußte, als Verbreiter von Hiobsbotschaften gelyncht zu werden.

Bush war Club Room in Person, ein Arkadier aus der Welt des Ralph Lauren. Vor dem Wahlkampf hatte man ihn noch als »Niete« abgestempelt, aber jetzt wurden dieselben Eigenschaften, die ihn zuvor hatten schwach erscheinen lassen, uminterpretiert und als Zeichen edler Gesinnung und vornehmer Herkunft gewertet. Sein Stil, geprägt von der Phillips Academy in Andover und von Yale, roch nach ledergebundenen Prachtbänden und Stammbaum. Im Zweiten Weltkrieg und auf den Ölfeldern von Texas hatte er sich als selbstbewußter Amerikaner erwiesen. Er hatte eine Vorliebe für männliche Sportarten und achtete immer darauf, daß Fernsehkameras dabei waren, wenn er an der Küste von Florida, bis zur Taille in der Brandung, seine Angel aufs Wasser peitschen ließ. (Im *Who's Who* gab Bush als Hobbys »Tennis, Jogging, Bootssport, Angeln« an, wogegen Dukakis' Vorliebe für so harmlose Dinge wie »Wandern« und »Gartenarbeit« seltsam introvertiert anmutete.)

Die Genialität von Bush oder seiner Hintermänner lag in seiner oder ihrer Fähigkeit, die patriotischen Belange mit der Politik des *laissez-faire* zu verknüpfen. Er zeigte sich den Photographen, wenn er durch ein wehendes Spalier amerikanischer Flaggen schritt, wenn er Armee-Einheiten besuchte oder den Steuerknüppel eines alten Jagdbombers umklammerte. Doch Hand in Hand mit diesen Bildern von Bush als mutigem, loyalem, unerschrockenem Amerikaner ging sein wiederholtes Versprechen, daß er nichts unternehmen werde, um den Status quo zu ändern. Der berühmteste Satz der Wahlkampagne war seine Proklamation: »Lest es von meinen Lippen ab: Keine … höheren … Steuern!« Ein wahrhaft kühnes Versprechen, und kein seriöser Wirtschaftsexperte, den ich kannte, schien zu glauben, daß Bush wirklich Wort halten könnte. Reagan hatte 1981 im Rahmen des Economic Recovery Bill (dem sogenannten »Kemp-Roth Amendment«) die Steuern gesenkt, weil er der Überzeugung war, daß man über eine Steuersenkung den privaten Konsum ankurbeln könne, was seinerseits wiederum höhere Steuereinnahmen zur Folge hätte. Das war die Theorie. Bush hatte diese Wirtschaftspolitik damals »Voodoo-Politik« genannt – nicht ohne Grund, denn die Staatsverschuldung (nicht zu verwechseln mit dem jährlichen Haushaltsdefizit) war zwischen 1981 und 1988 von 194 Milliarden Dollar auf insgesamt 2,6 Billionen Dollar gestiegen … eine Zahl, die es verdient, ausgeschrieben zu werden: 2 600 000 000 000 Dollar oder etwas mehr als 12 000 Dollar für jeden Mann, jede Frau und jedes Kind in den Vereinigten Staaten.

Doch jetzt, da der amerikanische Traum wiederhergestellt war, durfte niemand aufgeweckt werden. Ich beobachtete, wie Dukakis gelegentlich einem Träumer schüchtern mit der Fingerspitze auf die Schulter tippte und dann schnell wieder zu anderen Dingen überging. Ich fand seine Unbeholfenheit sympathisch. Ich hätte ihm meine Stimme gegeben. Aber in einem Amerika, das der Vision Ralph Laurens zum Opfer gefallen war, konnte man sich schwer vorstellen, wie er jemals Präsident werden sollte. Es sah aus, als würde George Bush in Ermangelung eines richtigen Gegenkandidaten im Weißen Haus landen.

Unter den Air People – zumindest den liberalen, die ich kannte – schien der Ausgang der Wahlen so klar, daß nur noch ein handfester Skandal das Blatt zugunsten des Demokraten hätte wenden können. Das für einen solchen Skandal geeignete Gerücht ließ nicht lange auf sich warten und wurde schnell zum Tischgespräch. Es wanderte durch die Avenues; in wenigen Tagen schoß es von Greenwich Village bis zur 90th Street und wieder zurück, wobei sich sein Gehalt jeweils veränderte. Mir kamen verschiedene Versionen zu Ohren. Die Frau, um die es ging, hieß X, dann Y. Sie war Irin. Sie war Engländerin. Sie war Amerikanerin, aber früher mit einem Engländer verheiratet. Sie war Nachrichtensprecherin, nein, sie war eine Wahlhelferin … Es gab zwei eindrucksvolle Aspekte bei diesem Gerücht. Einer war die unglaubliche Geschwindigkeit, mit der es durch das dichte Kommunikationsnetz von New York raste, wobei es die Stadt wie die kleine, in sich geschlossene Welt einer Internatsschule erscheinen ließ. Der zweite war die Art, wie es von seriösen Leuten aufgegriffen und verbreitet wurde, die sich normalerweise für einen solchen Tratsch zu schade gewesen wären. Daß sie sich jetzt verzweifelt an diese Geschichte als letzte Chance klammerten, zeigte, wie hoffnungslos die Lage ihres Kandidaten war.

Dann fielen eines Nachmittags die Aktienkurse an der Wall Street. Die Börsenmakler hatten erfahren, daß die *Washington Post* das Gerücht am nächsten Morgen veröffentlichen wollte. Aber auch das war nur ein Gerücht. Es stand nichts in der Zeitung; der

Dow-Jones kletterte wieder nach oben, und die zuversichtliche Stimmung, die in den letzten Tagen unter meinen Freunden geherrscht hatte, war mit einem Schlag verflogen.

Ich hatte noch nie so viel ferngesehen. Ich saß mit einer Warenhausdetektivin im Videoüberwachungsraum von Macy's, wo man auf 60 verschiedenen Bildschirmen die Leute beim Einkaufen beobachten konnte. Einige Bilder waren in Farbe, andere in Schwarzweiß. Die cleversten der versteckten Kameras konnten von dem Raum aus bedient werden: Wenn man einen interessanten Typ durch die Reizwäscheabteilung streifen sah, konnte man sich sein Gesicht mit dem Zoom heranholen und den Verdächtigen über das ganze Stockwerk verfolgen. Es war weitaus faszinierender, Leute zu bespitzeln, die keine Ahnung hatten, daß sie beobachtet wurden, als diesem abgedroschenen Wahlkampfspektakel zuzusehen.

Unter Beobachtung hatte jeder etwas Kriminelles oder Exzentrisches an sich. Hier strich ein Mann zärtlich mit der Hand über ein Paar Socken, dort schlug eine Frau mit geballter Faust wütend auf eine Bluse ein, bevor sie sie wieder auf den Ständer hängte. Andere kratzten sich, bohrten in der Nase oder fielen durch ihren verdächtigen Gang auf. Hinter einem Ständer mit Mänteln wechselte eine Frau ihrem Baby die Windeln. Seltsam, wie jeder die Anwesenheit aller anderen zu vergessen schien. Jeder Kunde, der, getrieben von einem unergründlichen persönlichen Bedürfnis, seinen ganz persönlichen Weg durch das Kaufhaus verfolgte, zeigte sich auf dem Bildschirm als nacktes, in einem überquellenden Meer von Dingen treibendes Ego. Es gab kein Lächeln, keine höflichen Masken. Auf den meisten Gesichtern lag ein Ausdruck von gereizter Unsicherheit. Es war schwer zu glauben, daß die Menschen dieser schrecklich einsamen Beschäftigung zu ihrem Vergnügen nachgingen; es sah eher so aus, als ob sie sich einem Bestrafungsritual aussetzten.

Hin und wieder wurden über die Sprechanlage der Sicherheitsabteilung Nachrichten übermittelt. »Bei der Salatbar schläft ein 10/93er.« Ich fragte die Detektivin, worauf sie besonders achtete.

»Zunächst einmal auf jeden, der sich wahllos etwas von einem Ständer herausgreift, ohne auf die Größe zu achten; Diebe interessieren sich nicht für Größen. Es kommt häufig vor, daß zwei zusammenarbeiten – in dem Fall muß man auf den achtgeben, der Schmiere steht. Aber meistens erkennt man sie daran, daß sie nicht in die Abteilung passen, so wie sie angezogen sind. Der zweite Stock ist zum Beispiel hauptsächlich für Normalverbraucher; aber wenn sich einer von denen bei Calvin Klein oder den Boutiquen herumtreibt, muß man dranbleiben.«

So gingen wir denn auf die Jagd nach Normalverbrauchern – nach den Moderaten – und suchten den Lusttempel nach Leuten ab, die für den jeweiligen Rayon entweder zu fett oder zu klein oder zu unmodisch gekleidet waren. Wir verfolgten Männer mit Rastalocken, Männer in Jeans und Turnschuhen, unförmige Frauen mit Lockenwicklern – jeden, der proletarisch genug aussah, um mit dem Stigma des Unwürdigen behaftet zu sein, unwürdig der Abteilung, in der die meisten nur unschuldig herumbummelten.

»Sehen Sie die beiden auf 17?«

Das Pärchen auf Bildschirm 17 waren Moderate Anfang 20, beide in billigen Synthetikwindjacken. Der Mann trug eine dunkle Brille. Er zerrte an seinem Reißverschluß, und seine Windjacke verwandelte sich in einen gähnenden Rachen. Er fütterte den Rachen mit Damenblusen. Seine Bewegungen waren schnell und routiniert; in Sekunden war alles vorbei.

»... er trägt eine Sonnenbrille, eine Daunenjacke, sehr aufgebläht, ein 10/90er. Sie schätze ich auf eine 93erin, ich kann sie nicht richtig sehen. Beide haben geklaut und versuchen gerade abzuhauen...« Die Jagd auf die Ladendiebe hatte den Adrenalinspiegel der Detektivin offenbar in die Höhe schießen lassen, denn als sie in ihr Mikrophon sprach, lag ihre Stimme eine halbe Oktave höher. »Jetzt! Jetzt! Hast du ihn? Super. Und was ist mit ihr? Scheiße. Nein, ich hab' dir doch gesagt, daß ich sie nie richtig ins Bild gekriegt habe. Wahrscheinlich 'ne 93erin, 'ne aufgeblähte Jacke wie der Typ...«

»Was ist ein 10/90er?« fragte ich.

»Schwarz, männlich«, sagte sie. Sie war selbst schwarz. »Mist, wenn sie die Frau nicht kriegen. Ich habe ihr Gesicht kein einziges Mal gesehen. Die müssen verschiedene Ausgänge benutzt haben. Unser Mann auf dem Stockwerk sagt, daß nur der Kerl rausgekommen ist ...«

»Sie mögen Ihre Arbeit«, sagte ich.

»Yeah – vor allem, wenn ich jemand erwische.« Wieder warf sie einen prüfenden Blick auf die Monitore. Sie zoomte sich das Gesicht eines Mannes in der Abteilung Damenschuhe heran und untersuchte es. »In der Schuhabteilung wird viel geklaut. Den darf ich nicht aus den Augen verlieren.«

Eine weitere Detektivin kam in den Raum. »Und, wie läuft's?«

»Ich hab' gerade einen erwischt. Eigentlich waren es zwei, aber das Mädchen ist uns durch die Lappen gegangen. Die haben Blusen bei Liz Claiborne mitgehen lassen.«

»Da unten geht's heute vielleicht zu«, sagte die Frau. »Da ist einer auf den Knien und heult, ziemlich alter Kerl, so etwa 50. Na ja, jedenfalls schreit der nur rum und flennt. Kurz davor hat er vor allen laut *gebetet*. Wie in einer gottverdammten Kirche ...«

»Sag bloß.«

»Ungelogen. Auf den Knien!« Sie zündete sich eine Zigarette an, wobei ihr geübter Blick die Monitore im Auge behielt. »Hockt da und *heult*.«

Nirgendwo konnte sozialer Abstieg so extreme Formen annehmen wie in dieser erbarmungslosen Stadt. Man konnte schnell reich werden, und man konnte genauso schnell wieder arm werden. War man diese Woche noch im Smoking und mit einem Martini in der Hand hoch über Manhattan geschwebt, konnte man sich in der nächsten schon auf Riker's Island wiederfinden und eine Zelle mit den Street People teilen. Diese Ikarus-Schicksale waren für New York jedesmal ein gefundenes Fressen. Mißerfolg war hier nur in denselben exotischen Dimensionen denkbar wie Erfolg.

Es gab reichlich Geschichten, um den Mythos zu nähren. Ivan Boesky, der große Firmenplünderer, verbrachte seine Tage in einem Gefängnis in Florida. Auch Stanley Friedman, der Exbürgermeister der Bronx, saß hinter Gittern. Donald Manes aus Queens hatte sich umgebracht, noch bevor es zu einer Anklage wegen Bestechung kam. Ständig sah man, wie irgendwelche Finanziers, Kongreßabgeordnete oder Leute aus der Stadtverwaltung in Handschellen von Polizisten abgeführt und in Zellen geschleppt wurden. In den Zeitungen wurden diese Geschichten »Tragödien« genannt, aber präsentiert wurden sie frohlockend. Die blutrünstigen Vergnügungen des alten Rom fanden in New York ihre Fortsetzung.

Im Augenblick ergötzte sich New York gerade an der Geschichte von Bess Myerson, der früheren Kulturreferentin von Oberbürgermeister Koch. Miss Myerson, eine berühmte Partygängerin und mit allem, was Rang und Namen hatte, befreundet, war wegen Amtsmißbrauchs und Bestechung einer Richterin angeklagt. Auch die Richterin, Hortense Gabel, stand unter Anklage. Nach Angaben der Staatsanwaltschaft hatte sich Bess Myerson für eine große Gefälligkeit seitens der Richterin revanchiert, indem sie deren völlig unqualifizierter Tochter, Sukhreet Gabel, einen gutbezahlten Job als ihre Assistentin verschafft hatte. Der Richterin warf man vor, sie habe dafür gesorgt, daß Miss Myersons Liebhaber (der selbst gerade im Gefängnis saß) von den Unterhaltszahlungen an seine Exfrau entbunden wurde.

Der Star der Show war die Hauptbelastungszeugin Sukhreet Gabel. Jeden Morgen erschien sie wie eine Königin auf den Stufen des Gerichtsgebäudes und gewährte den versammelten Fernsehteams Audienz. Schon ihr Äußeres machte deutlich, daß sie nicht zur Klasse der Air People gehörte. Obgleich bereits Anfang 30, zeigten ihre Formen noch auffällig viel Babyspeck. Sie bevorzugte Kleinmädchenkleider mit Schleifen und Rüschen, und die Beschreibungen von Sukhreet Gabels Garderobe nahmen häufig mehr Raum ein als die Berichte über den Prozeßverlauf im Gerichtssaal. Draußen auf den Stufen, im harten Licht der

93

Novembersonne, denunzierte sie mit affektierter Stimme ihre Mutter und ihre ehemalige Arbeitgeberin wie ein kluges, aber narzißtisches Kind beim Vortragen eines Gedichts in der Schule. Sie verfügte über ein eindrucksvolles Repertoire an psychologischen und soziologischen Fachausdrücken und verströmte eine Mischung aus Intelligenz und überspanntem Selbstmitleid. Die Gerichtsverhandlung hatte ihr endlich den Ruhm und die Bedeutung gebracht, die zu verdienen – so kam es einem vor – sie schon immer geglaubt hatte, in deren Genuß sie aber bis zu diesem Augenblick irgendwie nie gekommen war. Halb Heldin, halb Comicfigur, wurde sie von den Kameras regelrecht verschlungen.

Mit ihren großen unerfüllten Hoffnungen traf diese Person einen Nerv der Stadt. Es war fast zu schön, um wahr zu sein, daß jemand wie Bess Myerson, die jahrelang wie eine Königin in der scheinbar uneinnehmbaren Stratosphäre der Stadt gelebt hatte, von dieser aufmüpfigen Kindfrau zu Fall gebracht werden sollte. Ihre beruflichen Mißerfolge, ihre Pummeligkeit, ihr unfehlbar schlechter Geschmack in Sachen Kleidung paßten zur Straße und zur U-Bahn. Man dachte unwillkürlich an überbelegte Miethäuser ohne Aufzug in New Jersey, an Sozialhilfe und Fast food. Wenn eine Sukhreet, wie alle sie jetzt nannten, so hoch kam und eine Bess so tief abstürzte, war das ganze System der Stadt vorübergehend auf den Kopf gestellt. Wie die mittelalterlichen Weihnachtsspiele, bei denen Knaben zu Bischöfen gewählt wurden, bestätigte diese Affäre die ungebrochene Macht des Systems und bot gleichzeitig Gelegenheit, sich, zumindest für einen Tag, auf unverschämte Weise darüber lustig zu machen.

Am Ende des Prozesses wurden die Anklagen von den Geschworenen verworfen. Aber Sukhreet hatte ihren Starruhm genossen und Bess Myerson die öffentliche Ächtung zu spüren bekommen. Und wir waren Zeuge eines großartigen Spektakels geworden: Wir hatten gesehen, wie eine Vertreterin der Air People kopfüber aus einem der obersten Stockwerke stürzte, während jemand von der Straße auf spektakuläre Weise die Gipfel Manhattans erklomm.

Denn der Boden von New York war dünn wie Blätterteig. Wenn man seinen Fuß auf die falsche Stelle setzte, konnte man leicht einbrechen. An der Lexington Avenue/Ecke 53rd Street kannte ich eine Stelle, wo die Kruste der Stadt dünner schien als irgendwo anders: Wenn ich dort wartete, um die Straße zu überqueren, spürte ich, wie der Bürgersteig unter meinen Füßen dröhnte und zitterte, wenn der Verkehr auf der Straße vorbeirauschte und die Züge unter der Erde durch ihre Tunnels schossen. Hier schien es, als ob die Stadt jeden Augenblick in sich zusammenfallen könnte; die großen Häuserblocks würden auseinanderbrechen, die hohen Gebäude einstürzen, und die ganze gigantische, empfindliche Struktur aus Pfeilern, Rohren, Tunnels und Schächten würde zerbersten wie eine überreife Melone.

Edward Finkelstein zu besuchen war etwa dasselbe, wie den Minotaurus im Herzen des Labyrinths aufzuspüren. Er war deshalb so schwer zu erreichen, weil er die meiste Zeit in der Luft verbrachte. Er flog ständig zwischen New York, Florida, Texas und Kalifornien hin und her, um das Macy's-Imperium zusammenzuhalten. In einer Stadt, in der jeder mit Bob oder Kay oder Bill oder Susan angesprochen wurde, hatte Finkelstein seinen Nachnamen behalten. Nur langgediente Vorstandsmitglieder nannten ihn schlicht Ed. Eines der jüngeren Mitglieder der Geschäftsführung, eine Frau, nannte ihn den Allmächtigen, und jedesmal, wenn sie das Wort aussprach, richtete sie ihr Kinn kaum merklich gen Himmel.

Er residierte in einem mahagonigetäfelten Büro im 13. Stock. Durch das riesige Doppelfenster hatte man einen herrlichen Ausblick auf die Ruinen von Gimbel's unten auf der Straße. Er war ein gewichtiger Mann, in jeder Hinsicht: beträchtlicher Umfang, massives Kinn und Augen, die halb verborgen hinter sanften Fleischwülsten lagen. Seine Kleidung machte keine Konzessionen an die modischen Phantasien, die einige Stockwerke tiefer verkauft wurden. Dort, wo er angelangt war, bedurfte es keiner Phantasie mehr. Mr. Finkelstein legte keinen Wert auf englische Tradition, sondern begnügte sich mit dem typischen Outfit des amerikanischen Geschäftsmanns: Freizeithose, gelbbraunes Jackett, blaues Hemd und eine Krawatte, die auf keinerlei Mitgliedschaft in einem Club schließen ließ, außer vielleicht dem Lear Jet Club.

Hinter ihm verwies eine Galerie von gerahmten Familienfotos auf ein makelloses amerikanisches Leben von strahlenden Menschen mit herrlichen Zähnen, die im Freien gesundheitsfördernden Dingen nachgingen. Vor ihm verriet ein rechteckiges Ingwerglas mit Bonbons das einzige Laster, das Mr. Finkelstein vor Fremden zuzugeben bereit war.

Aber sein Gesicht war kompliziert. Es war wie die Fassade eines mehrstöckigen Herrschaftshauses mit Schiebefenstern. Wenn er mit mir sprach oder mich ansah, war immer nur jeweils ein Fenster geöffnet, und zwar immer ein anderes. Ich sah eine ganze Armee von Dienstmädchen vor mir, die nichts anderes taten, als unentwegt diese Fenster in ihren Rahmen hoch- und runterzuziehen, wenn Mr. Finkelstein ihnen Befehle gab: Blaues Schlafzimmer! Bibliothek! Rotes Schlafzimmer! Salon!

»Ich bin eigentlich ein stinknormaler Mensch«, sagte er und gab damit deutlich zu verstehen, daß er alles andere als das war.

Er erzählte mir, wie er den L. B. O. eingefädelt hatte. Im Jahr 1985, zu Beginn des Frühjahrs, hatte es an der Wall Street Gerüchte gegeben. Von Fusionen war die Rede, und die Macy's-Aktien gingen nach oben, dann nach unten, dann wieder nach oben. »Es gab irgendwelche Leute da draußen, die es auf uns abgesehen hatten. Ich weiß nicht, wer es war.« Eins seiner oberen Fenster schoß herunter.

Dann erging er sich in einer militärischen Metapher. Er war der »Stratege« des L. B. O.; seine rechte Hand, Mark Handler, war der »Taktiker«; die Leute an der Verkaufsfront und im Einkauf waren die »Grabenkämpfer«. Macy's war eine geeinte Armee, in der sich die Verkaufsangestellten mit einem Jahresgehalt von 15 000 Dollar bedingungslos ihrem General unterordneten.

War es nicht ein enormes Risiko, fragte ich, nur aufgrund einiger unbestätigter Gerüchte das gesamte Betriebsvermögen zu verpfänden?

Mr. Finkelstein gewährte mir ein behutsames, verständnisvolles Lächeln. »Sehen Sie«, sagte er und stützte seinen linken Ellbogen so auf den Tisch, daß der Unterarm in einem Winkel von etwa 15 Grad abstand. »Das sind die Schulden. Jetzt...« Er legte den rechten Unterarm über den linken. Er zeigte in einer steilen Diagonale zur Decke. »Der Umsatz ist das. Wo ist das Risiko? Riskant sind L. B. O.s immer nur am Anfang. Das erste Jahr ist die gefährlichste Zeit. Danach...« Er deutete mit dem Kopf auf den wachsenden Abstand zwischen beiden Unterarmen.

»Das setzt aber voraus, daß sich Ihre Geschäfte von Jahr zu Jahr besser entwickeln –«

Ein Fenster öffnete sich kurz und schloß sich wieder.

Mr. Finkelstein beschrieb mir in schillerndsten Farben die Vorteile eines L. B. O. Nach gewissen »Anlaufschwierigkeiten« war ein neuer, dynamischer Unternehmergeist entstanden, durch den sich »die ganze Kultur und der ganze Charakter des Unternehmens« verändert hatten. Die schwerfällige Organisationsstruktur war vereinfacht worden. Es gab jetzt drei Hauptabteilungen, von denen jede nur für »bestimmte, zusammenhängende Absatzgebiete« zuständig war. Das Management hatte gelernt, zum Wohl der Firma zusammenzuarbeiten. Viel totes Holz war abgeschlagen worden. Sogar in den Gräben hatte sich ein neuer Geist entwickelt, weil eine wachsende Zahl von Angestellten durch die Möglichkeit der Umsatzbeteiligung zusätzlich motiviert wurde. Das neue Macy's war gesund, effizient und draufgängerisch, während das alte Macy's im »Narzißmus« erstickte.

Doch warum, fragte ich, bedurfte es eines L. B. O.s, um all das zu erreichen? Hätte Finkelstein diese segensreichen Veränderungen nicht auch als Aufsichtsratsvorsitzender einer Aktiengesellschaft herbeiführen können, der seinen Aktionären Rechenschaft schuldet?

Nein, sagte Mr. Finkelstein. »Das funktioniert nicht – nicht in einem Unternehmen, an dem das Management nicht mit eigenem Kapital beteiligt ist.«

Jetzt ging es Finkelstein darum, ein »geographisches Gleichgewicht« herzustellen und das ganze mittelständische Amerika mit einem Netz gewinnbringender Filialen zu überziehen. »Was ich suche, sind Objekte in stark expandierenden Gebieten und eine anspruchsvolle, modebewußte Klientel mit mittleren und hohen Einkommen ...«

»Aber besteht nicht auch die Gefahr, daß sich Ihr Unternehmen mit diesen überzogenen Ansprüchen übernimmt?«

»Wenn man in den letzten 14, 15 Jahren durch unser Haus gelaufen ist, sieht man natürlich, daß das Sortiment insgesamt anspruchsvoller geworden ist, aber wir sind trotzdem immer noch ein Familienkaufhaus. Man braucht schließlich keinen Paß für Macy's.«

»Aber gibt es da keine obere Grenze, was das Niveau angeht? Irgendeinen Punkt, wo Sie anfangen, Kunden zu verlieren, weil die sich einfach keine Koffer von Louis Vuitton oder Kleider von Ralph Lauren leisten können?«

»Wenn ich in diesem Geschäft eins gelernt habe, dann das, daß die Leute mit zunehmendem Wohlstand auch immer anspruchsvoller werden.«

Das war die große Hypothese. In Edward Finkelsteins wie in Ronald Reagans Vision von Amerika wurden die Leute einfach immer reicher. Es war ein Naturgesetz. So wie das Gras wächst, wächst der Wohlstand. Jedes Jahr haben sie mehr Geld zum Ausgeben, größere soziale Ambitionen und ausgefallenere Wünsche. Und Mr. Finkelsteins Kunden lieferten den Beweis. Vor 15 Jahren machte das Haus am Herald Square einen Umsatz von 165 Millionen Dollar im Jahr; seitdem war er auf 450 Millionen Dollar gestiegen. Wer würde schon die Realität einer so offenkundigen Prosperität leugnen? Nur miesmacherische Harvard-Ökonomen, überflüssig gewordene Manager aus der kränkelnden Stahlindustrie und die ohnehin unzurechnungsfähigen Bewohner von Obdachlosenheimen. Ich jedenfalls nicht – und schon gar nicht Mr. Finkelstein, der inzwischen das letzte Dienstmädchen angewiesen hatte, das letzte Fenster zu schließen.

Die Leute in New York sperrten ihre Kinder offenbar in Schränke ein oder versteckten sie in geheimen Mansarden. Wochenlang war ich jetzt schon durch eine scheinbar kinderlose Stadt gewandert. Die sechs oder sieben Kinder, denen ich begegnet war – und denen ich Vogelpfeifen geschenkt hatte –, waren so selten gewesen wie Goldamseln.

Jetzt, am Thanksgiving Day, kamen die Kinder aus ihren Schränken. Als ich zur Frühstückszeit durch den Central Park lief, schien es, als ob über Nacht auf mysteriöse Weise eine ganze Generation nachgewachsen wäre. Da waren Kinder in Tretautos, Kinder auf Papis Schultern, Babys auf Armen, Kinder auf Dreirädern, in Gruppen, in ordentlichen Zweierreihen, und alle waren an diesem klaren eisigen Morgen bis zu den Ohren eingepackt. Dieses eine Mal lag in der rauhen, niederträchtigen Luft von New York der gesunde Geruch von Bonbons, Milch und Plätzchen.

Die Sprache, deren man sich innerhalb des Hauses aus Anlaß von Macy's Thanksgiving Parade bediente, war religiös verbrämt. Die Parade war Macy's Art, dem Nächsten die Hand zu reichen und der Gemeinde zu dienen. Sie war auch die beste Werbung für das Kaufhaus: Landesweit und live im Fernsehen übertragen, kündigte sie den Beginn des Weihnachtsverkaufs an. Die Parade unterstrich auf spektakuläre Weise Macy's Anspruch, ein Kaufhaus für die ganze Familie zu sein. Sie untermauerte die Inhalte der Werbeliedchen, die mehrmals täglich über die lokalen Rundfunk- und Fernsehsender ausgestrahlt wurden: »Macy's! Macy's! Wir machen Ihr Leben schöner!« und die Variante: »Macy's! Macy's! Ohne dich wär' unser Leben nur halb so schön!«

In jeder Wohnung, von der man die Parade sehen konnte, wurde gefeiert. Ich befand mich in einem Apartment im zehnten Stock eines Gebäudes am Central Park West – ein Unterschlupf für Air People mit Balkonfenstern, von denen man auf Felsen, Bäume und schmutziges Gras blickte. Es war vollgepackt mit bleichen, klug aussehenden Kindern, die ihre mit Orangensaft gefüllten Gläser wie Cocktails in der Hand hielten und sich über die jeweiligen Vorzüge ihrer Kindergärten ausließen.

Doch plötzlich gingen sie aus sich heraus. Als der erste Zug der Parade mit seinen gasgefüllten lenkbaren Luftschiffen, Festwagen und Marschkapellen an uns vorbeizog, schrien alle: »Garfield!« Eine riesige Ballonpuppe, für die Kinder offenbar ein alter Bekannter, schwankte über den Baumkronen und tauchte drohend vor unserem Fenster auf. Tief unten war ein Team von mindestens einem Dutzend stämmiger Männer damit beschäftigt, das Ding am Boden zu halten. Sie zerrten und pumpten an ihren Seilen, und ein Mann verlor den Boden unter den Füßen, als der Ballon versuchte, in den Himmel zu steigen. Vom Balkon kamen Schreie des Entzückens. »Big Bird!« – »Superman!« – »Woodstock!« – »Snoopy!«

Die Radio City Rockettes zogen vorbei, eine Mädchenkapelle aus Pennsylvania in Husarenuniformen, eine Truppe von Clowns, eine Gruppe wirbelnder Akrobaten. Hier kam die Freiheitsstatue in bemaltem Styropor ... und dort waren die Pilgerväter mit ihren Zylinderhüten. Die Minute Men von Lexington hatten ihre Musketen mitgebracht; ein Dreimaster, der aus allen Kanonen Papierschlangen in die Menge feuerte, stellte sich, etwas überraschend, als die *Mayflower* heraus. Die meisten Festwagen hatten einen Thron, auf dem eine echte, lebendige New Yorker Eminenz saß. Die Kinder kannten all diese Leute beim Namen. Ein Wetteransager aus dem Fernsehen erntete auf der ganzen Länge des Central Park West tosenden Beifall, als ob er persönlich für den strahlenden Sonnenschein verantwortlich sei.

»Der spielt Baseball bei den Mets.«

Ich zeigte auf eine Frau in Pelzen, die auf dem Wagen mit der Freiheitsstatue saß. Ich hatte eine schwache Hoffnung, daß es Bess Myerson sein könnte. »Wer ist das?«

»Oh, das ist ... nur so eine Berühmtheit.«

»Ist Bürgermeister Koch irgendwo?«

»Bürgermeister *Koch?* Wenn der vorbeikommen würde, dann würden sie ihm was an den Kopf werfen«, sagte ein zynischer Siebenjähriger.

Die religiöse Sprache hatte mehr Wirklichkeitsbezug, als ich ihr zugestehen wollte. Die Thanksgiving Day Parade war die weltliche, amerikanische Variante der katholischen Osterprozession in Europa, bei der alle Statuen und Reliquienschreine aus den Kirchen geholt und in feierlichem Zug durch die Stadt getragen werden. Der Baseballstar, die gasgefüllte gummiartige Mickeymaus und die Pilgerväter der *Mayflower* waren die Totems und verehrten Reliquien einer ganzen Kultur und der New Orleans Jazz und die Sousa-Märsche deren sakrale Musik. Was hier an uns vorbeizog, war Amerika.

Hätte ein seriöser Marsmensch an unserem Fenster gestanden und diese idyllische Version der amerikanischen Geschichte genau studiert, hätte er eine Menge gelernt. Er würde auf einen Blick sehen, daß hier eine revolutionäre Nation vorbeizog, für die das Gewehr ein völlig unbelastetes Symbol persönlicher Freiheit und Unabhängigkeit war. Er würde bemerken, daß Verfolgte und Rebellen in dieser Kultur einen ganz besonderen Stellenwert besaßen. Die Schwarzen trugen hier viel zum unterhaltsamen Lokalkolorit bei, aber aus irgendeinem Grund waren sie immer nur für die kleinsten und uninteressantesten Ballons verantwortlich. Der Phantasie der Kinder wurde in einem Umfang Rechnung getragen, wie man es auf dem Mars nicht kannte – was vielleicht erklärte, warum sich hier Realität und Fiktion auf so verwirrende Weise vermischten, warum man den Weihnachtsmann und George Washington, Superman und Abraham Lincoln alle in denselben Topf rührte.

Er wäre erstaunt über die mythenbildende Kraft im Leben dieses fremden Landes. Die Menschen schufen sich Mythen und lebten nach ihnen mit einer Leichtigkeit und Üppigkeit, um die sie jeder pazifische Inselstamm beneidet hätte. Manchmal waren es große Mythen, die von der ganzen Gesellschaft Besitz ergriffen, manchmal kleine, zufällig entstandene, in die man, waren sie erst einmal da, vollkommenes Vertrauen setzte.

Ein kleiner Mythos schwebte am Balkon vorbei – ein Luftschiff mit dem burgunderroten fünfzackigen Stern, der Macy's Markenzeichen war. Das Unternehmen benutzte ihn gerne in seinem Namen anstatt eines Apostrophs: MACY*S; und in der Parade dienten diese Sternballons als Unterbrechungszeichen zwischen den Festwagen. Das Symbol hatte eine lange Tradition. Schon die Pferdefuhrwerke, mit denen das Kaufhaus früher die Waren auslieferte, trugen den Stern, und nachdem ich die Fotos aus den 1870er Jahren gesehen hatte, auf denen sie abgebildet waren, versuchte ich herauszufinden, was es mit dem Stern auf sich hatte.

Der Leiter der Werbeabteilung hatte gesagt: »Als Captain Macy in jungen Jahren in der Marine diente, trug er auf dem Arm, direkt über dem Handgelenk, einen eintätowierten Stern, und als er sein Geschäft gründete, entschloß er sich, den Stern als Talisman zu benutzen.«

Doris Carey, die für die Archive verantwortlich war, hatte gesagt: »Der Stern stammt aus der Zeit, als Captain Macy in Seenot geriet. Er war in einem Rettungsboot … und sein Sex … Sextant oder so ähnlich? … funktionierte nicht mehr. Er war noch unendlich weit vom Land entfernt, und das einzige, was ihm bei der Bestimmung seines Kurses half, war dieser Stern. Er brauchte ich weiß nicht wie viele Wochen, aber dieser Stern brachte ihn und all seine Männer sicher nach Massachusetts zurück. Und deshalb wollte er, daß der Stern überall als Firmenzeichen auftauchte. Es war seine Art des Dankes, daß er gerettet worden war.«

Es gab nur ein Körnchen Wahrheit an diesem trefflichen Märchen. Rowland H. Macy war tatsächlich zur See gefahren. Mit fünfzehn heuerte er als Matrose auf einem Walfänger in New Bedford an, hatte aber schon nach einer langen Reise genug. Danach nahm er eine Stelle als kaufmännischer Angestellter in der Textilbranche an. Er war nie Kapitän gewesen und auch nie in Seenot geraten. Aber die Geschichte war ein klassisches Beispiel für eine nützliche Fiktion. Sie machte Macy zu einem einsamen amerikanischen Helden in der Tradition von Lederstrumpf, Captain Ahab und Huck Finn – ein verwegener Abenteurer im Kampf gegen die Natur; und auf diese Weise ließ sich auch der Handel mit Textilien zu einem heroischen Unternehmen hochstilisieren. Schließlich war der Verkauf von Kleidung und Kurzwaren eine Tätigkeit, die man ohne weiteres mit der Eroberung des Wilden Westens oder mit der Jagd auf den weißen Wal vergleichen konnte.

Ebenso verblüffend wie in der Geschichte von »Captain« Macy war die Verschmelzung von Wirklichkeit und Fiktion in der Parade. Sie hatte inzwischen eine Länge von mehr als einer Meile erreicht, und Garfield schwebte neben Woodstock zwischen den Gebäuden südlich des Central Park. Das auf den Festwagen dargestellte mythische Amerika – dieses wunderbare, heroische, sentimentale Land – war eine Sache des Glaubens. Es forderte die Menschen auf, sich mit Hilfe des Glaubens über die harte Realität zu ihren Füßen zu erheben. Der große Erfolg von Reagan bestand meiner Ansicht nach darin, daß es ihm irgendwie gelungen war, viele Leute davon zu überzeugen, daß sie eigentlich im Amerika von Macy's Thanksgiving-Parade lebten.

Anthony Burgess
Rundgang durch die Stadt

Das erstemal besuchte ich New York als Tourist, ließ mich im »Algonquin« verwöhnen und lernte nur ein paar Blocks rund um den Times Square kennen. Mein zweiter Besuch hatte mehr oder weniger abenteuerlichen Charakter. Ich hatte an der Long Island University zu arbeiten und wohnte in Brooklyn, dieser großen Landmasse, die im Norden und Osten von Queens, im Westen vom East River, der New York Bay und den Narrows und im Süden vom Atlantik begrenzt wird. Als ich eines Tages vor den schneidenden Februarwinden, die vom East River herüberkamen, in einer Bar Zuflucht suchte, fragte mich ein alter Mann unvermittelt: »Okay, Professor, was geschah 1883?«

»Das ist das Todesjahr von Richard Wagner«, meinte ich. Es stimmte zwar, war aber trotzdem nicht die richtige Antwort.

»Im Jahre 1883«, sagte der alte Mann, »wurde die Brücke fertig. Bis dahin waren wir von den Dreckskerlen da drüben getrennt. Das war der Anfang vom Ende. Die City-Hall-Politik hat Brooklyn zugrunde gerichtet. Und dabei waren wir eine freie Stadt. Unabhängig.«

Ich war überrascht, auf so grimmigen Lokalpatriotismus zu stoßen, aber inzwischen habe ich einiges verstanden. Brooklyn steht mit seiner Ablehnung Manhattans nicht allein; Queens, die Bronx und Staten Island haben ebenso Grund zum Groll gegen die dreiste kleine Insel Manhattan, die sich ihrer mit räuberischem Zugriff bemächtigt hat. Das alles nahm seinen Anfang nach dem Sezessionskrieg, als Manhattan nicht nur Großstadt, sondern Metropole werden wollte. Die wiedervereinigten Staaten hatten bereits eine Hauptstadt, Washington, und so blieb Manhattan, der Kernstadt Groß-New-Yorks, nichts anderes übrig, als statt der nationalen eine internationale Rolle anzustreben. Seither versucht es, sich nach allen Seiten auszubreiten, und streckt seine Fangarme über und unter den Wasserwegen nach den anderen Stadtteilen aus. Der Bau von Brücken und Tunnels dauert fort und wird so bald nicht aufhören.

Der alte Mann in der Bar in Brooklyn hatte das Datum richtig genannt. Die Brooklyn Bridge wurde tatsächlich 1883 fertiggestellt, wenn auch der Zusammenschluß von Brooklyn, Queens County und Staten Island mit New York zu Groß-New-York erst 1898 erfolgte (die Bronx war schon vorher eingemeindet worden). Dieses Meisterwerk der Ingenieurskunst, das in 13 Jahren erbaut wurde, erhielt dadurch politische Bedeutung, daß es den City-Hall-Bereich von Manhattan mit dem Borough-Hall-Bereich von Brooklyn verband. Der Bau der letzten großen New Yorker Brücke, der Verrazano-Narrows Bridge, die 1964 die Verbindung zwischen Staten Island und Brooklyn herstellte, hätte nach den Maßstäben von 1883 eigentlich 32 Jahre dauern müssen, da sie zweieinhalbmal so lang ist wie die Brooklyn Bridge. Tatsächlich wurde sie aber in fünf Jahren fertiggestellt. Die Wasserstadt hatte seit 1883 einige Erfahrung gesammelt im Bau von Brücken – Throg's Neck, Triborough, Bronx Whitestone, Queensboro, Hell Gate, Manhattan, Williamsburg, Alexander Hamilton, Henry Hudson, Marine Parkway, Cross Bay Boulevard, Bayonne, Goethals, Outerbridge Crossing und wie sie alle heißen. Manhattan hat sich der benachbarten Tochterbezirke mit Armen aus Bessemerstahl bemächtigt.

Tochterbezirke? Brooklyn ist mit seinen rund drei Millionen Einwohnern eine Großstadt für sich, aber für Manhattan ist Brooklyn ein bloßes Anhängsel. Tag für Tag strömen Arbeiter über die Brooklyn Bridge – seit einiger Zeit auch über die Manhattan und Williamsburg Bridge und durch den Brooklyn Battery Tunnel und die U-Bahn-Tunnel – hinüber zu dem arroganten kleinen Mittelpunkt der Welt und abends müde wieder zurück. »Brooklyn ist eine Art Schlafstelle von New York und anscheinend eine ziemlich reiche Gegend«, teilte Dickens einem Freund mit.

Brooklyn ist außerdem voll von Kirchen, und man sagt, es sei ein guter Platz zum Sterben.

An Brooklyns meerumspültem südlichem Rand liegen Manhattan Beach und Coney Island. »Coney Island«, schrieb ein Besucher aus England im Jahre 1881, »ist ein hübsches, vergnügliches Plätzchen, das seinen guten Zweck als Lunge einer großen Stadt erfüllt.« Viele anspruchsvolle New Yorker der Mittelschicht finden Coney Island heute weder hübsch noch vergnüglich, doch für meine Begriffe ist es ein echter Ort des Vergnügens geblieben. Ich bin mit dem Sea Beach Express bis zur Stillwell Avenue gefahren, habe dort gebadet, Hot Dogs (die guten, originalen) gegessen und festgestellt, daß die sommerlich bekleidete Menschheit zugleich liebenswert und unerträglich ist. Ich habe das Aquarium in der Surf Avenue besucht und den Botanischen Garten und finde, beide gehören zu den großen Sehenswürdigkeiten Amerikas.

Man kann hier jedoch noch andere, ernstere Dinge beobachten. Der erschreckende Gegensatz zwischen Eleganz und Häßlichkeit, Reichtum und abgrundtiefer Armut, den Brooklyn mit seinem Nachbarbezirk jenseits des Wassers teilt, wird hier nicht als eine unveränderliche Naturgegebenheit betrachtet. Keiner – ob Brooklyner oder Besucher – bleibt unbeeindruckt von dem Kontrast zwischen dem verhältnismäßig wohlhabenden Brooklyn Heights, das den herrlichen Blick auf die Skyline von Manhattan und den Hafen als selbstverständliches Privileg hinnimmt, und der Armut von Brownsville, einem Elendsviertel, das in der Alten Welt nicht seinesgleichen hat. Neapel ist vielleicht ein großer Slum, aber es ist wenigstens malerisch. Brownsville ist eine scheußliche Anhäufung baufälliger Häuser, aufgegebener Läden und schmutziger Mietskasernen, bewohnt von Familien mit geringem oder gar keinem Einkommen, ein Ort der Entfremdung und bedrückenden Hoffnungslosigkeit, der nicht einmal die schäbige Fröhlichkeit des alten Londoner East End kennt. Brooklyn hat etwa eine halbe Million schwarzer Einwohner, die im Bereich südöstlich der Long Island University von Bedford-Stuyvesant über Crown Heights bis hinab in die Niederungen von Brownsville angesiedelt sind. Die Probleme sind hier so gewaltig, daß sie die Verantwortlichen immer wieder zum Handeln zwingen.

Brooklyn steht Manhattan an rassischer Vielfalt nicht nach. In Crown Heights haben zwei Gruppen, die nicht viel mehr gemeinsam haben als den Mythos von Knechtschaft und die Hoffnung auf Erlösung, mit vereinten Kräften versucht, die Slums zu sanieren und billige, anständige Wohnmöglichkeiten zu schaffen. Ich spreche von der Zusammenarbeit der Schwarzen und der Juden. In Brooklyn stellen die Juden eine einflußreiche Gruppe dar. Vor allem in Borough Park pflegen sie ihre orthodoxe religiöse Tradition, die auf architektonische Zurschaustellung verzichten kann. Die Synagogen hier unterscheiden sich im Aussehen kaum von den Läden. Die Italiener leben meistens für sich, hauptsächlich in Bensonhurst – südlich von Borough Park in Richtung zur Gravesend Bay hin –, wo sie ihre Gärten bestellen.

Genau wie Manhattan kennt auch Brooklyn das organisierte Verbrechen (der zu East New York gehörende Teil von Brooklyn war der Sitz der »Murder, Inc.«, der »Mord GmbH«, der Bande berufsmäßiger Killer, die zwischen 1930 und 1940 den Erpressungen der Großgangster in den ganzen USA Nachdruck verliehen). Und wie in Manhattan herrscht hier geschäftiges Getriebe. Riesige Fabriken stehen über das Hafengebiet verstreut, und im Hafen liegen große Schiffe – allerdings nicht mehr so viele wie früher. Wenn man von New York aus den Atlantik überqueren will, fährt man oft von Brooklyn ab.

Wenn es Brooklyn auch an Glanz mangelt – sogar die bekannte Baseballmannschaft, die »Brooklyn Dodgers«, hat Brooklyn 1957 verlassen, um nach Los Angeles zu gehen –, so fehlt es ihm doch nicht an kreativer Kraft. Die Straßen, die nach Blumen, Bäumen und Früchten benannt sind, und die kleinen Kneipen besitzen etwas bezaubernd Anheimelndes. Man findet Gediegenheit und auch Anteilnahme, doch nicht allzuviel neurotisches Verhalten oder übertriebene Rechtschaffenheit.

Im Norden und Osten grenzt an Brooklyn der Stadtteil Queens

mit einer Einwohnerzahl von zwei Millionen Menschen, die fortlaufend anwächst. Für die meisten Besucher ist Queens nur der Bezirk, in dem sich der John F. Kennedy International Airport mit seinen unzähligen Hallen ausbreitet – oder von dem aus der überlastete La Guardia Airport New York mit allen Teilen der USA verbindet. Doch Queens besitzt auch viele erdgebundene Merkmale, die meist aus dem Bedürfnis nach Ehrbarkeit, Bürgerlichkeit, Ruhe und Frieden entstanden sind, kurzum aus dem Wunsch, sich gegen den verderblichen Einfluß Manhattans abzuschirmen. Queens ist unter anderem der Zufluchtsort für Bürger, die Manhattan, Brooklyn oder die Bronx verlassen haben, weil sie den Verfall ihres Stadtbezirks nicht ertragen, aber auch nichts dagegen unternehmen konnten oder wollten, und die nun feststellen müssen, daß das Problem durchaus nicht vor dem vermeintlichen Schonbezirk Halt gemacht hat. Während sich die Einwohnerzahl Manhattans in den sechziger Jahren verringerte, stieg die von Queens beträchtlich an – fast um eine viertel Million. Das hatte und hat zur Folge, daß in Windeseile Wohnblocks und billige Mietskasernen aus dem Boden gestampft wurden und einkommensschwache Familien nach Queens zogen, was den Groll und Widerstand der alteingesessenen Bürger erregte. Diese wohnen großenteils in eigenen Häusern, und zwar erstaunlicher- und erfreulicherweise Schwarze ebenso wie Weiße.

Ich habe noch nie jemanden in einer Bar in Queens getroffen, der bereit gewesen wäre, die Größe und Schönheit dieses Stadtbezirks insgesamt zu loben. Tatsächlich gibt es jedoch eine Menge Dinge, deren sich Queens rühmen kann. Auf Armut und echte Elendsviertel stößt man hier zwar auch, aber daneben gibt es das Tennis-Stadion von Forest Hills und das Shea-Stadion, in dem die »Jets« Football und die »Mets« Baseball spielen. Es gibt den Forest Park, den Kissena Park, Oakland Gardens und die schönen Rockaway-Strände. Und nicht zuletzt besitzt Queens das Jamaica Bay Wildlife Refuge, das größte städtische Freigehege der Welt, das an den Kennedy Airport grenzt.

Dennoch fällt es den Bewohnern von Queens schwer, mit Interesse über ihre unmittelbare Umgebung hinauszuschauen, was wahrscheinlich historische Gründe hat. Während Brooklyn zur Zeit des Zusammenschlusses zu Groß-New-York im Jahre 1898 eine unabhängige Stadt war, bestand Queens, das im 17. Jahrhundert zur County wurde und seinen Namen der Gemahlin Charles' II., Katharina von Braganza, zu Ehren erhielt, damals noch aus einer Reihe von Landgemeinden (von denen die östlichen sich dem Zugriff Manhattans entzogen und Nassau County gebildet haben). Dies ist heute vielfach noch genauso. Wenn man das südwestlich des La Guardia Airport gelegene Woodside aufsucht, stößt man auf eine noch ganz nach den alten Traditionen lebende irische Gemeinde. Astoria – das nach John Jacob Astor benannt ist, dem Pelzhändler, der 1848 als der reichste Mann Amerikas starb – liegt nordwestlich von Woodside und blickt auf den East River. Nur in Griechenland leben noch mehr Griechen als hier, und man gibt sich griechischer als im Mutterland selbst. Im Bezirk Corona meint man, in Italien zu sein.

Die Bronx, der Stadtteil im Norden von Manhattan, ist nur ein Drittel so groß wie Queens, beherbergt jedoch mindestens anderthalb Millionen Menschen. Begrenzt vom Long Island Sound, dem Hudson, dem East und dem Harlem River und Westchester County, ist es der einzige Stadtteil von Groß-New-York, der das Festland berührt. Ihm fehlt die Weiträumigkeit von Queens, und für jemanden, der sich für die städtische Umwälzung interessiert, ist die Bronx wesentlich aufregender.

In der Süd-Bronx und in Hunt's Point, wo es von Drogensüchtigen und Rauschgifthändlern wimmelt, bietet sich einem ein Panorama von verlassenen Lagerhäusern und ausgebrannten Mietskasernen. Ganze Gemeinden suchen ihrem Elend durch eine Art gesellschaftlichen Selbstmords zu entfliehen. Mieter setzen ihre heruntergekommenen Wohnhäuser selbst in Brand in der Hoffnung, auf diese Weise vorrangig eine Sozialwohnung zugeteilt zu bekommen. Die Feuerwehr hat Benzinkanister gefunden, die von den Brandstiftern in den Häusern zurückgelassen worden waren, und mit Ziegelsteinen gefüllte Badewannen, die dafür sorgen sollten, daß die Balken durchbrachen. Trotz eines 130 Kilometer langen Industriestreifens am Hafen, eines großen Zoos, des Geländes der Fordham University und der Grünflächen des Van-Cortlandt-Parks lassen sich die Ausbreitung von Armut und Gewalttätigkeit und die Abwanderung der Mittelschichtbevölkerung nicht aufhalten.

In der Bronx gibt es auch Rassenkämpfe. Die puertoricanische Bevölkerung wächst rasch an und ringt mit den Schwarzen um die politische Macht. Der erste puertoricanische Borough-Präsident in der Geschichte Groß-New-Yorks, Herman Badillo, wurde 1965 in der Bronx gewählt und avancierte später zum Kongreßabgeordneten. Im Parlament in Albany sitzen Puertoricaner, die sämtlich aus dem politischen Leben der Bronx hervorgegangen sind. Ziel dieser Politik ist es, die Ausbreitung der Slums aufzuhalten, Rauschgifthandel und ähnliche Verbrechen unter Kontrolle zu bringen und die Bürger der Bronx mit Hilfe von Mittelschicht-Wohnprojekten in ihrem angestammten Stadtteil zu halten. Es ist ermutigend, bei einer traditionsgemäß so unterprivilegierten Volksgruppe wie den Puertoricanern auf soviel Aktivität zu stoßen.

Der letzte Borough oder Stadtbezirk von Groß-New-York ist Staten Island, dessen Name sich von der niederländischen Ständevertretung des 17. Jahrhunderts, den *Staten-Generaal*, ableiten läßt. Es liegt südlich von Manhattan und ist von der übrigen Stadt durch die New York Bay und die Narrows und von New Jersey durch die schmalen Kanäle Arthur Kill und Kill van Kull abgetrennt. Die Nähe Staten Islands zu New Jersey, mit dem es durch mehrere Brücken verbunden ist, hat es für die Kernstadt Manhattan immer sehr abgelegen und ländlich erscheinen lassen. Die Verbindung mit Manhattan stellt die romantische Staten Island Ferry her. Eine Fahrt mit dieser Fähre ist vielleicht das erholsamste Vergnügen, das New York zu bieten hat. Man hat dabei einen unvergleichlich schönen Blick auf die Freiheitsstatue, auf Governor's Island, auf Ellis Island, das früher für die Einwanderer das Tor zu den USA war, und auf die berühmte Skyline von Süd-Manhattan.

Diese Transporteinrichtung ist jetzt ziemlich überlastet, da die Einwohnerzahl von Staten Island – das einst der bevölkerungsärmste Stadtteil war – ständig anwächst. Das freie Land wird rasch und planlos mit häßlichen Bauten zugedeckt. Die im Jahr 1964 erfolgte Einweihung der Verrazano-Narrows Bridge, die Staten Island mit Brooklyn verbindet, spielte dabei eine große Rolle, aber auch die verzweifelte Suche vieler New Yorker nach einer Zuflucht vor Verelendung und Gewalttätigkeit. Bodenspekulanten versuchen daraus Kapital zu schlagen, und einige verantwortungsbewußte Bürger von Staten Island haben sich bereits im Kampf gegen die Vernichtung der ländlichen Schönheit zusammengeschlossen. Zu viele Wälder werden abgeholzt, und zu viele Wiesen verschwinden unter Zementbauten.

Staten Island besitzt genügend Industrien – Schiffbau, Ölraffinerien, Metallindustrie – und eine reiche geschichtliche Vergangenheit. Mit Erlaubnis der holländischen Herrscher von Manhattan hatten sich hier schon Mitte des 17. Jahrhunderts französische Waldenser und Hugenotten angesiedelt, wodurch das religiöse Leben New Yorks noch bunter wurde. Das Conference House in Tottenville am südlichen Ende der Insel war der Ort, an dem die Verhandlungen zwischen Briten und Amerikanern nach dem Gefecht von Long Island im Jahre 1776 endgültig scheiterten. Die Staten Island Historical Society hat ein Museum errichtet und zwei Gebäude aus der Kolonialzeit restauriert, darunter das Voolezer's House, das vermutlich älteste erhaltene Schulhaus der USA. Geplant ist die Restaurierung weiterer alter Gebäude.

Technisch gesehen sind die Boroughs durch Brücken, Tunnel, Eisenbahn- und U-Bahn-Linien miteinander verbunden. Sie politisch zu verbinden war schon immer das größere Problem, und man fragt sich, ob es überhaupt lösbar ist. Während der finanziellen und politischen Krise Mitte der siebziger Jahre glaubten die politischen Führer der Stadt, daß es nur zwei Möglichkeiten gebe, um die Stadt vor dem Zusammenbruch zu retten: größere Zentralisierung oder Dezentralisierung, was natürlich nicht miteinander in Einklang zu bringen war. Der Konflikt war nicht neu. Manhattan, die Kernstadt der Metropole, brachte schon 1930 das Argument vor, daß eine Verwaltung, die das Erziehungs-, Sanierungs-, Park- und Verkehrswesen zentral lenke, effektiver und wirtschaftlicher arbeiten könne, als wenn sich in jedem Borough ein eigenes Amt mit diesen Aufgaben beschäftigte. Man war sich zwar darüber einig, daß jeder von ihnen seinen eigenen Präsidenten haben solle; aber es wurde nicht ohne Protest hingenommen, daß der Bürgermeister von New York – der für die anderen Boroughs im Grunde der Bürgermeister von Manhattan war – und seine Beamten die eigentliche Macht in Händen hatten.

In den sechziger Jahren, zur Amtszeit des Bürgermeisters John Lindsay, steigerte sich der Protest gegen die Zentralisierung fast zu einer Revolte. Kernpunkt der Beschwerden waren die traditionellen Argumente: Die Stadtregierung sei von den Bedürfnissen der Bürger abgeschnitten, die wichtigsten organisatorischen Aufgaben würden vernachlässigt – Straßen würden nicht repariert, der Müll nicht beseitigt, Elendsviertel zu langsam saniert, während Gewaltverbrechen und Diebstahl immer mehr anstiegen. Nur die lokalen Verwaltungs- und Planungsstellen hätten etwas unternommen, um das grauenhafte Elend in den Brownsville-Slums von Brooklyn einzudämmen, um die Polizeikräfte in notorischen Verbrechergegenden zu verstärken, um die Feuerwehrstationen in der Stadt, die ständig von Bränden heimgesucht wird, besser auszurüsten, um den bedenkenlosen Bau neuer Warenhäuser in Wohngegenden zu unterbinden und für Bedürftige Wohnungen zu schaffen.

Der Bürgermeister und seine Stadtplaner beklagen sich zwar bitter, daß zentrale Verwaltungsvorhaben oft von den lokalen Stellen blockiert würden, aber für die örtlichen Belange ist letzten Endes die jeweilige Bürgerschaft zuständig. Jedem, der aus Europa kommt und in New York lebt, fällt das nahezu fanatische soziale Bewußtsein auf, das schon in kleineren Gemeinschaften wie etwa einem Apartmentblock herrscht, vor allem unter intellektuellen Juden. Eine solche Wohneinheit hat bisweilen ihr eigenes

Mitteilungsblatt, ihre eigenen bewaffneten Wächter und ihre eigenen politischen, sozialen und kulturellen Beauftragten.

Als ich ein Apartment in Manhattans West End Avenue bezog, wurde ich von dem zuständigen Blockkomitee eingeladen, bewirtet und dabei einer genauen Prüfung unterzogen, ob ich sauber, kultiviert und verantwortungsbewußt genug sei. Es wurden Komitee- und Blockversammlungen abgehalten, auf denen Sicherheitsprobleme und sogar die Sauberkeit der Straßen diskutiert wurden. Einmal erwähnte ich in einem Aufsatz in der *New York Times* die starke Verbreitung der Kakerlaken – wobei ich mich über diese Tiere gar nicht beklagte, sondern sie als Repräsentanten eines zweiten, vitalen und armen Manhattan schilderte, das in der von Don Marais geschaffenen Figur Archy sogar seinen eigenen literarischen Ausdruck gefunden habe. Man warf mir daraufhin vor, ich hätte Manhattan schlechtgemacht. Mir gefällt dieser Lokalpatriotismus. Etwas Vergleichbares findet man in London nicht.

Nachbarschaftlichkeit ist, glaube ich, ein bezeichnender Ausdruck für New York, und besonders für Manhattan. Schließlich ist dieser Borough, der noch nicht einmal den Status einer eigenständigen Stadt besitzt, so etwas wie die Metropole der Welt, und dennoch löst er sich in eine Vielzahl von Nachbarschaften auf.

Man kann Manhattan mit dem Bus besichtigen, man kann mit einem Schiff eine dreistündige Rundfahrt um die Insel machen, und Besucher, die einen großartigen Überblick dem Detail vorziehen, haben Gelegenheit, den Stadtteil vom Hubschrauber aus kennenzulernen. Aber das Sprachengemisch ist in einem Hubschrauber nicht zu hören, und die Gerüche der exotischen Speisen dringen nicht in einen Touristenbus mit Klimaanlage. Die einzige Möglichkeit, die Atmosphäre der verschiedenen Viertel Manhattans aufzunehmen, besteht darin, daß man sie zu Fuß durchstreift. Ich selbst bin tagelang durch Manhattan gewandert – natürlich nicht ununterbrochen –, und ich will im folgenden einige dieser Streifzüge zu einem fortlaufenden Rundgang über die Insel zusammenfassen.

Wenn wir von meiner ehemaligen Wohnung in der Upper West Side – West 93rd Street – aus den Broadway entlang nach Norden gehen, kommen wir bald in ein puertoricanisches Viertel mit spanischen Aufschriften an den Häuserwänden, wo der Besitzer eines Schuhgeschäfts zu mir sagte: »*No hay zapatos para gringos*« (was ungefähr bedeutet: »Hier gibt es keine Schuhe für Anglo-Amerikaner«, wobei in der Übersetzung »Anglo-Amerikaner« für »gringos« der verächtliche Beigeschmack natürlich verlorengegangen ist). Doch dies ist eine gute Gegend, wenn man nicht Schuhe, sondern akademisches Leben sucht. Hier befindet sich nämlich die Columbia University, das ihr angeschlossene, hauptsächlich von Studentinnen besuchte Tochterinstitut, das Barnard College, das Jewish Theological Seminary und (lang lebe die religiöse Vielfalt New Yorks) genau gegenüber das Union Theological Seminary, eine Ausbildungsstätte für protestantische Geistliche. Jemand wie ich, den sein täglicher Weg zur Universität von Manchester durch Straßen führte, die von Bordellen gesäumt waren und in denen ständig Schlägereien stattfanden, sieht weiter nichts Beunruhigendes darin, daß ein College in einer Slumgegend liegt, selbst wenn diese Slumgegend Harlem ist.

Das originale Haarlem in Holland hat nur für seine Bewohner Bedeutung, aber das New Yorker Harlem ist nicht nur die Heimat für viele Schwarze – und in geringerem Maß für Puertoricaner und Italiener –, sondern wird in der ganzen Welt mit Angst, Scham und anderen Gefühlen in Verbindung gebracht. Die überbelegten, doch meist sündhaft teuren baufälligen Mietshäuser von Harlem bilden einen Schandfleck im Manhattan nördlich des Central Park und im Gewissen Amerikas. Einige verstreute Neubauprojekte können der Verwahrlosung kaum Einhalt gebieten. Doch Harlem besitzt einen Elan, eine Kraft und eine traditionelle volkstümliche Kultur, die es weit über Slumgebiete wie Bedford-Stuyvesant, Brownsville und die Süd-Bronx stellen, von denen es an Schäbigkeit wahrscheinlich noch übertroffen wird. Wenn einem Harlem zu deprimierend oder zu unfreundlich ist (wie ich schon sagte, werden fremde Weiße dort nicht so gern gesehen), kann man nach Westen zum Ufer des Hudson gehen, an dem sich ein schmaler Grünstreifen bis zur nördlichen Spitze der Insel hinzieht. Es handelt sich genaugenommen nicht um einen, sondern um eine Reihe von Parks: Riverside, Sheltering Arms, Fort Washington, Fort Tryon und Inwood Hill Park. Dieses bemerkenswerte Opfer an teurem städtischem Boden wäre noch erfreulicher, wenn die Grünanlagen nicht der ganzen Länge nach durch eine sechsspurige Autobahn zerschnitten würden. Der Anblick der eleganten George-Washington-Hängebrücke und der Felsklippen von New Jersey tröstet ein wenig über den durchdringenden Gestank der Autoabgase hinweg.

Man erlebt hier noch andere angenehme Überraschungen. Im Fort Tryon Park lädt ein klosterähnliches Museum, *The Cloisters*, New Yorker und Touristen zur Betrachtung mittelalterlicher Kunst ein. Wer das nicht erstaunlich findet, wird sich vielleicht auch nicht wundern, wenn er in Inwood, der nördlichsten Gemeinde von Manhattan, auf zahlreiche irische Pubs, Hurling und Gaelic Football stößt.

Wir gehen am Harlem und am East River entlang zu unserem Ausgangspunkt, dem Central Park, zurück, allerdings zur gegenüberliegenden Seite. Dies ist die Upper East Side – sehr schick, sehr teuer, voll von Bäumen, exklusiven kleinen Kunstgalerien und *brownstones* (wie in New York terrassenförmig angelegte Häuser oft genannt werden, ob sie nun aus braunem Sandstein gebaut sind oder nicht). Hier findet man herrschaftliche Villen, die eine halbe Million Dollar wert sind und von reichen und berühmten Leuten bewohnt werden, und winzige, dünnwandige Apartments, in denen Sekretärinnen und Jungmanager ihr modernes Juggesellendasein führen.

Noch größere Kontraste zwischen hohem und niedrigem Lebensstandard findet man in dem als Yorkville bekannten Viertel um die East 86th Street. Doch hier bilden eine einheitliche Sprache und Kultur, Deutsch und Deutschtum, ein Gegengewicht gegen die ungleichmäßige Verteilung der Lebensgüter. Yorkville wird wegen seiner Geschlossenheit und Stabilität und seiner verhältnismäßig niedrigen Kriminalitätsrate von anderen, schickeren Wohnvierteln in dieser neurotischen Stadt beneidet. Außerdem bekommt man hier ausgezeichnetes deutsches Bier. Und am östlichen Ende der 86. Straße, inmitten der Grünanlagen des Carl Schurz Park, steht das im 18. Jahrhundert erbaute Gracie Mansion, in dem der Bürgermeister von New York residiert.

Wir gehen in südlicher Richtung die Park Avenue hinunter, in deren Stein- und Glasbauten und deren ungewöhnlicher Sauberkeit sich die Erfolgsstory Manhattans manifestiert. Nördlich der 96. Straße wird die Park Avenue niedrig, unbedeutend und verwahrlost, aber nach Süden hin verläuft sie majestätisch zwischen einigen der teuersten New Yorker Wohnblocks und später schluchtartig zwischen den Glasfassaden von Bürohochhäusern, bis sie anscheinend in der 46. Straße am Grand Central Terminal und dem Pan-Am Building aufhört.

Hinter diesem Gebäudekomplex setzt sich die Park Avenue tatsächlich fort, doch ist dieser Abschnitt weniger großartig. Es ist vielleicht nicht ohne tiefere Bedeutung und bezeichnend für die Unverläßlichkeit des Reichtums und Glanzes von New York, daß der prächtigste Teil der Park Avenue nicht aus festem Boden gebaut ist, sondern über den Eisenbahnschächten, die vom Grand Central Terminal nach Norden führen.

Westlich der Park Avenue – hinter der anderen großen und berühmten Durchgangsstraße, der Madison Avenue – liegt die Straße, in der die Einzelhandelskultur ihre höchste Vollendung gefunden hat: die Fifth Avenue. Es gibt eine Gesellschaft, die Fifth Avenue Association (Inc.), die sich nicht nur für die Verschönerung der Straße und die Steigerung der Umsätze und des Profits einsetzt, sondern auch auf poetische Weise ihrem Staunen darüber Ausdruck gibt, daß dort, wo jetzt das Empire State Building steht, einst Rebhühner im Dickicht burrten, Schnepfen gejagt wurden und sich in Teichen und Sümpfen Nerze, Ottern und Bisamratten versteckt hielten.

Die New Yorker, diese überzeugten Existentialisten, für die Geschichte nichts weiter ist als ein kinematischer Traum, haben nie aufgehört, sich darüber zu wundern, daß hier, anstelle dieser Landschaft aus Glas und Beton, früher unberührte Natur war. In diesen fast schon homerischen Mythos ist auch der Crystal Palace einbezogen, der in der Fifth Avenue auf dem Platz der heutigen Public Library stand und bereits 1858, fast ein Jahrhundert vor seinem Londoner Urbild, ein Raub der Flammen wurde. Die heutige Realität besteht aus Schaufensterfronten, hinter denen einige der teuersten Waren der Welt in kunstvollen Dekorationen aufgebaut sind: Brillantenkolliers, modische Kleider und flauschige Stofftiere, die die mehrfache Größe der Kinder haben, für die sie gedacht sind.

Ein langer Spaziergang in südöstlicher Richtung führt uns dann in eine ganz andere Gegend, die Bowery. (Der Name erinnert an die *bouwerie*, den Bauernhof von Peter Stuyvesant, dessen sterbliche Überreste auf dem nahe gelegenen Friedhof von St. Mark's-in-the-Bouwerie, Ecke Second Avenue/East 10th Street, liegen.) Schon seit Ende des 19. Jahrhunderts ist die Bowery eine trostlose Ansammlung von billigen Absteigen und Pfandhäusern, die »Straße des Niedergangs«, Heimat des betrunken auf dem Pflaster liegenden Bowery Bum. Umgestaltungsprojekte haben das Gesicht des Viertels zum Teil verändert.

Aber dank der amerikanischen Filmindustrie, die aus allem, was sich dazu eignet, einen Mythos macht, wurde auch die Bowery zum Mythos, der sich selbst zu erhalten trachtete. So bezeichnete sich die *Bowery News* als die »Stimme aus dem Untergeschoß der Gesellschaft«, und die Gestrandeten der Bowery sonnten sich in ihrem eigenen schäbigen Ruhm – vor allem wenn ein Bus mit Touristen vorüberfuhr. Auf mehr Widerstand stießen die Stadtplaner in der nahe gelegenen Lower East Side, einem hauptsächlich von Juden bewohnten Armenviertel mit heruntergekommenen Mietshäusern und Straßenverkäufern, aus dessen bedrückender Düsternis sich Männer, die später zu Reichtum und Ruhm gelangt sind, ihren Weg zum Licht erkämpft haben. Wir wenden uns jetzt nach Süden und folgen der South Street in südwestlicher Richtung entlang den Piers am Ufer des East River.

Hier befand sich früher der Fulton Fish Market. Der durchdringende Geruch der frisch gefangenen Fische, eine Art olfaktorisches Wahrzeichen, das viele New Yorker liebgewonnen hatten, ist jetzt verschwunden, da der Markt Umgestaltungsprojekten zum Opfer gefallen ist. Statt dessen werden unsere Nasen von dem vertrauten, wenn auch nicht so nostalgischen Abgasgestank der Autos belästigt, die über unseren Köpfen den erhöhten Highway entlangdonnern. In New York nimmt man auf Tradition nur Rücksicht, wenn die Öffentlichkeit sich empört.

Nachdem wir den Anlegeplatz der Staten Island Ferry passiert haben, kommen wir zum Battery Park. Dies ist die Geburtsstätte New Yorks, der Ort, an dem die Holländer angeblich ihren 24-Dollar-Landkauf bei den Algonkin-Indianern tätigten – und hier ist zumindest ein wenig von dem alten New York erhalten geblieben. Castle Clinton, ein in den Anfängen des 19. Jahrhunderts erbautes Fort, das nach dem Gouverneur DeWitt Clinton benannt worden ist, steht noch heute im Battery Park (da es von der Bundesregierung zum Nationaldenkmal erklärt wurde, konnte New York es nicht niederreißen). Gegenüber dem Battery Park breitet sich das Oval des Bowling Green aus, das noch immer von dem 1771 errichteten Eisenzaun umgeben ist. Die Siedler zahlten ein einziges Pfefferkorn im Jahr für die Erlaubnis, hier ihr Rasenkugelspiel ausüben zu dürfen. Damals stand eine Statue Georges III. vor der Anlage, die zu Beginn des Unabhängigkeitskriegs in Kanonenkugeln umgeschmolzen wurde, mit denen man auf seine Schiffe schoß.

An diesem südlichen Ende der Insel haben Hochfinanz und Regierung in ihrem Bestreben, Platz für ihre Gebäude zu schaffen, die meisten Relikte der Vergangenheit beseitigt. Doch einige konnten sich im Schatten der von Banken und Regierungsstellen besetzten Wolkenkratzer halten. Man kann noch immer in der Trinity Church am Broadway/Ecke Wall Street beten; von dort sind es nur wenige Schritte zur Stock Exchange, der Börse, die für viele New Yorker zu einer noch wichtigeren Kultstätte geworden ist. Und in »Fraunces Tavern« an der Ecke Broad/Pearl

Street, wo sich George Washington am Ende des Unabhängigkeitskriegs von seinen Offizieren verabschiedet hat, bekommt man noch immer Essen, Getränke und Historie serviert.

An diesem ganzen Bezirk – einschließlich des Finanzviertels, der City Hall, der Stadt-, Staats- und Bundesgerichtshöfe, des Tombs-Gefängnisses und des Polizeipräsidiums – fällt einem Besucher aus London sofort auf, daß er nach Feierabend nicht tot ist. In London liegt die City nach einem langen, geschäftigen Tag verlassen da, doch hier ist in der Nähe der City Hall und der Tempel des Mammons ein lebendiges Viertel entstanden. Einige der schönen alten Straßen mit historischem Charakter sind inzwischen restauriert worden, und entlang dem East River sind neue Häuserblocks in die Höhe geschossen.

Im Norden liegt das an die Bowery angrenzende Viertel Chinatown, wo noch in den zwanziger Jahren dieses Jahrhunderts blutige Kämpfe zwischen rivalisierenden chinesischen Geheimbünden ausgetragen wurden. Diese Geheimbünde unterschieden sich in Zielsetzung und Aktivitäten kaum von den heutigen kriminellen Mafia-Organisationen. Eine scharfe Biegung in der Doyers Street wurde als »Blutiger Winkel« bekannt, weil dort so viele Morde verübt wurden – mehr als auf irgendeinem anderen Fleck der Erde, meint die Polizei. Und die Luft war durchtränkt von Opiumschwaden.

Heute ist Chinatown nicht mehr das Viertel, das man mit Morden oder Rauschgifthandel in Verbindung bringt. Die Geheimbünde unterstützen die Witwen ihrer ehemaligen Mitglieder, und Verbrechen sind eine Seltenheit. Chinatown hat sich dem Ethos einer Stadt angepaßt, in der alles verkäuflich ist, und handelt jetzt mit chinesischer Kultur, Jadeschmuck und chinesischer Küche. Sogar ein Telefonanruf ist hier ein exotisches Erlebnis, wenn man in ein Telefonhäuschen mit Pagodendach tritt.

Seine Kultur gewinnbringend zu verkaufen ist in New York eine Möglichkeit, die Stadtplaner abzuwehren. Und so kommen wir nach Greenwich Village, dessen Bewohnern – Studenten und selbsternannten Künstlern – die Stadtplaner ein Greuel sind.

Im Village hört die euklidische Geometrie New Yorks auf. Die Straßen sind nicht geradlinig und, verbreiteter Ansicht zufolge, auch die Bewohner nicht. In Manhattan erwartet man im allgemeinen, daß Straßen von Osten nach Westen und Avenues von Norden nach Süden verlaufen. Doch wenn man im Village eine Adresse sucht, sollte man einen Stadtplan mitnehmen, da die Straßenbenennungen hier einige Absonderlichkeiten aufweisen. Zum Beispiel kreuzt die West 10th Street die West Fourth Street, verlaufen Greenwich Street und Greenwich Avenue ziemlich parallel zueinander, und etwas nördlich der 12th Street findet man die Little West 12th Street.

Was die Villagebewohner anbetrifft, so würde ich sie eher als Randerscheinungen der Kunstszene betrachten. Die großen Künstlernamen gehören der Vergangenheit an. Hier lebten Washington Irving und Thomas Paine, Theodore Dreiser und Eugene O'Neill. John Masefield putzte den Boden einer Village-Kneipe (natürlich ehe er Englands Poeta laureatus wurde), und in einer anderen Kneipe (»The White Horse Tavern«, Ecke 11th/Hudson Street) hat sich der walisische Dichter Dylan Thomas zu Tode getrunken. Das Village wurde mehr aus Zufall zum Sitz der Boheme (welch schön verschwommener Begriff!), da man es früher eher mit Henry James in Verbindung brachte als mit unbekannten langhaarigen Dichterlingen, die in Kaffeehäusern ihre Verse deklamieren.

Henry James hat dem intellektuellen Zentrum des Village, dem Washington Square mit seinen schönen neoklassizistischen Wohnhäusern, ein literarisches Denkmal gesetzt. Wie im Londoner Viertel Mayfair wurden die dazugehörigen Stallungen gern von mittellosen Künstlern als Ateliers benutzt, doch die Mieten sind inzwischen so gestiegen, daß dort wahrscheinlich nur noch edle Pferde untergebracht werden können. Den wenigsten jungen Leuten, die heute hier das Publikum mit Songs und Gitarrenspiel unterhalten, dürfte bekannt sein, daß dies einst ein öffentlicher Hinrichtungsplatz war, auf dem die New Yorker bis 1828 ihre Verbrecher gehängt und begraben haben.

Wenn man über den Square geht, schreitet man über Hunderte von Gräbern.

Damals war das Village ein ländlicher Zufluchtsort für New Yorker, die sich vor den Gelbfieber- und Choleraepidemien retten wollten, von denen die Stadt immer wieder heimgesucht wurde. Heute wird das Village von Touristen und Angestellten aus Midtown Manhattan überschwemmt, die am Wochenende gern Bohemien spielen (und eifrig die wöchentlich erscheinende *Village Voice* lesen, die sich allmählich dem etablierten Journalismus angenähert hat).

Dadurch wurden die unbemittelten Schriftsteller, Maler und das übrige buntgemischte Völkchen der sogenannten »Alternativgesellschaft« in Gegenden abgedrängt, in denen die Mieten niedriger waren. So entstand in den Slums östlich der Fourth Avenue jenes Viertel, das heute als East Village bekannt ist. Andere flüchteten vor den steigenden Mietpreisen in Greenwich Village in ein Viertel südlich der Houston Street, für das sich – wahrscheinlich in Anlehnung an das ehemalige Londoner Künstlerzentrum – das Kürzel SoHo (South of Houston Street) eingebürgert hat.

Greenwich Village war jedoch schon immer mehr als ein bloßes Künstlerviertel. Man findet hier ein zweites Little Italy mit der Bleecker Street als Zentrum, die New York University und zahlreiche Kirchen. Es ist eine Mikropolis mit eigenen Sitten und einer eigenen Kultur, die ästhetische und intellektuelle Kraftquelle der Megalopolis, und es hat auf seine Weise versucht, seine Unabhängigkeit und Einmaligkeit gegen die Stadtplaner zu behaupten, von denen einige am liebsten die schäbigen Wohnschlafzimmer und Ateliers niederreißen und an ihre Stelle Wolkenkratzer setzen würden. Die echten Villager sind sich jedenfalls des eigenständigen Charakters ihrer ausgedehnten Enklave bewußt.

Nördlich des Village finden wir dort, wo sich Broadway, Sixth Avenue und 34. Straße schneiden, zwei dreieckige Flächen, die als Squares bezeichnet werden – den Herald Square und den Greeley Square, ersterer benannt nach dem *New York Herald* und letz-

terer nach Horace Greeley, dem Gründer der *New York Tribune*.
Die beiden Blätter schlossen sich 1924 zur *Herald-Tribune* zusammen, die zu den größten Zeitungen der Welt zählte, bis sie 1966 in New York ihr Erscheinen einstellte (eine europäische Ausgabe existiert immer noch). Man kann daraus vielleicht den Schluß ziehen, daß die New Yorker von ihrer Presse früher wesentlich mehr gehalten haben als heute.

Ich erwähne diese beiden Squares jedoch nicht wegen ihrer zeitungsgeschichtlichen Bedeutung, sondern weil hier die Welt der großen Warenhäuser beginnt: »Macy's« am Herald Square, das mit einer Gesamtfläche von fast 190 000 Quadratmetern eines der größten Warenhäuser der Welt ist, und am Greeley Square sein ebenso bekannter Konkurrent, »Gimbel Brothers«. Westlich davon, entlang der Seventh Avenue, erstreckt sich das Textilindustrieviertel, das diese und sämtliche anderen Kaufhäuser der Nation beliefert. Karren mit Kleidern und Ständer mit Pelzen, die im Mittagsgewühl durch die Straßen geschoben werden, sind hier kein ungewohnter Anblick.

Wo der Broadway die Seventh Avenue schneidet – zwischen der 42. und 47. Straße –, stößt man wiederum auf dreieckige Flächen. Die New Yorker bezeichnen das ganze Gebiet als Times Square (benannt nach der *New York Times*, die früher in dem Gebäude am südlichen Ende des Platzes ihren Sitz hatte). Genaugenommen heißt das nördliche Dreieck Duffy Square, falls Sie Bewohner des Viertels, die mit solchen Feinheiten nicht vertraut sind, verblüffen wollen. Der Times Square ist der Inbegriff bunter, glitzernder Lichterfülle und schäbigen Glanzes, und wenn vom Broadway gesprochen wird, ist oft dieser Platz gemeint, da rundherum viele Theater liegen. Der Broadway als der »große weiße Weg«, als die Straße der Theater erfordert ein eigenes Kapitel, und je weniger man über die anderen Aspekte dieser Gegend berichtet, desto besser. Vor allem der Bereich der 42. Straße ist ein übles Konglomerat von Striplokalen, Pornokinos, Sexläden, miesen Imbißstuben, herumstreunenden Strichjungen, Flipperhallen und dröhnender Musik.

Wir müssen nicht weit nach Norden gehen, um in die freundlichere Gegend von Central Park South zu kommen, wie die 59. Straße in dem Teil genannt wird, der die südliche Begrenzung von Manhattans großer grüner Lunge bildet. Hier finden wir einige der großartigsten Hotels von Amerika, darunter das unübertroffene »Plaza«, und ihnen gegenüber im Park eine Reihe von Statuen. Kolumbus fehlt ebensowenig wie General Sherman, der Mann, der im Sezessionskrieg den Marsch durch Georgia anführte. Hier steht auch ein Denkmal Simon Bolivars, der Südamerika von der spanischen Kolonialherrschaft befreit hat und der im Herzen der spanisch sprechenden New Yorker den gleichen Platz einnimmt wie George Washington im Herzen der englischsprachigen Bevölkerung. Es sei hier angemerkt, daß Bolivars Denkmal errichtet wurde, noch ehe die spanisch sprechende Einwohnerschaft New Yorks einen politischen Machtfaktor darstellte. Die Errichtung der Statue war eher eine Huldigung New Yorks an die Freiheit im allgemeinen als eine Verbeugung vor den puertoricanischen Wählern im besonderen.

Von hier aus wandern wir den Broadway in westlicher Richtung aufwärts und benützen die Gelegenheit zu einem Abstecher nach Westen in die West End Avenue und den River Side Drive. Wir stoßen hier auf eine Welt, in der Luxus und Elend nahe beieinander liegen. Die klotzigen Wohnhäuser wurden in den zwanziger und dreißiger Jahren errichtet, um die kommende Generation der Reichen und Arrivierten aufzunehmen.

Doch Reichtum und Erfolg haben sich lieber in der East Side niedergelassen. In der West Side haben die Wohlhabenden nur einen schmalen Streifen schöner alter Wohnhäuser mit Blick auf die Grünanlagen in Besitz genommen. Im übrigen ist das Viertel von einem bunten Bevölkerungsgemisch bewohnt. Alteingesessene jüdische Hausfrauen blicken aus dem Fenster auf herumlungernde Stadtstreicher und Restaurants, die spanisch-chinesische Küche empfehlen. Die Geräumigkeit der Wohnungen und die verhältnismäßig niedrigen Mieten haben die Gegend auch für junge Akademiker mit Familie anziehend werden lassen. Diese in Jeans und Pullover und mit zerzaustem Haar herumlaufenden Intellektuellen haben der Gegend ihren Stempel aufgedrückt und sich in unzähligen Komitees, Blockvereinigungen, Schulinitiativen und Krankenhausausschüssen engagiert.

Wir sind wieder an unserem Ausgangspunkt angelangt. Es gibt in New York zwei Lebensbereiche – den ethnischen und den supraethnischen –, die in dieser dichtgedrängten Stadt nicht voneinander getrennt werden können. In keinem Viertel findet man eine total abgetrennte kulturelle Homogenität. Zwei Professoren, von der Columbia University, der eine ein Teutprot, der andere ein Jude, können an der Ecke West 93rd Street/Broadway unter einer spanischsprachigen Hinweistafel über die Vertilgung von Kakerlaken (oder *cucarachas*, was viel freundlicher klingt) ihre akademischen Grußformeln austauschen und dann deutsche Bratwurst, französische Baguettes und chinesische Sojabohnensprossen einkaufen und vielleicht noch in einer sizilianischen Weinhandlung eine Flasche chilenischen Burgunder erstehen. Aber die Bewohner all dieser verschiedenartigen Viertel New Yorks vereint eine stärkere Kraft als nur der Reiz der reichhaltigsten internationalen Küche der Welt. Ich meine ihr gemeinsames, starkes und meist gesundes Bestreben nach Wohlstand, das sie schließlich hierhergeführt und zur Gründung aller dieser Wohnviertel veranlaßt hat.

John Dos Passos
Dollars

Überall an der Reling Gesichter, in den Bullaugen Gesichter. Leewärts weht ein schaler Geruch von dem bauchigen Dampfer her, der ein wenig krängend vor Anker liegt, eine gelbe Quarantäneflagge hängt schlaff an seinem Fockmast.

»Ich möchte eine Million Dollar dafür geben«, sagt der alte Mann, an seinem Riemen ruhend, »um zu wissen, weshalb die alle zu uns kommen.«

»Sie kommen eben einfach, Paps«, sagt der junge Mann, der im Heck sitzt. »Leben wir denn nicht im Land der unbegrenzten Mööchlichkeiten?«

»Eins aber weiß ich«, sagt der Alte. »Als ich ein kleiner Junge war, da kam im Frühling Wildirland mit den ersten Maifischzügen … Jetzt gibt es keine Maifische mehr, und diese Menschen, Gott mag wissen, wo sie herkommen.«

»Wir leben eben im Land der unbegrenzten Mööchlichkeiten.«

Ein junger Mann mit hohlen Wangen, stahlblauem Blick und einer schmalen, hochgewölbten Nase, saß zurückgelehnt auf einem Drehstuhl, die Füße auf einem nagelneuen, mahagonifurnierten Schreibtisch. Seine Haut war bläßlich, unmutig verzog er den Mund. Er rutschte auf seinem Drehstuhl hin und her, er betrachtete die kleinen Kratzer, die seine Schuhe ins Furnier ritzten. Gottverdammich, mir ist alles egal … Dann beugte er sich plötzlich vor, so daß der Drehstuhl knirschte, und schlug sich mit der geballten Faust aufs Knie. »Resultate!« schrie er ins Leere. »Drei Monate sitze ich schon hier und reibe mir den Hintern wund … Was hat es denn für einen Zweck, Jura zu studieren und Anwalt zu werden, wenn man keine Klienten findet?« Er warf einen finsteren Blick durch die Mattglastür auf die goldenen Buchstaben:

NIWDLAB EGROEG
TLAWNASTHCER

Niwdlab – walisisch. Er sprang auf. Seit drei Monaten lese ich Tag für Tag das verdammte Schild von hinten nach vorne. Ich werde verrückt. Jetzt gehe ich essen.

Er zog die Weste glatt und wischte mit dem Taschentuch ein Stäubchen von den Schuhen, dann, das Gesicht in Falten gelegt, mit dem Ausdruck tiefer Versonnenheit, verließ er seine Kanzlei, trabte die Treppe hinunter und schritt auf die Maiden Lane hinaus. Vor dem Restaurant las er die Schlagzeile einer rosaroten Extraausgabe: JAPANER VOR MUKDEN ZURÜCKGESCHLAGEN. Er kaufte die Zeitung und klemmte sie unter den Arm, während er hineinging. Dann suchte er sich einen Tisch aus und überflog die Speisekarte. Ich darf jetzt nicht verschwenderisch sein. »Kellner, bringen Sie mir eine Portion Schmorfleisch, ein Stück Apfelkuchen und eine Tasse Kaffee.« Der langnasige Kellner notierte die Bestellung auf seinem Block, studierte sie dann von der Seite mit einem vielsagenden Stirnrunzeln ... So speist ein Rechtsanwalt ohne Praxis ... Baldwin räusperte sich und entfaltete die Zeitung ... *Werden jetzt die russischen Pfandbriefe anziehen? ... Kriegsteilnehmer beim Präsidenten ...*

WIEDER EIN UNFALL AUF DEN SCHIENEN IN DER XI. AVENUE –

Milchmann ernstlich verletzt ... Schau, schau, das könnte einen hübschen kleinen Schadenersatzprozeß geben ... Augustus McNiel, W. 4. Straße 253, als Milchkutscher bei der Meierei AG Excelsior beschäftigt, erlitt heute morgen bei einem Verkehrsunfall schwere Verletzungen. Ein Güterzug, der rückwärts über die Gleise der New York Central fuhr ...

Er müßte die Bahn verklagen. Zum Donnerwetter noch mal, ich

müßte den Mann ausfindig machen und ihn veranlassen, die Bahn zu verklagen ... Noch immer bewußtlos ... Vielleicht wird er sterben. Ja, dann kann seine Witwe erst recht klagen ... Ich werde noch heute nachmittag ins Krankenhaus fahren, damit mir nicht irgendein Winkeladvokat zuvorkommt ... Entschlossen biß er ein Stück Brot ab und kaute es kräftig und heftig ... Aber nein, ich gehe lieber in seine Wohnung, vielleicht hat er eine Frau oder eine Mutter, entschuldigen Sie, Mrs. McNiel, wenn ich Sie in Ihrem tiefen Kummer belästige, aber ich bin momentan mit einer Nachforschung betraut, ja gewiß, im Auftrag prominenter Kreise ... Er trank den Kaffee aus und zahlte.

W. 4. Straße 253 – einmal, zweimal, hundertmal. Auf dem Broadway nahm er die Straßenbahn in die Vorstadt. Westwärts wandernd längs der Vierten rund um den Washington Square. Die Bäume reckten morsche, bläuliche Zweige in einen taubengrauen Himmel. Die Häuser gegenüber mit den breiten Fenstern glänzten rosig, salopp, wohlhabend. Das wäre die richtige Gegend für einen Rechtsanwalt mit einer umfangreichen und stabilen Praxis. Das wollen wir uns mal überlegen. Er überquerte die VI. Avenue und kam allmählich in den schmutzigen Westen, wo es nach Stallungen roch und die Bürgersteige mit Kehrrichtresten und krabbelnden Kindern besät waren. Stell dir vor, hier wohnen zu müssen, unter Iren und Ausländern, dem Abschaum des Universums. Nr. 253 hatte mehrere unbezeichnete Klingeln. Ein altes Weib, die Kattunärmel an wurstförmigen Armen hochgekrempelt, streckte den grauen Struwwelkopf zum Fenster heraus.

»Bitte, können Sie mir vielleicht sagen, ob hier ein gewisser Augustus McNiel wohnt?«

»Der wo im Spital liegt? Na sicher.«

»Hat er Angehörige?«

»Worum handelt es sich denn?«

»Um eine geschäftliche Angelegenheit.«

»Gehen Sie mal in den ersten Stock rauf, seine Frau wird zu Haus sein, aber wahrscheinlich ist jetzt nischt mit ihr anzufangen ... Die Arme ist ganz weg. Sie hat erst vor anderthalb Jahren geheiratet.«

Über die Treppe lief eine Kette kotiger Fußstapfen, hier und dort war sie mit den verschütteten Resten der Ascheneimer betupft, im ersten Stock stieß Baldwin auf eine frischgestrichene dunkelgrüne Tür und klopfte an.

»Wer ist da?« sagte eine Frauenstimme, die ihm einen angenehmen Schauer durch die Adern jagte. Sie muß noch sehr jung sein. »Mrs. McNiel?«

»Ja«, erwiderte die melodische Stimme, »Sie wünschen?«

»Es handelt sich um den Unfall Ihres Mannes.«

»Um den Unfall?« Vorsichtig und ruckweise wurde die Tür geöffnet. Mrs. McNiel hatte eine scharfgeschnittene, perlweiße Nase, ein schmales Kinn und einen gewellten, rötlichbraunen Haarschopf, der an der hohen, schmalen Stirn in flockigen Löckchen endete. Graue Augen, scharf und mißtrauisch, starrten ihn an.

»Könnte ich Sie einen Augenblick sprechen? Es handelt sich, wie gesagt, um den Unfall Ihres Mannes. Die Angelegenheit hat ihre juristischen Seiten, und ich fühle mich verpflichtet, Sie darauf aufmerksam zu machen ... Hoffentlich geht es Ihrem Mann schon besser.«

»Ach ja, er ist wieder bei Bewußtsein.«

»Darf ich eintreten? Das alles ist ein wenig kompliziert.«

»Aber gern.« Ihre mürrischen Züge glätteten sich, verzogen sich zu einem schiefen Lächeln. »Sie werden mich schon nicht auffressen.«

»Nein, bestimmt nicht.« Er lachte nervös, ein Lachen, das tief in der Kehle saß.

Sie ging voran ins verdunkelte Wohnzimmer. »Ich werde die Jalousien nicht aufziehen, damit Sie nicht die Unordnung sehen, die bei mir herrscht.«

»Gestatten Sie, daß ich mich vorstelle, Mrs. McNiel ... George Baldwin, Maiden Lane 88 ... Derartige Fälle sind meine Spezialität ... Um es kurz zu formulieren: Ihr Gatte wurde durch die strafbare, möglicherweise sogar verbrecherische Fahrlässigkeit der Angestellten der New York Central überfahren und beinahe getötet. Der Fall bietet ausreichende Voraussetzungen für einen

Prozeß gegen die Eisenbahngesellschaft. Ich darf wohl ohne weiteres annehmen, daß die Meierei AG Excelsior den erlittenen Verlust, Pferd, Wagen et cetera, einklagen wird …«

»Soll das heißen, daß Gus persönlich eine Entschädigung bekommen könnte?«

»Sehr richtig.«

»Wieviel, glauben Sie, könnte er bekommen?«

»Tja, das hängt davon ab, wie schwer seine Verletzungen sind, von der Einstellung des Gerichts und vielleicht auch von der Geschicklichkeit des Anwalts … Ich halte zehntausend Dollar für eine bescheidene Summe.«

»Sie verlangen keinen Vorschuß?«

»Wir Anwälte erhalten meistens unser Honorar erst dann, wenn der Fall erfolgreich abgeschlossen ist.«

»Sind Sie Anwalt? Sie sehen noch recht jung aus.«

Die grauen Augen funkelten ihn an. Beide lachten. Er fühlte eine angenehme, unerklärliche Wärme durch seine Adern kreisen.

»Ja, ich bin Anwalt, und derartige Fälle sind meine Spezialität. Erst vorigen Dienstag habe ich sechstausend Dollar für einen Klienten herausgeschlagen, der von einem durchgehenden Relaispferd einen Hufschlag erhalten hat … Sie wissen vielleicht, daß im Augenblick sehr heftig dafür agitiert wird, die Schienenkonzession in der XI. Avenue zu widerrufen … Ich halte den Moment für außerordentlich günstig.«

»Sagen Sie mal, reden Sie immer so gespreizt – oder ist das rein beruflich?«

Er warf den Kopf zurück und lachte.

»Der arme, liebe Gus, ich habe schon immer behauptet, daß er ein Glückspilz ist«, sagte Mrs. McNiel.

Aus dem Nebenzimmer war das dünne Wimmern eines Kindes zu hören.

»Was ist denn das?«

»Unser Baby! Es schreit immerzu.«

»Ach, Sie haben Kinder, Mrs. McNiel?« Er fand den Gedanken sehr ernüchternd.

»Vorläufig nur eins. Was erwarten Sie denn von mir?«

»Liegt Ihr Herr Gemahl im Unfallkrankenhaus?«

»Ja, ich glaube, man wird Sie zu ihm lassen, wenn Sie sagen, daß es sich um eine geschäftliche Sache handelt. Er stöhnt ganz erbärmlich.«

»Wenn man nun auch noch außerdem ein paar gute Zeugen finden könnte …«

»Mike Doheny hat alles gesehen. Er ist Schutzmann und mit Gus befreundet.«

»Menschenskind, das ist ja schon mehr als nur ein Fall … Das gibt einen außergerichtlichen Vergleich … Ich fahre sofort ins Krankenhaus.«

Aus dem Nebenzimmer kam ein neuerliches Wimmern.

»Ach, was das Balg zusammenheult!« murmelte Mrs. McNiel, das Gesicht verziehend. »Wir könnten das Geld dringend brauchen, Mr. Baldwin …«

Er griff nach seinem Hut. »Ich werde mein Bestes tun. Darf ich von Zeit zu Zeit hier vorbeischauen und Ihnen berichten, wie die Sache läuft?«

»Gern.«

Als sie ihm an der Tür die Hand reichte, da sah es aus, als könnte er ihre Hand nicht loslassen. Sie errötete leicht. »… Adieu und schönen Dank für Ihren Besuch«, sagte sie steif.

Baldwin stolperte die Treppe hinunter. Ihn schwindelte, das Blut brauste durch seinen Kopf. Die schönste Frau, der ich je in meinem Leben begegnet bin … Draußen hatte es zu schneien begonnen. Die Schneeflocken waren kalte, heimliche Liebkosungen an seinen heißen Wangen.

Der Himmel über dem Park war mit kleinen spitzschwänzigen Wölkchen gefleckt, wie eine Wiese voll weißer Hühner.

»Paß auf, Alice, jetzt laufen wir diesen kleinen Weg hinunter.«

»Aber Ellen, mein Papa hat mir gesagt, ich muß von der Schule sofort nach Hause gehen.«

»Angsthase!«

»Aber Ellen, die bösen Kinderräuber…«

»Ich hab dir gesagt, du sollst nicht mehr Ellen zu mir sagen.«

»Also Elaine – Elaine, die Lilienmaid von Astalot.«

Ellen trug ihr neues Kleid aus schottischem Wollstoff, in den Farben des Klans *Black Watch – Schwarze Wacht*. Alice trug eine Brille und hatte Beine dünn wie Stricknadeln.

»Angsthase!«

»Schau, dort sitzen fürchterliche Männer auf einer Bank. Komm, komm, schöne Elaine, gehen wir schnell nach Haus.«

»Ich fürchte mich nicht vor den Männern. Wenn ich Lust hätte, könnte ich fliegen wie Peter Pan.«

»Warum tust du es nicht?«

»Ich habe jetzt gerade keine Lust dazu.«

Alice begann zu jammern. »Ach, Ellen, ich glaube du bist sehr gemein… Gehen wir schnell nach Hause, Elaine.«

»Nein, ich gehe im Park spazieren.«

Ellen lief die Treppe hinunter. Alice blieb eine Weile auf der obersten Stufe stehen, balancierte erst auf dem einen Fuß, dann auf dem anderen.

»Transuse, Transuse, Angsthase!« rief Ellen.

Alice lief heulend davon. »Das sag ich meiner Mama.«

Ellen spazierte über den asphaltierten Weg zwischen struppigem Gesträuch, Stechschritt, Beine werfend.

Ellen in ihrem neuen Kleid aus schottischem Stoff, das Mammi bei *Hearn* gekauft hat, spaziert über den asphaltierten Weg, Stechschritt, Beine werfend. Eine Silberdistelbrosche stak an der Achsel des neuen Kleides aus schottischem Stoff, das Mammi bei *Hearn* gekauft hatte. Elaine von Lammermoor will Hochzeit feiern. Die Braut. *Wangnaan nainainai* singen die Dudelsäcke, durch den Roggen wandernd. Der Mann auf der Bank hat einen Lappen über dem Auge. *Schwarze Wacht.* Der Mann auf der Bank hat einen wachen schwarzen Lappen über dem Auge. Einen schwarzwachenden Lappen. Der Kinderräuber von der schwarzen Wacht, im raschelnden Gestrüpp halten Kinderräuber ihre schwarze Wacht. Ellens Beine fliegen nicht mehr, Stechschritt, in die Höhe.

Ellen fürchtet sich vor dem Kinderräuber von der schwarzen Wacht, vor dem großen lauernden Mann von der schwarzen Wacht, mit dem Lappen über dem Auge. Sie wagt nicht zu laufen. Bleischwer schleppen sich ihre Füße über den Asphalt, sooft sie versucht, schneller zu laufen. Sie wagt nicht den Kopf zu wenden. Der Kinderräuber von der schwarzen Wacht ist dicht hinter ihr. Wenn ich zu dem Laternenpfahl komme, dann laufe ich bis zu der Amme mit dem Baby, wenn ich zu der Amme mit dem Baby komme, dann laufe ich bis zu dem hohen Baum, wenn ich zu dem hohen Baum komme … Ach, ich bin so müde. Ich laufe in den Park hinaus und dann die Straße entlang nach Hause … Sie wagte nicht, sich umzudrehen, sie hatte Seitenstechen. Sie rannte drauflos, bis ihr Mund nach Kupfergroschen schmeckte. »Warum läufst du denn so?« fragte Gloria Drayton, die vor dem Haus der Norlands Schnurspringen spielte. »Weil es mir Spaß macht«, erwiderte Ellen keuchend.

Weinfarbene Nachglut des Sonnenuntergangs tränkte die Musselingardinen und sickerte in das blaue Halbdunkel des Zimmers herein. Sie standen einander am Tisch gegenüber. Aus einem noch in Seidenpapier gewickelten Narzissentopf schimmerten sternförmige Blumen mit trübe phosphoreszierendem Glanz und strömten einen feuchten Erdgeruch aus, der in matt prickelndes Parfum gebettet war.
»Das ist aber lieb von Ihnen, Mr. Baldwin, daß Sie mir Blumen gebracht haben. Ich werde sie morgen zu meinem Mann ins Krankenhaus mitnehmen.«
»Um Gottes willen, sagen Sie doch nicht immer Mr. Baldwin zu mir.«
»Aber mir gefällt der Name George nicht.«
»Egal. Mir gefällt der Name Nellie.«
Er stand vor ihr und sah sie an. Parfumgeruch legte sich schwer um seine Arme. Seine Hände baumelten herab wie leere Handschuhe. Ihre Augen waren schwarz und weiteten sich, ihre Lippen spitzten sich über die Blumen weg ihm entgegen. Sie riß die

Hände hoch und schlug sie vors Gesicht. Sein Arm lag um ihre schmächtigen, schmalen Schultern.

»Georgy, wir müssen vorsichtig sein. Du darfst nicht so oft hierherkommen. Ich möchte nicht, daß alle die alten Gänse im Haus zu schnattern beginnen.«

»Mach dir doch keine Sorgen ... Wir wollen uns keine Sorgen machen.«

»Seit einer Woche benehme ich mich wie eine Verrückte, das muß ein Ende haben.«

»Du glaubst doch nicht, daß ich mich normal benehme! Ich schwöre dir, Nellie, so etwas habe ich noch nicht erlebt. Ich bin nicht so ein Mensch ...«

Lachend zeigte sie ihre schimmerglatten Zähne. »Ach, bei euch Männern kann man nie wissen ...«

»Du glaubst doch nicht, daß ich dir nachlaufen würde, wenn es nicht etwas Außergewöhnliches, etwas Besonderes wäre. Du bist die erste Frau, die ich liebe, Nellie.«

»Das klingt schön.«

»Es ist wahr ... Ich habe mich früher nie auf solche Geschichten eingelassen. Ich hatte viel zuviel zu tun, das Studium war schwer, ich hatte keine Zeit für solche Geschichten.«

»Und jetzt mußt du sozusagen das Versäumte nachholen.«

»Ach, Nellie, das sollst du nicht sagen.«

»Nein, wirklich, Georgy, wir müssen Schluß machen. Ich vernachlässige sogar das Kind.«

»Himmel, mir ist das alles egal ... Ach, Nellie!« Er zog sie an sich. Taumelnd hingen sie aneinander, ihre Lippen vermischten sich wild.

»Gib acht, jetzt hätten wir fast die Lampe umgeworfen.«

»Mein Gott, ist das wunderbar, Nellie.«

Ihr Kopf war an seine Brust gesunken, er fühlte das elektrische Prickeln ihres aufgelösten Haares durch seine Adern zucken. Es war dunkel geworden. Die Lichtschlangen der Straßenlaternen wanden sich grünlich um ihre Glieder. Nellies Augen blickten zu ihm auf, schwarz, erschreckend ernst.

»Komm, Nellie, gehen wir ins Nebenzimmer«, flüsterte er mit leise zitternder Stimme.

»Dort liegt das Baby.«

Sie standen voreinander, sie rührten einander nicht an, sie sahen einander an, und ihre Hände waren kalt.

»Komm und hilf mir. Wir werden die Wiege hier hereinschieben ... Sei vorsichtig, daß wir sie nicht aufwecken, sonst fängt sie wieder zu heulen an.« Nellies Stimme war heiser.

Das Baby schlief, kleines Kautschukgesicht in dichten Falten, winzige rosa Fäuste auf der Decke geballt.

»Sie sieht so zufrieden aus«, sagte Baldwin mit einem krampfhaften Kichern.

»Sei doch still, kannst du denn nicht still sein ... Zieh die Schuhe aus ... Man hat schon viel zu oft Männerschuhe hier herumtrampeln hören ... Georgy, ich würde es ja nicht tun, aber ich kann mir einfach nicht helfen ...«

Er tastete im Dunkeln nach ihr. »Du Süße ...« Schwer warf er sich über sie, gierig ging sein Atem.

»Platty, du hast uns zum besten ...«

»Ehrenwort, ich schwöre es bei Mutterns Grab, es ist die reine Wahrheit ... Länge siebenunddreißig Süd bei zwölfe West ... Fahrt hin und schaut nach ... Auf der Insel, wo wir mit dem Boot des Zweiten Offiziers anlegten, nachdem die *Elliot P. Sinkins* gescheitert war, lebten vier Männer und siebenundvierzig Weiber, Erwachsene und Kinder, alles in allem. Ich habe es doch selber den Pressefritzen erzählt, und dann hat es in sämtlichen Sonntagsblättern gestanden.«

»Na, wie hat man dich denn von dort weggekriegt?«

»Auf einer Tragbahre haben sie mich wegschleppen müssen, der Schlag soll mich treffen, wenn das nicht die reine Wahrheit ist! Ein Lump will ich sein, wenn ich nicht ein Wrack war, abgesackt mit dem Bug voran wie die olle *Elliot P.*«

Köpfe auf dicken Hälsen, zurückgeworfen, lachen schallend, Gelächtersalven, Gläser knallen auf den runden, ringfleckigen

Tisch, Schläge klatschen auf die Schenkel, Ellbogen stoßen in die Rippen des Nachbarn.

»Und wie viele waren im Boot?«

»Sechs Mann und Mr. Dorkins, der Zweite Offizier.«

»Sieben und vier macht elfe ... Jawohl ... Vier und drei Elftel Weib pro Kopf ... Das ist mir eine Insel!«

»Wann geht die nächste Fähre?«

»Lieber noch einen drauf heben ... He, Charlie, eine frische Runde ...«

Emile zupfte Congo am Ellbogen. »Komm mal einen Augenblick raus. J'ai que'que chose à te dire.« Congos Augen waren feucht, er torkelte ein wenig, während er Emile ins vordere Schankzimmer folgte.

»Oh, le p'tit mystérieux.«

»Paß auf, ich muß jetzt eine Dame besuchen, mit der ich befreundet bin.«

»Aha, es juckt dich! Ich habe dich schon immer für einen Schlaumeier gehalten, Emile.«

»Hier hast du einen Zettel mit meiner Adresse, für den Fall, daß du sie vergißt: West Zweiundzwanzigste neunhundertfünfundvierzig. Du kannst bei mir übernachten, wenn du nicht zu sehr angeschickert bist, bring aber niemanden mit, und vor allem kein Frauenzimmer! Ich stehe gut mit meiner Wirtin und will mir die Bude nicht verscherzen. Tu comprends.«

»Ich wollte doch mit dir bummeln gehen ... Faut faire un peu la noce, nom de Dieu!«

»Ich muß morgen sehr früh zur Arbeit.«

»Mensch, ich habe doch für acht Monate Heuer in der Tasche ...«

»Komm auf jeden Fall morgen gegen sechs vorbei. Ich erwarte dich.«

»Tu m'emmerdes, tu sais, avec tes manières.« Congo zielte einen Speichelstrahl nach dem Spucknapf in der Ecke des Schankzimmers und kehrte stirnrunzelnd ins Hinterzimmer zurück.

»He, setz dich, Congo! Barney singt uns was vor!«

Emile stieg in eine Straßenbahn und fuhr in die Innenstadt. An der 18. Straße stieg er aus und ging in westlicher Richtung zur VIII. Avenue. Zwei Türen von der Ecke entfernt lag ein kleines Geschäft. Über dem einen Fenster stand CONFISERIE, über dem anderen DELIKATESSEN. Mitten auf der Glastür verkündeten weiße Emaillelettern *E. Rigaud – Erstklassige Feinkost.* Emile trat ein. Die Türglocke klapperte. Hinter dem Ladentisch saß verdöst eine brünette, dickliche Frau mit schwarzen Härchen an den Mundwinkeln. Emile zog den Hut. »Bon soir, Madame Rigaud.« Erschrocken blickte sie auf, dann zeigte sie mit einem breiten Lächeln zwei Grübchen. »Tiens, c'est comme ça qu'on oublie ses amies«, sagte sie mit dröhnender Bordelaisstimme. »Seit einer vollen Woche sage ich zu mir, Monsieur Loustic vergißt seine Freunde.«

»Ich habe überhaupt keine Zeit mehr.«

»Viel Arbeit, viel Geld?« Wenn sie lachte, wackelten ihre Schultern und die dicken Brüste unter dem engen blauen Mieder.

Emile zog die eine Braue hoch. »Es könnte schlimmer sein … Aber ich habe den Kellnerberuf satt … Es ist zu ermüdend, kein Mensch nimmt auf uns Kellner Rücksicht.«

»Sie sind sehr ehrgeizig, Monsieur Loustic.«

»Que voulez-vous?« Er wurde rot und fügte zaghaft hinzu: »Ich heiße Emile.«

Mme. Rigaud verdrehte die Augen zur Decke. »Genauso wie mein verstorbener Mann. Ich bin den Namen gewöhnt.« Sie seufzte tief.

»Und wie geht das Geschäft?«

»Comme ci, comme ça … Der Schinken ist wieder teurer geworden.«

»Daran ist der Fleischtrust in Chicago schuld … Man läßt das Schweinefleisch knapp werden – dann verdient man viel Geld.«

Emile merkte, wie Mme. Rigauds kugelrunde, schwarze Augen ihn musterten. »Mir hat das letzte Mal Ihr Gesang so gut gefallen. Ich habe oft dran denken müssen. Musik tut dem Herzen wohl, hab ich recht?«

Mme. Rigauds Lachgrübchen wurden immer breiter und breiter.

»Mein armer seliger Mann hatte gar kein Gehör ... Das war für mich sehr betrüblich.«

»Möchten Sie mir nicht wieder etwas vorsingen?«

»Wenn Sie wollen, Emile, aber dann ist niemand da, der die Kunden bedient.«

»Wenn Sie gestatten, laufe ich schnell hinaus, wenn es klingelt.«

»Gut ... Ich habe ein neues amerikanisches Lied gelernt: C'est chic, vous savez.«

Mme. Rigaud versperrte die Ladenkasse mit einem Schlüssel von dem Bund, der an ihrem Gürtel hing, und ging durch die Mattglastür ins Hinterzimmer. Emile folgte ihr, den Hut in der Hand.

»Geben Sie mir Ihren Hut, Emile.«

»Ach, machen Sie sich doch keine Mühe ...«

Das Hinterzimmer war ein kleiner Wohnraum mit gelbgeblümten Wandtapeten, verschossenen, lachsroten Gardinen und einem Piano voller Fotos unter dem Gaslüster, an dem ein Büschel Kristallprismen hing. Als Mme. Rigaud sich hinsetzte, knarrte der Klavierschemel. Sie ließ ihre Finger über die Tasten greifen. Emile setzte sich neben dem Piano behutsam auf die äußerste Stuhlkante, legte den Hut auf die Knie und reckte den Kopf vor. Während sie spielte, konnte sie von der Seite sein eifrig lauschendes Gesicht sehen. Dann begann Mme. Rigaud zu singen:

»Wie ein Vo-ogel im go-oldenen Bau-auer –
So wunderschön anssusehn.
Asch, glaubst du, sie kennt keine Trau-auer?
Du irrst disch, ihr 'erz tut so weh!«

Die Glocke an der Ladentür klimperte.

»Permettez!« rief Emile und lief hinaus.

»Ein halbes Pfund Bologneser Wurst, aufgeschnitten«, sagte ein kleines Mädchen mit Zöpfen. Emile zog das Messer über die Handfläche und schnitt sorgfältig die Scheiben ab. Dann schlich er auf Zehenspitzen ins Wohnzimmer und legte das Geld auf die Kante des Klaviers. Mme. Rigaud sang weiter:

> »Eine Leben vergeudet, o Trau-auer –
> Des Alten Go-old –
> Und die Schön'eit so 'o-old –
> Nur ein Vo-ogel im go-oldenen Bau-auer ...«

Bud stand an der Ecke West Broadway und Franklin Street und aß Erdnüsse aus einer Tüte. Es war Mittag, das letzte Geld zum Teufel. Über seinem Kopf donnerte die Hochbahn. Vor seinen Augen tanzten Müllstäubchen in dem gestreiften Sonnenschein. Und da er nicht wußte, wohin er sich wenden sollte, buchstabierte er zum drittenmal mit lauter Stimme die Straßennamen. Eine schwarzlackierte Droschke, von zwei schwarzen blankgestriegelten Pferden gezogen, bog dicht vor ihm in scharfem Tempo um die Ecke, auf den Pflastersteinen knarrten rote, glanzlackierte, jäh gebremste Räder. Auf dem Kutschbock neben dem Kutscher stand ein gelber Lederkoffer. In der Droschke redet ein Mann mit braunem Filzhut heftig auf eine Frau ein mit grauer Federboa um den Hals und grauen Straußenfedern auf dem Hut. Der Mann setzte einen Revolver an den Mund. Die Pferde bäumen sich und schlagen aus, und die Leute laufen zusammen. Polizei schafft sich mit den Ellbogen Bahn. Sie holt den Mann auf das Trottoir heraus, er speit Blut, sein Kopf hängt schlaff auf die karierte Weste herab. Hoch aufgerichtet und bleich steht die Frau neben ihm, ihre Finger zupfen an der Federboa, die grauen Pleureusen nicken im gestreiften Sonnenschein unter der Hochbahn. »Seine Frau wollte ihn nach Europa schleppen ... Die *Deutschland* segelt um zwölf. Ich habe für ewig von ihm Abschied genommen. Er sollte um zwölf mit der *Deutschland* segeln. Er hatte auf ewig von mir Abschied genommen ...«

»Aus dem Weg, aber dalli!« Ein Blauer stieß Bud den Ellbogen in den Magen. Buds Knie zitterten. Er drängte sich durch die Menge und ging zitternd weg. Mechanisch schälte er eine Erdnuß und steckte sie in den Mund. Lieber den Rest bis zum Abend sparen. Er machte die Tüte zu und ließ sie in die Tasche gleiten.

Unter der Bogenlampe, die grelles Rot und grünrandiges Violett versprühte, kam der Mann in dem karierten Anzug an zwei jungen Mädchen vorüber. Das vollippige, ovale Gesicht des Mädchens ihm zunächst, ihre Blicke waren wie Messerstiche. Er ging ein paar Schritte weiter, dann machte er kehrt und folgte ihnen, den neuen Seidenschlips betastend. Er vergewisserte sich, daß die hufeisenförmige Brillantnadel fest an ihrem Platz saß. Wieder kam er an den Mädchen vorbei. Sie schauten weg, vielleicht sind sie … Nein, er wußte es nicht. Ein Glück immerhin, daß er fünfzig Dollar bei sich hatte. Er setzte sich auf eine Bank und ließ die beiden passieren. Nur keinen Irrtum begehen und geschnappt werden … Sie schenkten ihm keine Beachtung. Er folgte den beiden zum Park hinaus. Sein Herz hämmerte. Ich würde eine Million Dollar geben … Entschuldigen Sie bitte, ist das nicht Miss Anderson? … Die jungen Mädchen gingen schnell. In dem Gedränge, das sich über den Columbus Circle schob, verlor er sie aus den Augen. Er eilte den Broadway entlang, Block für Block. Die vollen Lippen, die Blicke wie Messerstiche. Er starrte rechts und links in Frauengesichter. Wohin war sie denn verschwunden? Er lief weiter den Broadway entlang.

Ellen saß neben ihrem Vater auf einer Bank an der Battery. Sie betrachtete ihre neuen braunen Knöpfelschuhe. Sonnenlicht verfing sich in den Kappen und an jedem der kleinen runden Knöpfe, sowie sie die Füße aus dem Schatten ihres Kleides hervorpendeln ließ.
»Stell dir mal vor, wie schön das wäre«, sagte Ed Thatcher, »mit einem dieser Dampfer nach Übersee zu fahren. Stell dir vor, in sieben Tagen über den Atlantischen Ozean.«
»Aber Papa, was macht man denn die ganze Zeit auf dem Schiff?«
»Das weiß ich nicht … Wahrscheinlich geht man auf Deck spazieren und spielt Karten und liest. Und dann wird getanzt.«

»Getanzt? Aber wenn das Schiff sehr schaukelt?« Ellen fing zu kichern an.

»Auf den großen modernen Dampfern wird getanzt.«

»Papa, warum fahren wir nicht auch nach Übersee?«

»Vielleicht später einmal, wenn ich das nötige Geld ersparen kann.«

»Ach, Papa, beeile dich und spar viel Geld. Alice Vaughans Eltern reisen jeden Sommer in die White Mountains, aber nächsten Sommer reisen sie nach Übersee.«

Ed Thatcher blickte auf die Bucht hinaus, deren blaufunkelnde Fläche sich in den braunen Dunst gegen die Narrows hin erstreckte. Die Freiheitsstatue ragte verschwommen wie ein Schlafwandler zwischen den gekräuselten Rauchsäulen der Schlepper und den Masten der Schoner und den plumpen, schwerfälligen Rümpfen der Ziegelschuten und Sandleichter. Ab und zu schimmerte die grelle Sonne weiß auf einem Segel und auf den Deckbauten eines Dampfers. Rote Fährboote tuckerten hin und her.

»Papa, warum sind wir nicht reich?«

»Viele Leute sind noch ärmer als wir, Ellen … Du hättest doch deinen Papa kein bißchen lieber, wenn er reich wäre, nicht wahr?«

»O ja, o doch, Papa.«

Thatcher lachte. »Wer weiß, eines schönen Tages … Wie würde dir die Firma gefallen: Edward C. Thatcher & Co. – vereidigte Buchprüfer?«

Ellen sprang auf. »Schau das große Schiff … Das ist das Schiff, mit dem ich fahren will …«

»Das ist die *Harabic*, Sir«, sagte neben ihnen eine krächzende Londoner Stimme.

»So, so? Die *Arabic*?« sagte Thatcher.

»Ja, aber sicher, Sir. Ein so schönes Schiff, wie nur je auf See gefahren ist, Sir«, sagte eifrig der zerlumpte Mann mit der krächzenden Stimme, der neben ihnen auf der Bank hockte. Eine Mütze mit zerrissenem Glanzlederschirm saß tief über einem schmalen Vogelgesicht, das einen leichten Whiskygeruch ausströmte.

»Ja, Sir, die *Harabic*, Sir …«

»Scheint ein schönes, großes Schiff zu sein.«

»Eines der größten, Sir. Und ich bin manches liebe Mal auf ihr gesegelt – und auch auf der *Majestic* und der *Teutonic*, Sir – auch zwei schöne Schiffe. Wenn auch bei starkem Seegang sozusagen ein bißchen wackelig. Dreißig Jahre lang bin ich auf den Schiffen der *Hinman* und der *White Star* als Steward gefahren, und jetzt auf meine alten Tage haben sie mich auf die Straße gesetzt.«

»Ach ja, jeder hat mal Pech.«

»Und manche Menschen immerzu, Sir… Ich wäre ja glücklich, wenn ich in die Heimat zurückkönnte. Das ist doch keine Stadt für alte Leute, das ist eine Stadt für die Jungen und die Starken.« Er strich mit einer gichtverkrümmten Hand über die Silhouette der Bucht und zeigte auf die Freiheitsstatue. »Sehen Sie doch – sie blickt nach England, die alte Dame.«

»Papa«, flüsterte Ellen ihrem Vater ins Ohr, »gehen wir, ich mag den Mann nicht.«

»Schön, gehen wir und schauen wir uns die Seelöwen an… Guten Tag.«

»Können Sie mir nicht eine Kleinigkeit für eine Tasse Kaffee spendieren, Sir? Ich bin total pleite.«

Thatcher legte ein Zehncentsrück in die schmutzige, schwielige Hand.

»Aber Papa, Mammi sagt, man soll sich nie von Leuten auf der Straße ansprechen lassen, sondern gleich einen Schutzmann rufen und schnell weglaufen, wegen der schlimmen Kinderräuber.«

»Mich wird niemand entführen, Ellen. Das gilt bloß für kleine Mädelchen.«

»Wenn ich groß bin, darf ich dann auch Leute auf der Straße ansprechen?«

»Nein, mein Schatz, das nicht.«

»Aber wenn ich ein Junge wäre?«

»Dann eher.«

Neben dem Aquarium blieben sie eine Weile stehen und blickten auf die Bucht hinaus. Der Ozeandampfer, an jeder Bugseite einen Schlepper, der weißen Rauch gegen die Bordwände puffte, lag dicht vor ihnen und überragte die Fährboote, die Hafenschiffe. Möwen kreisten mit schrillem Geschrei. Sahnig schien die Sonne auf die oberen Decks, auf den großen, gelben, schwarzbemützten Schornstein. Vom Fockmast flatterte eine Kette kleiner Wimpel lustig vor dem schiefergrauen Himmel.

»Mit diesem Schiff kommen viele Leute aus Übersee, nicht wahr, Papa?«

»Schau nur hin, du siehst es ja... Die Decks sind schwarz von Menschen.«

Vom East River her die Dreiundfünfzigste Straße überquerend, landete Bud Korpenning plötzlich neben einem Kohlenhaufen mitten auf dem Bürgersteig. An der anderen Seite des Kohlenhaufens stand eine grauhaarige Frau in gefalbelter, spitzenbesetzter Hemdbluse mit einer großen rosa Kamee auf der Wölbung ihres hohen Busens und betrachtete Bud Korpennings stoppliges Kinn und seine Handgelenke, die knochig abgezehrt aus den zerfransten Ärmeln hervorhingen. Dann hörte er sich selber sagen: »Könnte ich nicht vielleicht die Kohlen ins Haus tragen, gnä'ge Frau?«

Bud trat von einem Fuß auf den anderen.

»Ja freilich!« erwiderte die Frau mit einer brüchigen Stimme. »Der verflixte Kohlenmann hat das Zeug hier abgeladen und gesagt, er kommt zurück, um es reinzutragen. Wahrscheinlich ist er betrunken, wie alle diese Lumpen. Ich weiß nur nicht, ob ich Sie ins Haus lassen darf.«

»Ich bin vom Land, Gnä'ge«, sagte Bud stotternd.

»Von wo denn?«

»Aus Cooperstown.«

»Hm... Ich bin aus Buffalo. In dieser Stadt ist jeder Mensch von irgendwoandersher... Na ja, wahrscheinlich sind Sie der Komplice eines Einbrechers, aber ich muß die Kohlen ins Haus kriegen... Kommen Sie rein, lieber Mann, ich gebe Ihnen eine Schaufel und einen Korb, und wenn Sie im Korridor und auf den Küchenboden nichts fallen lassen – denn grade ist die Scheuerfrau weggegangen – natürlich müssen die Kohlen kommen, wenn der Boden geschrubbert ist –, dann bekommen Sie einen Dollar.« Als er die erste Ladung hereintrug, stand die Frau in der Küche umher. Der Hunger nagte in seinem hohlen Magen, ihn schwindelte, er stolperte, aber er war froh, daß er etwas tun durfte, statt die Füße endlos über die Trottoirs zu schleppen, Straßen zu überqueren, Bierwagen und Droschken und Trambahnen auszuweichen.

»Wie kommt es denn, daß Sie keine regelmäßige Beschäftigung haben, lieber Mann?« fragte die Frau, als er atemlos mit dem leeren Korb aus dem Keller zurückkehrte.

»Vielleicht nur deshalb, weil ich mich noch nicht an die Stadtsitten gewöhnt habe. Ich bin auf einer Farm geboren und aufgewachsen.«

»Warum mußten Sie in diese abscheuliche Stadt gehen?«

»Ich konnte nicht länger auf der Farm bleiben.«

»Mein Gott, was soll aus dem Land werden, wenn alle kräftigen jungen Männer die Landarbeit hinschmeißen und in die Stadt laufen?«

»Ich hatte gehofft, als Hafenarbeiter unterzukommen, gnä'ge Frau, aber an den Docks werden Leute entlassen. Vielleicht könnte ich zur See gehen, aber niemand will einen Anfänger anheuern … Jetzt habe ich schon seit zwei Tagen nichts gegessen.«

»Wie schrecklich … Sie armer Mann! Können Sie sich denn nicht an eine Mission wenden?«

Als Bud die letzte Kohlenlast in den Keller geschleppt hatte, fand er auf der Ecke des Küchentisches einen Teller mit kaltem Hackfleisch, einen Brocken halbverschimmeltes Brot und ein Glas Milch, die ein wenig sauer war. Er aß hastig, ohne recht zu kauen, und den Rest des vertrockneten Brotes steckte er ein.

»Hat Ihnen das kleine Gabelfrühstück geschmeckt?«

Er nickte mit vollem Mund. »Danke schön, gnä'ge Frau.«

»Jetzt können Sie gehen, lieber Mann, besten Dank.« Sie reichte ihm einen Vierteldollar. Blinzelnd betrachtete Bud den Fünfundzwanziger auf seiner flachen Hand.

»Aber gnä'ge Frau haben einen Dollar gesagt.«

»Nie habe ich so etwas gesagt! Was für eine Idee! Wenn Sie nicht sofort verschwinden, rufe ich meinen Mann. Am liebsten möchte ich die Polizei fragen, wie es denn möglich –«

Wortlos steckte Bud die Münze ein und schlurfte hinaus.

»So ein undankbarer Mensch!« hörte er die Frau schimpfen, als er die Tür hinter sich zumachte.

Ein Krampf knüpfte Knoten in seinem Magen. Er wandte sich wieder nach Osten und schritt die endlosen Blocks am Fluß entlang, die Fäuste fest unter die Rippen gepreßt. Jeden Augenblick glaubte er, sich übergeben zu müssen. Wenn ich's verliere, habe ich den Deubel davon gehabt. Als er das Ende der Straße erreichte, legte er sich auf die graue, glatte Rutsche neben der Pier. Aus der surrenden Brauerei hinter ihm sickerte Hopfengeruch, malzig und süß. Das Licht des Sonnenuntergangs flammte in den Fabrikfenstern am Long-Island-Ufer, glitzerte in den Bullaugen der Schlepper, lag in gelb und orangerot gekräuselten Schwaden über dem schnellen, braungrünen Wasser, glühte auf den gebauschten Segeln eines Schoners, der langsam gegen die Flut in die Hellgate lavierte. Der Schmerz in seinen Eingeweiden ließ nach. Wie Sonnenuntergang sickerte es heiß und glitzernd durch seine Adern. Er setzte sich auf. Gott sei Dank, ich werde es bei mir behalten.

Auf Deck ist es feucht und frostig in der Morgendämmerung. Die Reling fühlt sich naß an, wenn man die Hand drauflegt. Das braune Hafenwasser riecht nach Waschbecken, schlägt leise plätschernd gegen die Bordwände des Dampfers. Matrosen heben die Luken vom Laderaum. Ketten rasseln, es rattert der kleine Hilfsmotor, neben dem ein großer Mann in blauem Overall an einem Hebel steht, mitten in einer Dampfwolke, die sich einem wie ein nasses Handtuch ums Gesicht legt.

»Muttchen, ist heute wirklich der 4. Juli?«

Muttchen hält seine Hand fest, schleppt ihn durch den Kajütengang in den Speisesalon. Unten an den Treppen tragen die Stewards das Gepäck zusammen.

»Muttchen, ist heute wirklich der 4. Juli?«

»Ja, leider, Liebling. Es ist nicht gut, an einem Feiertag anzukommen. Aber ich glaube, sie werden doch alle da sein, um uns abzuholen.«

Sie hat ihr blaues Sergekleid an und einen langen, wehenden braunen Schleier und um den Hals das kleine braune Tier mit den roten Augen und Zähnen, die echte Zähne sind. Ein Geruch nach Mottenkugeln strömt von ihm aus, ein Geruch nach ausgepackten Koffern, nach Kleiderschränken, die mit Seidenpapier ausgelegt sind. Im Speisesalon ist es heiß, einschläfernd surren die Maschinen hinter dem Schott. Sein Kopf nickt über der Tasse mit der heißen, fast unmerklich vom Kaffee gefärbten Milch. Drei Glasen. Mit einem Ruck fährt er hoch. Das Schiff erzittert, so daß die Teller klappern und der Kaffee aus den Tassen spritzt. Dann ein dumpfer Stoß und das Gerassel der Ankerketten und dann wieder Stille. Muttchen steht auf, um einen Blick durchs Bullauge zu werfen.

»Es wird doch noch ein schöner Tag. Ich glaube, die Sonne wird den Nebel verscheuchen ... Denk mal an, Liebling – endlich bist du in der Heimat. Hier bist du zur Welt gekommen, Liebling.«

»Und heute ist der 4. Juli.«

»Pech ... Jetzt mußt du mir versprechen, Jimmy, daß du schön auf dem Promenadedeck bleibst und dich vorsiehst. Muttchen ist mit dem Packen noch nicht fertig. Versprich mir, daß du keinen Unfug treibst.«

»Ja, Muttchen.«

Er stolpert über die Messingschwelle des Rauchzimmers und plumpst der Länge nach aufs Deck, steht auf und reibt sich die nackten Knie und kommt grade zurecht, um zu sehen, wie die Sonne durch Schokoladenwolken bricht und einen hellroten Lichtschwaden über das kittfarbene Wasser zieht. Billy mit den Sommersprossen an den Ohren, Billy, dessen Leute für Roosevelt sind statt wie Muttchen für Parker, winkt den Männern auf einem gelb-weißen Schlepper mit einer seidenen Flagge von der Größe eines Taschentuchs zu.

»Haste gesehen, wie die Sonne aufging?« fragt Billy, als ob die Sonne ihm gehörte.

»Aber sicher, durchs Bullauge!« sagt Jimmy und entfernt sich mit einem sehnsüchtigen Blick auf die seidene Flagge. Dicht an der anderen Reling ist Land. Ganz in der Nähe ein grünes Ufer mit Bäumen und großen, weißen, graugedeckten Häusern.

»Na, junger Mann, wie fühlt man sich zu Hause?« fragt der Tweedherr mit dem Hängeschnurrbart.

»Ist das dort drüben New York?« Jimmy zeigt auf die stille Wasserfläche, die im Sonnenlicht immer breiter wird.

»Ja, ja, mein liebes Jungchen, hinter dieser Nebelbank liegt Manhattan.«

»Bitte, Sir, was ist Manhattan?«

»New York... Weißt du, New York liegt auf der Insel Manhattan.«

»Liegt es wirklich auf einer Insel?«

»Na, was sagt man zu einem solchen Bürschchen, das nicht weiß, daß seine Vaterstadt auf einer Insel liegt?«

Die Goldzähne des Tweedherrn glitzern, wenn er mit weitaufgerissenem Mund lacht. Jimmy schlendert weiter rund ums Deck, stampft mit den Fersen auf, in ihm schäumt es nur so: New York liegt auf einer Insel.

»Du scheinst aber sehr froh darüber zu sein, daß du wieder in der Heimat bist, kleiner Mann«, sagt die Dame aus den Südstaaten.

»Ach ja, ich möchte hinknien und den Boden küssen.«

»Das ist eine schöne, patriotische Regung, kleiner Mann. So etwas höre ich gern.«

Jimmy glüht am ganzen Körper. Den Boden küssen, den Boden küssen, hallt es in seinem Kopf wie der Pfiff einer Trillerpfeife. Rund ums Deck.

»Das Boot mit der gelben Flagge ist das Quarantäneboot.« Ein dicker Mann mit Ringen an den Fingern – ein Jude – unterhält sich mit dem Tweedherrn. »Ha, wir fahren schon wieder! Das ist aber schnell gegangen, wie?«

»Wir kommen grade zum Frühstück zurecht – zu einem echt

146

amerikanischen Frühstück, zu einem echten Altheimatfrüh-
stück.«

Muttchen kommt übers Deck gegangen, der braune Schleier
weht hinter ihr her. »Hier ist dein Mantel, Jimmy, du mußt ihn
über den Arm nehmen.«

»Muttchen, darf ich die Fahne holen?«

»Was für eine Fahne?«

»Die seidene Amerikafahne.«

»Liebling, es ist alles schon eingepackt.«

»Bitte, bitte, ich möchte so gern die Fahne haben, weil heute der
4. Juli ist.«

»Nicht weinen, Jimmy. Wenn Muttchen nein sagt, dann heißt das
nein.«

Tränen brennen, er schluckt krampfhaft und schaut zu Muttchen
auf. »Jimmy, die Fahne liegt zwischen den Plaids, und Muttchen
hat es schon satt, sich mit dem gräßlichen Gepäck abzuplagen.«

»Aber Billy Jones hat eine Fahne …«

»Schau, Liebling, du paßt ja nicht auf. Da ist die Freiheitsstatue.« Eine große grüne Frau in einem Morgenrock steht auf
einem Inselchen und hebt die Hand.

»Was hat sie denn in der Hand?«

»Eine Fackel, Liebling, die Freiheit erleuchtet die Welt … Und
auf der anderen Seite liegt Governors Island. Dort, wo die
Bäume stehen … Und schau, das ist die Brooklyn Bridge. Ein
wunderschöner Anblick. Und die vielen Docks und dort die Battery – und die Masten und die Schiffe – und dort drüben der
Turm der Trinity Church und das Pulitzergebäude …« Dampf-
bootsirenen muhen wie Kühe, Fährboote, rot und watschelig
wie Enten, wühlen weißschäumendes Wasser auf, auf einer
Barke ein ganzer Wagenzug und daneben der Schlepper, knat-
ternd und puffend, und der Schornstein spuckt baumwollene
Dampfkugeln aus, alle von der gleichen Größe. Jimmys Hände
sind kalt, und in ihm drin pufft es und knattert es und knattert
und pufft.

»Liebling, du darfst dich nicht allzusehr aufregen. Komm unter

Deck, wir wollen schauen, ob Muttchen nichts in der Kabine vergessen hat.«

Der Wasserstreifen, mit Spänen, Konservendosen, Orangenschalen, Kohlblättern, Latten überkrustet, wird immer enger, wird immer enger zwischen Schiff und Kai. Ein Blasorchester, glitzernd in der Sonne, verschwitzte rote Gesichter, und sie spielen den *Yankee Doodle.* »Das gilt dem Botschafter, dem großen Herrn, der nie seine Kabine verlassen hat.« Hinunter über die schräge Laufplanke. Vorsicht, nicht daneben treten. *Yankee Doodle went to town* ... Blankes schwarzes Gesicht, weiße Emailleaugen, weiße Emaillezähne. »Jaa, gnä'ge Frau, jaa, gnädige Frau.« ... *Stuck a feather in his hat and called it mackeroni* ... »Wir brauchen nicht durch den Zoll.« Blau uniformierter Zollbeamter verbeugt sich tief, so daß man seine Glatze sieht ... Tschingbumtrara, bum, bum, bum, bum ... *cakes and sugar candy* ...

»Da ist ja Tante Emily, alle sind sie da ... Ach, meine Liebe, wie nett von dir, daß du gekommen bist.«

»Liebes Kind, ich stehe schon seit sechs Uhr früh hier herum!«

»Du meine Güte, ist er gewachsen!«

Bunte Kleider, glitzernde Broschen, Gesichter, in Jimmys Gesicht gereckt. Rosenduft und Onkels Zigarre.

»Er ist ja schon ein richtiger kleiner Mann. Kommen Sie mal her, Sir, und lassen Sie sich anschauen.«

»Also auf Wiedersehen, Mrs. Herf. Wenn Sie einmal in unsere Gegend kommen ... Jimmy, ich habe aber nicht gesehen, daß du den Boden geküßt hast, kleiner Mann.«

»Ach, er ist reizend, er ist so altmodisch – ein so altmodisches Kind.«

Die Droschke riecht nach Schimmel, rumpelt und schaukelt durch eine breite Avenue, vom Staub umwirbelt, dann durch Backsteinstraßen, säuerlich riechende Straßen voll schmutziger, kreischender Kinder, unablässig knarren und poltern die Koffer auf dem Droschkendach.

»Muttchen, du glaubst doch nicht, daß das Dach durchbrechen wird?«

»Aber nein, Liebling.« Lachend neigt sie den Kopf zur Seite. Sie hat rosige Wangen, ihre Augen funkeln unter dem braunen Schleier.

»Ach Muttchen!« Er steht auf und küßt sie aufs Kinn. »So viele Menschen, Muttchen!«

»Weil heute der 4. Juli ist.«

»Was macht denn der Mann dort?«

»Ich fürchte, er hat zuviel getrunken.«

Auf einem kleinen, mit Flaggen drapiertem Podium hält ein Mann mit weißem Backenbart und schmalen roten Gummibändern an den Hemdsärmeln eine Rede. »Das ist ein Festredner. Er liest die Unabhängigkeitserklärung vor.«

»Warum denn?«

»Weil heute der 4. Juli ist.«

Peng!… Ein Kanonenschwärmer. »So ein Lausejunge, er hätte das Pferd erschrecken können… Der 4. Juli ist der Tag, an dem im Jahre 1776 im Revolutionskrieg die Unabhängigkeitserklärung unterzeichnet wurde. In diesem Krieg ist mein Urgroßvater Harland gefallen.«

Ein spaßiger kleiner Zug mit einer grünen kleinen Lokomotive rattert über die Straße weg.

»Das ist die Hochbahn… Schau mal, die 23. Straße – und das Flatiron Building.«

Die Droschke biegt in scharfer Kurve auf einen Platz ein, der im Sonnenlicht glitzert und nach Asphalt und Menschen riecht, und hält vor einem großen Portal, aus dem Farbige mit Messingknöpfen an der Jacke gelaufen kommen.

»Und jetzt sind wir beim Fifth-Avenue-Hotel angelangt.« Eiscreme bei Onkel Jeff, kalter, süßer Pfirsichgeschmack, dick am Gaumen. Komisch, wenn man das Schiff schon verlassen hat, spürt man noch immer das Schaukeln. Blaue Dämmerbrocken zerschmelzen in den kantigen Straßen der Innenstadt. Raketen schießen grell ins blaue Dunkel, bunte Kugeln fallen, bengalisches Feuer. Onkel Jeff nagelt Feuerräder an den Baum vor dem Tor des Mietshauses, zündet sie mit seiner Zigarre an. Leuchtkugelröhren muß man in der Hand halten. »Paß auf, Junge, dreh das Gesicht weg.« Ein heißer Stoß, ein Sprudeln in den Händen, eiförmige Kugeln schweben hoch, rot, gelb, grün, Pulvergeruch und Geruch nach versengtem Papier. Durch die zischende, glühende Straße klirrt eine Glocke, klirrt näher, klirrt schneller. Hufe gepeitschter Pferde schlagen Funken, eine Feuerspritze rast vorbei, biegt um die Ecke, rot und qualmend und messinggelb. »Das muß am Broadway sein.« Hinterdrein die Feuerleiter und die stolz tänzelnden Pferde des Feuerwehrhauptmanns. Dann das Klingeling eines Rettungswagens.

»Da hat jemand etwas abbekommen.«

Die Schachtel ist leer, wenn man drin herumtastet, kommen einem Pulverkörner und Sägespäne unter die Nägel, sie ist leer, nein, da sind noch ein paar kleine hölzerne Feuerspritzen auf Rädern. Richtige echte Feuerspritzen. »Die müssen wir abbrennen, Onkel Jeff, ach, die sind ja die allerschönsten, Onkel Jeff.« Sie haben Schwärmer in sich und sausen zischend los, hurtig über den glatten Asphalt, angetrieben von funkensprühenden, gefiederten Feuerschwänzen, lassen Rauch hinter sich wie richtige Feuerspritzen.

Ins Bett gepackt in einem hohen, unfreundlichen Zimmer, heiße Augen, schmerzende Beine. »Das sind Wachstumsschmerzen, Liebling«, sagt Muttchen, wickelt ihn in die Decke, beugt sich über ihn, schimmerndes Seidenkleid mit weiten Ärmeln.

»Muttchen, was hast du denn für einen kleinen schwarzen Fleck im Gesicht?«

»Das«, sagt sie lachend, und ihr Halsband klirrt leise, »das ist dazu da, daß Muttchen hübscher aussieht.«

So liegt er im Bett, umringt von hohen, heimlich heranrückenden Kleiderschränken und Kommoden. Von draußen tönt Räderrollen und Geschrei und manches Mal das Echo einer Musikkapelle aus weiter Ferne. Die Beine tun ihm weh, und wenn er die Augen zumacht, dann jagt er durch flackernde Finsternis auf einer roten Feuerspritze, die Flammen und Funken und farbige Kugeln aus ihrem zischenden Schwanz spuckt.

Die Julisonne markierte die Löcher in den verschlissenen Jalousien vor den Bürofenstern. Gus McNiel saß im Sessel, die Krücken zwischen den Knien. Sein Gesicht war bleich und gedunsen von dem monatelangen Aufenthalt im Krankenhaus. Nellie, Strohhut mit roten Mohnblüten, schaukelte mit dem Drehstuhl hinterm Schreibtisch.

»Setz dich lieber zu mir, Nellie. Dem Herrn Anwalt wird es vielleicht nicht recht sein, wenn er dich an seinem Schreibtisch sitzen sieht.«

Naserümpfend stand sie auf. »Gus, ich muß schon sagen, du bist ja ganz verschüchtert.«

»Das wärst du auch, wenn du das durchgemacht hättest, was ich durchgemacht habe, mit dem Arzt der Eisenbahn, der mich angepufft und angeglotzt hat, als ob ich aus dem Zuchthaus käme, und dann der jüdische Doktor, den der Anwalt aufgetrieben hat und der unaufhörlich behauptet hat, daß ich total erwerbs-un-fähig bin. Menschenskind, ich bin noch völlig verdattert. Aber ich glaube ja doch, daß er gelogen hat!«

»Gus, du tust, was ich dir sage, du hältst den Mund und läßt die anderen reden.«

»Aber sicher, ich werde mich hüten, auch nur pieps zu sagen.«

Nellie stand hinter seinem Sessel und fing an, ihm das spröde, schwarze Haar aus der Stirn zu streichen.

»Das wird schön sein, wenn wir wieder zu Hause sitzen, Nellie, du kochst, und alles ist wieder wie früher.« Er legte den Arm um ihre Hüften und zog sie an sich.

»Aber schau mal an, vielleicht brauche ich gar nicht mehr zu kochen.«

»Ach, wer weiß, ob mir das recht wäre, ich glaube nicht. Mein Gott, wenn wir das Geld nicht bekommen, dann weiß ich nicht, wie wir uns aus der Affäre ziehen.«

»Ach, Paps wird uns helfen, er hat uns schon oft geholfen.«

»Hoffentlich bleibe ich um Gottes willen nicht mein Leben lang ein Krüppel …«

George Baldwin kam herein und warf die Glastür hinter sich ins

Schloß. Er blieb eine Weile stehen, die Hände in den Taschen, sah den Mann an und die Frau. Dann sagte er ruhig lächelnd: »Die Sache ist erledigt, liebe Freunde. Sobald der Verzicht auf alle weiteren Ansprüche unterzeichnet ist, wird mir der Anwalt der Bahngesellschaft einen Scheck über zwölftausendfünfhundert Dollar aushändigen. Auf diese Summe haben wir uns zu guter Letzt geeinigt.«

»Zwölftausend Eier«, stieß Gus hervor und schnappte nach Luft. »Zwölftausend und fünfhundert... Einen Augenblick! Halten Sie mir mal die Krücken, ich laufe raus und lasse mich noch mal überfahren... Wenn ich das dem McGillycuddy erzähle! Der alte Knacker wirft sich stande pede vor einen Güterzug... Also, Mr. Baldwin, Sir!« Gus stemmte sich in die Höhe. »Mr. Baldwin, Sie sind ein großer Mann. Habe ich recht, Nellie?«

»Bestimmt.«

Baldwin bemühte sich krampfhaft, Nellies Blicken auszuweichen. Wellen schriller Erregung peitschten durch seine Adern, die Beine wurden ihm schwach und klapprig.

»Wissen Sie, was wir jetzt machen?« sagte Gus. »Wir setzen uns alle drei in eine Droschke, fahren zum ollen McGillycuddy und gießen uns im Extrazimmer eins hinter die Binde... Ich lade ein. Ich brauche ein paar Tropfen, um mich aufzupulvern. Los, Nellie!«

»Ich würde sehr gern mitkommen«, sagte Baldwin, »aber leider ist es mir nicht möglich. Ich bin momentan sehr beschäftigt. Aber geben Sie mir erst einmal Ihre Unterschrift, dann kassiere ich morgen den Scheck für Sie ein. Hier müssen Sie unterzeichnen – und hier...«

McNiel war zum Schreibtisch hinübergehumpelt und beugte sich über die Papiere. Baldwin merkte, daß Nellie ihm ein Zeichen machen wollte. Er hielt die Augen gesenkt. Nachdem die beiden das Zimmer verlassen hatten, sah er auf dem Schreibtisch Nellies Handtäschchen liegen, eine kleine Ledertasche mit eingebrannten Vergißmeinnicht auf der Klappe. Ein Klopfen an der Glastür. Er öffnete.

»Warum wolltest du mich nicht anschauen?« fragte sie atemlos mit gedämpfter Stimme.

»In seiner Anwesenheit ...?« Er hielt ihr das Täschchen hin.

Sie legte die Arme um seinen Hals und küßte ihn fest auf den Mund. »Was fangen wir jetzt an? Soll ich heute nachmittag vorbeikommen? Gus wird sich einen Schwips antrinken und wieder krank werden, kaum, daß er aus dem Spital raus ist.«

»Nein, das geht absolut nicht, Nellie ... Ich habe zu tun, ich habe zu tun ... Jede Minute ist besetzt.«

»Ach ja, natürlich ... Na, schön, wie du willst!« Sie knallte die Tür zu.

Baldwin saß am Schreibtisch, nagte an seinen Fingerknöcheln, sah nicht den Stoß von Papieren, die er mit stierem Blick betrachtete. »Ich muß der Sache einen Riegel vorschieben«, sagte er laut und stand auf. Auf und ab marschierend durch das schmale Zimmer, musterte er die Regale mit den juristischen Fachbüchern und den Gibsongirl-Kalender über dem Telefon und das staubige Sonnenviereck vor dem Fenster. Er sah auf die Uhr. Essenszeit. Er strich sich mit der flachen Hand über die Stirn und ging ans Telefon. »Rector 1237 ... Mr. Sandbourne? ... Hör mal zu, Phil, soll ich vorbeikommen und dich zum Essen abholen? Jetzt gleich? ... Aber sicher ... Du, Phil, ich habe die Sache gedeichselt und dem Milchmann seinen Schadenersatz beschafft. Ich freue mich wie ein Schneekönig. Und ich lade dich zur Feier des Tages ein ... Adjüs.«

Lächelnd verließ er das Telefon, nahm den Hut vom Haken, setzte ihn vor dem kleinen Spiegel über dem Hutständer sorgfältig in die Stirn und eilte die Treppe hinunter.

Auf dem letzten Absatz begegnete ihm Mr. Emery von der Firma *Emery & Emery*, die ihre Kanzlei im ersten Stock hatte.

»Wie geht's, wie steht's, Mr. Baldwin?« Mr. Emery von der Firma *Emery & Emery* war ein Mann mit plattem Gesicht, grauem Haar und grauen Augenbrauen und einem vorspringenden, keilförmigen Kinn.

»Recht gut, Sir, recht gut.«

»Man hat mir erzählt, daß Sie viel zu tun haben … Da war so eine Sache mit der New York Central …«

»Ja, Simsbury und ich haben den Fall außergerichtlich erledigt.«

»Hm«, sagte Mr. Emery von der Firma *Emery & Emery*.

Draußen auf der Straße, bevor sie sich voneinander verabschiedeten, sagte plötzlich Mr. Emery: »Hätten Sie Lust, einmal bei mir und meiner Frau zu essen?«

»Oh – mit allergrößtem Vergnügen.«

»Ich möchte gern einmal meine jüngeren Kollegen kennenlernen, Sie verstehen … Ich schreibe Ihnen ein paar Zeilen … Im Laufe der nächsten Woche. Dann haben wir Gelegenheit, ein wenig miteinander zu plaudern.«

Baldwin drückte eine blaugeäderte Hand in steif gestärkter weißer Manschette und schritt die Maiden Lane entlang, mit federnden Schritten durch das mittägliche Gedränge steuernd. In der Pearl Street kletterte er eine steile, finstere Treppe hinauf, die nach geröstetem Kaffee roch, und klopfte an eine Mattglastür.

»Herein!« rief eine Baßstimme. Ein schwarzhaariger Mann, schlaksig, in Hemdsärmeln, kam ihm entgegen. »Tag, George, ich dachte schon, du kommst nicht mehr. Ich bin hungrig wie ein ganzes Regiment.«

»Phil, heute lade ich zu dem besten Lunch ein, den du je in deinem Leben gegessen hast.«

»Los, los, ich warte nur drauf …« Phil Sandbourne schlüpfte ins Jackett, klopfte an der Kante eines Zeichentisches die Asche aus der Pfeife und rief in das finstere Hinterzimmer: »Ich gehe jetzt essen, Mr. Specker.«

»Jaja, gehen Sie nur«, erwiderte eine zittrige Meckerstimme aus dem Hinterzimmer.

»Wie geht es denn dem alten Specker?« fragte Baldwin, als sie zur Tür hinausgingen.

»Dem guten ollen Specker? Der pfeift immerzu auf dem letzten Loch … Aber so geht es schon seit Jahren – armer Teufel. Aufrichtig gesagt, George, es wäre mir sehr, sehr unangenehm, wenn

154

dem armen ollen Specker was passierte ... Er ist der einzige ehrliche Mensch in ganz New York und hat außerdem einen Kopf zwischen den Schultern.«

»Der Kopf hat ihm aber noch nicht viel eingebracht«, sagte Baldwin.

»Das kann noch werden – das kann noch werden ... Mensch, du solltest seine neuen Pläne für Ganzstahlbauten sehen. Er meint, die Wolkenkratzer der Zukunft werden aus Stahl und Glas bestehen. Neulich haben wir mit Glasziegeln experimentiert ... Du meine Fresse, wenn du seine Pläne siehst, dann bleibt dir die Spucke weg ... Er hat eine großartige Redensart von irgendeinem römischen Kaiser – als der nach Rom kam, da gab es nur Ziegel, und als er wegging, lauter Marmor. Jetzt sagt er, er hat New York voll lauter Ziegel vorgefunden, und wenn er einmal abhaut, dann gibt es nur noch Stahl ... Stahl und Glas. Ich muß dir seinen neuen Stadtplan zeigen. Einfach feenhaft!«

Sie setzten sich auf eine gepolsterte Bank in eine Ecke des Restaurants, das nach Koteletts und nach Grill roch. Sandbourne streckte die Beine unter den Tisch.

»Puh, das tut wohl!« sagte er.

»Phil, wir nehmen einen Cocktail«, sagte Baldwin, die Nase in der Speisekarte. »Ich sage dir, Phil, die ersten fünf Jahre, die sind die schwersten.«

»Du brauchst dir nicht den Kopf zu zerbrechen, George, du bist ein Draufgänger. Ich komme nicht vom Fleck.«

»Ich wüßte nicht, warum. Du kannst immer als Zeichner unterkriechen.«

»Eine schöne Zukunft, das muß ich sagen, mein ganzes Leben lang an einem Zeichentisch kleben ... Laust mich der Affe, Mensch?«

»Na, na – Specker und Sandbourne ... Das kann noch einmal eine berühmte Firma werden.«

»Inzwischen fahren die Leute in Flugzeugen spazieren, und uns beide hat man längst mit Vergißmeinnicht bepflanzt.«

»Viel Glück, auf alle Fälle!«

»Daß immer alles klappt, George!«

Sie tranken ihre Martinis und begannen Austern zu essen. »Ob es stimmt, daß sich die Austern im Magen zu Leder verwandeln, wenn man Alkohol dazu trinkt?«

»Mich darfst du nicht fragen … Apropos, Phil, wie kommst du denn mit der kleinen Stenotypistin voran, mit der du auszugehen pflegst?«

»Mensch, die Restaurantbesuche und die Theaterkarten, die sie mich gekostet hat … Das kann ich bald nicht mehr schaffen … Ja, Ehrenwort! Sehr gescheit von dir, George, daß du dich nicht mit Weibern einläßt.«

»Vielleicht«, erwiderte Baldwin bedächtig und spuckte einen Olivenkern in die geballte Faust.

Das erste, was sie hörten, war der zittrige Pfiff eines kleinen Wägelchens am Bordstein gegenüber dem Fährhaus. Ein kleiner Junge verließ die Einwandererschar, die im Fährhaus umhersaß, und lief zu dem Wägelchen hinüber. Dann kam er zurückgelaufen und rief: »Sieht genau aus wie eine Lokomotive und ist voller Erdnüsse!«

»Padraic, du bleibst hier!«

»Und das ist die Hochbahnstation Südfähre«, fuhr Tim Halloran fort, der gekommen war, um sie abzuholen. »Dort drüben seht ihr Battery Park und Bolwin Green und Wall Street und das Finanzviertel … Komm, Padraic, dein Onkel Timothy bringt dich mit der Hochbahn in die IX. Avenue.«

Nur drei Personen blieben im Fährhaus zurück, eine alte Frau mit einem blauen Tuch um den Kopf, eine junge Frau mit einem magentaroten Schal, die beiden standen einander gegenüber, und zwischen ihnen war ein schwerer, mit Messingecken beschlagener, verschnürter Koffer – und ein alter Mann mit grünlichen Bartstoppeln und einem Gesicht, so zerfurcht und verkrümmt wie die Wurzeln einer abgestorbenen Eiche. Die alte Frau jammerte mit Tränen in den Augen: »Dove andiamo, Madonna mia, Madonna mia?« Die Junge entfaltete einen Brief und betrachtete blinzelnd die schön geschwungene Schrift. Plötzlich ging sie zu dem alten Mann hin. »Non posso leggere.« Sie wollte ihm den Brief reichen. Er rang die Hände, wackelte mit dem Kopf, wiederholte immer wieder etwas, das sie nicht verstehen konnte. Lächelnd zuckte sie die Achseln und kehrte zu dem Koffer zurück. Ein Sizilianer mit Backenbart redete auf die Alte ein. Er packte den Koffer an der Schnur und schleppte ihn zu einem Wagen, der mit einem Schimmel bespannt war und an der gegenüberliegenden Straßenseite stand. Die beiden Frauen trabten hinter dem Koffer her. Der Sizilianer hielt der jungen die Hand hin. Die alte, immer noch murmelnd und jammernd, kletterte mühselig auf den Hintersitz. Als der Sizilianer sich zu der jungen beugte, um den Brief zu lesen, stieß er sie mit der Schulter an. Sie machte sich ganz steif. »Na schön«, sagte er. Dann, die Kruppe des Gauls mit den Zügeln peitschend, drehte er sich zu der alten um und rief: »Cinque e due … Schön …«

Franz Kafka
Der Onkel

Im Hause des Onkels gewöhnte sich Karl bald an die neuen Verhältnisse. Der Onkel kam ihm aber auch in jeder Kleinigkeit
freundlich entgegen und niemals mußte Karl sich erst durch
schlechte Erfahrungen belehren lassen, wie dies meist das erste
Leben im Ausland so verbittert.

Karls Zimmer lag im sechsten Stockwerk eines Hauses, dessen
fünf untere Stockwerke, an welche sich in der Tiefe noch drei
unterirdische anschlossen, von dem Geschäftsbetrieb des Onkels
eingenommen wurden. Das Licht, das in sein Zimmer durch zwei
Fenster und eine Balkontüre eindrang, brachte Karl immer wieder zum Staunen, wenn er des Morgens aus seiner kleinen Schlaf-
kammer hier eintrat. Wo hätte er wohl wohnen müssen, wenn er
als armer kleiner Einwanderer ans Land gestiegen wäre? Ja vielleicht hätte man ihn, was der Onkel nach seiner Kenntnis der
Einwanderungsgesetze sogar für sehr wahrscheinlich hielt, gar
nicht in die Vereinigten Staaten eingelassen sondern ihn nach
Hause geschickt, ohne sich weiter darum zu kümmern, daß er
keine Heimat mehr hatte. Denn auf Mitleid durfte man hier nicht
hoffen und es war ganz richtig, was Karl in dieser Hinsicht über
Amerika gelesen hatte; nur die Glücklichen schienen hier ihr
Glück zwischen den unbekümmerten Gesichtern ihrer Umgebung wahrhaft zu genießen.

Ein schmaler Balkon zog sich vor dem Zimmer seiner ganzen Länge nach hin. Was aber in der Heimatstadt Karls wohl der höchste
Aussichtspunkt gewesen wäre, gestattete hier nicht viel mehr als
den Überblick über eine Straße, die zwischen zwei Reihen förmlich abgehackter Häuser gerade und darum wie fliehend in die
Ferne sich verlief, wo aus vielem Dunst die Formen einer Kathe-

drale ungeheuer sich erhoben. Und morgen wie abend und in den Träumen der Nacht vollzog sich auf dieser Straße ein immer drängender Verkehr, der von oben gesehn sich als eine aus immer neuen Anfängen ineinandergestreute Mischung von verzerrten menschlichen Figuren und von Dächern der Fuhrwerke aller Art darstellte, von der aus sich noch eine neue vervielfältigte wildere Mischung von Lärm, Staub und Gerüchen erhob, und alles dieses wurde erfaßt und durchdrungen von einem mächtigen Licht, das immer wieder von der Menge der Gegenstände zerstreut, fortgetragen und wieder eifrig herbeigebracht wurde und das dem betörten Auge so körperlich erschien, als werde über dieser Straße eine alles bedeckende Glasscheibe jeden Augenblick immer wieder mit aller Kraft zerschlagen.

Vorsichtig wie der Onkel in allem war, riet er Karl sich vorläufig ernsthaft nicht auf das Geringste einzulassen. Er sollte wohl alles prüfen und anschauen, aber sich nicht gefangen nehmen lassen. Die ersten Tage eines Europäers in Amerika seien ja einer Geburt vergleichbar und wenn man sich hier auch, damit nur Karl keine unnötige Angst habe, rascher eingewöhne als wenn man vom Jenseits in die menschliche Welt eintrete, so müsse man sich doch vor Augen halten, daß das erste Urteil immer auf schwachen Füßen stehe und daß man sich dadurch nicht vielleicht alle künftigen Urteile, mit deren Hilfe man ja hier sein Leben weiterführen wolle, in Unordnung bringen lassen dürfe. Er selbst habe Neuankömmlinge gekannt, die z. B. statt nach diesen guten Grundsätzen sich zu verhalten, tagelang auf ihrem Balkon gestanden und wie verlorene Schafe auf die Straße heruntergesehen hätten. Das müsse unbedingt verwirren! Diese einsame Untätigkeit, die sich in einen arbeitsreichen Newyorker Tag verschaut, könne einem Vergnügungsreisenden gestattet und vielleicht, wenn auch nicht vorbehaltlos angeraten werden, für einen der hier bleiben wird sei sie ein Verderben, man könne in diesem Fall ruhig dieses Wort anwenden, wenn es auch eine Übertreibung ist. Und tatsächlich verzog der Onkel immer ärgerlich das Gesicht, wenn er bei einem seiner Besuche, die immer nur einmal täglich und zwar immer zu den verschiedensten Tageszeiten erfolgten, Karl auf dem Balkone antraf. Karl merkte das bald und versagte sich infolgedessen das Vergnügen, auf dem Balkon zu stehn, nach Möglichkeit.

Es war ja auch beiweitem nicht das einzige Vergnügen, das er hatte. In seinem Zimmer stand ein amerikanischer Schreibtisch bester Sorte, wie sich ihn sein Vater seit Jahren gewünscht und auf den verschiedensten Versteigerungen um einen ihm erreichbaren billigen Preis zu kaufen gesucht hatte, ohne daß es ihm bei seinen kleinen Mitteln jemals gelungen wäre. Natürlich war dieser Tisch mit jenen angeblich amerikanischen Schreibtischen, wie sie sich auf europäischen Versteigerungen herumtreiben nicht zu vergleichen. Er hatte z. B. in seinem Aufsatz hundert Fächer verschiedenster Größe und selbst der Präsident der Union hätte für jeden seiner Akten einen passenden Platz gefunden, aber außerdem war an der Seite ein Regulator und man konnte durch Drehen an der Kurbel die verschiedensten Umstellungen und Neueinrichtungen der Fächer nach Belieben und Bedarf erreichen. Dünne Seitenwändchen senkten sich langsam und bildeten den Boden neu sich erhebender oder die Decke neu aufsteigender Fächer; schon nach einer Umdrehung hatte der Aufsatz ein ganz anderes Aussehen und alles gieng je nachdem man die Kurbel drehte langsam oder unsinnig rasch vor sich. Es war eine neueste Erfindung, erinnerte aber Karl sehr lebhaft an die Krippenspiele die zuhause auf dem Christmarkt den staunenden Kindern gezeigt wurden und auch Karl war oft in seine Winterkleider eingepackt davor gestanden und hatte ununterbrochen die Kurbeldrehung, die ein alter Mann ausführte, mit den Wirkungen im Krippenspiel verglichen, mit dem stockenden Vorwärtskommen der heiligen drei Könige, dem Aufglänzen des Sternes und dem befangenen Leben im heiligen Stall. Und immer war es ihm erschienen, als ob die Mutter die hinter ihm stand nicht genau genug alle Ereignisse verfolge, er hatte sie zu sich hingezogen, bis er sie an seinem Rücken fühlte, und hatte ihr solange mit lauten Ausrufen verborgenere Erscheinungen gezeigt, vielleicht ein

Häschen, das vorn im Gras abwechselnd Männchen machte und sich dann wieder zum Lauf bereitete, bis die Mutter ihm den Mund zuhielt und wahrscheinlich in ihre frühere Unachtsamkeit verfiel. Der Tisch war freilich nicht dazu gemacht um an solche Dinge zu erinnern, aber in der Geschichte der Erfindungen bestand wohl ein ähnlich undeutlicher Zusammenhang wie in Karls Erinnerungen. Der Onkel war zum Unterschied von Karl mit diesem Schreibtisch durchaus nicht einverstanden, nur hatte er eben für Karl einen ordentlichen Schreibtisch kaufen wollen und solche Schreibtische waren jetzt sämtlich mit dieser Neueinrichtung versehn, deren Vorzug nämlich auch darin bestand, bei älteren Schreibtischen ohne große Kosten angebracht werden zu können. Immerhin unterließ der Onkel nicht, Karl zu raten, den Regulator möglichst gar nicht zu verwenden; um die Wirkung des Rates zu verstärken behauptete der Onkel, die Maschinerie sei sehr empfindlich, leicht zu verderben und die Wiederherstellung sehr kostspielig. Es war nicht schwer einzusehn, daß solche Bemerkungen nur Ausflüchte waren, wenn man sich auch andererseits sagen mußte, daß der Regulator sehr leicht zu fixieren war, was der Onkel jedoch nicht tat.

In den ersten Tagen, an denen selbstverständlich zwischen Karl und dem Onkel häufigere Aussprachen stattgefunden hatten, hatte Karl auch erzählt, daß er zuhause wenig zwar, aber gern Klavier gespielt habe, was er allerdings lediglich mit den Anfangskenntnissen hatte bestreiten können, die ihm die Mutter beigebracht hatte. Karl war sich dessen wohl bewußt, daß eine solche Erzählung gleichzeitig die Bitte um ein Klavier war, aber er hatte sich schon genügend umgesehn, um zu wissen, daß der Onkel auf keine Weise zu sparen brauchte. Trotzdem wurde ihm diese Bitte nicht gleich gewährt, aber etwa acht Tage später sagte der Onkel fast in der Form eines widerwilligen Eingeständnisses, das Klavier sei eben angelangt und Karl könne, wenn er wolle den Transport überwachen. Das war allerdings eine leichte Arbeit, aber dabei nicht einmal viel leichter als der Transport selbst, denn im Haus war ein eigener Möbelaufzug, in welchem ohne Gedränge ein ganzer Möbelwagen Platz finden konnte und in diesem Aufzug schwebte auch das Piano zu Karls Zimmer hinauf. Karl selbst hätte zwar in dem gleichen Aufzug mit dem Piano und den Transportarbeitern fahren können, aber da gleich daneben ein Personenaufzug zur Benützung freistand, fuhr er in diesem, hielt sich mittelst eines Hebels stets in gleicher Höhe mit dem andern Aufzug und betrachtete unverwandt durch die Glaswände das schöne Instrument das jetzt sein Eigentum war. Als er es in seinem Zimmer hatte und die ersten Töne anschlug, bekam er eine so närrische Freude, daß er statt weiterzuspielen aufsprang und aus einiger Entfernung die Hände in den Hüften das Klavier lieber anstaunte. Auch die Akustik des Zimmers war ausgezeichnet und sie trug dazu bei sein anfängliches kleines Unbehagen, in einem Eisenhause zu wohnen, gänzlich verschwinden zu lassen. Tatsächlich merkte man auch im Zimmer, so eisenmäßig das Gebäude von außen erschien, von eisernen Baubestandteilen nicht das geringste und niemand hätte auch nur eine Kleinigkeit in der Einrichtung aufzeigen können, welche die vollständigste Gemütlichkeit irgendwie gestört hätte. Karl erhoffte in der ersten Zeit viel von seinem Klavierspiel und schämte sich nicht wenigstens vor dem Einschlafen an die Möglichkeit einer unmittelbaren Beeinflussung der amerikanischen Verhältnisse durch dieses Klavierspiel zu denken. Es klang ja allerdings sonderbar, wenn er vor den in die lärmerfüllte Luft geöffneten Fenstern ein altes Soldatenlied seiner Heimat spielte, das die Soldaten am Abend, wenn sie in den Kasernenfenstern liegen und auf den finstern Platz hinausschauen, von Fenster zu Fenster einander zusingen – aber sah er dann auf die Straße, so war sie unverändert und nur ein kleines Stück eines großen Kreislaufes, das man nicht an und für sich anhalten konnte, ohne alle Kräfte zu kennen, die in der Runde wirkten. Der Onkel duldete das Klavierspiel, sagte auch nichts dagegen, zumal Karl sich auch ohne Mahnung nur selten das Vergnügen des Spieles gönnte, ja er brachte Karl sogar Noten amerikanischer Märsche und natürlich auch der Nationalhymne, aber allein aus der Freude an der Musik war es wohl nicht zu erklären, als er eines Tages ohne allen Scherz Karl fragte, ob er nicht auch das Spiel auf der Geige oder auf dem Waldhorn lernen wolle.

Natürlich war das Lernen des Englischen Karls erste und wichtigste Aufgabe. Ein junger Professor einer Handelshochschule erschien morgens um sieben Uhr in Karls Zimmer und fand ihn schon an seinem Schreibtisch bei den Heften sitzen oder memorierend im Zimmer auf und ab gehn. Karl sah wohl ein daß zur Aneignung des Englischen keine Eile groß genug sei und daß er hier außerdem die beste Gelegenheit habe seinem Onkel eine außerordentliche Freude durch rasche Fortschritte zu machen. Und tatsächlich gelang es bald, während zuerst das Englische in den Gesprächen mit dem Onkel sich auf Gruß und Abschiedsworte beschränkt hatte, immer größere Teile der Gespräche ins Englische hinüberzuspielen, wodurch gleichzeitig vertraulichere Themen sich einzustellen begannen. Das erste amerikanische Gedicht, die Darstellung einer Feuersbrunst, das Karl seinem Onkel an einem Abend recitieren konnte, machte diesen tiefernst vor Zufriedenheit. Sie standen damals beide an einem Fenster in Karls Zimmer, der Onkel sah hinaus, wo alle Helligkeit des Himmels schon vergangen war und schlug im Mitgefühl der Verse langsam und gleichmäßig in die Hände, während Karl aufrecht neben ihm stand und mit starren Augen das schwierige Gedicht sich entrang.

Je besser Karls Englisch wurde, desto größere Lust zeigte der Onkel ihn mit seinen Bekannten zusammenzuführen und ordnete nur für jeden Fall an, daß bei solchen Zusammenkünften vorläufig der Englischprofessor sich immer in Karls Nähe zu halten habe. Der allererste Bekannte, dem Karl eines Vormittags vorgestellt wurde, war ein schlanker, junger, unglaublich biegsamer Mann, den der Onkel mit besonderen Komplimenten in Karls Zimmer führte. Es war offenbar einer jener vielen vom Standpunkt der Eltern aus gesehen mißratenen Millionärssöhne, dessen Leben so verlief, daß ein gewöhnlicher Mensch auch nur einen beliebigen Tag im Leben dieses jungen Mannes nicht ohne

Schmerz verfolgen konnte. Und als wisse oder ahne er dies, und als begegne er dem, soweit es in seiner Macht stand, war um seine Lippen und Augen ein unaufhörliches Lächeln des Glückes, das ihm selbst, seinem Gegenüber und der ganzen Welt zu gelten schien.

Mit diesem jungen Mann, einem Herrn Mak wurde unter unbedingter Zustimmung des Onkels besprochen, gemeinsam um halb sechs Uhr früh, sei es in der Reitschule, sei es ins Freie zu reiten. Karl zögerte zwar zuerst seine Zusage zu geben, da er doch noch niemals auf einem Pferd gesessen war und das Reiten zuerst ein wenig lernen wolle, aber da ihm der Onkel und Mak so sehr zuredeten und das Reiten als bloßes Vergnügen und als gesunde Übung aber gar nicht als Kunst darstellten, sagte er schließlich zu. Nun mußte er allerdings schon um halb fünf aus dem Bett und das tat ihm oft sehr leid, denn er litt hier, wohl infolge der steten Aufmerksamkeit, die er während des Tages aufwenden mußte, geradezu an Schlafsucht, aber in seinem Badezimmer verlor sich das Bedauern bald. Über die ganze Wanne der Länge und Breite nach spannte sich das Sieb der Douche – welcher Mitschüler zuhause und war er noch so reich, besaß etwas derartiges und gar noch allein für sich – und da lag nun Karl ausgestreckt, in dieser Wanne konnte er die Arme ausbreiten, und ließ die Ströme des lauen, heißen, wieder lauen und endlich eisigen Wassers, nach Belieben teilweise oder über die ganze Fläche hin auf sich herab. Wie in dem noch ein wenig fortlaufenden Genusse des Schlafes lag er da und fieng besonders gern mit den geschlossenen Augenlidern die letzten einzeln fallenden Tropfen auf, die sich dann öffneten und über das Gesicht hinflossen.

In der Reitschule, wo ihn das hoch sich aufbauende Automobil des Onkels absetzte, erwartete ihn bereits der Englischprofessor, während Mak ausnahmslos erst später kam. Er konnte aber auch unbesorgt erst später kommen, denn das eigentliche lebendige Reiten fieng erst an, wenn er da war. Bäumten sich nicht die Pferde aus ihrem bisherigen Halbschlaf auf, wenn er eintrat, knallte die Peitsche nicht lauter durch den Raum, erschienen nicht plötzlich auf der umlaufenden Gallerie einzelne Personen, Zuschauer, Pferdewärter, Reitschüler oder was sie sonst sein mochten? Karl aber nützte die Zeit vor der Ankunft Maks dazu aus, um doch ein wenig wenn auch nur die primitivsten Vorübungen des Reitens zu betreiben. Es war ein langer Mann da, der auf den höchsten Pferderücken mit kaum erhobenem Arm hinaufreichte und der Karl diesen immer kaum eine Viertelstunde dauernden Unterricht erteilte. Die Erfolge die Karl hiebei hatte, waren nicht übergroß und er konnte sich viele englische Klagerufe dauernd aneignen, die er während dieses Lernens zu seinem Englischprofessor atemlos ausstieß, der immer am gleichen Türpfosten meist sehr schlafbedürftig lehnte. Aber fast alle Unzufriedenheit mit dem Reiten hörte auf, wenn Mak kam. Der lange Mann wurde weggeschickt und bald hörte man in dem noch immer halbdunklen Saal nichts anderes, als die Hufe der gallopierenden Pferde und man sah kaum etwas anderes als Maks erhobenen Arm, mit dem er Karl ein Kommando gab. Nach einer halben Stunde solchen wie Schlaf vergehenden Vergnügens, wurde Halt gemacht, Mak war in großer Eile, verabschiedete sich von Karl, klopfte ihm manchmal auf die Wange, wenn er mit seinem Reiten besonders zufrieden gewesen war und verschwand, ohne vor großer Eile mit Karl auch nur gemeinsam durch die Tür herauszugehn. Karl nahm dann den Professor mit ins Automobil und sie fuhren zu ihrer Englischstunde meist auf Umwegen, denn bei der Fahrt durch das Gedränge der großen Straße, die eigentlich direkt von dem Hause des Onkels zur Reitschule führte, wäre zuviel Zeit verloren gegangen. Im übrigen hörte wenigstens diese Begleitung des Englischprofessors bald auf, denn Karl der sich Vorwürfe machte, den müden Mann nutzlos in die Reitschule zu bemühn, zumal die englische Verständigung mit Mak eine sehr einfache war, bat den Onkel den Professor von dieser Pflicht zu entheben. Nach einiger Überlegung gab der Onkel dieser Bitte auch nach.

Verhältnismäßig lange dauerte es, ehe sich der Onkel entschloß, Karl auch nur einen kleinen Einblick in sein Geschäft zu erlauben, trotzdem Karl öfters darum ersucht hatte. Es war eine Art

Kommissions- und Speditionsgeschäftes, wie sie, soweit sich Karl erinnern konnte, in Europa vielleicht gar nicht zu finden war. Das Geschäft bestand nämlich in einem Zwischenhandel, der aber die Waren nicht etwa von den Producenten zu den Konsumenten oder vielleicht zu den Händlern vermittelte, sondern welcher die Vermittlung aller Waren und Urprodukte für die großen Fabrikskartelle und zwischen ihnen besorgte. Es war daher ein Geschäft, welches in einem Käufe, Lagerungen, Transporte und Verkäufe riesenhaften Umfangs umfaßte und ganz genaue unaufhörliche telephonische und telegraphische Verbindungen mit den Klienten unterhalten mußte. Der Saal der Telegraphen war nicht kleiner, sondern größer als das Telegraphenamt der Vaterstadt, durch das Karl einmal an der Hand eines dort bekannten Mitschülers gegangen war. Im Saal der Telephone giengen wohin man schaute die Türen der Telephonzellen auf und zu und das Läuten war sinnverwirrend. Der Onkel öffnete die nächste dieser Türen und man sah dort im sprühenden elektrischen Licht einen Angestellten gleichgültig gegen jedes Geräusch der Türe, den Kopf eingespannt in ein Stahlband, das ihm die Hörmuscheln an die Ohren drückte. Der rechte Arm lag auf einem Tischchen, als wäre er besonders schwer und nur die Finger, welche den Bleistift hielten, zuckten unmenschlich gleichmäßig und rasch. In den Worten, die er in den Sprechtrichter sagte, war er sehr sparsam und oft sah man sogar, daß er vielleicht gegen den Sprecher etwas einzuwenden hatte, ihn etwas genauer fragen wollte, aber gewisse Worte, die er hörte zwangen ihn, ehe er seine Absicht ausführen konnte, die Augen zu senken und zu schreiben. Er mußte auch nicht reden, wie der Onkel Karl leise erklärte, denn die gleichen Meldungen, wie sie dieser Mann aufnahm, wurden noch von zwei andern Angestellten gleichzeitig aufgenommen und dann verglichen, so daß Irrtümer möglichst ausgeschlossen waren. In dem gleichen Augenblick als der Onkel und Karl aus der Tür getreten waren, schlüpfte ein Praktikant hinein und kam mit dem inzwischen beschriebenen Papier heraus. Mitten durch den Saal war ein beständiger Verkehr von hin und her gejagten Leuten. Keiner grüßte, das Grüßen war abgeschafft, jeder schloß sich den Schritten des ihm vorhergehenden an und sah auf den Boden auf dem er möglichst rasch vorwärtskommen wollte oder fieng mit den Blicken wohl nur einzelne Worte oder Zahlen von Papieren ab, die er in der Hand hielt und die bei seinem Laufschritt flatterten.

»Du hast es wirklich weit gebracht«, sagte Karl einmal auf einem dieser Gänge durch den Betrieb, auf dessen Durchsicht man viele Tage verwenden mußte, selbst wenn man jede Abteilung gerade nur gesehen haben wollte.

»Und alles habe ich vor dreißig Jahren selbst eingerichtet, mußt Du wissen. Ich hatte damals im Hafenviertel ein kleines Geschäft und wenn dort im Tag fünf Kisten abgeladen waren, so war es viel und ich gieng aufgeblasen nachhause. Heute habe ich die drittgrößten Lagerhäuser im Hafen und jener Laden ist das Eßzimmer und die Gerätkammer der fünfundsechzigsten Gruppe meiner Packträger.«

»Das grenzt ja ans Wunderbare«, sagte Karl.

»Alle Entwicklungen gehn hier so schnell vor sich«, sagte der Onkel das Gespräch abbrechend.

Eines Tages kam der Onkel knapp vor der Zeit des Essens, das Karl wie gewöhnlich allein einzunehmen gedachte und forderte ihn auf, sich gleich schwarz anzuziehn und mit ihm zum Essen zu kommen, an welchem zwei Geschäftsfreunde teilnehmen würden. Während Karl sich im Nebenzimmer umkleidete, setzte sich der Onkel zum Schreibtisch und sah die gerade beendete Englischaufgabe durch, schlug mit der Hand auf den Tisch und rief laut: »Wirklich ausgezeichnet!« Zweifellos gelang das Anziehen besser, als Karl dieses Lob hörte, aber er war auch wirklich seines Englischen schon ziemlich sicher.

Im Speisezimmer des Onkels, das er vom ersten Abend seiner Ankunft noch in Erinnerung hatte, erhoben sich zwei große dicke Herren zur Begrüßung, ein gewisser Green der eine, ein gewisser Pollunder der zweite, wie sich während des Tischgespräches herausstellte. Der Onkel pflegte nämlich kaum ein flüchtiges Wort über irgendwelche Bekannte auszusprechen und überließ es immer Karl durch eigene Beobachtung das Notwendige oder Interessante herauszufinden. Nachdem während des eigentlichen Essens nur intime geschäftliche Angelegenheiten besprochen worden waren, was für Karl eine gute Lektion hinsichtlich kaufmännischer Ausdrücke bedeutete, und man Karl still mit seinem Essen sich hatte beschäftigen lassen, als sei er ein Kind, das sich vor allem ordentlich sattessen müsse, beugte sich Herr Green zu Karl hin und fragte in dem unverkennbaren Bestreben ein möglichst deutliches Englisch zu sprechen, im allgemeinen nach Karls ersten amerikanischen Eindrücken. Karl antwortete unter einer Sterbensstille ringsherum mit einigen Seitenblicken auf den Onkel ziemlich ausführlich und suchte sich zum Dank durch eine etwas newyorkisch gefärbte Redeweise angenehm zu machen. Bei einem Ausdruck lachten sogar alle drei Herren durcheinander und Karl fürchtete schon einen groben Fehler gemacht zu haben, jedoch nein, er hatte wie ihm Herr Pollunder erklärte, sogar etwas sehr Gelungenes gesagt. Dieser Herr Pollunder schien überhaupt an Karl ein besonderes Gefallen zu finden und während der Onkel und Herr Green wieder zu den geschäftlichen Besprechungen zurückkehrten, ließ Herr Pollunder Karl seinen Sessel nahe zu sich hin schieben, fragte ihn zuerst vielerlei über seinen Namen, seine Herkunft und seine Reise aus, bis er dann schließlich um Karl wieder ausruhn zu lassen, lachend, hustend und eilig selbst von sich und seiner Tochter erzählte, mit der er auf einem kleinen Landgut in der Nähe von Newyork wohnte, wo er aber allerdings nur die Abende verbringen konnte, denn er war Bankier und sein Beruf hielt ihn in Newyork den ganzen Tag. Karl wurde auch gleich herzlichst eingeladen, auf dieses Landgut herauszukommen, ein so frischgebackener Amerikaner wie Karl habe ja auch sicher das Bedürfnis sich von Newyork manchmal zu erholen. Karl bat den Onkel sofort um die Erlaubnis, diese Einladung annehmen zu dürfen und der Onkel gab auch scheinbar freudig diese Erlaubnis, ohne aber ein bestimmtes Datum zu nennen oder auch nur in Erwägung ziehen zu lassen, wie es Karl und Herr Pollunder erwartet hatten.

Aber schon am nächsten Tag wurde Karl in ein Bureau des Onkels beordert – der Onkel hatte zehn verschiedene Bureaux allein in diesem Hause – wo er den Onkel und Herrn Pollunder beide ziemlich einsilbig in den Fauteuils liegend antraf. »Herr Pollunder«, sagte der Onkel, er war in der Abenddämmerung des Zimmers kaum zu erkennen, »Herr Pollunder ist gekommen, um Dich auf sein Landgut mitzunehmen, wie wir es gestern besprochen haben.« »Ich wußte nicht daß es schon heute sein sollte«, antwortete Karl, »sonst wäre ich schon vorbereitet.« »Wenn Du nicht vorbereitet bist, dann verschieben wir vielleicht den Besuch besser für nächstens«, meinte der Onkel. »Was für Vorbereitungen!« rief Herr Pollunder. »Ein junger Mann ist immer vorbereitet.« »Es ist nicht seinetwegen«, sagte der Onkel zu seinem Gaste gewendet, »aber er müßte immerhin noch in sein Zimmer hinaufgehn und Sie wären aufgehalten.« »Es ist auch dazu reichlich Zeit«, sagte Herr Pollunder, »ich habe auch eine Verzögerung vorbedacht und früher Geschäftsschluß gemacht.« »Du siehst«, sagte der Onkel, »was für Unannehmlichkeiten Dein Besuch schon jetzt veranlaßt.« »Es tut mir leid«, sagte Karl, »aber ich werde gleich wieder da sein«, und wollte schon wegspringen. »Übereilen Sie sich nicht«, sagte Herr Pollunder. »Sie machen mir nicht die geringsten Unannehmlichkeiten, dagegen macht mir Ihr Besuch eine reine Freude.« »Du versäumst morgen Deine Reitstunde, hast du sie schon abgesagt?« »Nein«, sagte Karl, dieser Besuch, auf den er sich gefreut hatte, fieng an eine Last zu werden, »ich wußte ja nicht –«. »Und trotzdem willst Du wegfahren?« fragte der Onkel weiter. Herr Pollunder, dieser freundliche Mensch kam zur Hilfe. »Wir werden auf der Fahrt bei der Reitschule halten und die Sache in Ordnung bringen.« »Das läßt sich hören«, sagte der Onkel. »Aber Mak wird Dich doch erwarten.« »Erwarten wird er mich nicht«, sagte Karl, »aber er wird allerdings hinkommen.« »Nun also?« sagte der Onkel, als wäre Karls Antwort nicht die geringste Rechtfertigung gewesen. Wieder sagte Herr Pollunder das Entscheidende: »Aber Klara« – sie war Herrn Pollunders Tochter – »erwartet ihn auch und schon heute abend und sie hat wohl den Vorzug vor Mak?« »Allerdings«, sagte der Onkel. »Also lauf schon in Dein Zimmer«, und er schlug mehrmals wie ohne Willen gegen die Armlehne des Fauteuils. Karl war schon bei der Tür, als ihn der Onkel noch mit der Frage zurückhielt: »Zur Englischstunde bist Du doch wohl morgen früh wieder hier?« »Aber!« rief Herr Pollunder und drehte sich, soweit es seine Dicke erlaubte, in seinem Fauteuil vor Erstaunen. »Ja darf er denn nicht wenigstens den morgigen Tag draußen bleiben? Ich brächte ihn dann übermorgen früh wieder zurück.« »Das geht auf keinen Fall«, erwiderte der Onkel. »Ich kann sein Studium nicht so in Unordnung kommen lassen. Später bis er in einem an und für sich geregelten Berufsleben sein wird, werde ich ihm sehr gern auch für längere Zeit erlauben, einer so freundlichen und ehrenden Einladung zu folgen.« »Was das für Widersprüche sind!« dachte Karl. Herr Pollunder war traurig geworden. »Für einen Abend und eine Nacht steht es aber wirklich fast nicht dafür.« »Das war auch meine Meinung«, sagte der Onkel. »Man muß nehmen was man bekommt«, sagte Herr Pollunder und lachte schon wieder. »Also ich warte«, rief er Karl zu, welcher, da der Onkel nichts mehr sagte, davoneilte. Als er bald reisefertig zurückkehrte, traf er im Bureau nur noch Herrn Pollunder, der Onkel war fortgegangen. Herr Pollunder schüttelte Karl ganz glücklich beide Hände, als wolle er sich so stark als möglich dessen vergewissern, daß Karl nun doch mitfahre. Karl war noch ganz erhitzt von der Eile und schüttelte auch seinerseits Herrn Pollunders Hände, er freute sich, den Ausflug machen zu können. »Hat sich der Onkel nicht darüber geärgert, daß ich fahre?« »Aber nein! Das hat er ja alles nicht so ernst gemeint. Ihre Erziehung liegt ihm eben am Herzen.« »Hat er es Ihnen selbst gesagt, daß er das frühere nicht so ernst gemeint hat?« »O ja«, sagte Herr Pollunder gedehnt und bewies damit, daß er nicht lügen konnte. »Es ist merkwürdig wie ungern er mir die Erlaubnis gegeben hat, Sie zu besuchen, trotzdem Sie doch sein Freund sind.« Auch Herr Pollunder konnte, trotzdem er dies nicht offen eingestand, keine Erklärung dafür finden und beide dachten, als sie in Herrn Pol-

lunders Automobil durch den warmen Abend fuhren, noch lange
darüber nach, trotzdem sie gleich von andern Dingen sprachen.
Sie saßen eng beieinander und Herr Pollunder hielt Karls Hand
in der seinen, während er erzählte. Karl wollte vieles über das
Fräulein Klara hören, als sei er ungeduldig über die lange Fahrt
und könne mit Hilfe der Erzählungen früher ankommen als in
Wirklichkeit. Trotzdem er am Abend noch niemals durch die
Newyorker Straßen gefahren war, und über Trottoir und Fahrbahn, alle Augenblicke die Richtung wechselnd wie in einem Wir-
belwind, der Lärm jagte, nicht wie von Menschen verursacht sondern wie ein fremdes Element, kümmerte sich Karl, während er
Herrn Pollunders Worte genau aufzunehmen suchte, um nichts
anderes als um Herrn Pollunders dunkle Weste, über die quer
eine goldene Kette ruhig hieng. Aus den Straßen, wo das Publikum in großer unverhüllter Furcht vor Verspätung im fliegenden
Schritt und in Fahrzeugen, die zu möglichster Eile gebracht
waren, zu den Theatern drängte, kamen sie durch Übergangsbe-
zirke in die Vorstädte, wo ihr Automobil durch Polizeileute zu
Pferd immer wieder in Seitenstraßen gewiesen wurde, da die
großen Straßen von den demonstrierenden Metallarbeitern, die
im Streik standen besetzt waren, und nur der notwendigste
Wagenverkehr an den Kreuzungsstellen gestattet werden konnte. Durchquerte dann das Automobil aus dunkleren, dumpf hal-
lenden Gassen kommend, eine dieser ganzen Plätzen gleichen-
den Straßen, dann erschienen nach beiden Seiten hin in
Perspektiven, denen niemand bis zum Ende folgen konnte, die
Trottoire angefüllt mit einer in winzigen Schritten sich bewe-
genden Masse, deren Gesang einheitlicher war, als der einer einzigen Menschenstimme. In der freigehaltenen Fahrbahn aber sah
man hie und da einen Polizisten auf unbeweglichem Pferd oder
Träger von Fahnen oder beschriebenen über die Straße gespann-
ten Tüchern oder einen von Mitarbeitern und Ordonanzen umgebenen Arbeiterführer oder einen Wagen der Elektrischen
Straßenbahn, der sich nicht rasch genug geflüchtet hatte, und nun
leer und dunkel dastand, während der Führer und der Schaffner

auf der Platform saßen. Kleine Trupps von Neugierigen standen weit entfernt von den wirklichen Demonstranten und verließen ihre Plätze nicht trotzdem sie über die eigentlichen Ereignisse im Unklaren blieben. Karl aber lehnte froh in dem Arm, den Herr Pollunder um ihn gelegt hatte, die Überzeugung, daß er bald in einem beleuchteten, von Mauern umgebenen, von Hunden bewachten Landhause ein willkommener Gast sein werde, tat ihm über alle Maßen wohl, und wenn er auch wegen einer beginnenden Schläfrigkeit, nicht mehr alles was Herr Pollunder sagte fehlerlos oder wenigstens nicht ohne Unterbrechungen auffaßte, so raffte er sich doch von Zeit zu Zeit auf und wischte sich die Augen, um wieder für eine Weile festzustellen, ob Herr Pollunder seine Schläfrigkeit bemerke, denn das wollte er um jeden Preis vermieden wissen.

Der Beitrag wurde in der Rechtschreibung zu Kafkas Zeit wiedergegeben.

Roald Dahl
Der Weg zum Himmel

Zeit ihres Lebens hatte Mrs. Foster an einer geradezu patholo-
gischen Angst gelitten, einen Zug, ein Flugzeug, ein Schiff oder
den Beginn einer Theatervorstellung zu verpassen. Im allgemeinen war sie gar nicht besonders nervös, aber der bloße Gedanke,
sie könnte sich bei solchen Anlässen verspäten, setzte ihr derart
zu, daß sie Zuckungen bekam. Es war nicht schlimm – nur eine
kleine Muskelreizung im Winkel des linken Auges, wie ein ver-
stohlenes Blinzeln –, doch das Unangenehme war, daß dieser Tic
noch mindestens eine Stunde lang anhielt, wenn sie den Zug, das
Flugzeug, oder was es nun war, glücklich erreicht hatte.

Merkwürdig, wie sich bei gewissen Leuten eine einfache Besorgnis, zum Beispiel die, den Zug nicht mehr zu erreichen, zu einer
Besessenheit auswachsen kann. Spätestens eine halbe Stunde
bevor es Zeit war, zum Bahnhof zu fahren, pflegte Mrs. Foster
reisefertig, angetan mit Hut, Mantel und Handschuhen aus dem
Aufzug zu treten. Unfähig, sich hinzusetzen, lief sie ziellos von
einem Zimmer ins andere, bis ihr Mann, dem ihre Aufregung
nicht entgangen sein konnte, endlich zum Vorschein kam und
trocken bemerkte, man könne jetzt vielleicht aufbrechen, nicht
wahr?

Mr. Foster war durchaus berechtigt, sich über das närrische
Benehmen seiner Frau zu ärgern, nicht aber dazu, ihre Qualen zu
vergrößern, indem er sie unnötig warten ließ. Daß er das tat, ist
zwar durch nichts bewiesen, doch sooft sie zusammen irgendwo-
hin wollten, erschien er unweigerlich im letzten oder vielmehr im
allerletzten Moment und benahm sich dabei so betont freundlich, daß die Vermutung sehr nahe lag, er habe seiner unglück-
seligen Frau ganz bewußt eine boshafte kleine Privatqual aufer-

legt. Eines jedenfalls mußte ihm klar sein: Sie hätte niemals gewagt, nach ihm zu rufen oder ihn zur Eile anzutreiben. Dazu hatte er sie zu gut erzogen. Und er wußte auch, daß er nur ein klein wenig zu lange zu zögern brauchte, um sie in einen Zustand zu versetzen, der hart an Hysterie grenzte. Bei ein oder zwei besonderen Gelegenheiten in ihren späteren Ehejahren sah es fast so aus, als hätte er den Zug verpassen *wollen*, um die Leiden der armen Frau zu verschlimmern.

Genau kann man es ja nicht wissen, aber nimmt man an, daß er schuldig war, so wird sein Verhalten doppelt verwerflich durch die Tatsache, daß ihm Mrs. Foster, abgesehen von dieser einen kleinen Schwäche, immer eine gute und liebevolle Gattin gewesen war. Dreißig Jahre und mehr hatte sie ihm treu und brav gedient. Daran war nicht zu zweifeln. Bei all ihrer Bescheidenheit wußte sie das selbst, und wenn sie sich auch jahrelang gegen den Argwohn gewehrt hatte, Mr. Foster wolle sie absichtlich quälen, so hatte sie sich doch in letzter Zeit mehrmals bei einem beginnenden Zweifel ertappt.

Der nahezu siebzigjährige Mr. Eugene Foster lebte mit seiner Frau in New York City, und zwar in einem großen sechsstöckigen Haus der Zweiundsechzigsten Straße Ost; sie hatten vier Dienstboten. Die Wohnung war ziemlich düster, und sie bekamen nicht viel Besuch. An diesem Januarmorgen aber herrschte im Hause reges Leben und Treiben. Ein Mädchen trug Stapel von Staubhüllen in alle Zimmer, während ein anderes die Tücher über die Möbel breitete. Der Butler brachte die Koffer hinunter und stellte sie in die Halle. Die Köchin kam immer wieder aus der Küche, um mit dem Butler zu reden, und Mrs. Foster selbst, in einem altmodischen Pelzmantel und mit einem schwarzen Hut auf dem Kopf, eilte bald hierhin, bald dorthin, angeblich um alles zu überwachen. In Wirklichkeit dachte sie an nichts anderes als daran, daß sie ihr Flugzeug versäumen werde, wenn ihr Mann nicht bald aus seinem Arbeitszimmer käme und sich fertigmachte.

»Wie spät ist es, Walker?« fragte sie den Butler.

»Zehn Minuten nach neun, Madam.«

»Ist der Wagen da?«

»Ja, Madam, er wartet. Ich will gerade das Gepäck hinausbringen.«

»Bis Idlewild brauchen wir eine Stunde«, sagte sie. »Mein Flugzeug startet um elf, aber wegen der Formalitäten muß ich eine halbe Stunde früher dort sein. Ich werde zu spät kommen. Ich *weiß*, daß ich zu spät kommen werde.«

»Sie schaffen es bequem, Madam«, antwortete der Butler beruhigend. »Ich habe Mr. Foster gesagt, daß Sie um neun Uhr fünfzehn hier weg müssen. In fünf Minuten also.«

»Ja, Walker, ich weiß, ich weiß. Aber bitte, beeilen Sie sich mit dem Gepäck, ja?«

Sie ging in der Halle auf und ab, und sooft der Butler vorbeikam, fragte sie ihn, wie spät es sei. Dabei wiederholte sie sich immer von neuem, daß sie gerade dieses Flugzeug nicht versäumen dürfe. Monate hatte sie gebraucht, ihrem Mann die Erlaubnis zur Reise abzuringen. Kam sie zu spät, so verlangte er womöglich, sie solle ihr Vorhaben aufgeben. Das Schlimme war, daß er darauf bestand, sie zum Flugplatz zu begleiten.

»Guter Gott«, sagte sie laut, »ich komme zu spät. Ich weiß, ich weiß, ich *weiß*, daß ich zu spät komme.« Der kleine Muskel am linken Auge zuckte bereits heftig. Die Augen selbst waren dicht am Weinen.

»Wie spät ist es, Walker?«

»Achtzehn Minuten nach, Madam.«

»Jetzt verpasse ich es ganz bestimmt!« rief sie. »Wenn er doch nur käme!«

Für Mrs. Foster war diese Reise sehr wichtig. Sie wollte allein nach Paris fliegen, um ihre Tochter, ihr einziges Kind, zu besuchen, die mit einem Franzosen verheiratet war. Für den Franzosen hatte Mrs. Foster nicht viel übrig, aber sie liebte ihre Tochter, und vor allem sehnte sie sich danach, endlich einmal ihre drei Enkel zu sehen. Sie kannte sie nur von den vielen Fotos, die sie erhalten hatte und die überall in der Wohnung aufgestellt waren. Entzückende Kinder. Mrs. Foster hing mit einer wahren Affenliebe an ihnen, und sooft ein neues Bild kam, zog sie sich damit zurück, betrachtete es lange und liebevoll und suchte in den kleinen Gesichtern nach den befriedigenden Kennzeichen der Blutsverwandtschaft, die so viel bedeutet. In letzter Zeit war ihr immer stärker zum Bewußtsein gekommen, daß sie keinen Wert darauf legte, den Rest ihres Lebens an einem Ort zu verbringen, wo sie diese Kinder nicht in ihrer Nähe haben, sie besuchen, auf Spaziergänge mitnehmen, beschenken, aufwachsen sehen konnte. Natürlich wußte sie, daß es falsch und gewissermaßen pflichtvergessen war, solche Gedanken zu hegen, solange ihr Mann lebte. Und ebenso wußte sie, daß Mr. Foster – obgleich er sich nicht mehr in seinen vielen Unternehmungen betätigte – niemals einwilligen würde, New York zu verlassen und nach Paris zu übersiedeln. Es war schon ein Wunder, daß er ihr gestattet hatte, für sechs Wochen hinüberzufliegen und ihre Lieben zu besuchen. Ach, wie sie wünschte, immer bei ihnen leben zu können!

»Wie spät, Walker?«

»Zweiundzwanzig Minuten nach, Madam.«

Der Butler hatte noch nicht zu Ende gesprochen, als die Tür aufging und Mr. Foster in die Halle trat. Er blieb einen Moment stehen, den Blick auf seine Frau gerichtet, und auch sie sah ihn an; den kleinen, noch immer hübschen alten Mann, dessen Gesicht mit dem gewaltigen Bart den bekannten Fotografien von Andrew Carnegie verblüffend ähnelte.

»Nun«, sagte er, »ich glaube, wir sollten wohl langsam aufbrechen, wenn du das Flugzeug noch erreichen willst.«

»Ja, Lieber – ja! Es ist alles bereit. Der Wagen wartet.«

»Gut.« Er neigte den Kopf ein wenig zur Seite und musterte sie aufmerksam. Diese Angewohnheit, den Kopf schräg zu legen und ihn dann in kleinen, schnellen Rucken zu bewegen, war charakteristisch für ihn. Deswegen und weil er die Hände in Brusthöhe zu verschränken pflegte, erinnerte er, wenn er so dastand, an ein Eichhörnchen, ein nettes, lebhaftes Eichhörnchen aus dem Park.

»Hier ist Walker mit deinem Mantel, Lieber. Zieh ihn an.«

»Ich muß mir noch die Hände waschen«, sagte er. »Bin gleich zurück.«

Sie wartete, während der Butler Hut und Mantel bereithielt.

»Meinen Sie, daß ich zu spät komme, Walker?«

»Nein, Madam«, erwiderte der Butler. »Sie schaffen es bestimmt.«

Als Mr. Foster erschien, half ihm der Butler in den Mantel. Mrs. Foster eilte hinaus und stieg in den gemieteten Cadillac. Ihr Mann folgte ihr, ging aber die Stufen vor der Haustür sehr gemächlich hinunter und blieb auf halbem Wege stehen, um den Himmel zu betrachten und die kalte Morgenluft zu schnuppern.

»Sieht ein bißchen neblig aus«, meinte er, als er sich im Wagen neben sie setzte. »Und draußen in Idlewild ist es meistens noch schlimmer. Ich würde mich nicht wundern, wenn gar keine Flugzeuge starten dürften.«

»Sag das nicht, Lieber – *bitte*.«

Sie schwiegen beide, bis der Wagen den Fluß überquert und Long Island erreicht hatte.

»Mit den Dienstboten habe ich alles geordnet«, sagte Mr. Foster. »Sie gehen heute weg. Ich habe ihnen für sechs Wochen den halben Lohn gegeben und Walker gesagt, daß ich ihm telegrafieren werde, wenn wir sie wieder benötigen.«

»Ja«, antwortete sie. »Er hat's mir erzählt.«

»Ich ziehe heute abend in den Klub. Wird zur Abwechslung mal ganz nett sein, im Klub zu wohnen.«

»Ja, Lieber, und ich werde dir schreiben.«

»Ab und zu schaue ich dann zu Hause nach, ob alles in Ordnung ist, und hole die Post.«

»Meinst du nicht, daß Walker doch lieber die ganze Zeit dableiben sollte, um nach dem Rechten zu sehen?« fragte sie zaghaft.

»Unsinn. Ganz überflüssig. Und ich müßte ihm dann den vollen Lohn zahlen.«

»Ach ja, natürlich.«

»Außerdem weiß man nie, was die Leute anstellen, wenn sie allein im Hause sind«, verkündete Mr. Foster. Er zog eine Zigar-

re heraus, knipste die Spitze mit einem silbernen Zigarrenab-
schneider ab und ließ sein goldenes Feuerzeug aufflammen.

Seine Frau saß regungslos neben ihm, die Hände unter der Decke
zusammengekrampft.

»Wirst du mir schreiben?« fragte sie.

»Mal sehen«, antwortete er. »Ich glaub's aber nicht. Du weißt,
ich schreibe nicht gern Briefe, wenn nichts Besonderes mitzutei-
len ist.«

»Ja, Lieber, ich weiß. Mach's, wie du willst.«

Sie fuhren weiter, den Queens Boulevard entlang, und als sie sich
dem flachen Marschland näherten, auf dem Idlewild erbaut ist,
wurde der Nebel dichter, und der Wagen mußte das Tempo ver-
langsamen.

»Oh!« rief Mrs. Foster. »Jetzt werde ich das Flugzeug *bestimmt*
verpassen! Wie spät ist es?«

»Reg dich nicht auf«, sagte der alte Mann. »Ob du zur Zeit
kommst oder nicht, spielt gar keine Rolle. Das Flugzeug kann
ohnehin nicht starten. Bei solchem Wetter fliegen sie nie. Ich
begreife nicht, warum du überhaupt losgefahren bist.«

Täuschte sie sich, oder hatte seine Stimme plötzlich einen neu-
en Klang? Sie wandte sich ihm zu. Die vielen Haare machten es
schwierig, eine Veränderung in seinem Gesichtsausdruck wahr-
zunehmen. Das wichtigste war der Mund. Wie schon so oft,
wünschte sie sich, ihn deutlich sehen zu können. Seine Augen
verrieten nie etwas, ausgenommen, wenn er zornig war.

»Natürlich«, fuhr er fort, »falls das Flugzeug zufällig doch startet, kommst du zu spät – darin muß ich dir zustimmen. Wäre es
nicht besser, gleich umzukehren?«

Sie antwortete nicht und schaute durch das Fenster nach dem
Nebel. Je weiter sie kamen, desto dichter schien er zu werden;
sie konnte gerade den Straßenrand erkennen und dahinter ein
wenig Grasland. Sie spürte, daß ihr Mann sie noch immer beobachtete. Auch sie sah ihn nun an, und dabei stellte sie mit einer
Art Entsetzen fest, daß er unverwandt auf die Stelle in ihrem linken Augenwinkel blickte, wo sie den Muskel zucken fühlte.

»Nun?« sagte er.

»Was denn?«

»Wenn das Flugzeug startet, erreichst du es bestimmt nicht mehr. Bei dem Nebel können wir nicht schnell fahren.«

Nach diesen Worten hüllte er sich in Schweigen. Der Wagen kroch dahin. Der Fahrer hielt eine gelbe Lampe auf den Straßenrand gerichtet, und das half ihm weiter. Andere Lichter, weiße oder gelbe, tauchten vor ihnen aus dem Nebel auf, und ein besonders helles folgte ihnen die ganze Zeit.

Plötzlich hielt der Fahrer an.

»So!« rief Mr. Foster. »Jetzt sitzen wir fest. Wundert mich gar nicht.«

Der Fahrer drehte sich um. »Nein, Sir, wir haben's geschafft. Dies ist der Flughafen.«

Mrs. Foster sprang wortlos aus dem Wagen und eilte zum Haupteingang. In der Halle belagerten zahlreiche Menschen, meist verzweifelte Reisende, die Schalter. Sie bahnte sich einen Weg durch die Menge und befragte den Angestellten.

»Ja«, sagte er, »der Abflug ist verschoben worden. Aber gehen Sie bitte nicht weg. Das Wetter kann sich jeden Augenblick aufklären.«

Sie kehrte zu ihrem Mann zurück, der noch immer im Wagen saß, und erzählte ihm die Neuigkeit. »Du brauchst wirklich nicht zu warten, Lieber«, fügte sie hinzu. »Das hätte keinen Sinn.«

»Ich warte auch nicht«, sagte er. »Vorausgesetzt, daß der Chauffeur mich zurückfahren kann. Wird das möglich sein, Chauffeur?«

»Ich denke, ja«, meinte der Mann.

»Ist das Gepäck abgeladen?«

»Ja, Sir.«

»Leb wohl, Lieber.« Mrs. Foster beugte sich in den Wagen und gab ihrem Mann einen raschen Kuß auf den stachligen grauen Pelz seiner Wange.

»Leb wohl«, antwortete er. »Gute Reise.«

Der Wagen verschwand im Nebel, und Mrs. Foster blieb allein zurück.

Der Rest des Tages war eine Art Albdruck für sie. Stunde um Stunde saß sie auf einer Bank, möglichst nahe bei dem Schalter der Fluggesellschaft, und etwa alle dreißig Minuten stand sie auf, um zu fragen, ob sich irgend etwas geändert habe. Immer erhielt sie die gleiche Antwort – sie müsse weiter warten, weil sich der Nebel jeden Augenblick lichten könne. Erst nach sechs Uhr abends gaben die Lautsprecher bekannt, der Abflug sei auf elf Uhr am nächsten Vormittag verlegt worden.

Als Mrs. Foster das hörte, wußte sie sich keinen Rat. Sie saß noch mindestens eine halbe Stunde auf ihrer Bank und dachte müde und verwirrt darüber nach, wo sie die Nacht verbringen sollte. Den Flugplatz zu verlassen, hatte sie keine Lust. Ihren Mann zu sehen auch nicht. Sie fürchtete, es werde ihm irgendwie gelingen, ihre Reise nach Frankreich zu hintertreiben. Am liebsten wäre sie geblieben, wo sie war: auf der Bank. Von allen Lösungen war diese die sicherste. Aber Mrs. Foster war erschöpft, und zudem wurde ihr klar, daß sie, eine ältere Dame, sich damit lächerlich machen würde. So ging sie denn schließlich in eine Telefonzelle und rief zu Hause an.

Ihr Mann, der gerade in den Klub fahren wollte, meldete sich. Sie berichtete ihm, was geschehen war, und fragte, ob die Dienstboten noch dort seien.

»Die sind alle weg«, antwortete er.

»Dann werde ich mir ein Hotelzimmer nehmen. Du brauchst dich keinesfalls um mich zu kümmern.«

»Das wäre verrückt«, entgegnete er. »Hier hast du doch das ganze Haus zu deiner Verfügung.«

»Aber, mein Lieber, es ist *leer*.«

»Dann bleibe ich eben bei dir.«

»Wir haben auch nichts zu essen im Hause. Nichts.«

»Iß, bevor du kommst. Sei nicht so dumm. Du bist wirklich das unbeholfenste Geschöpf, das mir je begegnet ist.«

»Ja«, sagte sie. »Es tut mir leid. Ich werde hier ein Sandwich essen und dann kommen.«

Draußen hatte sich der Nebel ein wenig gelichtet, aber sie mußte trotzdem eine lange, langsame Taxifahrt überstehen und traf erst sehr spät in der Zweiundsechzigsten Straße ein.

Ihr Mann öffnete die Tür seines Arbeitszimmers, als er ihren Schritt hörte. »Nun?« fragte er von der Schwelle her. »Wie war's in Paris?«

»Ich fliege morgen früh um elf«, antwortete sie. »Endgültig.«

»Du meinst, wenn sich der Nebel verzieht.«

»Er verzieht sich jetzt schon. Es ist Wind aufgekommen.«

»Du siehst müde aus«, sagte er. »Du hattest gewiß einen unruhigen Tag.«

»Sehr angenehm war's nicht. Ich denke, ich gehe gleich zu Bett.«

»Ich habe für morgen um neun einen Wagen bestellt.«

»Ach, vielen Dank, Lieber. Und ich hoffe wirklich, du wirst dir nicht die Mühe machen, wieder mit hinauszufahren.«

»Nein«, sagte er langsam. »Ich glaube nicht, daß ich mitkommen werde. Aber eigentlich könntest du mich unterwegs im Klub absetzen.«

Sie schaute ihn an und hatte plötzlich das Gefühl, er stehe weit weg von ihr, jenseits irgendeiner Grenze. Er wirkte so klein, so entfernt, daß sie nicht recht wußte, was er tat, was er dachte, oder auch nur, was er war.

»Der Klub ist in der City«, wandte sie ein. »Das ist nicht die Richtung zum Flugplatz.«

»Du hast reichlich Zeit, meine Liebe. Oder magst du mir den Gefallen nicht tun?«

»Doch, natürlich.«

»Dann ist ja alles in Ordnung. Wir sehen uns morgen früh um neun.«

Sie ging in ihr Zimmer im zweiten Stock und war so erschöpft von den Anstrengungen dieses Tages, daß sie sofort einschlief.

Am nächsten Morgen stand Mrs. Foster zeitig auf, und um halb neun war sie bereits reisefertig.

Kurz nach neun erschien ihr Mann. »Hast du Kaffee gemacht?« fragte er.

»Nein«, antwortete sie. »Ich dachte, du würdest im Klub ein

gutes Frühstück bekommen. Der Wagen ist da. Er wartet schon eine ganze Weile.«

Sie standen in der Halle – neuerdings schienen sie sich immer in der Halle zu treffen –, sie in Hut und Mantel, die Handtasche über dem Arm, er in einem altmodischen Jackett mit breiten Aufschlägen.

»Dein Gepäck?«

»Das ist auf dem Flugplatz.«

»Ach ja«, sagte er, »natürlich. Wenn du mich zuerst in den Klub bringen willst, dann sollten wir wohl lieber gleich aufbrechen, wie?«

»Ja!« rief sie. »O ja – *bitte*!«

»Ich hole mir nur noch ein paar Zigarren. Geh ruhig schon vor, ich komme sofort nach.«

Sie drehte sich um und eilte hinaus. Der Chauffeur öffnete ihr die Wagentür.

»Wie spät ist es?« fragte sie ihn.

»Ungefähr neun Uhr fünfzehn.«

Fünf Minuten darauf kam Mr. Foster. Er stieg langsam die Stufen hinunter, und seine Frau stellte fest, daß er in den engen Röhrenhosen, die er trug, Beine wie ein Ziegenbock hatte. Wie tags zuvor blieb er auf halbem Weg stehen, schnupperte die Luft und betrachtete den Himmel. Wenn auch das Wetter noch nicht ganz klar war, so drangen doch ein paar Sonnenstrahlen durch den Dunst.

»Vielleicht hast du diesmal mehr Glück«, meinte er und kletterte in den Wagen.

»Beeilen Sie sich, bitte«, sagte sie zu dem Chauffeur. »Halten Sie sich nicht mit der Decke auf. Das mache ich schon. Bitte fahren Sie, wir haben uns ohnehin verspätet.«

Der Mann setzte sich hinter das Lenkrad und ließ den Motor an.

»Moment mal«, meldete sich Mr. Foster plötzlich. »Warten Sie einen Augenblick, Chauffeur, ja?«

»Was ist denn, Lieber?« Sie sah ihn in seinen Manteltaschen wühlen.

»Ich hatte ein kleines Geschenk, das du Ellen mitbringen sollst«, sagte er. »Herrje, wo ist es denn nur? Ich weiß genau, daß ich's in der Hand hatte, als ich in die Halle kam.«

»Mir ist gar nicht aufgefallen, daß du etwas trugst. Was für ein Geschenk?«

»Eine kleine, in weißes Papier gewickelte Schachtel. Ich habe gestern vergessen, sie dir zu geben. Heute möchte ich es nicht wieder vergessen.«

»Eine kleine Schachtel!« rief Mrs. Foster. »Ich habe keine kleine Schachtel gesehen!« Sie suchte fieberhaft auf den Wagensitzen herum.

Ihr Mann kramte weiter in seinen Taschen. Dann knöpfte er den Mantel auf und tastete sein Jackett ab. »Zu dumm«, sagte er. »Ich muß es im Schlafzimmer gelassen haben. Warte, ich bin sofort wieder da.«

»*Bitte!*« flehte sie. »Wir haben keine Zeit! *Bitte*, laß es! Du kannst es schicken. Es ist ja doch nur ein alberner Kamm. Du schenkst ihr immer Kämme.«

»Und was hast du gegen Kämme, wenn ich fragen darf?« Er war wütend, weil sie sich so hatte gehenlassen.

»Gar nichts, mein Lieber. Gewiß nicht. Aber …«

»Warte hier«, befahl er. »Ich hole die Schachtel.«

»Mach schnell, Lieber! *Bitte*, mach schnell.«

Sie saß im Wagen und wartete und wartete.

»Chauffeur, wie spät ist es?«

Der Mann schaute auf seine Armbanduhr. »Gleich halb zehn.«

»Schaffen wir's in einer Stunde bis zum Flughafen?«

»Ja, mit knapper Not.«

In diesem Augenblick entdeckte Mrs. Foster plötzlich die Ecke von etwas Weißem, das zwischen Sitz und Lehne eingekeilt war, dort, wo ihr Mann gesessen hatte. Sie zog ein in Papier gewickeltes Päckchen heraus und stellte dabei unwillkürlich fest, daß es so tief im Polster steckte, als hätte eine Hand nachgeholfen.

»Hier ist es!« rief sie. »Ich hab's gefunden! Oje, und nun sucht er da oben alles durch! Chauffeur, rasch – laufen Sie hinein und rufen Sie ihn, wenn Sie so gut sein wollen!«

Dem Chauffeur, einem Mann mit einem trotzigen, schmallippigen irischen Mund, paßte das alles nicht recht, aber er stieg aus und ging die Stufen zur Haustür hinauf. Gleich darauf kam er zurück. »Die Tür ist zu«, sagte er. »Haben Sie den Schlüssel?«

»Ja, einen Moment …« Sie kramte wild in ihrer Handtasche. Ihr kleines Gesicht war vor Angst verzerrt, der Mund krampfhaft zusammengepreßt.

»Hier! Nein – ich gehe selbst. Das ist besser. Ich weiß, wo er ist.« Sie sprang aus dem Wagen und eilte die Stufen hinauf, den Schlüssel in der Hand. Schon hatte sie ihn ins Schlüsselloch gesteckt, war im Begriff, ihn zu drehen – da hielt sie inne. Sie hob den Kopf und stand vollständig regungslos, wie erstarrt inmitten all der Hast, die Tür zu öffnen und das Haus zu betreten. Sie warteten – fünf Sekunden, sechs, sieben, acht, neun, zehn. Wie sie da stand, mit erhobenem Kopf und angespanntem Körper, schien sie zu lauschen, ob sich ein Laut wiederholen werde, den sie soeben aus dem Innern des Hauses gehört hatte.

Ja, sie lauschte – das war offensichtlich. Ihre ganze Haltung drückte Lauschen aus. Man sah förmlich, wie sie ihr Ohr immer näher an die Tür brachte. Nun lag sie unmittelbar an dem Holz, und sekundenlang behielt sie diese Stellung bei: den Kopf erhoben, das Ohr an der Tür, den Schlüssel in der Hand, bereit einzutreten, aber doch nicht eintretend und statt dessen offenbar bemüht, die schwachen Laute zu analysieren, die aus dem Innern des Hauses drangen.

Auf einmal kam wieder Leben in Mrs. Foster. Sie zog den Schlüssel aus der Tür, machte kehrt und rannte zum Wagen zurück.

»Es ist zu spät!« rief sie dem Chauffeur zu. »Ich kann nicht auf ihn warten, ich kann einfach nicht, weil ich sonst das Flugzeug versäume. Fahren Sie, Chauffeur, rasch! Zum Flugplatz!«

Hätte der Mann sie genau betrachtet, so wäre ihm zweifellos aufgefallen, daß sie kreidebleich geworden war und daß sich ihr Gesichtsausdruck plötzlich verändert hatte. Keine Spur mehr von ihrem sanften, ziemlich einfältigen Blick. Eine merkwürdige Härte hatte sich über ihre Züge verbreitet. Der kleine, sonst so schlaffe Mund war schmal und fest, die Augen blitzten, und als sie sprach, klang aus ihrer Stimme eine ungewohnte Autorität.

»Schnell, Chauffeur, schnell!«

»Reist denn Ihr Mann nicht mit Ihnen?« fragte er erstaunt.

»O nein, ich wollte ihn nur im Klub absetzen, aber das ist jetzt nicht wichtig. Er wird's schon einsehen und sich ein Taxi nehmen. Reden Sie nicht so lange. *Fahren* Sie! Ich muß die Maschine nach Paris erreichen!«

Unaufhörlich von Mrs. Foster angetrieben, fuhr der Mann wie die Feuerwehr, so daß er sie einige Minuten vor dem Start des Flugzeugs in Idlewild absetzen konnte. Bald war sie hoch über dem Atlantik, behaglich in ihren Sessel gelehnt, dem Motorengebrumm lauschend, in Gedanken schon in Paris. Noch immer befand sie sich in dieser neuen Stimmung. Sie fühlte sich ungemein kräftig und empfand ein eigenartiges Wohlbehagen. Wenn sie ein wenig atemlos war, so kam das mehr von der Verwunderung über das, was sie getan hatte, als von sonst etwas, und während sich das Flugzeug immer weiter von New York und der Zweiundsechzigsten Straße entfernte, senkte sich eine große Ruhe auf sie herab. Bei der Ankunft war sie so frisch, kühl und gelassen, wie sie es sich nur wünschen konnte.

Sie lernte ihre Enkelkinder kennen und fand sie in Fleisch und Blut noch viel schöner als auf den Fotos. Wie Engel, sagte sie sich, wie Engel sind sie! Und jeden Tag ging sie mit ihnen spazieren, fütterte sie mit Kuchen, kaufte ihnen Geschenke und erzählte ihnen wunderhübsche Geschichten.

Einmal in der Woche, am Dienstag, schrieb sie ihrem Mann einen netten Plauderbrief, voll von Neuigkeiten und Klatsch, den sie stets mit den Worten schloß: »Und bitte, achte darauf, daß Du regelmäßig ißt, obgleich ich befürchte, Du wirst das nicht tun, solange ich weg bin.«

Als die sechs Wochen um waren, bedauerten alle, daß sie nach Amerika zurückkehren mußte. Alle, nur sie nicht. Merkwürdigerweise schien ihr das nicht soviel auszumachen, wie man hätte erwarten können, und als sie ihre Lieben zum Abschied küßte, deutete irgend etwas in ihrem Verhalten und in ihren Worten auf die Möglichkeit hin, daß sie in nicht allzu ferner Zukunft wiederkommen werde.

Pflichtgetreu, wie sie war, hielt sie sich streng an das vereinbarte Datum. Genau sechs Wochen nach ihrer Ankunft schickte sie ihrem Mann ein Kabel und bestieg die Maschine nach New York. In Idlewild stellte Mrs. Foster mit Interesse fest, daß kein Wagen auf sie wartete. Vielleicht amüsierte sie das sogar ein wenig. Sie war jedoch sehr ruhig und gab dem Träger, der ihr Gepäck zum Taxi schaffte, kein übertrieben hohes Trinkgeld.

In New York war es kälter als in Paris, und an den Straßenrändern lagen schmutzige Schneehaufen. Das Taxi hielt vor dem Haus in der Zweiundsechzigsten Straße, und Mrs. Foster überredete den Chauffeur, ihre beiden großen Koffer bis zur Haustür zu tragen. Dann bezahlte sie ihn und läutete. Sie wartete, aber niemand kam. Sicherheitshalber drückte sie noch einmal auf den Knopf. Sie hörte die Glocke im hinteren Teil des Hauses schrillen, doch nichts rührte sich.

So nahm sie denn ihren eigenen Schlüssel und schloß auf.

Das erste, was sie bei ihrem Eintritt erblickte, war ein Berg von Briefen, die auf dem Boden lagen, wie sie durch den Türschlitz gefallen waren. In der Halle war es dunkel und kalt. Über der alten Uhr hing eine Staubhülle. Trotz der Kälte war die Luft merkwürdig drückend, und Mrs. Foster spürte einen schwachen eigentümlichen Geruch – den sie nie zuvor wahrgenommen hatte.

Mit schnellen Schritten durchquerte sie die Halle und bog hinten links um die Ecke. In ihren Bewegungen war etwas Energisches und Zielbewußtes; sie wirkte wie eine Frau, die einer Sache auf den Grund gehen, die Bestätigung eines Verdachts suchen will. Und als sie nach ein paar Sekunden zurückkam, lag auf ihrem Gesicht ein kleiner Schimmer von Befriedigung.

Mitten in der Halle blieb sie stehen, als dächte sie darüber nach, was sie nun tun solle. Dann drehte sie sich mit einem Ruck um und ging in das Arbeitszimmer ihres Mannes. Auf dem Schreibtisch lag ein Notizbuch. Sie blätterte eine Weile darin, nahm dann den Telefonhörer auf und stellte eine Verbindung her.

»Hallo«, sagte sie, »hören Sie – hier ist Nummer neun, Zweiundsechzigste Straße Ost … Ja, ganz recht. Könnten Sie wohl so bald wie möglich jemanden herüberschicken? Ja, er ist steckengeblieben, vermutlich zwischen der zweiten und der dritten Etage. Das ist jedenfalls der Stand, den der Anzeiger angibt … Sofort? Ach, das ist sehr freundlich von Ihnen. Wissen Sie, für meine Beine ist das viele Treppensteigen nichts mehr. Recht schönen Dank. Auf Wiederhören.«

Sie legte auf, blieb an dem Schreibtisch ihres Mannes sitzen und wartete geduldig auf den Monteur, der den Aufzug reparieren sollte.

Durs Grünbein
Manhattan Monolog

Erst halb erwacht, und vor den Wimpern, flimmernd,
Den jüngsten Traum noch, irgendwas von Flucht
Und Aufstieg, schwitzend, gegen butterweiche Treppen
Die endlos abwärts rollten, stand ich in New York
Früh eines Wintermorgens auf dem weissen Broadway
Allein. Es schneite. Durch die Kälte, schneidend,
Drang das Geheul von Polizeisirenen um die Blocks,
Die dünnen Häute müder Frühaufsteher ritzend.
Ein Flockenwirbel schob mich von der Lower Eastside
In Richtung Midtown, wo auf Heizungsgittern
Im Stehn die Bettler schliefen. Infiziert vom Schnee,
Wich in den Decken aus, den Krankenlagern
Aus Holz, vorbei an schwarzen Plastiksäcken voller Müll.

Der Moment, als ich New York zum erstenmal betrat, lässt sich genau datieren. Es war ein Freitagmittag im schönsten Indian Summer, als die Laubbäume weinrot und dunkelgelb waren, Mitte Oktober. Wie Tausende andere Pendler trieb es mich aus den Grotten der Grand Central Station in den strahlenden Sonnenschein Midtowns, da bemerkte ich hoch oben über mir das Gerüst am *PanAm* Building. Es war der Moment nach dem Bankrott, als man die Buchstaben abriss und sang- und klanglos der grosse Konzernname verschwand, Symbol für die Erreichbarkeit Amerikas, Chiffre seiner globalen Allgegenwart auf Flugzeugrümpfen, Gepäckstücken, Uniformen. Nur noch das *Pan* war geblieben. Eine Geste, verbindungslos, schon unerreichbar, höflich versteckt hinter blauschimmernden Sicherheitsnetzen, durch deren Maschen man die Fassadenkletterer arbeiten sah. Finis imperiae. Keine fünf Wochen später starrte ich wieder hinauf. Jetzt prangte, als tauschte man hier seit ewigen Zeiten die Wahrzeichen immer nur aus, an derselben Stelle ein neuer Name: *Met Life*.

Gewechselt hatte nur der Eigner; unversehrt überragte, in frischem Glanz, der zentrierende Achteckbau wie ein Legionärsschild das viktorianische Pult des erschöpften Bahnhofs, aus dem wie seit vielen Jahrzehnten die Leute strömten.

Mittlerweile irrte ich tagelang ziellos durch diese Stadt, vollkommen geistesabwesend, wie mit Presslufthämmern traktiert, oft mit dem Kopf im Nacken, wie jeder, dessen Vorstellung lange Zeit kaum über zehn Stockwerke hinausging. Mehrere Stadtpläne griffbereit in der Tasche, war ich mit U-Bahn und Bus unterwegs durch Manhattan, sah vom Hubschrauber aus bis zum Horizont ein Riesengebirge aus Häusern, dass mir das Herz aufging, pendelte stündlich von Ost nach West von der ersten zur zweiten zur dritten Welt, sämtliche Amerikamythen, Einwandererlegenden, all die Walt-Whitman-Sagas von Kunst, Ruhm, Kommerz und erhabenem Menschenwerk hinter idiotischem Staunen vergessend. Ein Sprung über die Strasse und ich war im vorrevolutionären Russland, in den Judendörfern von Osteuropa, einer zurück und ich landete in Rotchina, in einer Seitenstraße Hongkongs. Zwischen Italien und Mexiko lag ein Fussweg, zwischen der Weltbörse im Süden und Schwarzafrika im Norden eine längere Busfahrt. Alles verwirrte sich hier, Weltbilder, Himmelsrichtungen, Grössenverhältnisse, Entfernungen, Klimata. New York lag auf dem Breitengrad von Neapel, eine retortenartige Metropole, gewaltig aufgetürmt, ein atlantisches Fort, das kaum zu den Vereinigten Staaten gehörte. Es dauerte lange, bis ich mich einfing, selbstverloren, ein Getriebener unter vielen, genau so klein, dass ich in einen Kofferraum passte, in einen der schwarzen Müllsäcke oder zwischen zwei Fahrgäste, jeder aus einem anderen Erdteil, einer anderen historischen Zeit und keiner des anderen Sprache mächtig. Wahrscheinlich war ich deshalb hierhergekommen ... sobald ich mich fortdenken konnte von Dresden, wollte ich nach New York ... um den Osten zu überwinden, und mit ihm den Westen, um aus den Wonnen des Einzelschicksals, dem unterwürfigen Verstricktsein des Individuums hinauszutreten in die anthropologischen Schauhäuser; hinaus in die steinkalten, von Wolkenkratzern gebildeten Todesarenen, in windstille *crime-prone areas*, auf die Marathonstrecken der bevölkerten Avenues in dieses ganze lärmende, allesverschlingende urbane Labyrinth, dorthin, wo jedes Selbstmitleid, jeder fiebrige glückhafte Grössenwahn irgendwann verbrennen musste zu einem Haufen historischer Asche.

Distanz, dieses Zauberwort, hier zwischen zwei Augenblicken an einer Kreuzung ging es mir auf wie das Orakel aus einem Lesebuch für Städtebewohner, und mit ihm sein Gegenteil, Herzlichkeit. Nur in der Geistesgegenwart, im spontanen Ja oder Nein des Körpers und der Sinne, unabhängig von Biographie und Herkunft, vom Schwachsinn der Identität, lag die Chance für den nächsten hellwachen Augenblick. So fand ich mich eines Tages, wie historisch versetzt und verschoben, nach einer langen Wanderung den Broadway hinab wieder am Wasser. Vom Times Square war ich aufgebrochen, vorbei an der elektronischen Anzeigetafel mit dem aktuellen Stand der US-Staatsverschuldung, hinunter durch ein Museum aus gusseisernen Würfeln und Art-déco-Vitrinen im Riesenformat, durch mehrere Erdteile kaum grösser als ein paar Häuserblocks, links und rechts Strassenzüge wie rauchdunkle Revolvermündungen. Ich hatte die fotogenen Giganten, die morphologischen Gegenüber all der Titanics, Leuchttürme, Pyramiden und Raketenstartrampen hinter mir gelassen, mehrere europäische und asiatische Dörfer passiert, zuletzt erstaunt, wie unscheinbar und hinterhoftrist sich die Vorhölle, das Bankenviertel, die berüchtigte Wallstreet, gab, am späten Nachmittag schon ausgestorben. Am Ende eines Tages, so lang wie ein ganzes Jahr, war ich vor einem Eisengeländer im Battery Park gelandet und starrte der letzten Fähre Richtung Liberty Island nach. Für die Statue mit der goldenen Fackel und dem Strahlenkranz hatte ich denselben müden, vergeblichen Blick wie Buster Keaton, davonschwimmend, für seinen Hut. Niemals war meine Stimme, der gefangene Zeuge in mir, weiter draussen als hier … Meerisch weit in einem der vielen Monologe des Irrsinns, Plappern eines entlaufenen Kindes auf einer der zweihundert

190

Strassen, die summend nun hinter mir lagen, in meinem Rücken die Lockungen metallischer Sirenen, eine Brandung aus Verkehrslärm, Geschrei und vereinzelten Schüssen, die man noch mit geschlossenen Augen wiedererkennen würde als die New Yorks. Erste Zeilen eines Manhattan Monolog kamen mir in den Sinn: »War vielleicht Babylon so, Ninive oder das abgetauchte Atlantis/Das in keinem Atlas zu finden ist, in keinem Archiv, nicht einmal hier/Wo es alles gibt, was Europa verramscht hat, inklusive den Schnee?« ... Fragen türmten sich auf, Stockwerk um Stockwerk ahmten sie die Bauweise einer Stadt nach, die auf engstem Raum in den Himmel wuchs, stürzten in sich zusammen und waren planiert lange bevor ich zurückging, unendlich verkleinert, auf die Zwillingstürme des World Trade Center zu. Der größte Reiz waren die Perspektivenwechsel, mit denen New York sich dem unermüdlichen Scout präsentierte, vor und hinter den Fenstern, aus der Nähe als Steingruft, aus der Ferne als Skyline, unterirdisch in seinen Tiefetagen und Zufahrtstunneln und nahe den Wolken auf einer der Dachterrassen.

Be streetwise, hatte in Kanada eine Studentin mir mit auf den Weg gegeben, ein ironisches Geleitwort für eine Stadt voller unerwarteter Zwischenfälle und *random shooting*. Es hieß, nur ein kleiner Fehltritt, ein verpasster Absprung, ein falscher Reflex, in deutschem Tiefsinn verloren, und du klatschst bäuchlings auf, ein weiteres Schlachtopfer, ein Ortsunkundiger, wie betäubt in irgendein Sammelbecken für Fremde treibend: Name vergessen, kein Geld, keine Adressen. »Hier kein Asyl ...« Denke ich an New York, fällt mir ein, daß ich oft nicht wusste, wo genau ich mich gerade befand, bis ich in einem der gelben Taxis sass, die als Kompassnadeln auf Rädern, schwerfällig schaukelnd, die Häuserschluchten durchquerten, immer getreu der Himmelsrichtung. Am Steuer, schweigsam oder gesprächig, verbarg dann ein Jude den Blick hinter dunkler Brille, einer von denen, die meine Bande erschlagen hätte auf den Seehundsbänken des europäischen Ostens. Überhaupt war das Taxifahren, mehr als in anderen Städten, hier eine Fluchtbewegung, Umsiedlergewohnheit, Manie des urbanen Nomadisierens, quer durch die Niemandsländer und dunklen Bezirke. Schwer zu vergessen, wie einmal mein Fahrer, ein Libanese, beim Passieren der Grenze zum Ghetto von Harlem die Zentralverriegelung zuschnappen liess: ein dumpfer Klack, und wir sassen im Käfig, während draussen, in freier Wildbahn, die Tierschau lief, schöne Bestien auf asphaltierter Lichtung. Spätestens da wurde mir klar, dass auch ich nur ein weisser Gaffer war, ein Reisender auf Safari in diesen Steingehegen, sehr klein, sehr neugierig und nichtig unter den Eisenbrücken, einer, dem Schauer über den Rücken liefen, wenn er im Central Park in der Dämmerung durch die Büsche spähte, nach der Premiere nachts vorm Apollo Theater in Harlem sich vom Polizeikordon entfernte oder in halbleeren U-Bahn-Waggons Nachtschwärmer musterte, ihre trägen Schritte im Hadeslicht.

Vielleicht hielt ich mich deshalb am liebsten im *National History Museum* auf. Hier kam alles zusammen, was diese Stadt mir bedeutete, ihre ganze ethnographische und zoologische Problematik, die Völkerschaften und ihre Lebensräume, die Tierfamilien auratisch im Diorama, Spuren der ersten Siedler ebenso wie das Skelett des Brontosauriers. Hier waren sie übersichtlich alle geordnet, hinter Glas oder auf Sockeln, King Kongs kleinerer Vetter, der Berggorilla, und die unsichtbaren Speere der Bronx, die Stammesinsignien Harlems. Neben den prähistorischen Schätzen der Wallstreet glänzte das jüngste Treibgut vom Hudson River. Indianische Totempfähle raunten vom Untergrund dieser Stadt, von Parkuhren und Münzfernrohren, von den Ampeln mit *Walk* und *Don't walk*, den öffentlichen Telefonapparaten, den Trophäen der Technik, aufgepflanzt auf billig erworbenem Indianerland. Der Einbaum stand für die Flugzeugwracks, die Trümmer spanischer Karavellen, all die Titanics und Tanker, die im Laufe der Zeit an dieser Küste zerschellt waren. Realistische Szenen von Nomadenrastplätzen riefen Strasseneecken in Erinnerung, an denen ich tagsüber Obdachlose um kleine Feuer versammelt sah. War man noch eben durch amerikanische Wälder gestreift, stiess man im nächsten Raum auf den Blauwal, Fata Morgana im Nebel zwischen den Häuserschluchten am Rockefeller Center. Sogar die Geräusche, vom Tonband eingespielt, erweckten Illusionen von Dschungel und Schlachthof, Fauna der Metropole und dichtestem Partygewühl. Wie im dunklen Kinosaal waren Draussen und Drinnen vertauscht, wie in den Strassen New Yorks stand man plötzlich vor grell aufgeblendeten Realitäten, einem Stück Regenwald, einem Ausschnitt Savanne. Anstelle der allgegenwärtigen Firmenlogos gab es hier heilige Masken und polynesische Schilde, anstelle der Schaufenster berühmter Kaufhäuser und schmieriger Hundesalons Leuchtkästen mit dem Dekor von Evolution und Kulturgeschichte, von der Molluske bis zum federgeschmückten Schrumpfkopf. Zusammengenommen war das Ganze so absurd wie der Traum vom geordneten Einzug ins Paradies. Und doch hatte, für jeden Besucher sichtbar, sein eigenes Ende überlebt, das vermeintliche Ende aller amerikanischen Mysterien.

Immer wenn ich das Museum verliess, durch den unteren Ausgang direkt zum *subway* oder durchs Hauptportal gegenüber dem Central Park, kam mir wieder die raumtiefe Kühle dieser phantastischen Stadt entgegen, etwas von weither, ein atmosphärisches Echo Europas, das seine unerfüllten Wünsche so lange in diese Richtung gesandt hatte. Spät erst bemerkte ich, dass auch die Neue Welt älter geworden war.

Patricia Highsmith
Die blaurote Luftmatratze

Eine Weile später erinnerte sich Johnny schon nicht mehr, wer sich das ausgedacht hatte, er oder Grant, und es war ja auch egal. Sie waren Kumpel, gingen auf dieselbe Highschool und wohnten zufällig auch im selben Mietshaus an der Central Park West. Und es war Sommer, Ende Juni, und höllisch heiß; Manhattan schwitzte im Dampfbad; nach einer halben Stunde ohne Klimatisierung waren Hemden und Sommerjacketts durchnäßt, und man war dankbar für das leiseste Lüftchen, das vom Hudson oder East River herüberwehte. Und Johnny und Grant langweilten sich. Es langweilte Johnny, daß er noch zehn Tage warten sollte, bis er mit Mutter und Stiefvater für zwei Urlaubswochen an den Lake Champlain fahren würde. Grant fuhr mit seinen Eltern nach Maine.

Es langweilte sie, ihre Adidas und Jogging-Shorts anzuziehen (ohne zu joggen), sich mit einem Eis in der Faust auf eine schattige Bank im Central Park zu setzen, den vorbeikommenden Mädchen nachzugaffen und sich, einer noch schockierender und vulgärer als der andere, darüber auszulassen, was er mit dieser oder jener anstellen würde, wenn er sie allein erwischte, und sie waren es sogar müde, beim Anblick eines besonders dicken oder häßlichen Mädchens zu sagen: »Die ist für dich!«

Also dachten sie sich »die Hotelmorde« aus. Von Anfang an erschien es so leicht, so einfach, geradezu narrensicher. Jeder einen, das heißt einen Mord, Mord an einem Wildfremden.

»Der Typ darf natürlich nicht zu unhandlich sein«, hatte Grant mit seinem Sinn fürs Praktische gemeint und dabei gelacht.

Sie hatten unwillkürlich die Stimmen gesenkt, denn hinter ihrer Parkbank hätte ja jemand im dichten Gesträuch sitzen und sie belauschen können.

»Hammer? Ich bin für Hammer«, sagte Johnny. »Den kannst du dir leicht in den Gürtel stecken, verstehst du? Darüber ein Sommerjackett. Kein Problem.« Kein Problem war ihr neuester Lieblingsausdruck, auch wenn es reichlich Probleme geben mochte.

»So leicht vielleicht doch nicht«, meinte Grant bedächtig, »uns am Empfang herumzudrücken, bis wir wissen, daß der Typ allein ist ...«

»Ach was, wenn da noch wer im Zimmer ist, fragst du: ›Sind Sie Mr. Bloomingdale?‹ oder so, dann sagt er nein, und du sagst, es war ein Irrtum.«

Es sollte so gehen, daß sie zuerst die Zimmernummer auskundschafteten, indem sie am Empfang die Ohren spitzten, welche Schlüsselnummer der Hotelgast verlangte, dann nach einem Weilchen mit dem Aufzug hinterherfuhren, anklopften und sagten: »Eine Nachricht für Sie, Sir, die wir unten übersehen haben.« Wenn dann die Tür aufging, nichts wie hinein, Tür zu und raus mit dem Hammer. Den Mann niederschlagen, den Fuß auf die Kehle setzen und darauf stehen bleiben, bis er tot war, anschließend den Hammer mit einem eigens dafür mitgebrachten Taschentuch abwischen, den Hammer dalassen, nachsehen, ob niemand auf dem Gang war, und raus aus dem Zimmer. Fahrstuhl abwärts. Und hinaus. Nichts gestohlen. Ganz ruhig und gelassen. So viele Leute gingen in einem Hotel unbemerkt ein und aus.

Sie lümmelten sich auf der Bank und lachten, ein etwas gedämpftes Lachen. Grant zog sein Hemd aus, ein Unterhemd, denn das war kühler als ein T-Shirt, wischte sich Stirn und Hals damit ab und zog es wieder an. Beide waren sich einig, daß sie eine tolle Geschichte zu erzählen haben würden, viel besser als ein paar im Laden geklaute CDs!

»Und«, fuhr Johnny fort, »es ist jetzt auch eine gute Zeit, wo wir sowieso demnächst beide aus der Stadt verschwinden. Vielleicht sollten wir noch warten – so bis zwei, drei Tage vorher, ich meine, bevor wir wegfahren.«

»Richtig, da ist was dran. Wir müssen uns nur das Hotel aussuchen – zwei Hotels, klaro.«

»Klaro«, echote Johnny. »Ich denke an die Gegend Murray Hill. Mittelgroße Hotels, nicht *ganz* so groß, daß da vielleicht Personal rumläuft und fragt, ob sie was für dich tun können.«

»'n Hammer hast du zu Hause?«

»Klar. Du?«

»Klar.«

»Okay. Wer zuerst?«

»Ist doch egal, oder?« meinte Grant.

Johnny war zuerst dran. Grant hatte ihn vorgeschubst, das hatte er wohl gemerkt, aber tun würden sie es beide, keine Frage. Es war, als sollte er im Schulschwimmbecken vom hohen Brett springen, was Johnny sehr zuwider war. Wenn der erste oder die ersten gesprungen waren, konnte man nicht gut einen Rückzieher machen und sagen, daß man Angst hatte oder keine Lust. Da könnte man nie wieder den Kopf hochhalten, die andern würden es einen nie vergessen lassen. Also sagte Johnny: »Okay, klar, aber vielleicht nicht schon morgen, einfach so. Ein paar Tage muß ich mich schon damit abgeben.«

Sie hatten es geprobt, allein und zusammen, etliche Male. »Eine Nachricht für Sie, Sir, die wir unten übersehen haben.«

Johnnys eigentlicher Name war Kim Alexander Kent. Das »Kim« haßte er, zumal er ein paar Mädchen kannte, die Kim hießen. Johnny konnte auch die neuen Modenamen wie Ryan (sowieso ein Nachname) nicht leiden, oder Städtenamen wie Chelsea für Jungen oder Mädchen. Daß einer Harlem hieß, hatte er bisher noch nicht gehört. Aber dieses verdammte »Kim« stand in seinem Paß. Was war so verkehrt an William oder Charles? Also hatte er sich eigenmächtig John genannt und nicht lockergelassen, bis er das Gefühl hatte, er habe gewonnen. Johnny hatte hellbraunes Haar und war nicht so kräftig gebaut wie Grant Snyder. Er lebte bei seiner Mutter und George Sipio, ihrem zweiten Mann, der Elektrotechniker war und in einem Betrieb an der West End Avenue arbeitete. Keine Geschwister.

Das Hotel, das Johnny sich ausgesucht hatte, stand an der 39th

Street, nahe der Second Avenue. »Eastside Towers« hieß es, obwohl man von Türmen nichts sah. Johnny trug eine dunkelblaue Baumwollhose und seine besten Turnschuhe, ein hellblaues Hemd mit Krawatte und ein Seersucker-Jackett, weiß und hellblau gestreift. Der Hammerkopf ragte rechts aus seinem Hosengürtel, der hölzerne Stiel steckte in der Hose. Er war mit zwei Bussen hergefahren, stehend, und behielt das Jackett zugeknöpft.

»Auch wenn es im ›Eastside Towers‹ nicht klappen sollte«, sagte er sich zum vierten Mal, »in New York wimmelt es von Hotels, und morgen oder übermorgen ist auch noch ein Tag.«

Johnny Kent trat ins Foyer – von der Doppeltür am Eingang zwei Stufen hinunter – und gab sich den Anschein, auf jemanden zu warten, der jeden Moment durch denselben Haupteingang hereinkommen würde wie er. Eine Frau ging zum Empfang und fragte, ob etwas für Hopkins da sei.

»Zimmer zweihundertzwölf.«

»Nein, Madam.« Dann klickte ihr Schlüssel auf der Marmorplatte.

Johnny erinnerte sich, wie Grant gesagt hatte: »Leichter schon, klar, aber ich könnte nie eine Frau umbringen. Einfach nicht drin!« Johnny hatte ihm hundertprozentig beigepflichtet.

Ein Mann kam herein, ein Hüne mit einer braunen Tüte unterm Arm, die aussah, als wäre eine Pulle darin. »Irgendwas für sechs-null-eins?«

Der Portier ging nachsehen und kam mit einem zusammengefalteten Blatt Papier wieder.

Der ist zu groß, dachte Johnny, dem trotz Klimaanlage am ganzen Körper der Schweiß ausbrach. Er hätte so gern seine Krawatte gelockert, sein Jackett aufgeknöpft.

Jetzt kam ein Ehepaar. Hinter ihnen ein Mann, allein. Das Ehepaar sah sich die Postkarten auf dem Ständer neben dem Empfang an. Der einzelne Mann sagte: »Thornton. Vier zweiundachtzig, bitte.«

Der Portier legte Mr. Thornton die Schlüssel hin.

Johnny verschränkte die Arme und schaute weiter zum Eingang, schlenderte aber dabei langsam zu den Aufzügen. Mr. Thornton war schon hinaufgefahren.

Soeben kam eine Gruppe von fünf Leuten, einige mit Gepäck, und alle gingen zum Empfang. Außer dem schlanken, adretten Portier war im Moment kein Hotelangestellter in Sicht.

Johnny drückte den Knopf für aufwärts. Ein Aufzug kam, zwei Leute stiegen aus, Johnny ein. Er drückte auf die Vier. Bevor die Tür zuging, stieg noch ein Mann zu. Er drückte einen Knopf über der Vier. Im vierten Stock stieg Johnny aus. Er hatte den anderen Mann mit keinem Blick angesehen.

Johnny drückte auf die Klingel von 482. Nach ein paar Sekunden rief eine ältlich klingende Stimme: »Ja, bitte, wer ist da?«

»Eine Nachricht für Sie, die wir unten übersehen haben.«

Das Schloß wurde gedreht, die Tür öffnete sich einen Spaltbreit, und Johnny stieß sie weiter auf, drängte sich schnell hinein, schlug die Tür zu und riß den Hammer aus dem Gürtel.

»Was soll …«

Krach!

Johnny hatte ihn seitlich am Kopf getroffen, und als der Mann taumelte und zusammenbrach, ließ Johnny ihm den Hammer noch einmal mit ziemlicher Wucht von oben auf den Schädel sausen. Der Mann ging zu Boden. Johnny zauderte, aber nur kurz, bevor er den rechten Fuß auf die Kehle des Mannes drückte. Er stellte sich auf diesen Fuß, verlor die Balance, stellte sich wieder darauf, versuchte zu springen, um den Druck zu verstärken. Jetzt, dachte Johnny, jetzt bestimmt, aber er mochte sich hier nicht so lange aufhalten, bis er sah, daß der Mann wirklich tot war. Der Greis muß mindestens schon fünfzig sein, dachte Johnny; die Augen des Mannes waren jetzt geschlossen, und aus seinem Scheitel quoll nur ganz wenig Blut. Taschentuch raus, Hammer abgewischt, es war geschafft.

Geschafft! Johnny atmete tief durch und legte den Hammer auf den Teppichboden. Der linke Fuß des Mannes lag so verdreht, daß es richtig tot aussah, fand Johnny. Er lauschte. Er hatte Angst, die Tür zu öffnen. Aber er zwang sich, das Taschentuch in der Hand und die Hand am Türgriff.

Jemand stand wartend vor den Aufzügen. Johnny schloß die Tür wieder, wartete, bis er glaubte, daß eine Minute um war, und versuchte es noch einmal. Der Jemand war weg. Johnny ging hinaus, zog die Tür zu, wischte den Griff ab und stopfte sich das zusammengeknüllte Tuch in die Tasche. Er rief einen Aufzug. Jetzt konnte er das Jackett aufknöpfen und die Krawatte lockern. Ein Mann und eine Frau kamen, bevor der Aufzug da war. Johnny sah sie nicht an.

Unten ging er ohne Hast zum Ausgang, ohne jemanden anzusehen. An der nächsten Straßenecke (er war nach Westen gegangen) zog er sein Jackett aus und hängte es sich über den Arm. Er war in Schweiß gebadet und hatte das Gefühl, sein hellblaues Hemd sei dunkelblau geworden. Aber war nicht ganz New York in Schweiß gebadet?

Eine halbe Stunde später stand Johnny zu Hause unter der Dusche und ließ sich das kalte Wasser sogar durch die Haare laufen. Mutter und Stiefvater, beide berufstätig, waren nicht da.

Kurz vor fünf klingelte das Telefon. Grant.

»Ja«, sagte Johnny mit fester Stimme.

Es war ihr vereinbartes Codewort. Grant verstand.

»Ehrlich?« fragte Grant. »Echt?«

»Wirst schon sehen.« Damit wollte Johnny sagen, daß sicher etwas darüber in der Zeitung stehen werde, wenn auch vielleicht nur kurz. »Und du? Wann trittst du in Aktion?«

»Morgen, denke ich«, antwortete Grant gedehnt.

»Okay.« Johnny legte auf. Sie hatten ausgemacht, daß sie sich an einem Mordtag nicht treffen würden, vielleicht überhaupt nicht mehr, bevor sie mit verschiedenen Zielen die Stadt verließen.

Der folgende Tag war ein Dienstag. Ins Fernsehen würde er wohl nicht kommen, überlegte Johnny, und eine Zeitung kaufte er sich nicht. Zum einen wollte er da nicht lesen müssen, daß der Typ womöglich noch lebte und sich an das Aussehen des Angreifers erinnerte. Johnny sah sich lustlos ein paar Fernsehkrimis an, alte Filme, und sagte sich, daß er sich wie gewöhnlich langweilte. Seine Mutter und sein Stiefvater bemerkten offenbar keine Veränderung an ihm. Gut. Johnny juckte es am Mittwoch, Grant anzurufen, bevor dessen Eltern um sechs nach Hause kamen, aber er traute sich nicht. Gegen sieben schickte Johnnys Mutter ihn Eiscreme kaufen, und Johnny hoffte, unten in der großen Eingangshalle Grant zu begegnen, aber vergebens.

Johnny kaufte sich bei der Gelegenheit eine Spätausgabe der Post. Kurz vor neun war er allein in seinem Zimmer, und da stand es auf Seite fünf. Ein Foto zeigte »William Thornton, 56 Jahre, von einem Unbekannten in einem Hotel in Murray Hill erschlagen.« Text über dem Foto: »Mörder ließ Hammer zurück.« Natürlich würde er die Meldung nicht ausschneiden und aufbewahren. Aber wenn Grant einen Beweis wollte ...!

Samstag morgen rief Grant kurz vor halb zehn an, wie er es oft tat, wenn er sich mit Johnny verabreden wollte. Johnnys Mutter nahm ab und gab den Hörer gleich an Johnny weiter. Sie suchte gerade ihre Einkaufstaschen zusammen, um mit George fortzugehen, und beide kümmerten sich nicht um Johnny.

»Also – ja«, sagte Grant mit einem Unterton von Stolz.

»Echt? – Glückwunsch.«

»Bei dir ist das Haus voll?«

»Die wollen gerade einkaufen fahren. Du meinst also – ja?«

»Ich meine ja«, antwortete Grant großspurig. »Wirst schon sehen. Heute abend oder morgen.«

Johnnys Zunge war wie gelähmt. Wie gerne hätte er sich heute mit Grant getroffen, nur um mit ihm auf einer Parkbank zu sitzen, aber er wußte, daß sie das besser ließen. »Sehen wir uns vielleicht morgen?«

»J-a-a« – nachdenklich – »vielleicht.«

»Treffen wir uns auf der Parkbank? Du weißt. Wie üblich. Halb elf?«

Es war abgemacht. Johnny fühlte sich ungeheuer erleichtert, fast glücklich. Es war komisch. Die Verabredung für Sonntag half ihm, den Rest des Samstags durchzustehen, der ja nur langweilig werden konnte, sterbenslangweilig – Socken einpacken, saubere Jeans, eine Hülle über den Tennisschläger – langweilig! Und seine Mutter würde die blaurote Luftmatratze einpacken, ohne die es für sie kein richtiger Urlaub wäre. Dabei würde die Familie nicht einmal vor Dienstag abreisen.

Johnny saß zwanzig Minuten zu früh auf der grünen Bank; er hatte Jogging-Shorts an, verschlissene Turnschuhe, ein T-Shirt, keine Socken. Der Schweiß rann ihm schon bis in die Gesäßfurche, und dabei hatte er sich nicht einmal anstrengen müssen auf dem gemächlichen Weg über die Central Park West. Keine Andeutung eines Windhauchs.

Jetzt kam Grant, fast genauso angezogen und ein leichtes Lächeln um den Mund. »Na, Kumpel?« meinte Grant, indem er sich auf die Bank plumpsen ließ. Er sah Johnny wieder an. »Du guckst ja, wie wenn du mir nicht glaubst. Grins doch mal.«

Johnny grinste, nicht nur, weil Grant es befohlen hatte. »Okay.«

»Wirst schon sehen.«

Grant meinte die Zeitungen, das wußte Johnny.

»Die sind langsam«, meinte Grant. »Vielleicht suchen sie zuerst noch überall nach Hinweisen.«

»Viel Glück!« Jetzt lachte Johnny.

Grant hatte einen alten Tennisball mitgebracht, schmutzig und wahrscheinlich schon ziemlich schlaff. Andauernd drückte er ihn mit der rechten Hand zusammen und ließ ihn wieder los, als hätte er ihn nur dazu mitgebracht.

Johnny hätte gern gefragt. »Hast du auch den Hammer dagelassen?« Aber er wollte hier draußen das Wort »Hammer« nicht aussprechen. Schließlich spazierten vor ihnen auf dem Weg Leute vorbei, langsam, in beide Richtungen. Der Gedanke war ihm schon gekommen, daß er und Grant einander jetzt oder in ein paar Jahren erpressen könnten, aber wie er es sah, konnten sie das eigentlich doch nicht. Wie wollte der eine oder der andere denn etwas beweisen, wenn es keine Fingerabdrücke gab, keine Namen, keine Beschreibungen! So würde es nur ein Geheimnis zwischen ihnen sein, ein großes, aber für andere wahrscheinlich nicht glaubhaft.

»Gucken wir uns mal um, wo wir 'ne Wurst kriegen?« fragte Grant. »Scheiß auf die Hitze, ich krieg' jetzt Hunger.«

Johnny hatte dieselben Worte schon viele Male gehört. An der Central Park West schoben Händler ihre Karren auf und ab und verkauften Frankfurter Würstchen und Coca Cola und Root Beer, und wenn sie ein Stück weit gingen, würden sie bald einem begegnen. Wie schon so viele Male. Also standen sie auf und schlenderten den gewundenen Weg entlang zur Central Park West. Grant ließ den Ball, der wirklich nicht mehr viel Luft hatte, ein bißchen auf dem Pflaster hüpfen.

Am Nachmittag blätterte Johnny den *Sunday Mirror* durch, den sein Stiefvater mitgebracht hatte. Da war es. Grants Werk. Nicht auf Seite eins, aber das Foto war größer als das von Johnnys William Thornton. Ein Mann in Hose und Hemdsärmeln auf dem Boden eines Hotelzimmers; er lag ganz entspannt auf der Seite, wie im Schlaf. »Hammermörder schlägt wieder zu«, hieß es im Text. »Kenneth Jurgen, 42 Jahre, aus Evanston in Illinois, wurde in einem Hotel an der West Side von unbekanntem Täter erschlagen.«

Johnny war überhaupt nicht schockiert, im Gegenteil, ihn überkam ein Gefühl der Sicherheit und Geborgenheit.

Johnny und Grant versuchten, sich am Sonntag nicht mehr zu treffen. Der Sonntag war selbst im besten Fall ein ekliger Tag, da hatte jeder, und wenn er sich noch so beschäftigt gab, viel Zeit zum Schnüffeln und Spionieren. Johnny sah fern. Am Montag rief Grant an. Auch seine Leute fuhren erst am Dienstag, warum sollten sie sich also nicht wie üblich treffen? Grants Stimme klang ruhig und selbstzufrieden, als wüßte er schon, daß Johnny die Zeitung gelesen hatte.

Um elf saßen die Jungen auf einer grünen Bank, verzehrten die Reste ihrer Frankfurter Würstchen und tranken ihr Root Beer aus. Johnny spürte, daß die gewohnte Langeweile wieder da war, dieses Gefühl von Stillstand und Leere, genau wie sonst, obwohl sie doch nun endlich in Urlaub fahren würden – morgen. Grant wollte offensichtlich über die Tat nicht mit ihm reden. Das war natürlich auch am klügsten.

Eben kam ein sehr dickes junges Mädchen mit zwei kleineren Mädchen vorbei, alle drei mit einem Eis vor dem Mund.

Johnny deutete mit dem Kopf zu der Dicken. »Die ist für dich, Grant.«

Grant grinste und tat, als wollte er ihm eine reinhauen.

Uwe Johnson
Ein Teil von New York

Upper Westside, das ist ein Viertel von Manhattan, in New York, aber nicht ein Viertel mit einem Begriff. Ein Viertel wie Greenwich Village in New York meldet sich zumindest als sein Mythos, auch solche Namen wie Trastevere in Rom, Montmartre in Paris, Pöseldorf in Hamburg tun gleich bekannt mit einer Legende, mit einer Ansicht aus Erinnerung und Phantasie, die eine ungenaue Vertraulichkeit erlaubt. Dazu muß ein Viertel nicht berühmt sein. Gewöhnliche Stadtviertel lassen sich mit einem Kennzeichen einführen, sie sind charakterisiert, ihr Leumund gibt einen vagen Hinweis auf ihr gesellschaftliches Klima. Die Obere Westseite in New York, Manhattan, bietet einen solchen Begriff nicht. Die umgebenden Viertel reichen einer Beschreibung viele Finger: im Norden die Morningside Heights heißen nach einem Park und nach einer Straße, die Harlem überblickt, in Morningside Heights ist die Columbia-Universität, die einen Block nach dem anderen aufkauft und zu einer Stadt in der Stadt wird, sind berühmte Kirchen und ein Krankenhaus, die nicht nur den Anblick jenes Viertels bestimmen, sondern auch das Leben darin. Das Viertel südlich der Oberen Westseite bietet das Lincoln-Center an, die Oper, die Philharmonie, ein Theater, steigende Bodenpreise, Stadterneuerung, einen immensen Wohnkomplex, modern und vielstöckig. Jedoch die Obere Westseite läßt sich bloß vorstellen mit ihrer Lage. Sie befindet sich im Nordwesten der Insel Manhattan, zwischen der siebzigsten und hundertzehnten Straße, im Osten begrenzt durch den Central Park, im Westen durch den Fluß Hudson. Zwischen Süden und Norden verlaufen die Straßen am Central Park, die Columbus Avenue, die Amsterdam Avenue, die West End Avenue, der Riverside Drive, schräg durch das

Kastenmuster geht der Broadway. Allgemeine Auskünfte über das Viertel sind so kräftig wie ihr Gegenteil: In den Seitenstraßen sind Slums. In den Seitenstraßen sind bürgerliche Wohnstätten, poliert wie edles Gestein. Aus der Luft gesehen scheinen die Hochbauten entlang des Central Park und des Flusses das Viertel einzudämmen, ein ungleichmäßiges Geschiebe aus Türmen und Hütten. Wieviel Blocks sind das? Nicht ganz zweihundert. Wieviel Leute kommen auf einen Block? Nahezu eintausend, mehr als in der Welt gewöhnlich. Was für Leute wohnen da, gehört das Viertel einer Gruppe mehr als den anderen? In der Mehrheit sind die Weißen verschiedener Herkunft, ohne die Juden sind sie die Hälfte, die Juden stellen ein Viertel, die Lateinamerikaner sind ein Sechstel, die Neger ein Achtel, der Rest ist zusammengesetzt aus Japanern und Chinesen und anderen. Alle sind Amerikaner, aber alle Gruppen halten fest an ihrer Sprache, an ihrer Kultur, sie verbinden sich nicht miteinander, und die verwirrende Mischung ist nicht beständig, ihre Anteile wandern zu und weg, bleiben nicht wie in einer Heimat. Die Obere Westseite hat nicht mal einen Namen. Früher haben hier die Holländer ein Dorf gegründet, es hieß Bloomingdale, ›Tal der Blumen‹, aber ein Blumental ist es nicht mehr, sondern eine bis aufs engste zugebaute Wohnstadt, und übriggeblieben ist nur die nüchterne Beschreibung nach der Geographie. Die Sprache beweist, daß dem Viertel eine unabhängige Identität abgeht, vom Zusammenhang in einer Gemeinde lieber zu schweigen, denn wenn die Bewohner unter sich von diesem Viertel sprechen, nennen sie es ›the area‹, das Gebiet, als wäre es nicht bebaut und nicht bewohnt, oder doch nur eine zufällige Ansammlung von Häusern, ein zufälliges Nebeneinander von Leuten, keine Nachbarschaft, eine Gegend aus Unterschieden.

Der offensichtliche Unterschied ist der zwischen Reichtum und Armut, dem angenehmen Leben und einem Leben in Schwierigkeiten. Für das Leben im Wohlstand stehen hier die Straßen Central Park, West End Avenue und Riverside Drive, altmodische, solide, zäh verteidigte Erbstücke. Central Park West blickt auf sorgfältig kultivierte Landschaft, künstliche Seen, gespiegelte Wolken, hügeliges Grün, ausgewachsenen Fels, Wiesen, gewundene Wege, durch offenen Himmel zu der immer noch besseren Adresse Fifth Avenue, die strahlend unter ihren Wassertöpfen hockt. Die West End Avenue, dicht am Hudson, ist eine tiefe, nahezu finstere Schlucht zwischen Ziegelungetümen und weist die Zähne des Reichtums, die Baldachine vor den Portalen, die livrierten Türsteher, die nach Taxis für ihre Brotgeber pfeifen, die reingefegten Gehsteige, die gefaßte Stille, die sich schweren Güterverkehr verbeten haben will. Die dritte dieser Straßen, der Riverside Drive, wird unter die berühmten Straßen der Welt gerechnet, aber auch sie ist kein Wahrzeichen der Oberen Westseite, sie ist dem Viertel angesetzt, nicht angewachsen. Der Riverside Drive längs des Flusses Hudson, ›Straße am Fluß‹, angelegt in den achtziger Jahren des vorigen Jahrhunderts, ist der innere Rand einer ausgedehnten Kunstlandschaft, die mit einer Promenade am Fluß beginnt und landeinwärts geht mit einer Schnellstraße aus getrennten Fahrbahnen und geradezu gärtnerischen Zufahrtslösungen, dann mit einem breiten, hügeligen Park vierzig Blocks lang (unter dem Park ist eine Eisenbahnlinie eingegraben), mit Denkmälern, Spielplätzen, Sportplätzen, Liegewiesen und bankgesäumten Spazierwegen. Erst dann rahmt den Park die eigentliche Straße, die an vielen Stellen gekrümmt ist, über zierliche Bodenbuckel schwingt, schmale Abfahrtfinger hinter wiederum Grüninseln zu den Häusern ausstreckt, ein Unikum in Manhattan; eine Veranstaltung von Gartenkunst, eine Straße mit Aussicht auf Bäume, auf Wasser, auf Landschaft. Um die Aussicht ging es. Die Aussicht wurde beschlagnahmt. Denn die Häuser entlang des Riverside Drive, kaum eines unter zehn Stockwerken, die meisten darüber, wurden für die neue Aristokratie des neunzehnten Jahrhunderts gebaut, für das junge Geld, Eisenbahngeld, Minengeld, Ölgeld, Spekulationsgeld, das Geld der industriellen Explosion. Riverside Drive sollte die Fifth Avenue als Wohngegend übertreffen, mit dem reichlichen Fassadenschmuck im orientalischen, italienischen, ägyptischen, immer prächtigen Stil, den Achtzimmerfluchten, den Dienstbotenkammern, versteckten Lieferantenaufgängen, den feierlichen Foyers, den Angestellten in der Uniform, mit der reservierten Aussicht auf Natur. Am ganzen Riverside Drive gibt es nicht ein Geschäft, keinen Laden, nur zwei, drei Hotels, allerdings Residenzen für Dauergäste. Wo der Kommerz wohnte, wollte er von Adel sein. Hier wohnten solche Figuren wie William Randolph Hearst, der Axel Springer der USA, der wahre Erfinder des schmutzigen Journalismus, und zwar wohnte er gleich auf drei Stockwerken, die er später zu einer kirchenhohen Halle ausbaute, der seinen privaten Fahrstuhl hatte, dann noch mehr Stockwerke, bis er sich alle zwölf kaufte, 1913. Eine Adresse am Riverside Drive bedeutete damals Vermögen und Kredit, Macht und fürstlichen Rang. Es war eine Straße für Weiße, Angelsachsen, Protestanten. Zu ihnen stießen nach dem Ersten Weltkrieg jene Juden, denen die ehemals exklusiven Quartiere Harlems nicht mehr standesgemäß schienen, und die Immigranten von der unteren Ostseite, deren Einkünfte inzwischen ausreichten für das Prestige dieser Adresse, Emigranten, die es geschafft hatten. In den dreißiger Jahren kamen die Juden aus Deutschland, anfangs mit dem Haushalt in Kisten, dann ohne Gepäck, dann aus den von Deutschland besetzten Ländern Europas, und nach dem Krieg kamen die Überlebenden der Konzentrationslager und Bürger des Staates Israel, unveränderliche Europäer, die mit den Nöten, dem Klima, der Belagerung Israels nicht zurechtgekommen waren, so daß am Riverside Drive und an der West End Avenue eine jüdische Kolonie versammelt war, nicht nur verbunden durch Familie und Religion, sondern auch durch die Erinnerung an das verlorene Europa. (Eine Emigrantin aus Karlovy Vary, der die Erinnerung an die Heimat auf den heilen Tod verleidet ist, spricht von Heimweh nach Karlovy Vary, von Heimweh nach Europa, nach dem Geschmack des Brotes zu Hause. Sie lebt seit fünfzehn Jahren am Riverside Drive.) Dann zogen auch die jüngeren und bessergestellten unter den Juden in die Vororte nördlich der Stadt, den Kindern zuliebe.

Aber die Fifth Avenue hat der Riverside Drive als Residenz nicht überflügelt, hier wohnt nicht die Witwe des Präsidenten Kennedy mit Herrn Onassis. Hier wohnen die Pensionäre, die Leute mittleren Einkommens, die angestellte Klasse, intellektuell Beschäftigte, Studentengemeinschaften. (Ein Schlachtergeselle lehnt es ab, hierherzuziehen, er glaubt an den eigenen Rasen vor dem eigenen Haus.) Die meisten Häuser sind sich noch zu fein für dunkelhäutige Bürger als Mieter; Neger dürfen sie verwalten, in Stand halten, den Lift führen, das Messing putzen. Immer noch scheinen die grandiosen Baumassen Burgen des Wohlstands, eher ehrwürdiger durch Verwitterung, aber in ihnen sitzt auch das Alter der Vernachlässigung. Manche der herrschaftlichen Zimmerfluchten sind in sparsame Kleinappartements aufgeteilt, es gibt leckende Heizungen, Geklapper in der Klempnerei, Ketten von Defekten und in den Foyers jene sanfte Haut aus Schmutz über dem Marmorpaneel und dem ältlichen Mobiliar, gegen die Wasser und Besen nichts mehr vermögen. In einigen Häusern sind die Mieten durch ein Gesetz seit dem Kriege eingefroren. Die Türsteher, die nicht nur den Mieter begrüßen, sondern auch Einbrecher und Kindesentführer fernhalten sollten, sind inzwischen selten zu sehen, und oftmals sind die bemannten Aufzüge ausgewechselt gegen automatische, in denen die Fahrgäste einen Fremden mit Vorsicht besehen. Jedoch ist es nicht leicht, in diesen Häusern eine freie Wohnung zu finden, aus noch anderen Gründen als denen der Hautfarbe und des Einkommens. Die Decken sind hoch, der Zimmerplan ist altmodisch, die Wände dämmen den Schall; die Verwaltungen besorgen den Müll und die Reparaturen. Die Straße gilt als beinahe sicher (Mißtrauen begegnet den Homosexuellen, die einander sommers am Denkmal der Soldaten und Seeleute abpassen und es den Hochzeitskuchen nennen.) Und die Straße gehört zu den stillen. Wenn es hoch kommt, sieht sie im Jahr zwei Paraden. Wohl dringt von der Schnellstraße am Fluß ein nahezu gleichmäßiges Motorengeräusch herüber, in meeresähnlichen Wellen, zwei Jahreszeiten lang durch das Parklaub gefiltert, aber außerhalb der Stoßzeiten (und der Wochenenden vor und nach nationalen Feiertagen) ist der Riverside Drive selbst eine Straße mit Nahverkehr, in der Nacht leer und lautlos, bis sechs Uhr morgens, wenn die ersten zur Arbeit fahren und die hohlen Pfiffe der Eisenbahn unter den Parkwülsten in den dünneren Schlaf dringen. Schließlich, die Aussicht ist unverletzlich.

Die Aussicht geht auf nichts als ein anderes Ufer, ein Stück des Staats New Jersey, aber das Ufer steigt steil und hoch auf, und die Breite des Flusses kann die architektonische Wüstenei auf der anderen Seite in das Trugbild einer Landschaft verwischen, in die Einbildung von Offenheit und Ferne. Der Fluß unter dem unverstellten Himmel zieht auf das nahe Meer zu, bietet langsam reisende Schiffe, nachts Nebelhörner, grüne, graue, blaue Farben gerahmt von denen des Parks, eine Ansicht von Ferien. Aber der Fluß ist so vergiftet von industriellem Abfall und Abwässern, daß die Fische schon hoch im Norden sterben und ein Bad für Menschen lebensgefährlich ist, nicht etwa wegen der Strömung. Der Fluß sammelt das Licht des Himmels und färbt mit seinen Dünsten die Wolken über ihm, aber der Himmel ist dick durchsetzt mit Schwefeldioxyd, Kohlenmonoxyd und festen Rauchpartikeln, die immerhin die Sonnenuntergänge gefährlich kolorieren helfen. Die frühe Sonne rötet das jenseitige Ufer, und die Industrie pflanzt in die Richtung des Blicks auf die Natur unausweichliche Buchstaben, die den Schwärmern auch dieser Straße einhämmern sollen, wer wohl zum Backen Bestes bietet. (Eine friedfertige und gefaßte Dame hat angekündigt, sie werde eines Nachts mit ihres Mannes Schießgewehr jene rote Neonbatterie zerknallen, die irrsinnig pausenlos ALCOA, ALCOA ins Fenster ruft. Sie weiß gar nicht, wie man ein Gewehr hält, aber ihr Mann besitzt eines.) Die Dächer des Riverside Drive geben dem Gekreisch Alcoas mit keinem Leuchtzeichen Antwort. Über den blinkenden Lichterterrassen New Jerseys, über dem Farbenknäuel des Rummelplatzes auf den Palisaden, über dem grauen Fluß, einem weiten Tor nach Norden, sind an flachen Kabelbögen weiße Birnen aufgereiht, über das doppelstöckige Brett zwischen den beiden Pfeilern der George Washington Bridge tappen Scheinwerfer und Katzenaugen, und die Reiseführer der Welt empfehlen den Anblick.

Zur Aussicht gehört der Park, das breite wiesige Gelände aus sanften Abhängen, Spazierwegen, Stützmauern, Fahrbahneinschnitten, Tunneln zum Fluß, alten Bäumen. In den unteren Etagen färbt er das Zimmerlicht. Nachts halten die Blätter Laternenlicht unter sich in strahlenden Höhlen. Der Park ist benutzbar, denn er hat die Vorliebe der Polizei gefunden. Dort fahren die Funkwagen zu Verschnaufpausen und Mannesworten auf, und in der warmen Jahreszeit stellen die Ordnungsmächte ihre Pferde in den tiefen Schatten des Gebüschs. Im Sommer scheint der Park die Stätte eines beständigen Volksfestes. Die Bänke an der Uferpromenade sind dicht besetzt mit Ausflüglern aus den ärmeren Gebieten, Tennisspiele sind im Gange, Männer an Angeln hoffen auf Fische von robuster Konstitution, Schachspieler sitzen rittlings auf den Bänken und erteilen Kiebitzen Unterricht, Leute mit der vorgestrigen Zeitung überm Gesicht schlafen wie in der eigenen Wohnung, die der Park sein mag, Spaziergänger mit Hunden begegnen einander und bleiben gern stehen zu einem Gespräch über ihre Tiere, Picknicks breiten sich im Grase aus, halbnackte Kinder springen und kreischen unter den blitzenden kühlen Fontänen auf den Spielplätzen, jagen die Schaukeln, drängen sich um den Mann mit dem Eiskarren, und Eltern auf den Bänken richten durchaus das Wort aneinander. Das Bild scheint aus friedlichen Vorgängen zusammengesetzt, und tatsächlich fühlen viele Anwohner des Riverside Drive Zusammengehörigkeit. Sie haben ein Ausmaß von Erziehung gemeinsam, ihre Einkommen sind vergleichbar, sie sind nur in Ausnahmen nicht rosahäutig, sie schicken ihre Kinder in die gleichen Anstalten, sie haben gemeinsame Wohnbedingungen zu verteidigen und treten als Gruppe bei politischen und Elternversammlungen auf. Wer morgens mit einem Kind an der Hand auf den Bus wartet, kann fast sicher darauf vertrauen, von Unbekannten zur Schule oder zum Kindergarten mitgenommen zu werden, womöglich das Kind allein in das fremde Auto steigen lassen, und der Busfahrer, dem gequetschten Stadtverkehr in den raschen Fluß des Riverside Drive entkommen, spricht mit den hier Zusteigenden wie mit einer Familie, die netter ist als die anderen. Aber die dunkelhäutigen Sonntagsausflügler kommen aus Gegenden, in denen Parks nicht vorgesehen sind oder bei der Polizei weniger beliebt und nun zerstört, das Gras verdorrt und weggetreten, die Bänke zerschlagen, die spärlichen Bäume beschädigt und der Boden dicht bestreut mit Splittern von Glas, das da in säuberlicher, gleichmäßiger Wut zerschlagen wurde, da knirscht jeder Schritt. Im Riverside Park sind die dunkelhäutigen Kinder an einem Wochentag in der Minderheit, sie spielen in Gruppen für sich, und die Negerin im weißen Kittel, die ein Rudel wild rennender Kinder im Auge behält, paßt nicht auf ihren eigenen Jungen auf, sondern auf den ihres rosahäutigen Arbeitgebers. Auf den Baseball-Plätzen sind die Puertorikaner für sich, auf den Basketballfeldern üben die Neger für sich allein, und Fußball spielen die Westinder untereinander. Leute vom Riverside Drive warnen den ausländischen Touristen vor den Seitenstraßen um die Ecke und raten ihm, sie nachts mit wenigstens und nicht mehr als acht Dollar in der Tasche zu betreten, dem ungefähren Preis für eine Heroininjektion, damit der Angreifer wenigstens das Messer stecken läßt. Um die Ecke sind die Slums, von hier aus gesehen gesellschaftliches Ausland.

Das Wort Slum ist akzeptiert, es bedarf keiner Übersetzung ins Deutsche mehr. Seine Herkunft ist nicht zu finden. Ursprünglich soll es ein abfälliger Ausdruck für ein Zimmer gewesen sein. Die gewöhnliche Entsprechung im Deutschen ist das ›Elendsquartier‹. Aber die Slums der Oberen Westseite sind nicht eigens für das Elend vorbereitete Quartiere, anders als die von Bauspekulanten zusammengeklatschten Arbeiterblocks in deutschen Großstädten, ein Bidonville in Paris oder ein Barackendorf für Flüchtlinge. Die Slums in New York sind nicht als Slums gebaut. Diese ›brownstones‹, so genannt nach der Fassade aus rötlichbraunem Sandstein, waren nach dem Bürgerkrieg geradezu das Abzeichen für bürgerlichen Wohlstand. Die geräumigen Aufgänge waren für würdige Auftritte geschaffen. Die vier Stockwerke waren bestimmt für eine einzige Familie mit ihren Dienstboten, innen reichlich ausgestattet mit Edelholztäfelungen, eichenem Parkett, marmornen Kaminen, geschnitzten Türen, gedrechselten Treppenspindeln. Es waren Luxusbauten, und der Schmutz am Beischlag, die verrotteten Möbelstücke und Matratzen, die unverdeckten Mülleimer und der verstreute Abfall, die verschmierten Fenster passen nicht zu ihnen. Es sind aufgegebene Häuser. Gebaut wurden sie für Weiße, Protestanten, Angelsachsen. Die Iren, die in den siebziger Jahren des vorigen Jahrhunderts in hellen Scharen hierherkamen, versammelten sich in den Mietshäusern entlang der Columbus und Amsterdam Avenue, aber viele sparten auf ein solches braunes Haus nach der letzten Mode und nutzten den Besitz durch Untervermietungen. Die Iren waren die kräftigste politische Gruppe des Viertels, bevor die Juden aus Harlem zuwanderten. Nach dem Zweiten Weltkrieg zogen in großen Wellen Neger aus den New Yorker Ghettos und Puertorikaner zu, und die weißhäutigen Einwanderer, längst angepaßt an die vorgefundene Werteskala, gaben eine Straße nach der anderen auf. Allerdings nicht ganz. Aus einem solchen Einfamilienhaus kann der Besitzer zunächst einmal vier Wohnungen machen, je eine pro Stockwerk, und mit den erhöhten Mieteinnahmen die Einbuße im Grundstückswert wettmachen. Aus diesen kleinen Wohnungen kann der Hauswirt wiederum Einzelzimmer herstellen. Inzwischen hat er ein Vielfaches der alten Miete. Da seine Mieter, die aus Harlem kommen, auch solche Wohnbedingungen noch als eine Verbesserung ansehen müssen und die spanisch sprechenden Einwohner zu einer Gegenwehr anfangs noch nicht fähig sind, ist es dem Hauswirt unbenommen, weiterhin Reparaturen zu verschleppen, an der Heizung zu sparen, auf einen Hauswart zu verzichten. Das Gesetz sieht für alle solche Vernachlässigungen Strafgebühren vor, aber Leute ohne Schulbildung und ausreichende Kenntnis der Sprache prallen am bürokratischen Apparat ab, und die Gerichte sind dem Slumwirt milde gesonnen, denn er vertritt die Begriffe von Erwerb und Eigentum. Solche Geschäftstüchtigkeit stellt den Slum erst einmal her: die Häßlichkeit und Durchlässigkeit der Trennwände, die nicht reparierten Fensterscheiben, die defekten Türsicherungen, die kaputten Briefkästen, den glitschigen verkrusteten Dreck schon im Korridor, die Küche im Schrank, den ekelhaften Zustand der sanitären Einrichtungen, die Verseuchung der Zellen durch Ungeziefer und allerdings ein Verhalten der Slumbewohner, das ihrer gesellschaftlichen Lage entspricht.

Konservative Weiße, wenn sie Negerfamilien aus ihren Appartementhäusern fernhalten wollen, weisen auf die Slums und glauben zu beweisen, diese Schwarzen verstünden es einfach nicht, in einer Zivilisation zu leben, als sei das eine natürliche Veranlagung. Idiotisch wie alle Argumente, die einer gleichmäßigen Verteilung des gesellschaftlichen Reichtums einen Riegel vorschieben sollen, übersieht dies, daß nicht sämtliche Neger in Slums wohnen und daß nicht nur Neger in Slums wohnen. Das Vorurteil der amerikanischen Nation gegen ein alteingesessenes Zehntel ihrer Angehörigen mag unbegreiflich sein; die Gegenstände, die mit Hilfe dieses Vorurteils verteidigt werden, sind handfest. Es geht um Arbeitsplätze als ein Mittel des Einkommens, um Ausbildung als ein Mittel zu besserem Einkommen, um Gleichberechtigung als eine Sicherung des Einkommens. Keine Gruppe hat um diese Bürgerrechte so lange kämpfen müssen wie die Neger. Die davongelaufenen und freigelassenen Sklaven, die im vorigen Jahrhundert in den fortschrittlichen Norden aufbrachen, wurden dort isoliert in reservierten Vierteln, ausgebeutet von weißen Hausbesitzern und Kaufleuten, ausgeschlossen von gleichberechtigter Erziehung und Ausbildung, immer zuerst gekündigt, immer zuletzt angestellt, und sie sahen Gruppe nach Gruppe von auswärts einwandern, Fuß fassen, zu gleichberechtigten Bürgern werden, die Iren, die Italiener, die Juden, in den fünfziger Jahren die Puertorikaner. 1960 wie heute läßt sich ihre Lage in klassischen Zahlen zusammenfassen: »Das Negerkind hat ... ungeachtet seiner Begabung, statistisch ... halb soviel Aussicht, die Oberschule abzuschließen wie das weiße Kind, ein Drittel soviel Aussicht, die Universität zu absolvieren, ein Viertel soviel Aussicht, in einem Fachberuf zu arbeiten, und viermal soviel Aussicht, ohne Arbeit zu sein« (John F. Kennedy, in einer Wahlrede). Was immer die Wurzel sein mag für die traumatische Aussperrung durch die Weißen, die Gruppe der Neger muß aus diesem Grund die höchsten Verluste im Arbeitskampf hinnehmen, konsequent stellen sie die meisten derjenigen Bürger, die die Hoffnung auf Arbeit aufgegeben haben, die zu dieser Hoffnung nie imstande waren, die sich fallen lassen in den Slum. Der Slum ist ein Gefängnis, in das die Gesellschaft jene deportiert, die sie selbst verstümmelt hat. Das sind Wohnungen, aus denen die Wanzen nicht mit der geduldigsten Anstrengung vertrieben werden können, in denen am Kühlschrank nicht die Kühlung der Nahrungsmittel die wichtigste Funktion ist, sondern die des Tresors, den das Ungeziefer nicht knacken kann. Kinder in den Slums haben gelernt, einen Rauschgiftsüchtigen, einen Homosexuellen, einen Alkoholiker auf der Straße zu erkennen und als einen alltäglichen Bewohner der Nachbarschaft zu erwarten; die Hunde bellen die torkelnde Figur mit der Flasche an und können sich kaum beruhigen. Diese Kinder sind um Spiele verlegen, sie stehen umher gleich Arbeitslosen, beobachtend, gelangweilt, feindselig. Die Neger in den Slums fühlen sich vernachlässigt von der Polizei, ihre Straßen werden spärlich patrouilliert, Einbrüche bei ihnen werden lässiger verfolgt, bei einer Schlägerei wird der Dunkelhäutige eher festgenommen als der Hellfarbige; dennoch wünschen sich die Neger einfach mehr Polizisten, besseren Schutz (wo die Weißen es sich leisten können, eine zivile Aufsichtsbehörde für die Ordnungskräfte zu fordern). Zwei Drittel der Neger in der Oberen Westseite sind einzelne Männer, wahrscheinlich nicht zuletzt, weil eine vom Ernährer verlassene Familie einen Anspruch auf Fürsorgeunterstützung hat, aber auch vollständige Familien wohnen hier in einem einzigen Zimmer. Die Kinder, die dort Hausarbeiten machen sollen, die notwendig Zeugen unausbleiblicher Streitszenen werden, kommen müde und

verstört in die Schulen, ihre Leistungen müssen hinter den Anforderungen zurückbleiben, sie verlassen die Schulen so früh als möglich und beginnen in niederen Berufen zu arbeiten, die mit der elektronischen Entwicklung aussterben werden, und sind ausgebildet für die Armut. Die Stadtverwaltung versucht durch ihre Fürsorgebehörden wenigstens flicken-, fetzen-, krümelweise Fällen der Not abzuhelfen, sie bietet vorzeitigen Schulabgängern Kurse in Berufen, sie fördert den gemeinschaftlichen Schulbesuch von hellen und dunklen Kindern; diese Programme sind dekorativ, Beschwichtigungen, Kuren am Symptom, sie sind ohne Einfluß auf die wirtschaftliche Lage der benachteiligten Gruppe, stützen nicht ihre Familienstruktur, heben die Isolierung nicht auf. Wo es auf Ordnung nicht mehr ankommen kann, fliegen die Abfälle aus dem Fenster, und wenn sie auf einem weißen Hinterhof landen, könnte es Post sein: tatsächlich heißt der Vorgang Luftpost. Die Weißen hören als Gruppe nicht, vielleicht hört der weiße Passant etwas, neben dem auf dem Bürgersteig eine Flasche zerplatzt. Da diese Wirklichkeit einen Ausweg in das lebenswerte Leben nicht enthält, warum dem Leben nicht in den Illusionen und Krankheiten des Rauschgiftes entgehen. Da die Weißen als Gruppe Hilfe verweigern, warum nicht dem einzelnen Weißen ein Messer aufs Herz setzen und seiner Brieftasche, seiner Ladenkasse, seiner Wohnung Hilfsmittel entnehmen. Da die Gesellschaft um dieses Leben einen Zaun errichtet hat, warum die Normen der Gesellschaft einhalten, warum die Fürsorgerin anders behandeln als den Überbringer einer Abschlagszahlung, warum nicht die Kinder betteln schicken, warum unter Dächern wohnen. Da die Verbindungen mit der Gesellschaft abgebrochen sind, warum nicht die Kabel öffentlicher Telefone herausreißen; warum eine Adresse hinterlassen, wenn man weggeht. Das Wort Slum gibt es auch als Verbum, in der Bedeutung von Spazierengehen in heruntergekommenen und gefährlichen Straßen, und die New Yorker Polizei hat vorsorglich weitere fünftausend Schutzhelme für die kommenden Aufstände bestellt.
Das Verhalten der Puertorikaner unter den Bedingungen des

Slums weicht allerdings von dem der Neger ab, und sie sind dem Slum eher entkommen. Zwar hat ihre mengenhafte Einwanderung nach dem Zweiten Weltkrieg die Wohnverhältnisse auf der Oberen Westseite erst eigentlich beengt, aber sie kamen von der Insel mit dem Bewußtsein, gleichberechtigte Bürger zu sein, und ihre Reaktion auf überteuerte Wohnungen und Arbeitslosigkeit war Gegenwehr, nicht die hundertjährige Resignation der amerikanischen Neger. Sie waren als Gruppe zusammengehalten durch ihre unabhängige Kultur, durch stabile Bindungen in der Familie und Verwandtschaft und durch ihre Religion. (Die puertorikanischen Mütter gehen mit ihren Kindern in den Park.) Sie nutzten den Einfluß der Kirchen, ihrer Abgeordneten, ihrer Vereine für bessere Unterbringung, mehr Spielplätze, mehr Präsenz der Polizei, und da die Hellhäutigen unter ihnen nicht dem rassistischen Vorurteil unterworfen waren, fanden sie leichter Arbeit und beständige Arbeit. Sie sind nun eine kräftige politische Gruppe innerhalb des Viertels und haben auch sein Aussehen verändert, mit spanischer Reklame, spanischen Gottesdiensten, eigenen Zeitungen, einem Kino, das nur noch Filme in ihrer Sprache zeigt, und mit Läden, die nicht nur ein spanisches Schild zeigen, sondern auch ihnen gehören.

Ein Beispiel für das zerrüttete Verhältnis zwischen der städtischen Verwaltung und den Armen des Viertels ist das Sanierungsprogramm, das vor zehn Jahren hier anlief. Die Behörden untersuchten ein Gebiet zwischen der 87. und der 97. Straße, eingefaßt von der Straße am Central Park und der Amsterdam Avenue, und fanden für eine Viertelmillion Dollar heraus, daß hier zwischen 1950 und 1956 keine Neubauten errichtet worden waren, jedoch hatte die Bewohnerzahl um ein Viertel zugenommen. Ein Sechstel der Haushaltungen saß in jeweils einem einzigen Zimmer. Aber die Miete pro Quadratmeter war doppelt so hoch wie in einem bewachten und gepflegten Appartementhaus an der West End Avenue oder am Riverside Drive. Das durchschnittliche Einkommen war ein Minimum, und die Kennzeichen der Gegend waren Armut, beständige Kriminalität und Rauschgiftmißbrauch geworden. Der Vorschlag der Behörden lief darauf hinaus, durch die Reparatur einiger Gebäude etwa 3000 Luxuswohnungen herzustellen, den größten Teil der Brownstones und alten Mietshäuser jedoch abzureißen und an ihrer Stelle Hochbauten aufzuziehen. Diese Hochhäuser sollten fast 5000 weitere Luxuswohnungen enthalten, fast 2500 Wohnungen für Familien mit mittlerem Einkommen und etwa 400 Sozialwohnungen, also einen Anteil von etwa 4 Prozent für die soziale Gruppe, die die Mehrheit der Bewohner ausmachte. Zwar brachten Proteste der Bevölkerung es zuwege, daß die Zahl der geplanten Sozialwohnungen später auf 2500 angehoben wurde, aber es blieb offenbar, daß diese zwanzig Blocks nicht zugunsten der damaligen Bewohner saniert werden sollten. Das Ziel der Behörden war vielmehr, den Grundstückswert in die Höhe zu treiben, das Steueraufkommen um ein Vierfaches zu verbessern und dabei womöglich noch ein Ausstellungsstück zu gewinnen, ein Paradepferd des Städtebaues. Die Stadt übernahm die zum Abbruch bestimmten Häuser in ihre Verwaltung und in ihr Eigentum, aber zum Erstaunen der Mieter wurden nun die Reparaturen keineswegs pünktlicher ausgeführt, die feuerpolizeilichen Vorschriften durchaus nicht strenger durchgesetzt. Die Mieter, die Unterkunft in anderen Teilen New Yorks hatten finden können, wurden mit Beihilfen zum Umzug versehen, und die übrigen, zu schwach oder wegen der Hautfarbe unfähig zu solchen Initiativen, wurden in stadteigene Gebäude südlich des Sanierungsgebietes umquartiert, oftmals in Verhältnisse, die denen des Slums ähnlich waren oder auf ihn zuliefen. Die Iren wehrten sich bis zuletzt. Tatsächlich waren ihre gutgehaltenen und geräumigen Wohnungen entlang der Columbus und Amsterdam Avenue nicht in solcher Qualität und nicht zu den alten Baukosten zu ersetzen, aber das Alter eines Hauses, wie immer solide, bestimmt es für die Rolle des Opfers im Gespräch mit der Stadtplanung, und auch diese Häuser brachen unter den geschwenkten Kugeln und den Preßlufthämmern zusammen. Die irische Kolonie nahm ihre Kinder aus den Schulen, gab die meisten ihrer Geschäfte auf und ist inzwischen kaum noch im Leben des Viertels zu spüren. Die Sanierung brauchte lächerlich viel Zeit von der Planung über die Exmittierung und den Abriß bis zu den Neubauten; die verurteilten Häuser, ohne Fenster, ohne Türen, waren lange Spielplätze für Kinder, Zuflucht für Rauschgiftzirkel, Prostituierte, Obdachlose und fette katzengroße Ratten. Das Unternehmen brachte die landesüblichen Skandale mit sich. Einmal übergab die Stadt einer Baufirma einen Block zum Abriß, der noch nicht bewohnt war, und die Geschäftsführung kassierte jahrelang die Mieten, die in solcher Höhe nirgendwo anders zu erlangen waren, und baute nichts. Ein anderes Mal schüttete eine Baufirma die Fundamentgruben eines ganzen abgerissenen Blocks zu und benutzte die gewonnene Fläche als ertragreichen Parkplatz; auch heute noch liegen solche Flächen hinter ordentlichen Zäunen seit Jahren unbebaut. Die Hochbauten stehen inzwischen zu einem guten Teil, riesige, rechteckige Kästen inmitten der niedrigeren Umgebung, und ein Ausstellungsstück städtebaulichen Ingeniums sind sie nicht geworden. Diejenigen, die die volle Steuer aufbringen, die Luxusimporte, sind mit Gartenschmuck, Balkons, mit Wächtern versehen; die anderen, an deren Bau die Stadt beteiligt war, müssen sich mit dem Schmuck einer bronzenen Plakette am Fuß begnügen, wo die soziale Leistung in feierlicher Form verkündet ist, die Namen der Schuldigen eingeschlossen. Umgeben sind die einförmigen Klötze immer noch von halbzerstörten Brownstones und von den verlassenen Mietshäusern an der Amsterdam Avenue, den aufgegebenen, vernagelten Geschäften, Bars, Imbißstuben, Werkstätten. Die ehemaligen Bewohner dieser Straßen hatten zu drei Vierteln in dieser Gegend bleiben wollen, aber die meisten Neger und Puertorikaner erfüllten nicht die Normen für eine Sozialwohnung und sind in andere Armutsviertel New Yorks und in die verbliebenen Seitenstraßen abgedrängt. Der Slum, der aus der Welt geschafft werden sollte, ist um die Ecke getragen worden.

Die verschiedenen Fronten, die geschiedenen Parteien, Einkommensgruppen, Rassen des Viertels begegnen einander auf dem Broadway, der alten Landstraße zwischen dem Dorf Bloomingdale und der Siedlung Neu Amsterdam im Süden Manhattans. Aber der Broadway, der quer durch die Obere Westseite läuft, hat wenig gemein mit seinem legendären Stück oberhalb des Times Square, das ausgehängt ist mit ungeheuren Lichttüchern, flackernd unter Kinobaldachinen, den unreinen Farben des Neongases, laufenden Schriftbändern, unter Scheinwerfern und den kreisenden, springenden, platzenden Leuchtreklamen. Auf der Oberen Westseite sind die Lichter geringer und hängen tiefer.

Ein anderer Broadway beginnt an der 72. Straße, wo er auf die Amsterdam Avenue trifft und ihr den Verdipark abschneidet. Hier teilt ein geräumiger Mittelstreifen, an den Kreuzungen mit Querbänken und gelegentlich mit Gebüsch besetzt, ihn in zwei breite Fahrbahnen. Zu beiden Seiten sind Muster der Renaissance in elefantischen Baumassen aufgetürmt, und weit in den Norden hinein zeugen die vielfenstrigen Kästen unter ihren gefühlvollen Gesimsen von dem fiebrigen Vertrauen in den Baumarkt, der 1900 mit dem Bau der U-Bahn unter dem Broadway zu galoppieren begann. Es sind Hotels, Appartementhäuser, Lichtspieltheater einer Zeit, in der Gewinne angelegt wurden, mit Kunst am Bau. Der Auftrieb reichte nicht aus für eine geschlossene Kolonne dieser dekorierten Ungetüme, zwischen ihnen hocken ärmlich und vierstöckig die billiger kalkulierten Mietshäuser, die sich weniger Mühe mit dem Verstecken ihrer Feuerleitern machten, nun stellt ihr Alter sie bloß. Wenige Hotels haben die vermögende Kundschaft halten und die Reputation bewahren können, die die Fassade verspricht; vornehmlich beherbergen sie jetzt Dauergäste, verarmte Pensionäre, Fürsorgefälle und oftmals solche Gäste, die eher einer ärztlichen Behandlung bedürfen als eines Hotelservice, der über das Kassieren nicht sonderlich hinausgeht. Die Appartementhäuser rechnen noch zu den begehrteren des Viertels, weniger wegen der Adresse, als wegen der Nähe zu Einkaufsstätten und Verkehrsmitteln. Die Kinos, mit solchen Namen wie ›Embassy‹, ›Symphony‹, ›Riverside‹, ›Riviera‹, haben überstanden als Denkmäler einer majestätisch geplanten neuen Kultur, mit Jugendstil oder italienischem Gerank an der Stirn, den Foyers aus Plüsch und Marmor, Wohnzimmerteppichen zwischen den Sesselherden und den himmelartigen Dachwölbungen, und hartnäckig verteidigen sie ihre gefährdete Pracht mit Preisen, die doppelt so hoch sind wie die des Times Square; zwei von ihnen, die weniger pompösen, sind bekannt für ihre beständigen Retrospektiven. Und der Park, in dem Verdi steht mit Tauben auf dem Schädel, heißt nunmehr ›Park der Nadeln‹, der Injektionsnadeln. Seit vierzig Jahren ist an dieser Straße nichts Neues gebaut worden, und trotz des Lichtgewimmels am Fluß der verwitterten und berußten Großfassaden erinnert der Broadway an ein Foto aus jener Zeit, als hier noch Pferde vor den Wagen liefen und man vom ›Boulevard‹ sprach.

Der Broadway ist der Marktplatz, die Hauptstraße des Viertels. Die ebenerdigen Geschosse sind in dichter, ungebrochener Kette mit Geschäften vollgestopft, mit Feinkostläden und Superhandlungen, mit Waschsalons, Friseurstuben, Cafeterias, Gemüsemärkten, Bars, Schuhbesohlanstalten, Reinigungsfilialen, Steuerberaterfirmen und Fahrschulen und Reisebüros. Wer die wöchentliche Kühlschrankladung holen will, muß hier kaum zwei Blocks abgehen, und stünde ihm auch der Sinn nach japanischem Bier, Kamtschatkakrebsen, irischem Honig, Düsseldorfer Senf oder Dresdner Stollen. Hier gibt es chinesische Restaurants, in denen auch Chinesen essen, israelische Restaurants und Bodegas und ein Etablissement ›Zum Maharadscha‹, italienische Pizzerias und Eissalons, hier hängt ein Nowoje Slowo aus und das namenlose westdeutsche Nachrichtenmagazin am Montagabend des nämlichen Datums. Zu Einkäufen muß ein Bewohner des Viertels es kaum verlassen, er findet Antiquitäten wie Kindermoden wie Zwetschgen um die Ecke, wenngleich die Auslagen mitunter verstaubt sind, die Textilien minderwertig und die Läden nicht so blitzblank wie an der Fifth Avenue um das Rockefeller Center. Immerhin verlangt hier kaum einer nach jenen Uhren, die die Großen der Welt unaufhörlich tragen. Der Kampf um die Gunst der Kunden ist aufreibend; viele der kleinen Geschäfte werfen ihre Pächter alle paar Monate ab und warten dann staubig und vermüllt auf Unternehmer mit längerem Geld.

Der Broadway ist die Promenade der Oberen Westseite, der Hauptstraße einer Kleinstadt vergleichbar, ein Ort zum Beobachten und Beobachtetwerden. Der Passant begegnet braunen, gelben, schwarzen, weißen, roten und rosa Gesichtern; er ist abgebrüht genug, sich keineswegs umzudrehen nach der Matrone in Bermudashorts oder Blue jeans, nach dem Harlemer im afrikanischen Kostüm, dem jüdischen Habit aus Langmantel und schwarzem Hut, dem Kopftuch über den Lockenwicklern, dem Sari, dem Hut aus feinstem Gemüse, dem Mantel aus Leder wie dem Mantel aus Lumpen – auffallend ist ein Kragen in Weiß und Schwarz, sensationell wäre ein eleganter Aufzug; mit dem Passanten unterwegs sind Hausfrauen, die ihren Einkaufswagen hinter sich über die Zementplatten zerren, und Laufjungen, die anderen Hausfrauen die Einkäufe an die Hintertür bringen werden, da gehen Bürger, Bettler, Wahnsinnige, Studenten, Prostituierte, da stehen Polizisten. Die Sprachen auf diesem Broadway sind vielfältig, verwirrend arbeiten Akzente aller Kontinente an Versionen des Amerikanischen, im Vorbeigehen zu hören sind das Spanisch aus Puertoriko und Kuba, das westindische Französisch, Japanisch, Chinesisch, Russisch, Jiddisch und die Geheimsprache der Rauschgiftwelt und immer wieder das Deutsche, wie es vor dreißig Jahren in Ostpreußen, Berlin, Franken, Sachsen und Hessen gesprochen wurde. (Hier steht eine Fleischerei für den westfälischen Geschmack, und die beiden puertorikanischen Gehilfen des Meisters wissen sich auf Deutsch mit einer jiddischen Satzmelodie auszudrücken.) Hier zieht ein Mann umher mit einer Balgkamera und sucht nach Kindern, die sich auf seinem bejahrten Pony fotografieren lassen wollen. Hier stehen Polizisten. Sie stehen zu Paaren an der Ecke und wirbeln den Knüppel am Handgelenk, wie sie es auf ihrer Akademie gelernt haben, sie haben den stumpfen und schweifenden Blick der Alleseher, die Freunde und Helfer des Bürgers, das Gesprächsthema Nummer Zwei. Alle, die Bewohner der Seitenstraßen wie die Fürsten am Central Park, sind sich einig, daß die Polizei nicht ist, wo sie gebraucht wird. Hier stehen sie, mitten in der Beleuchtung, groß und kräftig mit dem Rücken zur Wand, und warten, daß sie gebraucht werden. Der Mann, der bei ihrem Anblick seinen Würstchenkarren um die Ecke lenkt, wird sie nicht ›bezahlt‹ haben. Die Bewohner des Viertels hegen den Glauben, daß die Polizisten von allen ›bezahlt‹ werden, von der Wäscherei wie dem Eisauto wie dem Zeitungsstand, jedoch ganz sicher erführe einer das erst von den Hütern der Ordnung selber, und offensichtlich erwarten sie die Frage nicht. Ein Polizist ist als ›Sir‹ anzureden. Ein Polizist betritt eine Bar und zeigt mit dem behandschuhten Finger in die Richtung der Abtrittstür, und ohne eine Frage drückt der Wirt den Summer, der den Schnapper lockert. Die Vorrichtung soll Raubüberfälle in der Toilette verhindern. Der Polizist auf dem Rückweg geht vorbei an Leuten an der Bar, die für den ungebildeten Blick in eine Klinik, in eine Entziehungsanstalt, ins Gefängnis oder ins Bett gehören, aber der Blick des Polizisten gilt dem Fußballspiel auf dem Fernsehschirm, wo die Sache einen Sinn hat. Die Antwort auf die Frage, ob die Verhältnisse durch Mildtätigkeit gebessert werden könnten, muß einer prompt und eindeutig im Kopf haben, denn die Bettler sind nicht immer höflich, sie benutzen nicht immer die religiöse Formel, und ein ausweichender Hellfarbiger gilt ihnen als eine jüdische Sau. (Eines Mitternachts kamen drei freundliche Negerkinder mit feststehenden Messern auf einen Passanten zu, und weil er hilfesuchend auf sie zuging und sich ausgab für einen Touristen aus Island, auf der Suche nach einem Hotelzimmer für seine letzten vier Dollar, gaben sie ihm sein Portemonnaie zurück mit sämtlichen vier Dollar und wiesen ihm ein solches Hotel und wünschten ihm eine gute Nacht. Jedoch der Mann an der Theke des Hotels vermutete eine Notlage und verlangte acht Dollar, bar im voraus.) Jetzt bewegen sich die Polizisten Schulter an Schulter, die Revolverbeule auf dem Gesäß, spielerische Hand am Knüppel, so gehen sie los durch das Gewimmel, vorbei an einem Kind, das auf einer Kiste döst mit dem Kopf gegen die Wand, weil keiner von diesen verdammten Weißen sich die Schuhe putzen lassen will um elf Uhr in der Nacht, die Polizisten gehen vorbei an einer jungen Dame in strammen roten Hosen, die Schminke der Dame platzt plötzlich in ein Zwinkern auf, sie gehen weiter, sie gehen vorbei an dem alten Mann, der in seinem verschuppten Bart und Lumpen schläft auf einer Bank mitten im Broadway, sie gehen vorbei an der weißhäutigen Matrone, die sich mit einem gutartigen Lächeln hinunterbeugt zu einem dunkelhäutigen Baby in einer Schubkarre, aus dem U-Bahn-Schacht quillt unverhofft ein Schwarm junger Nonnen unter Kapotthüten, die mit dem Grünlicht über die Kreuzung fliegen, und jetzt sind die Polizisten nicht mehr zu sehen.

Wolfgang Koeppen
Amerikafahrt

Die Kasernen der geimpften Kreuzritter auf Europas Boden, der erneuerte Limes am Rhein, Raketenrampen im schwarzen Revier, Versorgungsbasen bei der hohen Schule von Salamanca, Bulldozer, Planierungsmaschinen, Höhlenbohrer, Verstecke für die Angst, Unterstände für die Torheit, die alten Weinberge den Göttern und den Heiligen und dem Umsatz geweiht, das deutsche Vorfeld, die germanische Mitte, des Erdteils gebrochenes Herz, Maginots wiedererstandene Illusionen, die Kolonien der Feldoffiziere und Sergeanten mit dem Indianergesicht, Nachbarschaft und Isolierung, die Main Street mitgebracht, die Kirchen aus dem Koffer gepackt und die Jagdflugplätze für den Sturm, den Sand und das Vergessen gebaut am Freienreichsstadtrand, die Schulbusse der selbstbewußten Kinder mit den Sicherungssprüchen der schon in die Wiege gelegten Zukunft, Weltherrschaftsaspiranten schüchtern und laut in der Altheidelbergschau, das Gentlemandasein der Whiskyreklame bei deutschem Flaschenbier, mitgereist die Einsamkeit der Prärie, mitgereist die heiße und kalte Luft der Nevadawüste, unvergessen im Getto der Herkunft der gute und böse Wind Chicagos, Automaten der Liebe und Automaten des Gesanges für den Traum des Nichtalleinseins, Viersternegenerale auf den Elyseeischen Feldern, Funksprüche aus dem Pentagon, die Banner des Atlantikpaktes im freundlichen Wald von Marly-le-Roi, tot die christlichen Könige, magistral die Ansprachen des Präsidenten im Weißen Haus, urbi et orbi, Reden zum Schornstein hinaus, zur Nachrichtenstunde des Rundfunks verbreitete Furcht und Hoffnung, das gute Geld des Marshallplans, der feste Dollar für die unterentwickelten Gebiete, der Scheck für die Freiheit, der Scheck gegen den Hunger, der Scheck für das Öl, die Milliarden für die Forschungen von Peenemünde, der Rauch für den Mond, die stars and stripes über den Konsulaten und Bibliotheken des american way of life, auf den abendlichen Leinwänden jedem Dorfjungen vertraut die Lichterschlucht des Broadway, Kaliforniens sonnenblanke Straßen, das Familiengebet vor dem geöffneten Schrein des Kühlschranks, die chromstrahlende Manneskraft der Pferdestärken, die Busen und Beine der handelfördernden Schönheitsköniginnen, entzückte Augen, gezückte Pistolen, der große Krieg von Wildwest und die große Schlacht in den Dschungeln der Städte, Gestalten aus Kleinbürgersehnsüchten und Unerwachsensein und Triumphe im Lebenskampf. Siege in den Wissenschaften, doch auch die irren Lichter O'Neills, die Durchleuchtungen Tennessee Williams', Faulkners Genie, die Heldensage von Little Rock, das fruchtbare Unbehagen der Reklameagenten, und dann die Plakate der Luftfahrtgesellschaften, im Sesselschlaf über den Atlantik, du bist schon angekommen, bevor du abgeflogen, so vieler Verführung ist nicht zu widerstehen, doch auch heute noch sollte man zur ersten Pilgerfahrt nach dem Amerika-du-hast-es-besser die Neue Welt zu Schiff ansteuern, von Wellen getragen, wie der wahrlich bewundernswerte Kolumbus, und nicht durch die Luft gerissen, wie der vom Reisebüro verfrachtete Zeitgenosse, begreift man erst wieder, daß wirklich ein Ozean die Kontinente trennt, während der Reisende des fliegenden Schaumgummisitzes allzu geneigt ist, New York für einen Vorort von Berlin oder Paris, aber London, Frankfurt, den Flughafen Wahn und was drum herum liegt für Trabantenstädte Manhattans zu halten.

In Paris auf dem Bahnhof St. Lazare, dicht bei Balzacs alter Rue d'Amsterdam, blühte Frankreich, spannte sich von Pfeiler zu Pfeiler das Netz der Hirngespinste, faulte Geschichte. Die lange, wie von milchig zerfließendem Absinth überglaste Passage war neunzehntes Jahrhundert, sie verkörperte eine große französische Epoche, sie war lächerlich und bewundernswert, sie war anrüchig und verführerisch. Das kleine helle Irrlicht der Aufklärung und die rührende bunte Wunderlampe der Literatur leuchteten. Sie leuchteten immer noch. Ich fragte mich, wie lange noch? Das Blut der Gloire und der Freiheit hatte den Boden gedüngt, das Blut war von Schicht zu Schicht gesickert. Der Duft des Huhn-im-Topf lag in der Luft, wie der Wolfshauch des Hungers, der Atem der Erhebung, der Mief der Malaise, das schalgewordene Parfüm der Skandale und der saure Geruch der Macht, die seit Jahrhunderten um die Bastille wehen. Ich fühle mich hier zu Hause. Ich hatte gelesen, daß nur wer im achtzehnten Jahrhundert in Frankreich gelebt habe, die Lust des Daseins kenne; dennoch liebte man in Paris die Revolution, den nie endenden Sturm auf alle Zwingburgen, die Geister des Aufstandes waren von alters her zum Bankett geladen, man wünschte die Unruhe, hier war ich Europäer, und ich wollte es bleiben. Einer Maus wurde eine Schale Milch hingestellt, eine Katze sah der Maus begehrlich und träge zu. Algerien und die Folter waren fern und nah. An den Zeitungsständen war das Wort des Gewissens affichiert, Sartre und Mauriac riefen Zolas »J'accuse«, und der General sang vor hundert Kameraaugen die Marseillaise. Vor einem Bistro luden wacklige Stühle zu gemütlichem Verweilen ein. Man schenkte den herben Weißwein aus, den nach Georges Simenon die Kommissare der französischen Kriminalpolizei lieben, was ihnen einen menschlichen Zug verleiht, der am Quai des Orfévres enttäuscht. Frauen, für Umarmungen geboren, eilten mit ernstem Berufsgesicht zur Arbeit. Auf einem Leuchtbild warb eine üppige Blondine aus dem Samen Renoirs und als Matrose gekleidet für ein schäumendes Bier.

Auf dem Bahnsteig der Compagnie Générale Transatlantique aber spielte sich der Untergang der Titanic ab. Zuerst sah ich die Auswanderer. Es gab sie noch. Es gab noch die Finsternisse, die Höhlen, die Verstecke für den Menschen, die Pferche, die Lager, den Stacheldraht, die Hütten, es gab Grenzziehungen, Vertreibungen, Unterdrückungen, Verleugnungen, Umwälzungen des alten Erdteils. Sie flüchteten. Die Schatten der Verfolgung begleiteten sie, die Wolke der Gewalt schien noch schwer über

ihnen zu schweben, und die Blässe des zusammengedrängten Lebensraumes hatte sie gezeichnet. Sie sahen im Westen, sie sahen mit dem Sonnenlauf das Heil. Forderten sie Gewissensfreiheit, Gedankenfreiheit, Glaubensfreiheit, oder war die Freiheit im Kurs gesunken, verlangten sie allein nach Brot oder schon nach dem Traumauto der Illustrierten? Kopftücher vom Lande und von einst. Schüchterne Kinder in schwarzen Wollstrümpfen, lockiger Bart und Gotteshut eines frommen Israeliten. Schwere Koffer zogen die Auswanderer nieder; Besitz, Plunder in Decken gepackt, Erinnerungen der armen Kammer hielten sie am Boden der Heimat, die ihnen kein Paradies gewesen war, und Familienmütter, Matroninnen, die zurückblieben, um zu sterben, jammerten hinter dem Auszug der Scheidenden, als stiegen sie nicht in einen Zug, sondern schon gleich in ein Grab. Bei allem Tristen verklärte doch ein Glanz das Bild, es war die Hoffnung der Armen, die Sage vom Millionärwerden, und im Rauchnebel des Bahnhofs glühte auf einmal ein Licht, es war die Sonne über dem Golddiggersarg in der Wüste, es war der einsame Strahl über dem Zementepitaph des gefallenen Gangsters tief unten in einem Garagenhof. Die den sicheren Weg gegangen und schon als Kinder von Millionären geboren waren, standen vor den Luxusabteilen der ersten Klasse und hielten hof. Dies war die Welt von Harpers Bazar, Barbara Hutton und die Herzogin von Windsor traten auf, und im Dutzend kauften die Photographen die Gesichter billiger. Die Herrschaften waren wieder in Paris gewesen, sie waren wieder durch Europa gereist, sie hatten sich nach neuen Verbrämungen ihrer Standbilder, nach bizarren Ausschmükkungen ihrer ach so langweiligen Legende in den Societyspalten der Zeitungen umgetan. Sie hatten wieder mal Erfolg gehabt, die Klatschkolonnen waren gefüllt, ein Monat des leeren Lebens begraben, und irgendwer von der Botschaft und die Stammgäste des Ritz brachten sie zum Bootszug, doch selbst hier gab es Tränen, letzte Küsse und Abschiede wie für immer, selbst hier endete die Zeit und schreckte die Ewigkeit, die Tod bedeutet.
Ich sah das stolze Schiff, das ich noch nicht betreten hatte, an

einem Eisberg zerschellen, ein Angestellter der Compagnie schwang eine kleine Totenglocke, Abfahrt Le Havre–New York, wir stiegen in unsere Wagen, und die Armen wie die Millionäre sangen: Näher mein Gott zu Dir.

Am Fenster des Zuges glitt die Landschaft der Impressionisten vorüber, Maupassants Ruderboote schaukelten immer noch auf der Seine, immer noch verführte die kleine Mouche, und wieder zeigten junge Männer den Schönen im Kahn stolz ihre Muskeln, während höfliche, sehr gewandte französische Beamte den Reisenden die Abschiedsstempel des alten Landes gaben.

Die Zollschuppen von Le Havre wurden hoch überragt von den roten Schornsteinen der »Liberté«, die einst als »Europa« und schier berstend vor Bremer Hansestolz über die Meere gedampft war und nun die Freiheit auf französisch meinte; und was dann kam, war der Ozean, der Ozean von einem Luxushotel aus betrachtet, aber doch der unbezähmte, der herrliche Ozean – sechs Tage lang unendlich weit, unendlich leer und überaus menschenfeindlich. Der unerfahrene Reisende wähnt, er würde hier anderen Schiffen begegnen, Segel und Rauchfahnen als Zeichen der Herrschaft des Menschen über den Erdball am Firmament sehen, aber der Passagier erblickt nur die stürmenden oder die glatten Wogen, das Meer bleibt unbefahren, und so mag der Fahrgast, ringsumher der vollkommenen Gleichgültigkeit an seinem Schicksal ausgesetzt, die Verzweiflung der Besatzung der Caravellen verstehen, die immer weiter ins Nichts zu schiffen meinten, oder er darf den Mut der alten Auswanderer bewundern, die um des Glaubens, um der Menschenrechte, um der Hoffnung willen monatelang mit unsicherem Wind dem gänzlich Ungewissen zutrieben. Dieser Mut schuf Amerika. Dieser Mut schafft Amerika noch heute.

Im Bordkino reisten die Flimmerschatten mit, unsere aufdringlichen Spiegelbilder. Der Minister grüßte, winkte und lächelte. Der General grüßte, winkte und biederte sich an. Wir erfuhren das Neueste aus Washington und aus Hollywood. Eiertänze am Rande der Abgründe und Gesellschafts-Cha-Cha über den Tiefen der See, über dem Schlaf verborgener Ungeheuer, über dem Grab aller Untergegangenen, Verbrannten, Torpedierten, Bombardierten, den mordenden Befehlen, dem Fetisch einer Flagge Geopferten. Reisende Priester in ihr Gebetbuch oder in den Anblick von Gottes grauer Schöpfung vertieft auf dem Deck der Kabinenklasse, schwarze Vögel bei den Bordspielen, der Gala-abend im Frack, gelcckte Pinguine unter den zu den Kolben-stößen der Maschine sachte zitternden Kristallüstern, Orchideen aus südenglischen Treibhäusern auf gepuderter Haut und Schleppe und Duft vom Rond Point, geschlossene Bullaugen und bleichendes Licht im Speisesaal der Touristen und Auswanderer, immer wieder gelesene Agenturprospekte, zerfaltete Verwandtenbriefe, geglaubte und schon bezweifelte Verheißungen und all die brennende Erwartung der Küste! »Da liegt unsere Inselstadt Manhattan, gegürtet mit ihren Docks wie eine Südseeinsel mit Korallenriffen und allenthalben vom Handel umbrandet. Rechts und links führen die Straßen wasserwärts, hinunter zur Battery, wo die stolze Mole unseres Kontinents von den Wellen bespült wird und kühl angefächelt von der Brise, die ein paar Stunden zuvor noch nicht wußte, was Land ist. Und nun seht die Scharen von Menschen, die dort alle aufs Wasser hinausschauen.« Also beschrieb Herman Melville 1850 New York, da er Moby Dick, den weißen Wal, seine Chimäre, jagte. Und Franz Kafka, der Amerika nie erreichte, doch von Amerika den wahrsten Traum hatte, erblickte »die schon längst beobachtete Statue der Freiheitsgöttin wie in einem plötzlich stärker gewordenen Sonnenlicht, ihr Arm mit dem Schwert ragte wie neuerdings empor, und um ihre Gestalt wehten die freien Lüfte«.

Die Neue Welt grüßte mit kaltem Wind und grauer Luft. Die Erwartung hatte die Reisenden vor Tag aus den Betten getrieben, aber je näher das Land kam, desto weniger wärmte die allmählich Gestalt annehmende Sehnsucht. Eine Herde von Photoamateuren schwärmte, aufgescheuchten Schafen gleich, über die Decks. Die Freiheitsstatue ragte in einem zerrissenen Nebelmantel aus dem Meer und war eine biedere Schwester der beliebten Riesinnen, Bavaria, Germania oder Berolina, denen man in den hohlen Kopf steigen kann, um aus ihren blinden Augen den nichtssagend erweiterten Horizont zu sehen, ein Mutterkomplex der Nation, eine Matrone, die mißmutig eine nasse Fackel hält, aber nichts erhellt.

Da trat nun hinter dem hausbackenen Freiheitssymbol die berühmte Skyline hervor, drängten sich die Wolkenkratzer auf der Spitze des festesten und teuersten Felsens zusammen. Ich dachte an ökonomische Statistiken, an graphisch dargestellte Erfolgskurven, ich sah die Kurse klettern, Raketen steigen, der Himmel sollte gestürmt werden, aber das Paradies war hier so wenig wie anderswo zu schauen, und die reichste Stadt der Welt wirkte aus der Sicht des sich dem Erdteil nähernden Gastes wie ein größenwahnsinnig gewordenes Dorf, der Anblick schien vertraut zu sein, statt zu überwältigen, das Gemälde war eher übersichtlich als gigantisch.

Das Schiff glitt, von Schleppern gezogen, langsam dem neuen Rom zu, dem Rom der oft zitierten westlichen Hemisphäre, seine Türme lobten nicht Gott, sie fragten nicht nach eines Allmächtigen Existenz, sie hatten selber die eigene Allmacht errechnet; doch der Schauer vor der Größe der Menschenfreiheit oder vor der Verkündigung des Glaubens an ein durch technischen, materiellen Fortschritt und Wohlstand zu erzwingendes Menschenglück, den zu empfinden ich bereit war, stellte sich nicht ein. Die Stadt New York, wie sie sich da in den Dunst des Morgens reckte, eine Theaterdekoration aus Stahl, Zement, Glas und auch altem Mauerstein, ließ an Kartenhäuser denken und an die Stürme, die sich weit entfernt zusammenbrauen mochten. Unter den höchsten Dächern duckten sich andere, die so niedriger wirkten als sie waren, einfache Schuppen schienen es zu sein, ebenerdige Baracken fast, sie zogen die Giganten zu sich herab, wollten sie gleichmachen, und alles dünkte vorläufig und willkürlich, wenn auch nach einer leicht zu begreifenden Ordnung hingestellt zu sein, wie von einem spielenden, aber nicht sehr phantasiebegabten Kind.

Zum Glück sah ich gedrungene altertümliche Fährboote über den Bodden treiben, und sie zauberten mir, wie sie mit schwerer Menschenfracht, radrollend, schaumschlagend den Hudson querten, das Amerika meiner Erwartung, sie ließen an Mark Twain denken, an Walt Whitman, wenn auch der Mississippi und die grünen Jagdgründe fern und die Tage der Dichter vergangen waren. Die schon von Melville erwähnten Docks umlagerten Manhattan noch immer wie schwarze Waben, die »Liberté« wurde wie von einem Maul verschluckt, und die Ausschiffung erfolgte nach einem alten strengen Zeremoniell. Zuerst wurden die Bevorzugten der ersten Klasse in das Land gelassen, dann leerte sich der Kabinentrakt mit all seinen schwarzgekleideten Priestern, und ganz zuletzt kam die Reihe an die Auswanderer, die nun in die Räume der Halbgötter getrieben, auf die dicken Teppiche, in die Brokatsessel des großen Festsaals geladen wurden, wo die Einwanderungsbeamten an den abgeräumten Tafeln der üppigen Soupers saßen, die der Stolz der Linie sind. Ich wurde nicht gefragt, ob ich den Präsidenten ermorden wolle. Das war also eine Sage. Die Beamten waren freundlich und leger, sie gebrauchten großzügig ihre Stempel und überließen es dem Fremden, zu morden oder nicht.

Das große Amerika vertraute mir. Es vertraute mir zunächst. Es erwartete, daß ich mit meinen Augen die Staaten als Gottes eigenes Land erkennen würde. Unwillkürlich fürchtete ich diese Erwartung zu enttäuschen, und ich schämte mich. Reiste ich mit falschem Paß? Ich bekam die Landeerlaubnis, ging über den Bootssteg, über das letzte Stück Materie, das mich mit Europa verband, und trat über eine Brücke in die riesige Zollhalle.

Die Halle war Amerika und war doch wie von Franz Kafka aus Prag, ein Raum so schwingenden Daches, so weitgestreckter Maßlosigkeit, daß er sich aufzulösen und gänzlich unwirklich zu sein schien. In flimmernden Staubbahnen brachen fahle Sonnen durch die Milchglasscheibe, der Betonboden war zertreten und verschrammt, und überall standen unzählige primitivste hölzerne Barrieren und billigste Pulte, dazwischen lagen weithin verstreut, wie die zusammengeklaubte Nachlese auf einem Felde, kleine Gepäckberge, in wahre Elendshaufen verwandelt, das Strandgut Europas, aus dem Bauche der »Liberté« gehoben und irgendwie nach den Namen seiner Besitzer alphabetisch geordnet. Ich suchte, was mir gehörte, fand es und sah, daß es schäbig war.

Dies ist der Moment, da der Einwanderer sich die Kleider vom Leib reißen und all seine mitgebrachte Habe verbrennen möchte, um nackt und von nichts beschwert, doch mit der Aussicht auf eine andere, glanzvollere Ausstattung, in das neue Leben zu treten. Da aber ein solches Verhalten auch in Amerika nicht opportun gewesen wäre und alle Anstrengungen, so weit zu reisen, vielleicht vernichtet hätte, wartete ich auf den Zöllner. Er kam gemächlich. An dem Stern auf seiner Brust erkannte ich ihn als den gemütlichen Polizisten der Filmstreifen, aber er war von altpreußischer Pflichtauffassung. Jede Tasche mußte geöffnet werden und wurde durchsucht. Welches Schmuggelgut fürchtete er für das Land des Überflusses? Ich erfuhr es nicht. Mein Gepäck bekam die Freigabemarke, die an der letzten Barriere der Halle vorzuweisen war.

Ich ging durch das Tor. Ich war in Amerika angekommen. Ich stand in New York. Ich hatte dies oft geträumt, und es war nun wie ein Traum. Der Traum, hier zu sein, hatte sich erfüllt, und wie im Traum gab es keine Fremde. Ich war auch hier zu Hause, und Amerika lag vor mir wie ein fester Besitz. Ich spürte Freiheit. Ich empfand Freiheit. Die Freiheit war der Wind. Niemand fragte mich, wohin ich gehen, was ich tun, was ich beginnen wolle vom Atlantik bis zur pazifischen Küste, vom Golf von Mexiko bis zu den Eisbergen Alaskas.

Das Taxi war groß wie eine Lokomotive, und es war grellgelb angestrichen wie ein deutscher Briefkasten. Auf seinem Dach funkte es blaurote Lichtsignale, sie ähnelten dem blitzenden wachsamen Auge der Polizei, und für eine Weile hatte ich das Gefühl, ein Ehrengast zu sein, der eskortiert und ohne Berührung mit Land und Leuten an ein Ziel gebracht werden soll. Die Polster des Wagens waren hart, und der nackte Stahlboden war schmutzig; man bot dem Fahrgast den Transport, man bot ihm nicht mehr. Andauernd erreichten den Wagenlenker durch die Luft gesandte Botschaften; Unsichtbare sprachen zu ihm, beschworen ihn, quälten ihn, hetzten ihn. Zuweilen antwortete der Mann den Stimmen der befehlenden Luftgeister; er sprach mürrisch, gereizt, gegen die Windschutzscheibe, er verschluckte auf eine überzeugende ökonomische Art die Silben, doch verstand ich kein Wort seiner Verteidigung. Vielleicht erzählte er auch nur seinem großen Bruder, daß er gerade ein Greenhorn zu einem Hotel fahre.

Flammenrot, mit kreischendem Sirenenschall, brauste ein Feuerwehrzug vorbei. Das hatte ich mir gedacht! Schon sah ich einen Wolkenkratzer brennen, den Broadway lohen, schon las ich die Schlagzeilen auf allen Zeitungen der Welt. Gewaltige Katastrophen schienen hier in der Luft zu liegen. Wie roch New York? Hier noch nach Meer, nach Schiffen, ich spürte einen Hauch der Niederlande, ich ahnte die Kolonie Neu-Amsterdam. Aber wie roch der Erdteil? Erst am Abend mit dem aufkommenden Landwind bot er sich an, der Geruch nach Gras, nach blühender oder verdorrter Prärie, nach sauber geschorenem Rasen um die Heime der Amerikaner, doch die Stadt selbst roch auch nach überhitztem Dampf, nach den weißen flockigen Schwaden, die unaufhörlich durch den Straßenbelag drangen, unter den Reifen der Automobile schwebten, die Beine der Fußgänger in Nebel hüllten und sie wie allegorische Gestalten über Wolken gehen ließen. Später erzählte man mir, der Dampf sei die Ausströmung großer Heizanlagen, doch für den ersten Augenschein erhob sich New York auf vulkanischem Boden, und Bordstein und Asphalt und Mauerwerk hinderten gerade noch einen gefährlichen Ausbruch. Dabei leugnete die Straße, durch die wir fuhren, die Weltstadt. Die Straße mimikrierte; sie spielte Alt-Amsterdam, sie war urgemütlich, allerlei Katzen und Käfigvögel und mischrassige Hunde schauten aus staubigen freundlichen Fenstern, kleine Läden boten Grünzeug feil, Altkram und billigen Lebensbedarf. Auf den Bürgersteigen bewegte sich Volk, Volk bei sich zu Haus. Volk in Pantoffeln, auch in New York gab es den Provinzialismus und den Stolz des Quartiers, wie in Paris, wie in London, wie im alten Berlin Nachbarschaftsgeschwätz, keine Eile, nichts von amerikanischem Tempo, das überhaupt eine gänzlich falsche Vorstellung Europas von Amerika ist; doch amerikanisch, neu für mich, fremd war hier schon das Hocken vor der Haustür, das lange stundenwährende Sitzen von Frauen, Kindern und offenbar unbeschäftigten Männern auf den Stufen aus Holz oder Eisen, die zu kleinen Veranden hinaufführten oder als Feuerleitern das Haus umrankten.

Bald aber wuchsen die Gebäude, wie man es erwartet hatte, wie Filme, Bilderbücher und Träume es gezeigt hatten, und die Straße wurde zur Schlucht, wir fuhren tief unten auf dem Boden eines grauen Cañon, und der Himmel oben war ein unendlich ferner, sehr schmaler, doch freundlicher blauer Strich.

Das Hotel war natürlich ein Wolkenkratzer, aber es war kein großes Haus. Es glich einem hochgestellten schmalen Plätteisen, das mit seiner Spitze den Himmel berühren wollte, und war eine merkwürdigerweise bonbonrosa angestrichene Herberge für Reisende, die mit den Greyhound-Autobussen, den benzinfressenden Windhunden einer über das ganze Land ausgebreiteten Transportgesellschaft, aus allen Staaten zu Geschäft oder Staunen nach New York kommen. Diese Autobusse waren gedrungen wuchtig, mit einem Aussichtsbuckel versehen, stolz mit fremdem Staub bedeckt, sie waren schnelle Rhinozerosse, die endlos lange Straßen Meile auf Meile bewältigt, Gebirge, Wildwasser, Prärien, Wüsten durchquert und die Horizonte der Indianer gesehen hatten. Jugend entquoll ihren trojanischen Bäuchen und füllte die enge Halle des Hotels, Jugend in farbigen Hemden, mit bunten, manchmal mit Reklamesprüchen versehenen Mützen auf

234

den geschorenen oder gelockten Köpfen. Wer aber schon alt war, gab sich wenigstens jugendlich, wählte noch grellfarbiger das Hemd, noch verwegener den Hut, und sie alle schienen ungesattelte Mustangs und nicht die weltstädtischen Verkehrsmittel besteigen zu wollen.

Zunächst aber hatte jedermann anzustehen; es war enttäuschend und wie mitten in einem schrecklichen Krieg. In langer Schlange warteten wir vor dem Tisch der Zimmerverteilung, vor dem Schalter der Kasse, vor den Selbstbedienungselevatoren, und alle zeigten sich geduldig und fanden das Warten selbstverständlich. Dies schien zuerst und überraschenderweise auf einen gewissen Mangel an Unterkunftsmöglichkeit und Lebenskomfort hinzuweisen, doch war es nur, wie es sich dann glücklicherweise ergab, eine vorübergehende Schwierigkeit, eine beinahe sympathische Unorganisiertheit in der Verteilung des Überflusses.

Wieder vertraute Amerika auch dem Fremdesten. Der Gast wurde nach keiner Legitimation gefragt, kein polizeilicher Meldeschein war auszufüllen, es genügte, irgendeinen Namen, den eigenen oder einen, den zu führen man gerade Lust hatte, einer Kundenkarte anzuvertrauen, um den Zimmerschlüssel zu bekommen. Im Lift nahmen alle Männer ihre bunten Mützen und verwegenen Hüte ab, als ein junges Mädchen zu uns stieg, einen kleinen Spiegel aus ihrer Tasche holte und sich andächtig die Lippen schminkte – eine Königin, wie man sie zu Tausenden in der Stadt verehrte. Lichtsprünge einer Signaltafel zeigten, daß wir rasend schnell zum zehnten, zum zwölften, zum sechzehnten Stock emporkletterten. Dort erschreckten rote Feuerschriften, Warnungen, Löschschläuche, Eisentüren in engen Gängen, Pfeile, die zu den schwarzen Rettungsleitern draußen am Riesenhaus führten. Wieder empfand ich, daß man in Amerika in jedem Augenblick eine Katastrophe erwartet.

Aus dem Zimmer, das ich beziehen sollte, drangen erregte Stimmen. Ein Schuß fiel. Eine Frau schrie. Mit der Vorsicht der berühmten Detektive öffnete ich die Tür. Ein Fernsehapparat tobte laut vor sich hin, um dem Gast zu sagen, daß er auch in der

Fremde nicht allein sei, und Schatten, diesmal die Schatten von Verbrechern, hatten, bis ich eintrat, zu den vier Wänden gesprochen. Mein Bett, das waschmittelpropagandaweiß war und deshalb unschuldig aussah, hatte einen Mord beobachtet. Doch schon bat mich mit quengelnder Stimme ein häßlicher kahlgeschorener Junge in Cowboytracht, ihm eine bestimmte Sorte Drops, die schmackhaftesten, die bekömmlichsten der Welt, zu kaufen. Mir war es schon in Europa sonderbar vorgekommen, wie entstellend die Amerikaner ihre Knaben und wie reizend sie ihre kleinen Mädchen anziehen, und ich erkannte in der Bevorzugung der Mädchen eine kluge Vorbereitung auf das neuweltliche Leben, auf die Stellung der Frauen und Männer in der amerikanischen Gesellschaft. Der quengelnde Cowboy bedrohte mich mit einer Pistole, und gleich darauf zielte ein Mann mit einer Oldshatterhandbüchse aus einem Blockhaus. Aber vor dem Fenster bot sich mir ein überwältigendes Bild. Die Wolkenkratzerstadt lag im Glanz der Mittagssonne vor mir, ihre höchsten Häuser überragten mein hohes Hotel, ich erkannte New York als die Siedlung meiner Zeit, und sie gefiel mir sehr, sie bezauberte, sie erfüllte alle Erwartungen. Wie Türme und Burgen aus Stahl, Aluminium, Beton und funkelndem Glas wuchsen die Hochhäuser überall aus einem von den Straßen rechteckig zerschnittenen Gewirr anderer relativ und erstaunlich niedriger Dächer, und sie, die Großen, die stolz zum Himmel ragten, schienen einander über die Firste der Kleinen hinweg zu grüßen. Es war ein fortwährendes lustiges Blinken und Winken in der Luft. Der Wind wehte frisch und hatte viel Raum. Der Himmel war hoch und blau, und ich fühlte mich in eine große allgemeine Herzlichkeit einbezogen. »Ich war aus Manhattan, frei, freundlich und stolz!« Die Stimme Walt Whitmans war über den Häusern. Die Automobile tief unten in den Straßen fuhren in lustigen grellbunten Reihen wie rollendes Spielzeug durch ein Kinderparadies.

Dem Stadtplan nach mußte ich nahe am Broadway, dicht beim Times Square sein. Die Erinnerung an viele Filmbilder, an den

flimmernden Waffenstillstandstag, an eine ameisenwimmelnde
Neujahrsnacht, an den Konfettiregen des Lindberghtriumphes,
an den Rausch des Prohibitionendes trieb mich unverzüglich hin,
und wie so oft, enttäuschte zunächst die Wirklichkeit den Traum.
Am Mittag sah die berühmte Ecke Broadway/Zweiundvierzigste
Straße schäbig aus. Im Tageslicht glich der Broadway hier der
Hamburger Reeperbahn, bevor am Abend die Lichter des Vergnügens angehen und die Mädchen sich geschminkt haben.
Damen wandelten vorbei in Kleidern, die wie nach den neuesten
Pariser Offenbarungen von einer irrsinnig gewordenen Haus-
schneiderin in grotesker Übertreibung gearbeitet waren, und zu
diesen Theatergewändern trugen die Damen große Hüte mit
blühenden Blumenbeeten oder überreifen Früchten auf dem
farbgetönten oder gepuderten Haar. Ihnen begegneten wieder
breite, stämmige, aufrechte, schön gewachsene Neger, die sich
zu Anzügen von lässiger Eleganz in beachtlicher Herausforderung
runde, komische Regenhüte bewußt närrisch auf den Kopf
gesetzt hatten, was ihren ernsten Gesichtern einen seltsam arroganten Zug verlieh. In einem Schaufenster hing die Filmschau-
spielerin Jayne Mansfield lebensgroß als Wärmflasche aus knall-
rotem Gummi und mit aus dem Kautschuk gepreßten, dem
Betrachter peinlich entgegengestreckten üppigen Brüsten zum
Kauf. Überall sah man Läden mit Zauberartikeln, Scherzwaren
und Ulkmechanismen, mit Gegenständen, die grob die menschlichen Organe der Sexualität und der Ausscheidung entstellten
und verhöhnten, und es schien Kunden zu geben, die solche De-
goutanz witzig fanden und sie der Familie oder den Freunden ins
Haus brachten. Ein anderes, gleichfalls gutgehendes Geschäft
verkaufte, in Sprüchen und Bildern ausgesprochen, schwerste
Beleidigungen als Glückwunschkarten. In der Auslage eines
Wäschemagazins zeigten nackte Schaufensterpuppen krankrote
oder giftgrüne, angeblich Pariser Koketterien, und der Vorübergehende mochte an diesem Mittag meinen, am Broadway in die
traurige Hölle der Wollüstlinge geraten zu sein. Offene Fegefeu-
er züngelten unter Fleischstücken, die als Texassteaks angeprie-

sen wurden. In langer Reihe standen nicht die Hungrigen, sondern die Gierigen, die Opfer des Feuers und der Verführung, nach einem Mahl an, das sich, hatte man es verbrannt und glühend auf dem Teller, so zäh wie aus Lastwagenreifen gebraten erwies. Hinter den vorhanglosen Spiegelscheiben einer sportfeldgroßen Konditorei saßen unter künstlichen Palmen, an glitzernden Leuchtfontänen die Damen mit den Blumenbeeten auf dem gepflegten lilagepuderten, silberbestäubten Haar und aßen enorme Portionen eines seltsam aromalosen Erdbeerkuchens von stechender Färbung. Die Damen schienen unendlich viel Zeit zu haben. Sie schienen über unendlich viele leere Stunden zu verfügen, ihr Tag wollte sich endlos dehnen; schmuckbehangen, versorgungsgläubig fühlten sich die Damen ihrer Zeit und ihrer Stellung in der Gesellschaft sicher. Und bald kam ich in die Straßen des sagenhaften Reichtums, der Luxus der Welt lag hinter glitzernden Scheiben, der Erdball buhlte zu meinen Füßen; in vielen Stockwerken fester Burgen schrieb, rechnete, handelte, strebte man, stellte man her, extrahierte, erfand, schmückte, kaschierte, fälschte, verwahrte man Geld, verbuchte Zinsen, und aller Fleiß und alle Arbeit, alle Fähigkeiten und Produkte des Landes schienen am Ende den Damen zu gehören und ihnen allein zu dienen, den Damen mit den Blumenbeethüten, die an den Leuchtfontänen saßen und aromalose Erdbeeren aßen.

Doch an der Ecke der Siebenundvierzigsten Straße und der Fünften Avenue bot man in vielen Juwelenantiquariaten das Geschmeide einer unglücklichen europäischen Damengeneration feil, Großmutterringe, vergilbte Perlen, Diamanten unmodischen Schliffes, die nach Krieg, Vertreibung, Umsturz, Gefangenschaft für Brot oder Zigaretten hergegeben und von findigen Geschäftsleuten über den Ozean geschmuggelt waren. Diese Straße inmitten des eleganten Ladenviertels von New York war eine schwarze, zumindest graue Börse, über die Ostwind wehte. Diese Straße war Wien, die Straße war Berlin, die Ecke war Warschau oder Czernowitz. Man handelte hinter vergitterten Fenstern oder von Hand zu Hand unter freiem Himmel. Die Wirtschaften pflegten hier einen altmodischen Kneipenstil, waren wie Bouillonkeller eingerichtet, die Gäste standen herum, den Hut auf dem Kopf, und verzehrten fette Würste, und dampfender Kaffee wurde aus riesigen Emaillekannen statt aus den sonst landesüblichen blinkenden Espressomaschinen ausgeschenkt. So erinnerte die Gegend sehr an das vernichtete Berliner Scheunenviertel, nur daß sich hier alles unter der Last von mindestens zwanzig Stockwerken abspielte, was der Straße dann doch wieder ihre amerikanische Perspektive gab.

Die offenen Portale von Rockefeller Center waren wie das Maul eines riesigen Staubsaugers; sie saugten die Passanten wie Treibsand ein. Das war eine Stadt in der Stadt; das waren Mauern, die zum Himmel strebten. Das Adreßbuch von Rockefeller Center nennt fünfundreißigtausend Einwohner; hunderttausend besuchen sie. In einem Strom, dem nicht zu entrinnen war, erinnerte ich mich, in einer Gemeinde von zehntausend Seelen aufgewachsen zu sein. Da hatte es Straßen gegeben, einen Marktplatz, ein Rathaus, zwei Kirchen, zwei Friedhöfe, ein Gericht, ein Gefängnis, drei Schulen, die Kaserne der Jäger und den Ausflug zum See und zum Wald. Hier war das alles und noch viel mehr in ein einziges Haus gepackt. Ich schritt über spiegelnde Politur wie über einen zugefrorenen See, ging durch Wälder von Marmor, wandelte unter der Neonlichträusche Sonne, Mond und Stern.
Das Klima steuerte die Vernunft, der Mensch oder die Elektronen, die Fahrstühle waren flutende Avenuen, das Labyrinth bewegte sich. Aufsprünge und Abstürze, Treibjagden, Seiltänze, die steile Leiter führte zum Erfolg und zu den bereiten Müllschluckern, ehe ich mich's versah, geriet ich in den Keller, wurde in unterirdischen Schaufensterpassagen von lächelnden Puppen und lockenden Angeboten verführt, wurde amerikanisiert, bekam den Strohhut des letzten Sommers auf den Kopf gestülpt, die Krawatte mit Wildpferd und Lasso um den Hals geschlungen, unvermutet stand ich in einem Postamt, hinter dessen Schaltern hornbrillengeschmückte Neger wie die strengen Richter des

Hades saßen, ich floh in ein Schnellrestaurant, wo Milch und Kaffee aus den Wänden flossen, eine aufgeschlagene Bibel auf Moses hinwies, Tischleindeckdich grellbunte Speisen herbeizauberten, die wiederum Blumenbeethüte tragende Damen unbekümmert auslöffelten, während mich die mir grausam vertrauten schrecklichen Schilder erschreckten, die mahnenden Pfeile: zum Luftschutzraum.

Noch zitterte der Rockefellerturm nur im Wind, und die Explosionen, von denen die Gänge hallten, waren die energischen kurzen Aufschläge der hohen Absätze der stolzen Mädchenscharen. Gesang erklang, Musik, man mimte, man tanzte, man sendete fern, man führte ein Schauspiel vom Glücklichsein auf. In einem Blumenhof blühte es aus geheizten Beeten, Wasserspiele plätscherten ein kleines Versailles, die Flaggen der kaufkräftigen Nationen wehten über teuren Geschäften, als seien hier alle Länder oder doch wenigstens die Vermögenden ihrer Bewohner zu einem Fest geladen.

Ringsherum wuchsen Konkurrenten heran und bedrohten schon die Größe und den Glanz des Rockefeller Centers. Kleinere und ältere Häuser wurden niedergerissen, Baugruben, so tief, so ausgedehnt, um ein Dorf darin zu versenken, wurden ausgehoben, Männer mit weißen, gelben und roten Stahlhelmen auf dem Kopf operierten mit schweren Maschinen, verwandelten andauernd das Gesicht der Stadt, und ich konnte dies alles durch runde verglaste Fenster beobachten, die man extra für Gaffer und Bewunderer wie mich in den Bauzaun eingefügt hatte. Ein Kran ließ Eisenträger wie Flaumfedern schweben, ein Stahlgerippe reckte und streckte sich, ein neuer Weg in die Wolken wurde errichtet, noch höher, noch himmelstürmender als alle vorangegangenen, doch zu den Füßen des Giganten grünten die Bäume, lag der liebliche kleine Park um die Public Library.

Alle Rassen der Welt strebten zum Buch, zum Wissen, zur Erkenntnis, der schönste Traum des Enzyklopädisten erfüllte sich überseeisch, alle die herrlichen Blutvermischungen der Stadt waren bildungshungrig, in kräftiger Jugend zu sehen, wandelten unter dem frischen Laub wie im Gymnasium Athens, und Amerika war wahrlich frei und schön. Der Abend kam mit goldenem Licht. Manhattan offenbarte sich als Insel und schien zu schweben. Jeder Weg führte zum Wasser. Im Wind vermählte sich New York venezianisch mit dem Meer und amerikanisch mit der Weite der Prärien. Aus den Büros fluteten sie nach des Tages Arbeit wie Tanzende, stürzten wie Falterschwärme über die Autobusse, versanken wie Ameisen schwarz in den Schächten und Schatten der Untergrundbahn. Auch Babel hat seine blaue Stunde. Kein Stuhl, kein Tisch auf dem Boulevard, aber Wärme, aber Menschlichkeit in künstlich dunkel und geheimnisvoll gehaltenen Höhlen. Überall brannte Aladins Wunderlampe. Kein Schilfgrün des Pernod im Glas, aber das Gold des Whiskys, der klare See des trockenen Martini spiritisierte in ergiebigen Schalen, und Männer und Frauen saßen an den hohen Bartischen, erschöpft vom Tag, doch nicht müde zur Nacht, Großstädter, die, nach Gottfried Benn, der abendlichen Kulissenverschiebungen harrten.

Und schon schrieben die Leuchtschriften die Vergnügungen an den Himmel! Gegen den Strom der Automobile schwamm ein Schutzmann auf einem Pferd. Man hatte Wohnhäuser niedergerissen, um Parkplätze zu schaffen, und der Grundbesitz rentierte sich vom Hause befreit wie nie zuvor. Vor dem Theater konferierte in weißer Lichtflut das entzückteste Publikum der Welt. Es waren die Zuschauer von Reinhardt und Jessner, von Charell und Brecht, die ich hier wiederfand, ich sah mich in der Schumannstraße, am Schiffbauerdamm, am Kurfürstendamm, ich hörte die alten Gespräche der Erwartung, die Unterhaltungen der Habitués, die Dialoge der Kennerschaft. Unaufhörliche Forderungen, nie endender Dank an die Künstler!

New York war nicht fremd, New York war vertraut; es war noch in all seiner Fremdheit vertraut. Unverhangen die Fenster der Nachtlokale. Öffentlichkeit. Demokratie. Durch eine Destille schritt eine junge Negerin, in ein hautenges rotes Trikot genäht, und ihr schwarzes Haupt war es, das zu brennen schien. Ein sonst ordentlich aussehender Chinese erlitt einen Nervenzusammenbruch, schrie, heulte, zerschlug mit kleinen Fäusten sein Glas, weil der Fernsehapparat der Bar kaputt war und er seine Schau nicht sehen konnte, sein Schattengirl. Der Unhold des Tages war ein Arzt aus Puerto Rico. Er hatte in Brooklyn eine Krankenschwester erschossen. Der Chor der Zeitungshändler rief die Tragödie aus und hielt die Bilder der Protagonisten hoch. Das Opfer war unbedeutend anzusehen, schönere Mädchen gingen unerschossen über die Straße, die Augen des Täters blickten kurzsichtig und ratlos durch eine randlose Brille.

Am oberen Broadway, bevor er zu Laub, Dunkel, dürftigem Rasen, Steingärten, Laternenschimmer, Pferdedroschkenromantik und täglich weiter gedichteter Raubmär und Mordsaga des Central Park führt, hallte Schlachtenlärm. An der Zweiundfünfzigsten Straße, mitten im Theaterbezirk, waren die Katalaunischen Felder der Halbwüchsigen. In den Schießhallen tüchtiger Unternehmer tobte der Kampf. Die technischen Spielzeuge für die fortgeschrittene Pubertät klingelten, knallten, ratterten und leuchteten. In Flugzeugkanzeln knieten sie hinter den Bordkanonen und erledigten den Gegner. Man kann diese Läden in allen Städten der westlichen Welt sehen, aber hier am Broadway schien ich die Urzelle des Lärms und der sinnlos vergeudeten Zeit gefunden zu haben.

Ein riesiger, ein lichterbunter, wie ein Magnet anziehender Laden, die ganze Nacht durch geöffnet, war ein erhabener Tempel des Klanges. Kakophonien rauschten wie Niagarafälle, man verkaufte Tonkonserven, und die Stars des Gesanges und der Instrumente blickten als frischgebackene Millionäre kühl von den Wänden. Urwaldtrommeln der Voodoo-Suite, Melancholia des Modern-Jazz-Quartett, Mädchen und Jünglinge, in ihrem Geschlecht fast nicht voneinander zu unterscheidende Gestalten,

kurzhaarig, schmal, blaß, in übernächtigten Augen die Enttäuschungen der jungen Jahre, standen sie, ein jeder für sich, ein
jeder in seiner Traumwelt, wie in Trance da und lauschten der
Musik, die den Laden zu einem von vielen Quellen durchriesel-
ten Wald machte.

Weiter östlich diente die Straße der Burleske. Von Scheinwerfern
angestrahlte Wandgemälde, lebensgroße Farbphotographien
weiblichen Fleisches, tiefgekühltes Rosa, durch Vergrößerungs-
linsen mikroskopisch gedehnte, seltsam entblößte Haut, der Rei-
gen der Halbnackten, die Mode des Striptease, ein verzweifeltes
Sichanklammern an die Körperlichkeit. Türsteher priesen die
Reize der Figurantinnen, ihr brutaler Mund sprach Frauenlob,
und zwischen den Schleiertanzhütten lagen in makabrer Ironie
zerlegte blutige Tierleichen im blendend erleuchteten Schaufenster eines Großschlächters. Das von seinem Rumpf getrennte
gewaltige Haupt eines Black-Angle-Bullen sah mich voll Ernst
und Würde wie der alte mächtige Gott der Nacht an.

Ein Leuchtfeuer strich wie die ausgestreckte Hand des Todes
über die Stadt hin. Musik, Lachen, Stimmen aus tausend Lokalen. Musik, Lachen, Stimmen aus dem Zug der Automobile.
Lachen, Stimmen, Wispern an allen Ecken. Begegnungen, Begat-
tungen auf den weiten Parkplätzen, die Automobile die noch
stummen Zeugen. Manche Wolkenkratzer sahen wie Lichter-
bäume aus, andere wie leblose Felsen in einem diffusen Mond-
licht. Im Schaubottich eines Restaurants für Meeresspezialitäten
fochten zwei große Hummern ein tödliches Turnier aus. In ihren
dunklen Panzern glichen sie von Dürer gezeichneten Rittern.
Truthähne, groß wie der Vogel Rock, standen zum Aufschnitt
bereit. Schinken wie Wagenräder, Braten wie von Elefanten. Der
schwarze Koch wetzte das Messer, säbelte Scheibe auf Scheibe
vom dampfenden Stück und legte sie zwischen kalkbleiche Bro-
te. Gelbe, weiße und schwarze Seen, Milch, Säfte und Kaffee,
immer gierige, immer durstige Münder.

Die billigen Alkoholausschänke der Sechsten Avenue waren unendlich lange, sehr schmale Korridore, wo schwarze und weiße Männer einträchtig und wie zerzauste Vögel in einem Käfig an der Theke saßen, der naßglitzernden Straße des Schnapses. Ich dachte an den Eismann O'Neills, den Tod für die Trinker; sie aber blickten gebannt in die Höhe, nicht zum Himmel, zum Fernsehschirm, auf dem verfolgt, geschossen, gequält, gestorben wurde, nur zuweilen unterbrochen durch die Anpreisung von Genüssen für das kurze Leben.

Durch das Hotel flutete auch nach Mitternacht der nie verrinnende Strom der Autobusreisenden in ihrer bunten Wandertracht, räkelte sich in den Sesseln, erzählte sich Witze, telefonierte mit Nebraska, ließ sich von geduldigen Elevatoren auf und nieder tragen. Im sechzehnten Stock hinter allen Feuerschutztüren Rufe, Erregungen, Gelächter. Die Schatten der Television waren unermüdliche Gesellschafter. Vor dem Fenster funkelten weithin die Lichter, als habe der Sternenhimmel sich auf die Erde herabgesenkt. Die Stadt focht ihren verzweifelten Kampf gegen die Einsamkeit. Auf dem Nachttisch lag eine Bibel. Ich schlug sie auf und bewunderte den Glockenton der englischen Sprache: And there appeared another wonder in heaven; and behold a great red dragon, having seven heads and ten horns, and seven crowns upon his heads.

Der Morgen kam gemütlich. Nebel verwischte die kühnen Konturen, und die Dächer der hohen Häuser schienen nun den Himmel erreicht zu haben. So manche Firma schwebte in den Wolken. Im Fernsehbild erschien ein höflicher Herr und unterrichtete mich über die Wetterlage. Der Herr kündigte die Sonne an. Der Arzt aus Puerto Rico zeigte sich mit Handschellen, sein Opfer lag unter einem weißen Tuch. Der Gesichtsausdruck des Arztes hatte sich verändert, er blickte nicht länger ratlos. Er spielte nun eine Rolle, er war ein Star geworden.

Im Drugstore an der Ecke schlug ein athletischer Neger Eier auf ein heißes Blech. Die Eier schwitzten wie eine Kompanie Soldaten auf dem Exerzierplatz. Der Neger war ein Gott. Er bewegte sich federnd wie ein Schattenboxer.

Ich saß zwischen amerikanischen Bürgern auf hohem Drehstuhl. Ahornsirup floß gelb und waldduftend auf Buchweizenkuchen. Eiskalte Säfte, glühend heiße Getränke, verbrannter Toast. Die Bürger waren auf dem Weg zur Arbeit oder kamen aus Nachtbetrieben, kluge Gesichter lasen die »Times«, junge Leute riefen sich Ergebnisse von Spielen zu, es herrschte Freundlichkeit, Frühstücksgleichheit, weltstädtische Toleranz. Die Mädchen waren schön geschminkt; sie waren nicht hochmütig wie ihr Ruf, sie lächelten kameradschaftlich. Der weiße Besitzer des Drugstores strich einem Negerknaben über das borstig geschnittene Haar.

Fröhlich rollten die Autobusse, vergnügt wimmelten die Autotaxen. Das Heer der Clerks, der Sekretärinnen, der Verkäuferinnen schwärmte aus. Hinter den Spiegelscheiben der Fünften Avenue lag der Reichtum der Welt noch unbestaunt. Tauben unterhielten sich auf den Gesimsen.

Das Empire State Building ist, wie man weiß, das höchste Gebäude der Riesenstadt, und es behauptet von sich, die sieben Weltwunder in den Schatten zu stellen. In den Schatten die Pyramiden, in den Schatten den Tempel der Diana zu Ephesus, in den Schatten den mächtigen Zeus von Olympia. Wer wurde hier angebetet?

Sie drängten in die Fahrstühle und hielten Himmelfahrt. Der Frisiersalon im Souterrain war wie eine bessere chirurgische Klinik eingerichtet. Zum Rasieren wurde man wie zu einer Operation gebettet. Sterile Tücher bedeckten den Leib. Die Friseure trugen Professorenbrillen und kamen mit nackten Armen. Maniküremädchen, rothaarige Narkoseschwestern, ergriffen des Patienten Hände. Schwarze Haut wedelte über die Schuhe. Dampfende Kompressen brannten Jugend in die Wangen. Der Mister konnte sich zeigen. Er konnte auffahren zu den Chefs. Er konnte den Dollar erjagen.

Wegweisertafeln funkelten. Verwirrende Schriften. Wer zählt die Branchen, kennt die Schliche? Hauspolizisten regelten den Verkehr vor den Fahrstühlen. Es ging wie auf einem großen Bahnhof zu. Schulklassen, Besucher vom Land warteten auf die Eröffnung der Aussichtssaison. Der Expreßlift schoß hoch, schockierte den Magen. Umsteigen im neunzigsten Stock. Noch zwölf Stockwerke bis zur Plattform. Der Dom zu Köln war glücklich überflügelt, die Kathedralen sanken im Ansehen. Man wandelte in Wolken. Man meinte sie greifen zu können.

Manhattan lag unter weißem Schleier wie ein nicht allzu großes Schiff, auf dessen höchstem Mast man stand. War dies Babylon? Dann ist der Anblick von Babylon für den Menschen zu gewaltig. Das Ungeheure schrumpft zusammen. Dieses Schiff hier konnte untergehen. Das Auge suchte die Grünflächen. Wie kleine Gebetsteppiche lagen sie hier und dort, Parkanlagen, so betrachtet, seltsam licht und zart. Spielzeug die Ozeandampfer. Spielzeug die viermotorigen Flugzeuge. Der Verkehr in den Straßen war aus dieser Höhe gesehen ein zusammenhängender Strom und ähnelte der pulsierenden Blutbahn im Schaubild eines Menschen auf einer hygienischen Ausstellung.

Aber der wirkliche, der lebende Mensch ließ es sich nicht entgehen, von so erhabenem Standpunkt Kartengrüße in die Welt zu schicken. Ein Postamt mit Sondermarken und Sonderstempeln dokumentierte das Obengewesensein. So verdrängte man, an die Tante, den Onkel, die Frau, die Geliebte, an die Kollegen im Büro denkend, was jeder empfunden hatte, das tief Unheimliche dieser Höhenschau, die Ahnung, das Vergängliche im Gigantischen gesehen zu haben.

Madison Square, Washington Park, die grünen Auen.

Madison Square war wie eine künstlich befruchtete Wüste, Armut auf den Bänken, erschöpft Schlafende, traurige Arbeitslose und die fröhlichen freien Arbeitsverneiner, und ringsherum die Straßen billiger Läden. Der Markt war grell, bunt, anreißerisch, jeden Tag war Ausverkauf, Geschäftsauflösungen am Abend, Neugründungen am Morgen, Ramsch für die Einwanderer, Gespinst im Tausend zugeschnitten und mit heißer Nadel genäht für die zu Kleidenden aus aller Welt.

Welche Sprache du auch sprichst, und sei es keine, der Dollar reiht dich ein, macht dich gleich. Ich hörte das Wort Dollar auf allen Wegen, ich hörte es in armer und reicher Umgebung, es wurde immer mit Andacht ausgesprochen. Du bist Konsument und wirst umworben. Du bist Konsument mit deinem ersten Schrei oder wenn du zum erstenmal deinen Fuß auf die neue Erde setzt. Egal deine Hautfarbe, gleichgültig dein Bekenntnis. Dein Vaterland vergißt du, bald verlernst du den Mutterlaut. Du möchtest Amerikaner sein. Deine Kinder sind es, stolze Kinder, die dich verachten, der du aus Rostock, aus Lodz, aus Messina, Nagasaki, aus irgendeiner Ferne kamst. Nie wirst du die Unbefangenheit des hier Geborenen, des Königs Kunde haben. Die gleichberechtigte Rasse der Käufer lief umher und irrte, sie war, anspruchsvoll und lenkbar, bereit, hofiert und betrogen zu werden. Wer kniete vor wem? Im Schuhgeschäft die weiße Amerikanerin vor allen Füßen, die da kommen.

Amerika verjüngt, Amerika schenkt dir jeden Tag ein neues Gesicht. Das Paradies der Einheitspreise, der große Woolworth unterhielt eine Schönheitsbar für jede Frau. Die weiße Miß, die schwarze Lady, die gelbe Schwester, sie saßen einträchtig nebeneinander vor schmeichelnden Spiegeln und probierten folgsam die Puder, die Stifte, die Tuschen der florierenden Industrie, und ein Lotion tönte oder hellte das Haar, und eine Paste machte krause Locken glatt, legte sie zur Frisur Jolly Josephine, vereinigte die kreolischen Antillen, das Bonaparteschloß und die neuen kapitolischen Egalitäten.

Washington Square, Greenwich Village, Washington Arch, ein Triumphbogen wie der in Paris, aber bürgerlich, bescheiden, am

Rande eines Platzes, nicht in seiner Mitte, alte schöne Bäume, Schatten, ein Springbrunnen, Bohemian-Quarter, eine Sehenswürdigkeit, versichert der Reiseführer, am Morgen auch hier Schlafende auf den Bänken, Männer in Sweatern, Männer mit melancholischen Schnurrbärten, Männer jeder Hautfarbe, eifrig Lesende, finster Studierende, Amerika ist eine Nation von Alphabeten, ein Kinderspielplatz mit Wunderlandgeräten, noch nicht erwacht, Tische zum Schachspielen unter den Baumkronen, zu dieser Stunde noch unbenutzt, Mädchen in prallen Hosen führen überaus vornehme Hunde aus, alte Herrenhäuser ringsum, Fassaden wie gute Großmüttergesichter, daneben perfekte Wohnmaschinen für reiche Junggesellen, heruntergekommene Herbergen, Mondschlösser der Jeunesse dorée, nicht die geraden Straßen der fortlaufenden Numerierung mehr, Winkelgassen locken, ein Parfüm von Paris, eine Imitation von Rom, ein Hauch von Poesie.

Ein hohes Drahtgeflecht schloß einen Schulhof ab; staubiger Boden, weiße und schwarze Kinder, gestärkte Unterröcke, Balletttrikots aus bunter Wolle, Ballspiele gegen eine rote Brandmauer.

Zum Washington Market hin wurde die Gegend Neapel. Umschlagplatz von Blumen, von Obst, von Früchten, von Importen, Symphonien von Farben, Gerüchen, Geräuschen vor einer Kulisse der Verfallenheit, vor Häusern des neunzehnten Jahrhunderts, die sich eigenartig und schmutzig in Nässe und Staub auflösen.

Ich rief ein Taxi, ich wollte zum Fischmarkt der Eastside, ich kreuzte die alte, dem Meer und der Herkunft zugewandte Spitze von Manhattan. Traditionsbeladene europäische Straßennamen. Nassau-Street, Frankfort-Street, St.-James-Street. Der Fahrer des Taxis war ein weißhaariger Mann aus Miropolje in Galizien. Er sah wie ein Wunderrabbi aus, als Kind hatte er in der

Synagoge den Talmud gelernt, er war übers Meer gereist, und nun fuhr er mich zum Fischmarkt. Er befühlte meine Kleider, prüfte den Stoff, erkundigte sich nach der Produktion und dem Preis.

Wir fuhren über die Bowery, zwei graue Häuserfronten siechten wie von Buffet gemalt. Die Bowery war einmal New Yorks Straße des Reichtums, war die Festhalle und der Lasterplatz der ersten Millionäre gewesen, jetzt torkelte, wer an Amerika starb, durch eine Avenue elender Schnapsausschänke.

Dann kam das Judenviertel; sie hatten ihr Kreuz mitgebracht, die kranken Träume der Chassidim, der Dybuk ging, allen sichtbar, um, der Golem war eingewandert.

Speicher, Lagerplätze am Fluß, der große Stückguthafen, die Firmen der alten Puritaner. Wie eine gottgewollte Belobigung der Tüchtigkeit hing Brooklyn-Bridge über dem geschäftig belebten Wasser. Sackträger, Stapelkarren, vielachsige Trucks, die weiße Kühlkette von Alaska zum Sargassomeer, von der Karibischen See zum Waldorf-Astoria-Hotel, zum Tisch der Hausfrau, Fulton-Fishmarket, in schwarzen Schuppen Gefangenenlager, Friedhöfe der Meerbevölkerung, von Baggern wurden sie in riesige Gefäße geschüttet. Millionen glänzende, brechende Augen, die hier ihre Hölle sahen, für diesen Augenblick ergreifende Immigranten.

Vor dem Battery-Garten, Park mit hellem Grün, Erholungswege in Nebelluft, Grünspan auf den zurückgelassenen Kanonen des englischen Königs, umarmen sich Hudson und East River, liegt die glitzernde Bay, weitet sich der Ozean, erscheinen, verschwinden die Rauchfahnen der Schiffe, schweift der Sinn zu den alten Ländern, der Blick nach Europa.

Hier landeten sie, hier kamen sie an, alle Völker, die Protestanten jeden Glaubens, die wackeren Demokraten, die Anarchisten, die Königsmörder und die verjagten Fürsten, die Rebellen, die Abenteurer, die verlorenen Söhne, die vaterlandslosen Gesellen. Hut ab vor ihnen! Sie bauten die Stadt, sie waren die Neue Welt.

Aus der Nähe gesehen, zu Füßen der ersten Wolkenkratzer, erhebt sich die Skyline wie ein Festungswall vor dem Betrachter. Der Anblick ist überaus abweisend; die Stadt scheint nicht zu erobern zu sein. Die hohen Häuser sind hier weniger aus Stahl als aus Granit gebaut. So erweist sich die Solidität der Spekulation und der Gründerjahre.

Hier war das Revier der Astors, der Vanderbilts, der Rockefellers, und siehe, man steht vor John Pierpont Morgans Bank. In solchen Augenblicken offenbart sich die Welt als ewiges Märchen, und Briefe für Rübezahl sind an den City-Bank-Trust adressiert. Überall am unteren Broadway begegnet man den seit Kindertagen vertrauten Gestalten, dem Teufel, natürlich dem Teufel auch, aber daneben doch tröstlicherweise dem Hans im Glück, dem Sieben-auf-einen-Streich, dem der auszog, das Fürchten zu lernen, und ich sah Katerlieschen, das seine Ersparnisse anlegen wollte.

Die Straßen waren tief, Täler im Schatten der Macht. Der Lärm klang wie der Schall von Glocken aus purem Gold. Die soliden, prunkvollen, massiv gebauten Verwaltungshäuser der großen Schiffahrtslinien erinnerten an alte Adelspaläste; ihre Stunde war vorbei. Die Zeit raste hier. In hundert Jahren war gepackt, was sonst Jahrtausende beschwerte. Die flinken Luftreedereien strahlen ihre windigen Neonsterne in der mittleren Fifth Avenue aus, doch Cunard zeigte noch in der Unterstadt in ehrwürdiger, etwas düsterer Halle die Ausstellung seiner Dampfer. Die Schau wirkte makaber, vom Leben überholt, sie glich einem Schiffsfriedhof, obwohl von Untergängen nicht gesprochen und die »Titanic« nicht gerühmt wurde. Über den alten Königinnen der Meere hingen die Photographien ihrer Kapitäne, der großen Commander, goldene Rangstreifen am Ärmel, verwitterte sturmgewohnte Felsen, aber unterhöhlt, überspült.

Ein Paternoster senkte mich in den Keller und in eine Bar für Männer, die mit der See Geschäfte machten. Neben den festen Mauern von Tresoren, die Handelsbräuche über sich, trank es sich so gemütlich wie in gesunkenen Kajüten. Es gab jede Sorte Rum, jede Whiskymarke für die Seeräuber, die Justitiare beschäftigen, Rotsponnasen von Maklern und Superkargos funkelten, die Heuerbaase hatten sich zur Ruhe gesetzt, kein Literat wurde schanghait, doch sah ich Melville an dieser Theke den Vertrag mit dem Walfischfänger unterschreiben. Im Handelsblatt wurde Lebertran angeboten: garantiert geschmacklos.

Wallstreet beginnt mit einer Kirche und einem Friedhof, mit einem Gebet und Gräbern.

Auf dem Friedhof stand ich zwischen den Wolkenkratzern wie auf dem Grund einer tiefen Kiste.

Die Grabplatten gedachten der Männer, die die Nation Amerika geschaffen haben. Hatten sie geahnt, daß die Steine ringsherum in den Himmel wachsen würden? Sie waren Buchdrucker, Schriftsetzer, Herausgeber, Schullehrer, irgendwo fortgejagte Alphabeten, geschaßte, selbstherrliche Generale gewesen, und alle waren sie Empörer, Ideenbesessene, utopische Staatsgründer. Eine verwitterte Schrift, born in Old England 1660, he came over to America 1692 … wie weit war damals der Ozean! Zwei Monate trieb man vorm Wind, und es gab nur noch Zukunft!

In der Trinidad Church steht ein Epitaph für Robert Fulton, der das Unterseeboot erfand und als erster mit einem Dampfschiff über den Hudson fuhr. Wußte er, wohin die Fahrt ging?

Auf den Bänken an der Kirchenmauer saßen alte Männer, die aussahen, als hätten sie vor grauer Zeit an der Börse ihr Geld verloren und warteten immer noch auf die Hausse ihrer längst nicht mehr notierten Aktien; sie blinzelten wie blind in den dünnen, in den einen in den Schacht verirrten Sonnenstrahl.

Ich blickte an der Börse vorbei zum Fluß hinunter. Stimmen raunten: der Thron des Geldes. Stimmen flüsterten: hier wird das Rad gedreht, hier wird die Welt beherrscht, hier liegt die Entscheidung über Krieg und Frieden, über Leben oder Tod, hier beginnt der Weg, der Pfad zum Wohlstand oder ins Elend. Ich dachte an den Rüstungsboom. Ich dachte an die Lehre von den

Krisen. Ich dachte an den Sprung aus dem zwanzigsten Stockwerk. Aber das äußere Bild war gar nicht dämonisch. Ragten die Mauern nicht zu hoch, könnte die Wallstreet auch in der Hamburger City liegen. Ich sah ein Gebäude klassizistischen Stils, Säulen, in denen sich Amerikas Geschichte, die überall verehrte und noch durchaus lebendig empfundene Zeit seiner Staatwerdung verherrlicht. Es war das alte Schatzamt, und vor ihm stand ein Denkmal Washingtons, und ihm zu Füßen lagen frische Blumen. Ein Mann sprach mich an. Er sah aus wie der oft beschriebene Bürger aus dem Mittelwesten, ein Yankee, halb Landmann, halb Prediger, und er war aus dem Mittelwesten, wenn ich ihn auch zunächst für einen Bauernfänger hielt, da er mit so naiver und ergriffener Bewunderung von Washington schwärmte, diesem großen Mann. Und er, der aus dem Mittelwesten kam, keine Farm hatte, keine Kirche, irgendein Geschäft in irgendeiner Main Street, und nun nach New York gereist war, um die Burgen des Geldes zu sehen, er sagte zu mir und deutete auf den Menschen aus Stein, auf ihn, der ein Zeitgenosse Friedrichs des Großen war: Er ist der Mann der Freiheit, wenn wir frei sind, verdanken wir es ihm.

Ein Polizist stoppte den Verkehr und ließ eine Schulklasse kleiner Neger über die Straße gehen. Die kleinen Neger pilgerten zur New York Stock Exchange, der größten, der alle Kurse bestimmenden Börse der Welt, und ich folgte ihnen.

Im Tanzhaus des Dollars empfingen uns blonde, schmalhüftige Mädchen in roten Tailleurs. Die Tuchfarbe erinnerte an Husarenregimenter einer farbenfrohen Vergangenheit, während die Haartönung der jungen Damen, ihr gelackter Mund und die blau oder grün umschatteten Augen hoffen ließen, es mit gegenwärtigen Callgirls zu tun zu haben. Die Mädchen waren aber die keuschen Vestalinnen der Großfinanz, hübsche Sirenen, die das Hohelied des Geldes sangen, und geschickte Verführerinnen der Jugend. Es wimmelte von Kindern im Haus, nicht allein von kleinen Negern, die alle zur Belehrung hierher geführt waren, und neben ihnen konnte man ältere Leute aus der Provinz beobachten, die wohl sehen wollten, was sie in einem arbeitsreichen Leben versäumt hatten.

Im großen Saal unter dem stolzen Sternenbanner schrien die Makler und zeigten einander lange Nasen. Auf schwarzen Wandtafeln sprangen weiße Zahlen, hüpften, gaukelten, verwandelten sich, und die Fernschreiber tickten, von Geisterhand bedient, wie die Seismographen einer Erdbebenwarte. Die roten Vestalinnen führten uns sicher über die Galerie, leiteten uns in ein Theater, wo Marionetten uns zeigten, wie klug und wie lustvoll es sei, Geld zu sparen, es in einem Sack zum guten Börsenonkel zu tragen, und wie man dann durch Geschrei, Kurstafelklappen und Fernschreiberticken, durch reinen Zauber also, ein kleiner Vanderbilt werden könne.

Selbst in ein Lichtspielhaus lockten die schönen roten Sirenen. Diesmal begleiteten sie eine Mädchenklasse und auch mich in den verdunkelten Raum, Gekicher, Rüschenrauschen, süßes Kaugummiaroma, erste Make-up-Gerüche umschwebten mich, während ich auf der flimmernden Leinwand all die mir und meinem Vater, meinem Großvater und Urahnen leider entgangenen Möglichkeiten sah, Millionär oder Präsident zu werden. Den kleinen Mädchen wurde das letzte Paradies gezeigt. Das Paradies hieß Stock Exchange. Die Schwarzen Freitage erschienen natürlich nicht im Bild. Niemand stürzte aus hohem Fenster noch schneller als die Kurse. Die kleinen Mädchen waren ganz still geworden, sie hockten andächtig wie in der Kirche. Eine vielleicht zwölfjährige Kluge betrachtete mich, als grübelte sie, ob ich schon ein Millionär sei. Sie schien mich aber nach kurzer Musterung zu verwerfen; vielleicht erinnerte sie sich auch, gelesen zu haben, daß Millionäre nicht ins Kino gehen. Ich rächte mich, indem ich ihr in meinen Gedanken einen wohlhabenden dummen Mann bescherte.

Zum Abschluß geleitete uns die rote Führerin zu Telefonen, die, wenn man den Hörer ans Ohr hielt, die Zukunft rosig malten und eine Welt im Glanz einer immerwährenden Prosperity verhießen.

Draußen vor der Börse warteten scheelblickende Broschürenverkäufer und schrien aus Leibeskräften: another depression.

Es war Mittag geworden. Ich zog mit den Clerks und den Stenotypistinnen zu einer großen Abfütterungsstätte, wo man dichtgedrängt um runde Theken saß, die kleinen Manegen glichen, in deren Mitte eine mit einem Spitzenhäubchen gezierte Negerin Tausende von bleichen Sandwiches reichte und dazu Milch und Säfte und heißen Kaffee aus Jenaer Glaskolben ausschenkte, die das Mahl als etwas chemisch Notwendiges, vom Stoffwechsel und der Erhaltung der Kraft her Bedingtes, doch nicht als Gaumenlust und Schlemmerfreude entlarvten. Es gab nicht Stühle genug für die Hungrigen. Die Clerks und Stenotypistinnen standen an, um aufgetankt zu werden. Wer sein bleiches Sandwich verzehrt, seinen Saft, seine Milch, seinen Kaffee ausgetrunken hatte, verließ artig seinen Platz. Das Getriebe der Massengesellschaft funktionierte reibungslos.
Sie promenierten dann noch eine Weile unter den Fassaden des Geldes, saßen zu Washingtons Füßen oder auf dem kleinen Friedhof von St. Pauls Chapel, der anderen historischen Kirche des Bezirks, vielleicht auf dem Grab des Sieur de Rochefontaine, geboren 1755 in der Champagne, gestorben 1814 in New York, Offizier der französischen Armee, des dominikanischen Heeres und nach dem Tod des Königs der Streitkräfte der Vereinigten Staaten. Über dem Gedenkstein des verschlagenen, des umgemodelten Ritters blühte Rotdorn. Die Sonne kam nicht über die Dächer, aber die Luft war schwül. Die Clerks und die Stenotypistinnen eilten zurück in das künstliche Klima ihrer Kontore und beunruhigten die Welt.
Ich ging den Broadway hinauf. Banken in langen Reihen, Weltfirmen Kopf an Kopf. Durch das Säulenportal der City Hall drängten sich arme Leute, die Amerikaner werden wollten. Ihr Englisch hatte viele Akzente, und ein Polizist, der schon Amerikaner geworden war, wies sie geduldig die Stufen zu ihrem Glück empor.

Ich wollte Harlem sehen, die Negerstadt, die schwärende Wunde von New York, wie sie manche im Zorn nennen, das dunkle Ghetto, aus dem die Nachkommen der Sklaven, die Kinder jener Ware, die als schwarzes Elfenbein hoch im Kurs stand, New York jeden Morgen afrikanisch überfluten, Gesproß der Zwangseinwanderer, früh schon an die Küste getrieben, Neuweltadel, amerikanisch wie die Pilgrimsväter der Mayflower.

Ich ging zum Central Park South. Der Park ist nicht Harlem. Er liegt noch siebzig Straßen breit von Harlem entfernt, ist, mit Ausnahmen, eine feine Gegend, eine teure Adresse von Trustanwälten und medizinischen Kapazitäten, und aus den Fenstern der vornehmen Residential-Hotels, eingerichtet mit blanken schwedischen Möbeln und wurmstichigen Madonnen, das Apartment zu fünfzig Dollar am Tag, blicken UNO-Delegierte erschreckt in die furchtbaren amerikanischen Gewitter über den staubbedeckten Bäumen, und die Neger sind hier nur Türsteher und Stiefelputzer und Abwäscher und bringen das Eis für die Zinkwannen der Bars, doch macht die Legende sie auch zum Schrecken der Nacht und selbst zum Urwalddämon in des Tages Schatten, und ich ging in den Park, Hain zwischen Wolkenkratzern, aussätziges, umhegtes Grün auf spärlich mit Erde bedeckten bösen Felsen, Achatbeckenteiche, Betonspielplätze, und ich setze mich auf eine Bank, und andere saßen auf anderen Bänken, Liebespaare, Kinder und Lehrerinnen, müde Alte, und es schwankten zwei mächtige Berauschte heran, torkelten mit Siebenmeilenschritten, gewaltige, tiefschwarze Gestalten, Lastträger, Baumwollpflücker, Schaubudenboxer, Killer im Film, fuchtelten mit leerer Flasche, die andern verdrückten sich von den Bänken, als käme ein Wetter, die Wolkenkratzer standen wie ferne Geisterschlösser da, wie Burgen mit hochgeschwenkten Zugbrücken, und der Park war eine wilde Freistatt, war Dschungel, Mangrovengehölz, und die schwarzen Betrunkenen setzten sich zu mir, setzten sich zur Linken und zur Rechten, und sie lallten, einen viertel Dollar für einen Drink, und ich fühlte wie sie, empfand, wer anderer Leute Schuhe putzt, Lasten trägt, Teller wäscht, Dreck wegkehrt, der

255

darf, der soll sich betrinken, und ich gab ihnen einen Dollar, und wir lachten und schüttelten einander die Hände, und ihre Gesichter waren wie zwei schwarze Sonnen, und nachher sagte man mir, daß es sehr leichtsinnig von mir gewesen sei, auf der Bank sitzenzubleiben, den Dollar zu geben.

Am Columbus Circle, wo man die Stadt aufriß, als gelte es Troja auszugraben, vor New Yorks Coliseum, der stolzen Ausstellungshalle, die wie eine ordinäre, schlecht gebaute Garage aussieht, bestieg ich den Autobus und fuhr am Park entlang zu Duke Ellingtons Negro Heaven. Wir passierten Straßen vergangenen, verflüchteten Reichtums, ahnten Wohnungen einer Zwischenschicht, zu große, zu festliche Räume, schon Risse und bröckelnder Putz. Außenseitergesellschaften, Mittelmeervölker, mestizische Rassen, der Bus war ein Schmelztiegel. Doch allmählich zerrann das weiße Element, tropfte an den Haltestellen hinweg, dann schmolz die südliche, die äquatoriale, die lateinamerikanische Farbe, und ich saß unter Negern.
Es war wie ein Frontwechsel, ein Überlaufen, ein Sprung in einen anderen Erdteil. Schwarze Passanten, schwarze Kinder, schwarze Arme, schwarze Reiche, schwarze Karrenschieber, schwarze Luxuswagenbesitzer, aus allen Fenstern schwarze Gesichter, Kollegen, Brüder, Menschen wie du und ich, Läden, Geschäfte und Auslagen wie überall, eine schwarze Gemeinde, kein ungewöhnlicher Ort und doch ein fremder Platz, Afrika über der Untergrundbahn und doch nicht Afrika, Amerika, New York natürlich, Afrika war graue Vorzeit, Afrika waren die längst vergessenen Ahnen, Harlem gehörte zu Manhattan, gehörte zu den Vereinigten Staaten, gehörte dem Heute, und vielleicht gehörte ihm die Zukunft. Schwarzhaut in allen Schattierungen, Millionen Vermischungen, Folge und Ende von der Sklaven Hörigkeit. Und dann der unbändige schwarze Stolz!

Die Endstation lag weit weg am Ende der Lenox Avenue. Die Gegend wirkte seltsam kahl. Vielleicht waren die freien Flächen

Baustellen. Vielleicht waren sie verdammtes, ewiges Ödland. Es blies ein anderer Wind. Sand wehte wie aus der Wüste. Vorstadthäuser, Slumkasernen, Villen gar, verschüchterte Säulen, auf Sauberkeit versessener Bürgersinn, nackte Verkommenheit, grenzenlose Gleichgültigkeit berührten einander, rieben sich aneinander. Die Bescheidenheit der schlecht Geborenen, die Einfügung der Handlanger, die Schicksalergebenheit der Alten hauste neben der Empörung, lebte geduldig neben der sich zum Bersten sammelnden Wut. Jugendliche strolchten in Banden. Trott junger Tiger. Schönheit, Kraft, Anmut, Lumpen, Narrenhüte, grellste Farben. Vor einer Kneipe standen Bluejeansmädchen, schmalhüftig, lockenköpfig, rehäugig, kühn wie die Epheben des klassischen Altertums. Bullig gebaut, beobachtete ein schwarzer Schutzmann die Landschaft. Sein Gesicht war das undurchschaubare Gesicht der Sphinx. Wem diente, wen beschützte er?

Vor einer Kirche parkten in langer Reihe die Automobile, glitzerten in der Sonne, große, chromgepanzerte Familienschiffe. Das Gotteshaus glich von außen, ziegelgotisch, den Garnisonskirchen Wilhelms II. Wohlgekleidete Neger strömten hinein. Ich verharrte am Eingang, ich wollte nicht auffallen, wollte nicht stören, aber es kamen die schwarzen Kirchenvorstände auf mich zu, würdige, freundliche Herren, schwarze Bankiers, schwarze Doktoren aller Fakultäten, schwarze Konsistorialräte, sie begrüßten mich wie den verlorenen Sohn, der heimgekehrt war, sie schüttelten mir, dem Fremden, dem zufällig Erschienenen freundschaftlich die Hand und luden mich herzlich ein, auf den vordersten Bänken Platz zu nehmen. Ich vermochte mich ihrer Liebenswürdigkeit nicht zu entziehen. Eine Dame, die nach einem sehr teuren Parfüm roch, reichte mir mit mildem Lächeln ein Gesangbuch. An einem Harmonium saß eine ältere Frau. Sie blickte streng durch eine randlose Brille. Die Frau war die typische ältere amerikanische Bürgerin, sehr eifrig, sehr gutwillig, sehr freundlich und sehr, sehr moralisch. Sie war von Amerika geprägt, nur war sie die schwarze Seite der Münze.

Wir standen dann alle auf und lobten Gott, und es war ein sehr wohlklingender, sehr inniger Chor. Und es traten Engel in die Kirche, schwarze Kinder, in gestärkten Hemden so weiß wie Schnee, die Haut und das Haar wie Ebenholz, die geschminkten Münder wie Blut, und sie sangen ein inniges Lied, und ein Prediger trat auf, weißhaarig, ein Mittelaltergesicht wie von Lukas Cranach gemalt, und er sprach und donnerte wie ein rechter Prophet, und einer der Engel kam zu mir und drückte mir eine Opfertüte in die Hand, die genau wie der Lohnbeutel eines wohlorganisierten Betriebes aussah, und ich war aufgefordert, anzugeben, was ich für die Sabbatschule, für die Mission, für das Wochengebet für den kranken Nächsten spenden wolle.

Gegen Ende der Feier kam einer der würdigen Kirchenvorstände und bat mich, der Gemeinde beizutreten, und ich antwortete ihm verlegen, ich sei nicht aus New York, ich wohne in Europa, und ich sah, wie er mir nicht glaubte, wie ich ihn enttäuschte, er blickte mich traurig an, verneigte sich endlich und sagte, mein Besuch sei ihnen allen eine hohe Ehre gewesen, was mich wiederum sehr beschämte.

In der Einhundertfünfundzwanzigsten, der Hauptgeschäftsstraße von Harlem, lockten Schaufenster neben Schaufenster, kaufte man wie in Düsseldorf oder in Frankfurt oder in der Fünften Avenue, nur waren auf dem dunklen Boulevard die Waren etwas schäbiger und die Preise etwas höher als in den hellen Straßen. Wie immer wurde der Schwächere betrogen. Schwarze Verkäufer, schwarze Kunden, doch weiße Ladenbesitzer und weiße Schaufensterpuppen. Die weißen Puppen sahen in der farbigen Welt krank und blutarm aus. Warum hatte man keine schwarzen Puppen in die Schaufenster gestellt? Verkaufte sich an schwarze Mädchen das Brautkleid besser auf weißem Leib? Ich streifte durch die Läden. Wenn man sich daran gewöhnt hatte, daß sich alles unter Schwarzen abspielte, wurden die Geschäfte uninteressant. Palmolive bleibt Palmolive. Wir leben in einer Welt. In der westlichen Welt. Im Osten gelten andere Marken.

Die schwarzen Gesichter. Traumgesichter. Alltagsgesichter. Ähnlichkeiten, Erinnerungen. Meine Großmutter begegnete mir als Negerin. Ein toter Freund ging vorüber. Mein alter Lehrer wartete an der Ecke. Ich glaube, das hat schon Egon Erwin Kisch einmal beobachtet. Sie beachteten mich nicht. Sie sahen über mich hinweg.

Aus dem Wolkenkratzer des Teresa-Hotels, das von Negern geleitet wird und nur Neger beherbergt, trat eine Dame wie aus irgendeinem Grandhotel und führte ihren weißen Pudel spazieren. Das Haar der Dame war brandrot gefärbt, und es saß wie eine lustige Flammenschopfperücke auf ihrem dunklen hübschen Kopf.

In einem Kino spielte man den Untergang des Schlachtschiffes Graf Spee. Die deutsche Kriegsflagge versank vor tausend schwarzen Gesichtern.

In einem anderen Theater zeigte man das Leben in einer weißen Nudistenkolonie. Blasse englische Buchhalter hüpften nackt mit ihren bleichen nackten Sekretärinnen durch eine dürftige Ausflugslandschaft, und die Neger, dunkel im dunklen Raum, sahen ihnen stumm und mit weit aufgerissenen Augen zu.

In einer Buchhandlung aber wurde ein neues, New York feindliches Bewußtsein propagiert. Es gab in den Regalen Werke über afrikanische Negerfolklore, ich fand Frobenius' Ethnologien, und die Bilder des Negus und des Präsidenten von Ghana standen in diesem Laden und bei seinen Kunden in hohem Ansehen.

Kaiser Barbarossa, der Bart durch den Tisch gewachsen, die alten Germanen auf der Bärenhaut, das Horn des Mets geschwungen, der Trompeter von Säckingen, eine ondulierte Lorelei und kein Kompliment für Heine, Bismarck im Küraß und Bismarck mit dem Schlapphut, fast ein Paulskirchenmann, doch der übers Meer geflohenen Achtundvierziger wurde nicht gedacht, und Hindenburg in Felduniform, rückensteif, und Hindenburg mit dem Zylinder, nackengebogen, die Stars der Fußballiga aus Kaiserslautern, Dortmund und Hamburg und in kleinen Stammkundenkinos die

Rosen aus Tirol, das Heimatheimwehlied und der immerblühende Flieder der echten falschen Gefühle – so bot sich die Straße. Wurst aus Göttingen, holsteinischer Katenrauch, kleine vollgestopfte Läden meiner Jugendzeit, noch ganz kaiserliche, königliche Kleinstadt, und die Gastwirtschaften hießen Heidelberger Faß und Grinzing und In einem kühlen Grunde. Unter Liedertafelkränzen, Schützenscheiben, Turnerfahnen gab es an altdeutschen Kaiser-Wilhelm-Tischen Sauerbraten und Thüringer Klöße zu essen. Ich war im deutschen Viertel, in der Sechsundachtzigsten Straße von New York, in einer seltsamen Welt mit mittelhohen Häusern aus den Gründerjahren Stettins oder Chemnitz', feindlich eingeklemmt zwischen italienische, spanische, tschechoslowakische, puertoricanische Siedlungen, verbittert, übelnehmend und, wie es schien, nicht mit Amerika fertig geworden. Noch nach Jahren überseeischer Staatsbürgerschaft verständigten sie sich in einer Mischsprache aus nie erlerntem Englisch und schon vergessenem Deutsch. Das Reisebüro warb für Pauschalreisen zum Neckar und nach Rüdesheim. Deutsche Flugzeuge, deutsche Schiffe luden ein, man war nicht ganz arm, man war nicht dollarreich, aber in Mark umgerechnet verdiente man gut, man konnte wohl mal drei Wochen lang in der alten Heimat den Onkel aus Amerika spielen. Man sehnte sich nach Butzenscheiben. Wollte man in Rothenburger Türmen hausen? Man gab es vor. Aber wollte man zurück nach Düsseldorf? Man sparte für das Grab in Queens, aber man hegte den Traum von einem Deutschland, vor dem man doch wahrscheinlich gerade geflohen war, man bewahrte deutsche Enge, deutsche Kleinstädterei, eine trutzige nationale Muffigkeit. Im Kühlen Grund knöpfte man mir fünfundzwanzig Cent für den an den Haken gehängten Mantel ab; im amerikanischen Hotel tat man's umsonst, aber deutsche Ordnung hatte ihre Ehre und ihren Preis; das Garderobenmädchen war aus Sachsen und pikiert, als ich mich über ihr Verlangen amüsierte. Im Schmelztiegel der Völker, in der frohen, freien Weltstadt New York bot sich ein Extrem nicht aus deutscher Eigenart, sondern aus deutscher Weltverschlossenheit und provinzieller Verquertheit.

Verstaubte Ritterhumpen, aufbewahrte Zöpfe. Die Mädchen trugen Dreimäderlhausfrisuren, sie waren jung und waren von gestern, sie waren New Yorkerinnen und waren hausbacken. Sie waren beliebt. Die US Navy saß in der Deutschen Eiche beim deutschen Bier, die bayrische Trachtenkapelle spielte die Fischerin vom Bodensee, Rundtänze, artige Takte, Geknutsch auf Kellertreppen, der Mond über dem East River, Abdrücke kleiner schwitzender Hände auf dem weißen Matrosenjanker. Die braven deutschen Mädchen standen bei der Navy in dem Ruf, billig zu sein. Im Heidelberger Faß stolzierten Vereinsständer auf langer Tafel. Ein Sportklub war geflogen gekommen und wurde gefeiert. Torgesichter. Die deutsche Literatur, die deutsche Kunst, unsere Gegenwart, unser Leben, die deutschen geistigen Bemühungen, selbst der deutsche Kulturattaché in Washington existierten für die Bewohner der deutschen Straße in New York nicht. Deutschland war ein deutscher Heimatfilm – es war ein deutsches Kitschmuseum, ein deutsches Kommersbuch und ein deutscher Fußball. Schon glaubte ich Herrn Herberger als Bundespräsidenten neben dem Hindenburgbild von der Wand auf die Thüringer Klöße, auf die ordentlich verwahrten Mäntel und die lieben billigen Mädchen herabblicken zu sehen. Die Sechsundachtzigste Straße war ein deutscher Alptraum.

Ich lobte die schönen Wechselfälle Manhattans. Ich stieg aus Teutonien zur Untergrundbahn hinunter. Nach dem Passieren des Zählkreuzes verlor ich die Willensfreiheit. Ich war Teil eines Teiges geworden, der zäh, doch unaufhaltsam durch den Schacht floß. Der Teig drängte in den Expreßzug hinein. Wir standen und schwitzten unter surrenden Ventilatoren und wurden raketengleich durch die dunklen Kanäle gejagt. In einer ruckenden, zuckenden, quietschenden Sekunde erreichten wir Central Station, die Stadtmitte und eine andere Welt.

Es war Samstagabend, es tobte ein unterirdischer Hexensabbat im Bauch des Hauptbahnhofes. Styxische Völkerwanderungen geschahen im Neonlicht, Ströme, die sich kreuzten und miteinander rangen. Jede Nation, jede Sprache war vertreten. Tibetanische Mönche, konfuzianische Chinesen, indische Heilige, russische Entmannte, zellengraue Nonnen, Bischöfe selbstgegründeter Kirchen, Feueranbeter, Enkel von Menschenfressern und all die Krüppel des Lebens streckten für sich oder für ihre Gemeinden bittend die Hand aus. Spielsäle, blecherne Automaten, gefräßige böse Roboter schluckten den Wochenlohn der heilen Glieder. Die jungen Banden aus Harlem waren vorgerückt, ihre Spähtrupps im Labyrinth des vielstöckigen Bahnhofs begegneten den puertoricanischen Brüdern, schlugen sich, waren auf Argonautenzügen, Odysseusfahrten, täuschten sich in den Fronten. Gemeinsam betrachteten sie mit großen Augen die mechanisierten und doch gargantualischen Abfütterungsstätten, die metallglitzernden Massentränken. Zitruswälder, Gerstenmeere, Branntweinteiche, Getreidefelder, Viehherden wurden verschlungen. Gutenbergs Paradiese leuchteten, die Druckmaschinen der Welt beschickten den Markt. Erzeugnisse der Pressen in allen Idiomen, die kiloschwere Sonntagsausgabe der New York Times, ein Wunderwerk des Journalismus, lag zu Wällen und Türmen gehäuft, die von fleißigen Leserhänden abgetragen und von den schwitzenden Verkäufern in wahrer Sisyphusarbeit wieder hochgeschichtet wurden. Ich glaubte, eine Burg schwarzweißer Magie zu sehen mit Gaukelbildern bunter Freiheit und den Fallen einer geheimen Verführung.

Am Times Square blühten die Reklamen, stauten sich die Menschen, war, wie ein Dichter des Landes, ein an seinem Reichtum gestorbener Poet, gesagt hatte, zärtlich die Nacht. Um das Redaktionshaus trug die Leuchtschrift die Furcht, die Torheit und das Unglück der Erde. Die frohen Botschaften des Handels blühten rot. Es war die Geisterstunde. Alle Geschäfte luden ein, ihre offenen Türen wollten die Menge umarmen. Die Waren wurden mit Engelszungen angepriesen, wurden mit dem lockenden Anschein des Verschleuderns verkauft oder in schnell ausgerufenen

Auktionen versteigert. Die Kaufleute schrien ihr Wort in die Straße, wie Fischer ihr Netz in ein beutereiches Wasser werfen. In Hausdurchgängen warteten Bilder halbnackter Mädchen, und sie waren begehrt, als gäbe es nicht Mädchen genug auf dem Platz. Volk aus der Provinz schob sich hier, Volk aus den Vorstädten, Volk aus engen Wohnungen, Volk, das für das Wochenende der Kontrolluhr der Betriebe entronnen war, und unter dem Volk gingen Soldaten, Matrosen, Flieger, bald die Herren, bald die Zerstörer der Welt, bald auf dem Mond zu Haus. Lichtspiele, Alkoholika, Kapellen. Man drängte zu allen Quellen des Vergnügens oder der kurzen Betäubung. Ein Gespenst, eine Frau in einer Art Haremskleidung, wurde von johlenden Burschen umringt, verdrehte die Augen, protzte in hysterischem Verfall mit mächtigem Busen und Hintern, und ihr schwarzes Haar war merkwürdig hochgerichtet und glänzte wie ein mit Schmalz eingeriebener Läuseturm.

Welch ein Bild! Welch Treiben! Welche Größe, welche Verirrung, welch ein Roman! Ich setzte mich erschöpft auf einen Schemel, der einem Neger gehörte, ich saß am Straßenrand, hockte am Menschenstrom, wartete in der glänzenden, der zärtlichen, der tobenden Nacht der Neuen Welt, und der Neger kniete, putzte meine Schuhe, rieb sie mit freundlichen Händen und sagte, Deutschland, nur Deutschland habe die schönsten Frauen. Ich war geschmeichelt, doch riet ich ihm, sich umzusehen, am Times Square, wo er kniete, den Broadway hinauf und herab, unter der Erde im Central Bahnhof, oben in seinem Harlem, überall hatte ich schöne Mädchen gesehen, aber der Neger ereiferte sich. Erinnerung überkam ihn, seine Augen glänzten, seine Stimme zitterte, er sagte München, er sagte Hofbräuhaus, und er machte, die Schuhbürste schwingend, eine sehr eindeutige, sehr unanständige und zugleich begeisterte Geste.

Am Sonntagmorgen war der gemütliche Drugstore an der Ecke geschlossen, die Bürger schliefen in den Suburbs oder schoren schon ihren Rasen, und selbst Midtown Manhattan teilte die Feiertagsverlassenheit der Geschäftsstraßen aller großen Städte, die Wege und Plätze waren menschenleer, nur ein paar Hunde schnüffelten herum, und Leute, denen es nicht gut ging in New York, die sehr grau aussahen, wie zu Staub geworden, suchten in den öffentlichen Papierkörben Nahrung oder Verdienst im Abfall; sie glichen Schemen, und man konnte sich die große gigantische Metropole von allen Menschen verlassen und nur noch von Gespenstern bewohnt vorstellen.

Auch Pennsylvania Station, der große geräumige Bahnhof einer der privaten Eisenbahngesellschaften des Landes, war traurig zu dieser Stunde. Der Bahnhof wirkte mit seinen mächtigen leeren Hallen wie das Schloß eines untergegangenen Königtums. Die wenigen Sonnenstrahlen, die durch die Fenster drangen, fingen sich im blanken Blech eines neuen Wunderautos, das auf einer Drehbühne zur Schau gestellt war und über alle Einrichtungen der Eisenbahn zu triumphieren schien. Wartebänke mit hohen, wandartigen Lehnen, solides Holzgestühl wie in einer Kirche. Alte Leute saßen da, auch sie still und feierlich wie in einer Kirche. Sauber gebürsteter Anstand. Eine Negerfamilie paßte sich an, die Frau trug den Blumenhut, er hatte den Sonntagsanzug des Kirchgängers an, die Kinder waren mit weißen Kragen und Schleifen aufgehellt; man wußte nicht, ob sie in dieser Halle auf einen Zug warteten oder ob sie hier einfach den Gottestag genossen. Vor den europäisch unfreien, fest verriegelten Gattern, die zu den unterirdischen Bahnsteigen führten, hockte eine Gruppe von älteren Damen auf ihren Koffern. Sie hatten sich in horizontblaue Uniformen gekleidet und trugen Militärkäppis auf dem lila oder silbergrau gepuderten Haar. Sie glichen einem Veteranenverein der Luftstewardessen, waren aber die im Lande sehr mächtigen, sehr einflußreichen, die Moral verteidigenden Töchter der amerikanischen Revolution. Ihre Gesichter waren Meisterwerke der kosmetischen Künste und blickten streng und gutmütig zugleich, viele zeigten den puritanisch verhandlungsharten Mund von John Foster Dulles, manche hatten wohl ihre Männer nach freudlosem

Leben, nach Dollarjagd, Geschirrspülen und Rasenscheren ins frühe Grab gebracht, nun taten sie Gutes aus frommen Herzen, kümmerten sich um die öffentlichen Verhältnisse, waren auf ihre Art Begeisterte, pflegten Künste und Wohlfahrt, wie sie sie begriffen, verwalteten und hüteten das erworbene, das erkämpfte, das ihnen zugefallene Frauenrecht, sie waren nach dem Klimakterium in den Stand von Senatoren getreten, mir schienen sie unheimlich und bewundernswert, sie paßten gut zu dem einheimischen, bitter bekömmlichen Bourbonwhisky, ich sah mich gleich nach ihm um, aber Schnapsausschank und Alkoholverkauf waren nach dem Willen dieser Damen am Sonntagvormittag geschlossen und verboten. Die Tür zur Bar war verriegelt, und die Flaschengeister schliefen.

Der Zug nach Washington erinnerte an eine Reihe von Konservendosen, seine Wagen sahen wie mit scharfem Scheuersand und vielem Hausfrauenschweiß blankgeputztes Weißblech aus, und wirklich, man wurde hier eingemacht, eingeweckt, in eine Art Vakuum gesteckt, die Türen schlossen sich durch Druckluft, kein Fenster ließ sich öffnen, doch hielt ein künstlich geschaffenes, wohlüberlegtes Klima den Passagier über weite Strecken frisch.

Henry Miller
Der vierzehnte Bezirk

*Was nicht auf der offenen Straße ist,
ist falsch, abgeleitet,
das heißt Literatur.*

Ich bin Lokalpatriot – mein Vaterland ist der vierzehnte Bezirk in Brooklyn, wo ich aufwuchs. Der Rest der Vereinigten Staaten existiert nicht für mich, außer als Idee oder Literatur. Mit zehn Jahren wurde ich meinem heimatlichen Boden entrissen und kam auf einen Friedhof, einen lutherischen Friedhof, auf dem die Grabsteine immer in Ordnung waren und die Kränze nie verwelkten.

Aber auf der Straße wurde ich geboren, und auf der Straße wuchs ich auf. »Die gewöhnliche, offene Straße, wo die schönste und sinnverwirrendste eiserne Vegetation« usw. ... Geboren mit dem *Widder* im Aszendenten, das eine feurige, aktive, energische und ziemlich ruhelose körperliche Verfassung verleiht. Mit Mars im neunten Haus!

Wenn man auf der Straße geboren ist, so bedeutet das, daß man sein ganzes Leben herumwandert, daß man frei ist. Es bedeutet Unfall und Zufall, Drama, Bewegung. Es bedeutet vor allem Phantasie. Eine Harmonie belangloser Tatsachen, die dem Herumschweifen eine metaphysische Sicherheit gibt. Auf der Straße lernt man, was die Menschen wirklich sind; unter anderen Umständen oder später erfindet man sie. Was nicht auf der offenen Straße ist, ist falsch, abgeleitet, das heißt Literatur. Was man gewöhnlich »Abenteuer« nennt, kommt gar nicht an die besonderen Aufregungen heran, die eine Straße mit sich bringt. Es ist gleichgültig, ob man zum Pol fliegt, ob man mit einem Kissen in der Hand auf dem Grunde des Ozeans sitzt, ob man neun Städte eine nach der anderen entwurzelt oder ob man wie Kurtz den Fluß hinauffährt und verrückt wird. Gleichgültig wie aufregend, wie unerträglich die Lage ist, es gibt immer Auswege, Verbesserungen, Bequemlichkeiten, Ausgleichungen, Zeitungen, Religionen. Aber einmal gab es nichts von alldem. Einmal war man frei, wild, mörderisch …

Die Jungens, die man verehrte, wenn man zuerst auf der Straße mit ihnen zusammenkam, bleiben einem fürs ganze Leben. Sie sind die einzigen wirklichen Helden. Napoleon, Lenin, Capone – alles Romanfiguren. Napoleon bedeutet nichts für mich im Vergleich zu Eddie Carney, von dem ich mein erstes blaues Auge bekam. Kein Mann, den ich später getroffen habe, erscheint mir so fürstlich, so königlich, so edel wie Lester Reardon, der allein durch die Tatsache, daß er die Straße hinabspazierte, Furcht und Bewunderung einflößte. Jules Verne führte mich nie an solche Örtlichkeiten, wie sie Stanley Borowski einem zeigen konnte, wenn es dunkel wurde. Robinson Crusoe fehlte es im Vergleich mit Johnny Paul an jeglicher Phantasie. Alle diese Jungens vom vierzehnten Bezirk sind jetzt noch greifbare Wirklichkeit. Sie wurden nicht erfunden oder entsprangen der Einbildung: sie waren wirklich. Ihre Namen klingen wie Goldmünzen – Tom Fowler, Jim Buckley, Matt Owen, Rob Ramsay, Harry Martin, Johnny Dunne, ganz zu schweigen von Eddie Carney oder dem großen Lester Reardon.

Ja, noch jetzt, wenn ich Johnny Paul sage, hinterlassen mir die Namen der Heiligen einen schlechten Geschmack auf der Zunge. Johnny Paul war die lebende Odyssee des vierzehnten Bezirks. Daß er später einen Lastwagen fuhr, ist ganz nebensächlich.

Vor der großen Veränderung schien niemand zu bemerken, daß die Straßen häßlich oder schmutzig waren. Wenn die Kanalröhren geöffnet wurden, hielt man sich die Nase zu. Wenn man sich schneuzte, hatte man Rotz im Taschentuch und nicht die Nase. Es herrschten mehr innerer Friede und Zufriedenheit. Die Wirtschaft war da, die Rennbahn, es gab Fahrräder, leichte Frauen und Traberpferde. Das Leben floß noch gemütlich dahin, wenigstens im vierzehnten Bezirk. Keiner dachte daran, sich am Sonntagmorgen besonders fein anzuziehen. Wenn Frau Gorman in ihrem Umschlagtuch dem Priester guten Morgen wünschte – »Guten Morgen, Herr Pfarrer!« – »Guten Morgen, Frau Gorman!« –, war die Straße von allen Sünden rein. Pfarrer McCarren trug sein Taschentuch in den Schößen seines Gehrocks, dort war es gut aufgehoben und immer zur Hand, es paßte so gut zu ihm wie das irische Nationalzeichen, das Kleeblatt in seinem Knopfloch. Der Schaum stand auf dem Bier, und die Leute blieben auf der Straße stehen, um miteinander zu schwatzen.

In meinen Träumen kehre ich zum vierzehnten Bezirk zurück, wie ein Besessener zu seinen Zwangsvorstellungen zurückkehrt. Wenn ich an die stahlgrauen Kriegsschiffe auf der Marinewerft denke, sehe ich sie in irgendeiner astrologischen Dimension, und ich bin wieder der Waffenmeister, der Chemiker, der Sprengstofffabrikant, der Sargschreiner, der Leichenbeschauer, der Gelehrte, der unruhige, hirnverbrannte und verwegene Kerl.

Wenn andere bei der Erinnerung an ihre Jugend an einen schönen Garten, eine liebende Mutter, einen Aufenthalt an der Küste denken, erinnere ich mich mit einer Lebhaftigkeit, als wäre alles in Stahl gestochen, an die finsteren, mit Ruß bedeckten Wände und Kamine der uns gegenüberliegenden Blechfabrik, an die runden Stücke Blech, die überall auf der Straße herumlagen, einige hell und glitzernd, andere verrostet, von dunkler Kupferfarbe, und solche Flecke hinterließen sie auch an den Fingern, wenn man sie anfaßte. Ich denke an die Eisenwerke, wo der rote Hochofen glühte und Männer mit großen Schaufeln in der Hand auf die Glut zugingen, während draußen die flachen Holzformen wie Särge standen. Durch diese steckte man Stangen, und wenn man nicht aufpaßte, stieß man sich das Schienbein wund oder brach sich den Hals. Ich denke an die schwarzen Hände der Eisengießer. So tief war der Gries ihnen in die Haut gedrungen, daß nichts ihn entfernen konnte, weder Seife noch Fett, noch Geld, noch Liebe oder Tod. Er haftete wie ein schwarzes Brandmal an ihnen fest. Mit schwarzen Händen gingen sie in die Flammen wie Teufel – und später, da legte man dann Blumen über sie, kalt und starr lagen sie in ihren Sonntagsanzügen da. Nicht einmal der Regen konnte den Dreck wegwaschen. Alle diese schönen Gorillas gingen zu Gott mit geschwollenen Muskeln, gekrümmten Rücken und schwarzen Händen …

Für mich war die ganze Welt in den Grenzen des vierzehnten Bezirks eingeschlossen. Wenn etwas sich außerhalb desselben ereignete, so war es entweder nicht geschehen oder es war unbedeutend. Wenn mein Vater aus dieser Welt herausging, um zu fischen, so war das für mich ohne Interesse. Ich erinnere mich nur, daß sein Atem nach Alkohol roch, wenn er des Abends heimkam, den großen grünen Korb öffnete und die zappelnden, glotzäugigen Ungeheuer auf den Boden schüttete. Wenn einer in den Krieg zog, weiß ich nur noch, daß er an einem Sonntagnachmittag zurückkam, vor dem Haus des protestantischen Geistlichen stehenblieb und kotzte und dann das Ganze mit seiner Weste aufwischte. Das war Rob Ramsay, der Sohn des Geistlichen. Jeder hatte ihn gern – er war das schwarze Schaf der Familie. Die Leute hatten ihn gern, weil er ein Taugenichts war und keine langen Umstände machte. Ihm war es gleich, ob Sonntag oder Mittwoch war. Man konnte ihn unter den tief herabhängenden Markisen die Straße herabkommen sehen, die Jacke über dem Arm, während der Schweiß ihm vom Gesicht rann, mit schlotternden Beinen ging er mit dem langen, rollenden Schritt eines Matrosen, der nach einer langen Fahrt wieder festen Boden unter den Füßen fühlt. Der Tabaksaft floß ihm mit warmen, unhörbaren Flüchen aus dem Mund, manchmal hörte man ihn auch laut ganz schlimme ausstoßen. Die unerhörte Faulheit, die Sorglosigkeit dieses Burschen, seine unzüchtigen und gotteslästerlichen Reden! Kein Mann Gottes wie sein Vater. Nein, ein Mann, der Liebe einflößte. Seine Schwächen waren menschliche Schwächen, und er trug sie ganz offen, höhnisch, munter flatternd wie Fähnchen vor sich her. So kam er die heiße, offene Straße herab, die Luft war voll Sonne, es roch nach Kot, Flüche kamen aus seinem Mund, und womöglich war sein Hosenlatz auf, und seine Hosenträger hingen herunter, oder seine Weste war gerade frisch bedreckt. Manchmal kam er die Straße wie ein Bulle auf allen vieren heruntergeschlittert, und dann leerte sich die Straße wie durch Zauberei, wie wenn die Kanallöcher sich geöffnet und den ganzen Abfall verschluckt hätten. Der närrische Willie Maine stand mit heruntergelassenen Hosen auf dem Dach der Malerwerkstatt, auf das er sich geflüchtet hatte, und wichste sich einen ab, als wenn es ums Leben ginge. So standen sie da in dem trockenen, elektrischen Knistern der offenen Straße, während die Gasröhren barsten. Zwei tolle Nummern, die das Herz des Geistlichen brachen.

So war er damals, dieser Rob Ramsay. Ein Kerl, der immer zu tollen Streichen aufgelegt war. Er kam mit Medaillen vom Kriege zurück, aber er hatte den Teufel im Leib. Er kotzte vor seiner eigenen Haustür und wischte die Chose mit seiner Weste auf. Er konnte die Straße schneller als ein Maschinengewehr säubern. Achtung, Feuer!

Und später marschierte er dann einfach in seiner unbekümmerten Art über die Hafenmauer hinaus und ertränkte sich.

Ich erinnere mich so gut an ihn und an das Haus, in dem er wohnte, weil wir uns an warmen Sommerabenden vor Rob Ramsays Haus zu versammeln pflegten und die Vorgänge in der gegenüberliegenden Wirtschaft beobachteten. Die ganze Nacht über ein unablässiges Kommen und Gehen, und niemand dachte daran, die Vorhänge zuzuziehen. Es war nur einen Steinwurf weit weg von dem kleinen, spaßigen Gebäude, das »Der Stromer« hieß. Rings um den »Stromer« waren die Wirtschaften, und an Samstagabenden stand immer eine lange Schlange an. Das war ein Stoßen und Drängen, daß man ja noch eine Karte erwischte. An Samstagabenden war das Mädchen in Blau in großer Fahrt. Ein wilder Matrose von der Marinewerft sprang dann wohl von seinem Sitz und entriß Millie de Leon ein Strumpfband. Im Laufe des Abends schlenderten sie dann sicher die Straße hinab und gingen beim Privateingang hinein. Bald standen sie dann in dem

Schlafzimmer über der Wirtschaft und zogen ihre engen Unterhosen aus, und die Frauen nestelten sich die Korsetts herunter und kratzten sich wie Affen, während man drunten stampfte und schrie, als würde die ganze Bude in die Luft fliegen. All das konnten wir von Rob Ramsays Haustür aus beobachten, während sein Alter oben bei einer Petroleumlampe betete, wie ein Rasender betete, daß alles bald vorüber sein möchte, oder wenn er des Betens müde war, kam er im Nachthemd herunter und vertrieb uns mit dem Besenstiel. Er sah aus wie ein altes, verschrumpftes Heinzelmännchen.

Von Samstag nachmittag bis Montag morgen wollte es kein Ende nehmen. Bereits am Samstagmorgen – wie das zuging, weiß nur Gott allein – konnte man fühlen, daß die Kriegsschiffe draußen vor der Werft Anker geworfen hatten. Am Samstagmorgen schlug mir das Herz bis in den Hals. Ich konnte sehen, wie die Decks geschrubbt und die Kanonen geputzt wurden. Das Gewicht dieser Seeungeheuer, das auf das schmutzige, glasige Wasser des Bassins drückte, verursachte mir ein wollüstiges Gefühl. Ich träumte schon davon, wegzulaufen und ferne, unbekannte Länder zu sehen. Aber ich kam nur bis zur anderen Seite des Flusses, etwa nördlich bis zur zweiten Avenue und der achtundzwanzigsten Straße. Dort spielte ich den Orangenblütenwalzer, und in den Zwischenakten wusch ich mir an dem eisernen Ausguß die Augen. Das Klavier stand im hinteren Teil der Wirtschaft. Die Tasten waren sehr vergilbt, meine Füße erreichten die Pedale nicht. Ich trug einen Samtanzug, weil Samt damals in der Mode war.

Alles, was an der anderen Seite des Flusses passierte, war reiner Irrsinn: der mit Sand bestreute Boden, die Gaslampen mit zylindrischem Docht, die Bilder aus Glimmerschiefer, in denen der Schnee niemals schmolz, die närrischen Deutschen mit ihren fleckigen Händen, der eiserne Ausguß, der eine moosige Schmutzkruste angesetzt hatte, die Frau aus Hamburg, deren feiste Hinterbacken immer über den Stuhlsitz hinüberhingen, der Hof, der mit Sauerkrautfässern vollgestopft war … Und dazu der ewige Dreivierteltakt. Ich gehe zwischen meinen Eltern, die eine Hand im Muff meiner Mutter und die andere im Ärmel meines Vaters. Meine Augen sind fest geschlossen, so fest wie Zangenmuscheln, die ihre Lider nur öffnen, um zu weinen.

Alle die wechselnden Gezeiten des Flusses, das Wetter, das sein Aussehen ständig veränderte, sind in meinem Blut. Ich kann noch das schlüpfrige Naß der großen Geländerstange fühlen, gegen die ich mich in Nebel und Regen lehnte. Wenn ich die Stirn darauf legte, dröhnten mir die schrillen Signale des Fährboots durch den Kopf. Ich sehe noch, wie sich die moosigen Planken der Landungshelligen bogen, wenn der große, runde Bug hart an ihnen vorbeistreifte und das grüne, dicke Wasser durch die sich hebenden, ächzenden Planken schoß. Und darüber die gleitenden und tauchenden Seemöwen mit ihrem heiseren Geschrei, dem Beuteschrei unmenschlicher Gier, den Schnäbeln, die den Abfall aufpickten, schorfigen Beinen, die das grünbrodelnde Wasser streiften.

Man gleitet unmerklich von einer Szene, einem Alter, einem Leben in andere über. Plötzlich auf der Straße, mag es wirklich oder mag es ein Traum sein, kommt einem zum erstenmal zum Bewußtsein, daß die Jahre vorübergeflossen sind, daß dies alles vorbei ist und nur noch in der Erinnerung weiterleben wird, und dann wendet sich die Erinnerung nach innen mit einem sonderbaren, herzumkrampfenden Glanz, und nachdenklich und träumerisch geht man diese Szenen immer wieder durch, während man die Straße entlanggeht, während man bei einer Frau liegt, während man mit einem Fremden spricht... plötzlich, aber immer mit einer erschreckenden Eindringlichkeit und immer mit erschreckender Genauigkeit, dringen diese Erinnerungen ein, stehen wie Geister auf und durchziehen jede Faser unseres Wesens. Von nun an bewegt sich alles auf gleitenden Ebenen – unsere Gedanken, unsere Träume, unsere Handlungen, unser ganzes Leben. Ein Parallelogramm, in dem wir von einer Plattform unseres Baugerüsts auf die andere fallen. Von nun an sind wir in Myriaden Bruchstücke gespalten wie ein Insekt mit hundert Füßen, ein Hundertfüßler mit einem feinen Getrippel, der den Kopf hebt und wittert, ehe er weiterhuscht. Wir schreiten mit empfindlichen Fasern, die gierig aus der Vergangenheit und Zukunft trinken, und alle Dinge schmelzen zu einer melancholischen Musik. Wir marschieren gegen eine vereinigte Welt und behaupten unser Geteiltsein. Während wir weiterschreiten, teilen sich alle Dinge mit uns in Myriaden glitzernder Bruchstücke. Das ist die große Zersplitterung der reiferen Jahre, die große Veränderung. In der Jugend waren wir ganz, und der Schrecken und der Schmerz der Welt gingen uns durch und durch. Es gab keine scharfe Trennung zwischen Freude und Kummer, sie schmolzen ineinander über, wie unser waches Leben in Traum und Schlaf übergeht. Wir standen als ein einziges und einheitliches Wesen morgens auf, und abends tauchten wir in einen Ozean nieder, nahmen die Sterne und das Fieber des Tages mit uns hinunter. Und dann kommt eine Zeit, wo plötzlich alles umgekehrt zu sein scheint. Wir leben im Geiste, in Ideen, in Bruchstücken. Wir trinken nicht mehr die wilde, rauschende Musik der Straßen ein – wir erinnern uns nur. Wie ein Besessener leben wir das Drama der Jugend immer wieder durch. Wir sind wie eine Spinne, die den Faden immer wieder aufnimmt und ihn aufs neue auswirft, denn sie ist besessen von einem logarithmischen Muster, das sie ausarbeiten muß. Wenn uns ein mächtiger Busen erregt, so ist es der dicke Busen einer Hure, die sich an einem regnerischen Abend zu uns hinabbeugte und uns zum erstenmal das Wunder der großen, milchigen Kugeln zeigte. Wenn wir durch die Spiegelungen auf einem nassen Pflaster bewegt werden, so deshalb, weil wir mit sieben Jahren von einer Ahnung des kommenden Lebens durchbohrt wurden, als wir gedankenlos in diesen hellen, flüssigen Spiegel der Straße starrten. Wenn uns der Anblick einer hin und her schwingenden Tür plötzlich ins Blut geht, so ist es die Erinnerung an einen Sommerabend, wo alle Türen sanft hin und her schwangen, und wo das Licht sich niederbeugte, um den Schatten zu liebkosen, in den goldene Waden und Spitzen und glitzernde Sonnenschirme gehüllt waren, und durch den Spalt der schwingenden Tür sickerten wie Sand durch eine Lagerstätte von Rubinen die Musik und der Weihrauchduft mächtiger, unbekannter Körper. Als jene Tür sich öffnete, um uns einen blendenden Blick in die Welt tun zu lassen, empfanden wir vielleicht den ersten Schauder vor dem großen Ansturm der Sünde, erhielten wir vielleicht die erste Ankündigung, daß hier über kleinen, runden, im Licht gleißenden Tischen, während wir mit müßigen Füßen in dem Sägemehl wühlten, während unsere Hände den kalten Stiel eines Glases berührten, daß hier über diesen kleinen, runden Tischen, auf die wir später mit solcher Sehnsucht und Verehrung blicken werden, daß wir hier, sage ich, in den kommenden Jahren die ersten bohrenden Qualen der Liebe fühlen werden, die ersten Rostflecken, den ersten Griff der Klauen des Grabes, die hellen, runden Blechstücke auf den Straßen, die hochragenden, rußigen Kamine, die kahle Ulme, deren Zweige wie Peitschen in den Gewitterwind schlagen und die unter dem niederprasselnden Regen schreit und kreischt, während wie durch ein Wunder die Schnecken aus der warmen Erde kriechen und die Luft blau und schwefelgelb wird. Hier an diesen Tischen, beim ersten Besuch, bei der ersten Berührung einer Hand, wird einmal der bittere, nagende Schmerz kommen, der die Eingeweide durchwühlt. Der Wein wird uns sauer im Leib, ein Schmerz steigt von den Fußsohlen auf, und bei dem Schmerz und dem Fieber in unseren Knochen wirbeln die runden Tischplatten herum bei der sanften, brennenden Berührung einer Hand. Hier liegt Legende auf Legende unserer Jugend vergraben, hier die Melancholie wilder Nächte und geheimnisvoller Busen, die in dem feuchten Spiegel des Pflasters tanzen, die Bilder von Frauen, die glucksend lachen, wenn sie sich kratzen, das Brüllen lärmender Matrosen, das Geschiebe langer, vor dem Bordell anstehender Schlangen, das Rauschen von Schiffen, die im Nebel hart aneinander vorbeifahren, von Schleppern, die wütend gegen die ansteigende Flut anschnauben, während oben auf der Brooklyn-Brücke ein Mann in Verzweiflung steht, der nicht weiß, ob er ins Wasser springen oder ein Gedicht schreiben soll, oder darauf wartet, daß das Blut ihm aus den Adern tritt, weil ihn, wenn er noch einen Schritt tut, der Liebesschmerz töten wird.

Das Plasma des Traumes ist der Schmerz der Trennung. Der Traum lebt weiter, wenn der Körper begraben ist. Wir gehen auf den Straßen mit tausend Beinen und Augen, mit haarfeinen Antennen, welche die leiseste Erinnerung an die Vergangenheit auffangen. In dem ziellosen Auf und Ab bleiben wir dann und wann stehen, warten wie lange, klebrige Pflanzen und verschlingen mit einem Happ die lebendigen Bissen der Vergangenheit. Wir öffnen unsere Kelche sanft und nachgiebig, um die Nacht und die Ozeane von Blut in uns hineinzutrinken, die den Schlaf unserer Jugend überspülten. Wir trinken und trinken mit unstillbarem Durst. Wir werden nie wieder ganz, wir leben in Bruchstücken, und unsere Teile sind durch dünne Membranen getrennt. Wenn daher die Flotte im Pazifik manövriert, blitzt die ganze Saga der Jugend vor unseren Augen auf, der Traum der offenen Straße und das Kreischen der Seemöwen, die niedertauchen und den Abfall in den Schnäbeln tragen, oder es ist der Klang der Trompeten und der Anblick flatternder Fahnen, und die unbekannten Teile der Erde fliegen ohne Namen und feste Bedeutung, wirbelnd wie die runde Tischplatte, in einem glitzernden Schein von Macht und Ruhm vor unseren Augen entlang. Der Tag kommt, wo man auf der Brooklyn-Brücke steht und in schwarze Schornsteine niederschaut, aus denen dicker Rauch quillt, und die Kanonenrohre und die Knöpfe der Matrosen glitzern, und das Wasser teilt sich wundersam unter dem scharfen, schneidenden Bug, und wie Eis und Spitzen, wie krachende Schollen und Rauch schäumt das Wasser grün und blau mit einer kalten Glut, mit der Kühle des Champagners und funkelnder Kiemen. Und der Bug spaltet das Wasser in einer endlosen Metapher: der schwere Rumpf des Schiffes bewegt sich vorwärts, während der Bug das Wasser teilt, und das Gewicht des Schiffes ist das unwägbare Gewicht der Welt, das Niedersinken in unbekannte barometrische Tiefdruckgebiete, in unbekannte Spalten und Höhlen der Erde, wo die Wasser melodisch rauschen und die

Sterne herniederpurzeln und sterben, und Hände strecken sich hoch und greifen und möchten sich anklammern, aber sie fassen nichts und schließen sich nicht, sondern greifen und fuchteln nur, während ein Stern nach dem andern verlischt, Myriaden Sterne, Myriaden von Welten, die in kalte Glut herniedersinken, in rauchschwarze Nacht mit zuckendem Grün und Blau, mit krachendem Eis und zischendem Champagner und dem heiseren Schrei der Seemöwen, die nach Muscheln schnappen, sich mit Abfällen vollschlingen, während das Schiff ruhig weiterzieht.

Man blickt von der Brooklyn-Brücke auf einen Schaumfleck nieder, auf eine Lache Öl oder ein Stück Holz oder ein leeres Boot. Die Welt zieht drunten im Wasser kopfstehend vorbei, und der Schmerz, wie ein Licht aufblitzend, verzehrt die Eingeweide, die Seiten bersten, alle Knorpel werden von Speeren durchbohrt, das ganze Gerüst des Körpers löst sich in nichts auf. Durch uns hindurch ziehen seltsame Worte aus der alten Welt, Zeichen und Vorbedeutungen, die Schrift an der Wand, die Spalten der Tür in der Wirtschaft, die Kartenspieler mit ihren Tonpfeifen, der gegen den Hintergrund der Blechfabrik aufragende hagere Baum, die schwarzen Hände, die selbst im Tode die Flecken nicht verlieren. Man geht nachts durch die Straße, wenn die Brücke wie eine Harfe gegen den Himmel gestellt ist, und die schlafverklebten Augen brennen sich in die Häuser ein, deflorieren die Wände, die Treppen brechen in einer Rauchwolke zusammen, und die Ratten trippeln über die Decke, eine Stimme wird an die Tür genagelt, und lange, kriechende Wesen mit haarfeinen Antennen und tausend Beinen fallen wie Schweißtropfen von den Röhren nieder. Man marschiert in runden Käfigen auf gleitenden Ebenen, die Wände des Käfigs, durch welche die Sterne und Wolken schimmern, drehen sich, und die Männer und Frauen haben alle Schwänze oder Klauen, während über allen Dingen die Buchstaben des Alphabets in Eisen und Manganit geschrieben sind. Man rennt in einem runden Käfig unter dem Rollen des Trommelfeuers herum. Das Theater brennt, aber die Schauspieler sprechen weiter. Die Blase platzt, die Zähne fallen aus, das Wehklagen des Clowns ist wie das Geräusch fallender Haarschuppen. In mondlosen Nächten wandert man im Kratertal, im Tal erloschener Feuer und gebleichter Schädel, von Vögeln ohne Flügel. Rund und rund geht man und sucht die Nabe und den Knoten der Dinge, aber die Feuer sind zu Asche ausgebrannt, das Geschlecht der Dinge ist im Finger eines Handschuhs verborgen.

Und dann brüllte eines Tages die ganze Welt wieder auf, und es ist, als wenn plötzlich das Fleisch von den Knochen fiele und das Blut unter den Knochen mit der Luft zusammenflösse, und sogar das Skelett des Körpers schmilzt zusammen wie Wachs. Solch ein Tag mag es sein, wenn man zuerst auf Dostojewskij stößt. Man erinnert sich an den Geruch des Tischtuchs, auf dem das Buch liegt. Man sieht auf die Uhr, und es ist erst fünf Minuten vor der Ewigkeit. Man zählt die Gegenstände auf dem Kaminsims, weil der Klang der Zahlen ein gänzlich neuer Klang in unserem Mund ist, weil alles, Neues und Altes, Berührtes und Vergessenes, Feuer und Magnetismus ist. Alle Türen des Käfigs stehen jetzt auf, und welchen Weg man auch geht, er führt direkt in die Unendlichkeit, eine gerade, tolle Linie, über die brüllend Sturzwellen brechen und auf die indigoblaue Marmorblöcke niedersausen, um ihre fieberglühenden Eier abzulegen. Aus den phosphoreszierenden Wellen steigen stolz und schnaubend die wie glasiert aussehenden Pferde, die mit Alexander marschierten, ihre straffgespannten Bäuche leuchten wie im Kalklicht, von ihren Nüstern träufelt Opiumtinktur. Jetzt wimmelt alles von Schnee und Läusen, während das große Band des Orion sich um die Biegung des Ozeans schlingt.

Es war genau fünf Minuten nach sieben an der Ecke des Broadway und der Kosciusko-Straße, als Dostojewskij zuerst an meinem Horizont aufblitzte. Zwei Männer und eine Frau dekorierten ein Schaufenster. Von der Mitte der Oberschenkel an waren die Gliederpuppen ganz aus Draht. Leere Schuhschachteln lagen in Haufen gegen das Fenster wie halb abgeschmolzene Schneehaufen.

Dort lernte ich so ganz nebenbei Dostojewskijs Namen kennen.

Es wurde nicht mehr Aufhebens davon gemacht als von einer alten Schuhschachtel. Der Jude, der seinen Namen aussprach, hatte dicke Lippen, er konnte zum Beispiel nicht Wladiwostok oder Karpaten sagen, aber Dostojewskijs Namen sprach er göttlich aus. Noch jetzt, wenn ich Dostojewskij sage, sehe ich seine dicken, plusterigen Lippen und den dünnen, sich wie ein Gummiband ausstreckenden Speichelfaden, als er den Namen aussprach. Zwischen seinen beiden Vorderzähnen war ein mehr als gewöhnlicher Abstand. Genau in der Mitte dieses leeren Raumes zitterte und streckte sich das Wort Dostojewskij, ein dünnes, funkelndes Speichelband, in dem sich das ganze Gold des Zwielichts gesammelt hatte, denn die Sonne ging gerade über der Kosciusko-Straße unter, und der Verkehr brach in einen Frühlingstau auseinander, ein kauendes und knirschendes Geräusch, wie wenn die Gliederpuppen mit ihren Drahtbeinen sich gegenseitig bei lebendigem Leibe zerkauten. Ein wenig später, als ich in das Land der Houyhnhnms kam, hörte ich über mir dasselbe Kauen und Knirschen, und wieder zitterte der Speichel im Mund eines Mannes und funkelte in einer sterbenden Sonne. Diesmal ist es im Rachen des Drachen. Ein Mann steht mit einem spanischen Rohr über mir und fuchtelt mit einem wilden arabischen Lächeln drauflos. Wieder bersten die Wände der Welt, als wäre mein Gehirn ein Uterus. Der Name Swift war wie ein harter, klarer Strahl, der gegen den Verschlußdeckel der Welt zischte. Über mir der grüne Feuerfresser, die zarten Eingeweide in geteertes Segeltuch gehüllt. Zwei ungeheure, milchweiße Zähne beißen auf einen Gurt mit schwarzem Fett geschmierter Zahnräder nieder, die mit dem Schießstand und dem türkischen Bad in Verbindung stehen. Der Treibriemen bewegt sich über einem Rahmen gebleichter Knochen. Der grüne Drache Swift bewegt sich mit einem endlosen, pissenden Ton über die Zahnräder und zermahlt die menschengroßen Mücken, die wie Makkaroni verschluckt werden. Die Speiseröhre schluckt sie ein und aus, die Schulterknochen und die Rippen mahlen sie hinein, sie fallen durch die bodenlose Grube der Eingeweide, erbarmungslos mahlen die Zahnräder, zerkauen all die feinen Makkaronistränge, die an dem Backenbart des gierigen Drachenschlundes hernniederhängen, lebendig in Stücke. Ich blicke in das milchweiße Lächeln des Kläffers, dieses fanatische arabische Lächeln, das aus dem Feuer des Traumlandes kam, und dann trete ich ruhig in den offenen Bauch des Drachen. Zwischen den Platten des Skeletts, welche die mahlenden Zahnräder halten, breitet sich das Land der Houyhnhnms vor mir aus, der zischende, pissende Ton klingt mir in die Ohren, als wäre die Sprache der Menschen aus Selterwasser gemacht. Das Fauchen im Haus der Winde, die fetten, mahlenden Zahnräder, himmelblaue Wasser, Silberkugeln, die auf flüssiger Pechkohle tanzen, Banjos, flatternde Kopftücher und schwarze Zigarren, berstende Bierflaschen, in feine Glasfäden auseinandergezogener Sirup, Brandungsgebrüll und kochendes Gezisch, Schaum und Eukalyptus, Dreck, Kreide, Konfetti, ein weißer Frauenschenkel, ein zerbrochenes Ruder, der Lärm herumwirbelnder Holzplatten, das immerwährende Lächeln, das wilde arabische Lächeln, der rote Schlund und die grünen Eingeweide ...

O Welt, erwürgte und zusammengestürzte Welt, wo sind die starken weißen Zähne? O Welt, die zugleich mit den Silberkugeln, den Korkstücken und den Rettungsringen versinkt, wo sind die rosigen Skalps? O öde und kahle Welt, du zu einem Fetzen zerkaute Welt, unter welchem toten Mond liegst du kalt und glitzernd?

Beth Nugent
Stadt voller Jungs

»Mein kleiner Schatz«, sagt sie und kommt mit ihrem Gesicht so nahe, daß ich das feine Netz aus Falten sehen kann, das ihr Gesicht in einen verwitterten Stein verwandelt. »Du liebst mich doch, oder, du kleiner Schatz, kleines Lämmchen?«

Ich bin nicht sicher, ob sie überhaupt noch zuhört, aber ich antworte immer mit Ja. »Ja«, sage ich immer, »ja, ich liebe dich.«

Sie ist Mutter und Vater für mich, Schwester, Bruder, Cousine, Geliebte. Sie ist alles, habe ich immer gedacht, was ein Mensch nur braucht auf der Welt. Sie ist alles, nur kein Junge.

»Jungs«, sagt sie zu mir. »Jungs machen dich bloß kaputt.«

Ich weiß das. Ich beobachte sie an den Straßenecken, zusammengedrängt unter ihren blauen Rauchschwaden. Sie sind so nervös wie Insekten, immer führt irgendein Körperteil sinnlose, aufgeregte Bewegungen aus, ein Fuß trappelt, eine Kinnlade mahlt, ein Finger zieht Kreise auf dem Oberschenkel, die Augen wandern rastlos wie programmiert, hin und her, während sie vorbeigehende Frauen taxieren – sie wandern von den Brüsten zum Gesicht, zu den Beinen, zu den Brüsten. Sie stehen niemals still, und sie zucken und fahren zusammen, wenn ich vorbeigehe, aber trotzdem will ich sie. Ich will sie auf dem Rücksitz ihres Autos; ich will sie unter der Brücke, wo der Fluß die glitschigen Ufersteine überspült; ich will sie in den hinteren Reihen der Kinos und unter den Büschen und Bänken im Park.

»Jungs«, sagt sie. »An Jungs solltest du nicht mal denken. Jungs würden dich nur dazu bringen, etwas zu tun, wovon du keine Ahnung hast, etwas, das du nie tun wolltest, wenn du wüßtest, worum es sich handelt. Ich weiß«, sagt sie, »ich weiß eine Menge über Jungs.«

Sie ist alles für mich. Sie ist nicht meine Mutter, obwohl ich mir den Luxus geleistet habe, manchmal zu glauben, ich sei ihr Kind. Meine Mutter ist in Fairborn, Ohio, wo sie zusammen mit meinem Vater darauf wartet, daß ich nach Hause komme und einen Jungen heirate und daß ich mich zu der Frau entwickle, die ich ihrer Meinung nach noch werden kann. Fairborn ist eine Stadt voller Jungs und Parkuhren und der Air Force, aber vor allem ist es eine Stadt voll von meiner Mutter, und in meiner Vorstellung schwebt sie darüber wie eine Wolke aus radioaktivem Staub. Wenn ich zurückkehre, dann wird es zu ihr sein. Sie ist nicht der Grund dafür, daß ich weggegangen bin, sie ist nicht der Grund dafür, daß ich hier bin. Sie ist bloß etwas, das ich verlassen habe, wie all die anderen Dinge, die hinter uns herschleifen, wenn wir von Ort zu Ort gehen, von Geburt zu Geburt, von Entwicklung zu Entwicklung. Sie ist nur noch eine Brotkrume, nur noch eine Mutter in einer langen Reihe von Müttern, die dich loslassen, damit die Frau aus dir wird, die du werden mußt. Aber du kommst immer auf sie zurück.

Auch die Stadt, in der ich jetzt lebe, ist voller Jungs, und als ich hierhergekommen bin, bin ich durch Hunderte von Städten gekommen, und die waren alle voller Jungs.

»Jungs«, sagt sie zu mir, »sind uninteressant, und wenn sie erwachsen werden, werden Männer aus ihnen, und dann werden sie noch uninteressanter.«

Auch das weiß ich. Ich sehe, wie Jungs ihre Tage verbringen, wie sie entweder herumstehen oder Basketball spielen oder damit beschäftigt sind, die ganze Zeit irgendeinen geisttötenden Sermon von sich zu geben, und ich kann meine eigenen Schlüsse daraus ziehen, worüber sie reden und zu welchen Höhen sie sich aufschwingen können, und ich sehe, was sie den ganzen Tag machen, aber trotzdem will ich sie.

Das eine Mal, als ich so getan habe, als ob sie ein Junge wäre, wußte sie Bescheid, weil ich die Augen zumachte. Ich mache nie die Augen zu, und als ich gekommen bin, haute sie mir ordentlich eine runter. »Ich bin kein Junge«, sagte sie, »vergiß das bloß nicht. Du weißt, wer ich bin, und vergiß bloß nicht, daß ich dich liebe und daß kein Junge dich jemals so lieben könnte wie ich.« Wahrscheinlich hat sie recht. Welcher Junge könnte mit ihrer nachlassenden Konzentration lieben? Wahrscheinlich könnte kein Junge jemals das erreichen, was sie mit jedem Tag, der zwischen uns tritt, losläßt, was sie in der langen Geschichte ihrer Liebe verloren hat.

Was ich manchmal tue ist, mich unter ihrem abwesenden Blick davonzustehlen.

»Wo gehst du hin, was hast du vor?« sagt sie dann, und ich schwelge in der Vorstellung, ich sei ein Kind, und gebe zur Antwort: »Nirgendwohin. Nichts.«

In ihrer völlig ungelenkten, berauschenden Sinnlosigkeit haben unsere Gespräche eine größere Tragweite, als wir beide imstande sind zu verkraften, gemeinsam oder jede für sich, und die schleppe ich heute hinaus auf die Straße, eine große Last, die hinter mir herschleift, während ich nach Jungs Ausschau halte.

Heute, sage ich zu mir, ist genau der richtige Tag, um etwas zu verlieren, Liebe und Unschuld, Illusionen und Erwartungen. Es ist ein Tag, den ich durchstreifen werde, bis ich genau den richtigen Jungen finde.

Da, wo wir wohnen, an der Upper West Side, sind die Straßen voller Puertoricaner, die den Frauen hinterherschauen. Sorgfältig mustern sie jede Frau, die vorbeigeht; sorgfältig fassen sie sie ins Auge, als ob sie irgendwie für ihr weiteres Vorhandensein auf der Straße verantwortlich wären. Nicht eine Frau geht vorbei, ohne von der langen Leine ihrer Blicke erfaßt zu werden.

Ohh, ssss, sagen sie. *Mira, mira*, und wenn eine Frau hinsieht, lächeln sie und zischen noch einmal durch ihre strahlendweißen Zähne. In ihren Augen spiegeln sich all die Frauen, die sie haben vorbeigehen und kochen und ihr schwarzes Haar kämmen sehen. All die Frauen, die sie mit ihren Händen berührt, und all die Frauen, die sie gekannt haben, leben in ihren Augen und schimmern aus dem Dunkel hervor. Ihre Augen sind nur dazu geschaffen, Frauen in den Straßen zu sehen.

Da, wo wir wohnen, Ecke 83. West und Amsterdam, gibt es Kakerlaken und Ratten; aber das spielt alles keine Rolle, solange wir zusammen sind, sagen wir tapfer, voll Sehnsucht. Das spielt alles keine Rolle, sage ich und zertrample einen Kakerlaken, und sie, den Blick auf eine kurzbeinige Ratte gerichtet, die sich in dem langen Korridor in Richtung der kleinen Müllkammer gegenüber der Tür zu unserem Apartment davonmacht, stimmt zu, das spiele alles keine Rolle. Ich habe dem Hausmeister mal gesagt, daß sich das Ungeziefer in dem Gebäude vielleicht nicht so heimisch fühlen würde, wenn er den Müll draußen auf der Straße deponierte.

»Was ist Ungeziefer?« wollte er wissen.

Ungeziefer, sagte ich ihm, sind Ratten und Kakerlaken und riesige schwarze Käfer, die um den Toilettensitz herumkrabbeln, wenn man nachts das Licht anschaltet. Ungeziefer sind die ganzen Geräusche in der Nacht, das ganze Knacken und Kratzen und Trippeln in der Dunkelheit. »Keine Ratten«, sagte er. »Vielleicht die eine oder andere Maus, und vielleicht bekommt man ab und zu mal Kakerlakeneier zu Gesicht, aber ich halte dieses Haus sauber.«

Gemeinsam beobachteten wir, wie ein großer, braungepanzerter Kakerlak versuchte, an der Wand an uns vorbeizukrabbeln. Keiner von uns beiden rührte einen Finger, um ihn totzuschlagen, doch als er stehenblieb und seine Fühler ausstreckte, donnerte der Hausmeister seine große Faust mit voller Wucht gegen die Wand. Er sah den toten Kakerlaken nicht an, aber ich konnte kaum meinen Blick von ihm wenden, völlig platt gedrückt, als wäre er auf seiner Hand glattgewalzt worden.

»Vielleicht hier und da ein Kakerlak«, sagte er und schnipste den Kakerlaken auf den Fußboden, ohne ihn anzusehen, »aber ich halte dieses Haus sauber. Wenn ihr einen Mann im Haus hättet«, sagte er und versuchte, an mir vorbei einen Blick auf unser Apartment zu werfen, »dann hättet ihr vielleicht nicht solche Probleme mit Ungeziefer.«

Ich tat so, als ob ich nicht verstünde, was er meint, und ging ins Zimmer zurück. Der Mieterschutz wird in New York nicht bis in alle Ewigkeit in Kraft sein, und wenn er ausläuft und die ganzen Puertoricaner in die Bronx gezogen sind, werden wir einen Job finden müssen oder auf der Straße sitzen, aber solange wir zusammen sind, solange wir füreinander da sind …

»Wir werden immer füreinander dasein, oder?« sagt sie, zündet sich eine Zigarette an und kontrolliert, wie viele noch in der Packung sind.

»Ja«, sage ich immer und frage mich, ob sie zuhört oder nur darin vertieft ist, Zigaretten zu zählen. Ich werde immer für dich dasein, sage ich. Es sei denn, denke ich, es sei denn, du verläßt mich, oder ich entwickle mich zu der Frau, die ich laut meiner Mutter immer noch werden kann.

Heute ist ein Tag voller Jungs. Sie sind überall, und ich sehe mir jeden von ihnen an, Jungs auf Motorrädern, Jungs in Autos, auf Fahrrädern, an Mauern gelehnt, zu Fuß unterwegs: Ich schau sie mir alle an, um zu sehen, welcher von ihnen in dieser Stadt voller Jungs mir gehört.

Ich bin nicht so jung, und sie ist nicht so alt, aber der Mieterschutz wird nicht bis in alle Ewigkeit in Kraft sein, und eines Tages werde ich eine Frau sein. Sie will, sage ich mir, nur mich. Manchmal denke ich, daß sie meine Mutter gewesen sein muß, so wie sie mich liebt, aber als ich sie gefragt habe, ob sie jemals meine Mutter gewesen sei, faßte sie meine kleinen Brüste an und sagte: Würde das deine Mutter tun? und ließ ihre Zunge über meine Haut gleiten und sagte: Oder das? Würde deine Mutter wissen, was du willst, mein Schatz? Ich bin nicht deine Mutter, sagte sie, ich hab dich in der Innenstadt von einer Matratze gestohlen, da, wo gleich um die Ecke die ganzen Alkis in Pisse und Wein rumliegen und um Hilfe rufen und niemand zuhört. Ich hab dir das erspart, sagte sie. Aber ich erinnere mich nur zu deutlich an die Reise hierher, in einem Auto voller Leute, die meisten von ihnen vollgepumpt mit Drogen, und ich erinnere mich daran, wie sie mich entdeckt hat, als ich direkt vor dem Pornokino Ecke 98. und Broadway stand, und sie machte sich direkt unter den Augen von etwa hundert neugierigen Puertoricanern mit mir aus dem Staub.

»Weiß deine Mutter, wo du bist?« fragte sie mich.

Ich lachte und sagte, meine Mutter wisse alles, was sie wissen müsse, und sie sagte: »Komm mit mir nach Hause. Da ist jemand, den ich dir vorstellen möchte.« Als sie mit mir bei sich zu Hause angekommen ist, brachte sie mich sofort zu einem großen, schweren Mann, der auf dem Sofa lag und fernsah.

»Tito, das ist Prinzessin Gracia«, sagte sie, und Tito hob seinen großen Kopf vom Kissen hoch, um mich zu betrachten.

»Für mich sieht sie aber nicht nach einer Prinzessin aus«, war alles, was er sagte.

Ich habe nie viel von Tito gehalten, und sie hat nie zugelassen, daß er mich anrührt, obwohl unser Apartment nur aus einem Zimmer besteht und er krank war vor Verlangen nach mir. Nachts, wenn sie miteinander fertig waren, kroch sie zu mir in meine Ecke herüber und flüsterte mir ins Ohr: »Schatz, du bist mein ein und alles.«

Während Tito nachts schnarchte, taten wir es immer mindestens einmal mehr als die beiden, und dann seufzte sie auf und sagte: »Mein kleiner Schatz, du bist die, die ich die ganze Zeit über haben wollte; trotz der ganzen anderen Jungs und Mädchen, die mich geliebt haben, hab ich immer nur nach dir gesucht, wollte ich dich haben.«

Solche Äußerungen sind es, die mich umbringen; solche Äußerungen sind es, die mich für sie eingenommen haben, und dazu die Tatsache, daß sie mich von den rauhen Straßen voller Jungs und Bullen und Taxis zu sich holte und daß sich, wo ich auch hinsah, die strengen Augen der Unschuld abwandten.

Während dieser ersten Zeit mit ihr hatte ich das Gefühl, als ob meine Mutter zusammengerollt in meinem eigenen Körper läge und mich gebärt. Jedesmal, wenn sie mich herausgelassen hat, bin ich wieder in sie hineingekrochen.

Das große Auto hält am Gehsteig, und ich bücke mich, um zu sehen, ob sich Jungs darin befinden. Es ist voller Jungs, also sage ich: »He, kann ich mitfahren?«
»He«, sagen sie. »He, die Lady will mitfahren. Wohin?« fragen sie.
»Oh«, sage ich, »egal wohin.« Ich schaue, in welche Richtung sie fahren. »In den Norden der Stadt«, sage ich, und dann schwingt die Tür auf, damit ich einsteige. Der älteste Junge ist wahrscheinlich sechzehn und hat gerade seinen Führerschein gemacht, und er fährt das Auto seiner Mutter, einen großen Buick oder Chevrolet oder Monte Carlo – das Auto einer Mutter. Jeder von den Jungs ist anders, aber als Jungs gleichen sie sich wie ein Ei dem anderen, und ich suche mir sofort den aus, den ich haben will. Er ist der, der mich nicht anschaut, und er ist der älteste, nur ein paar Jahre jünger als ich, und das Auto, in dem wir sitzen, gehört seiner Mutter.
»Wie wär's mit 'ner Party?« sagen die Jungs. »Wir wissen von einer guten Party im Norden der Stadt.«
»Mal sehen«, sage ich. »Laßt uns in den Norden der Stadt fahren, und dann sehen wir weiter.«

Manchmal wache ich auf und sehe, wie sie sich auf ihren dünnen Knien an die kahle Wand lehnt, deren rauhe Ziegelsteine unter dem Putz freigelegt sind. Ich träume, daß sie darum betet, daß ich bei ihr bleibe, aber ich fürchte, daß es etwas anderes ist, worum sie betet, ein Anfang oder ein Ende oder etwas, wovon ich nichts weiß. Einmal ist sie ins Bett gekommen und hat ihren Kopf auf meine Brust gelegt, und ich spürte den Abdruck des Ziegelsteins auf der zarten Haut an ihrer Stirn.
Sie selbst ist nicht besonders religiös, obwohl das Apartment mit

den Überbleibseln von Heiligen übersät ist – heiligen Reliquien der einen oder anderen Art: eine Haarsträhne des Jesuskindes, ein Stückchen Fingernagel des heiligen Paulus, ein Fetzen vom Kleid der Jungfrau Maria. Die sind noch übrig von Tito, der heilige Reliquien gesammelt hat, wie andere Leute Glückspfennige oder Streichholzbriefe sammeln, als eine Art Vorbeugung gegen die unausgesprochene Ahnung irgendeines Unglücks. Doch hier, in diesem kleinen Apartment, in dem wir wohnen, sind sie nur im Weg, und ich habe ihr einmal vorgeschlagen, sie wegzuwerfen. Da hob sie ein Stück getrocknetes Kraut aus Gethsemane auf und sagte: »Ich glaube nicht, daß wir das Recht haben, sie wegzuwerfen. Tito hat sie ausfindig gemacht, und wenn wir sie wegschmeißen würden, wer weiß, was Tito dann zustieße? Ich meine, vielleicht funktionieren sie ja. Und außerdem«, sagte sie noch, »bin ich nicht der Meinung, daß es in geistiger Hinsicht zweckmäßig ist, in absolut allen Dingen eine Skeptikerin zu sein.«

Als Tito gegangen ist, seine Reliquien wegen irgendeiner neuen Hoffnung im Stich gelassen hat, war sie ein oder zwei Tage lang niedergeschlagen, doch schließlich sagte sie, es sei wirklich für alle das beste, besonders für uns beide, für die einzigartige Realität, zu der unser beider Leben sich entwickelt habe. Tito hat gesagt, ihm werde übel davon, die ganze Zeit zuzusehen, wie zwei Lesben aufeinander rumturnen, obwohl ich glaube, daß er nur wütend war, weil sie nicht zugelassen hat, daß er mich anrührt. Ich war sehr dafür, ich wollte, daß er mich anfaßt. Deshalb bin ich in diese Stadt gekommen: damit jemand wie Tito mich anfaßt, jemand, für den Anfassen die ganze Realität des Daseins ist, jemand, der es nicht im Keller tut und denkt, er müßte dich heiraten, jemand, der es tut und nicht an die Herrlichkeit der Liebe denkt. Doch sie hat es nicht zugelassen. Sie sagte, wenn er mich jemals anrühre, schicke sie mich zu dem Pornokino in der 98. Straße zurück und lasse die Puertoricaner Hackfleisch aus mir machen, und was Tito betreffe, der könne dann zu Rosa zurückgehen, seiner Frau in Queens, und wieder anfangen, für die *Daily News* Zeitungen auszutragen und jeden Tag mit der U-Bahn zu

fahren und heimzukommen und Rosa die ganze Nacht über telefonieren zu hören, statt an Straßenecken herumzuhängen und vor
dem Schulhof mit den Männern Karten zu spielen, wie er es jetzt
tue. Denn, sagte sie, denn sie zahle die Miete, und solange der
Mieterschutz in New York in Kraft sei, werde sie weiter die Miete zahlen, und sie könne ganz glücklich und zufrieden allein wohnen, bis sie den richtigen Zimmergenossen gefunden habe.
Einen, sagte sie und fingerte an dem glänzenden Satin von Titos
Hemd herum, der die Miete zahlt.
Also hielt Tito Abstand und machte uns beide krank mit seinem
Verlangen, und als sie schließlich aufhörte, mit ihm zu schlafen,
und zu mir auf die Matratze auf dem Fußboden kam, da konnte
sich selbst Tito vorstellen, daß es nicht mehr lange dauern würde, bis wir das Bett in Besitz nähmen und er sich auf den Fußboden verziehen müßte. Um sich das zu ersparen, sagte er eines
Tages, daß er wohl so was wie das fünfte Rad in dieser Bude sei,
hm?, und er habe eine nette puertoricanische Familie gefunden,
die einen Mann im Haus brauche, und er denke, daß er einfach
bei ihnen einziehen werde. Doch ich glaube, er versuchte nur,
sein Gesicht zu wahren, weil er sich eines Tages, als sie weg war,
um Zigaretten zu kaufen, vom Fernseher losriß und vom Sofa auf-
schwang, um mir zu sagen: »Weißt du, sie war schon mal verheiratet, weißt du.«
»Das weiß ich«, sagte ich. »Ich weiß alles darüber.«
Sie zahlt die Miete von dem Unterhaltsgeld, das sie immer noch
wegen ihrer Ehe erhält, und ich weiß alles darüber, und Tito hat
mir nichts erzählt, was ich nicht schon gewußt hätte, also guckte
ich wieder in die Zeitschrift, die ich gelesen habe, und wartete
darauf, daß er zum Fernseher zurückgeht. Er sah mich weiter an,
also stand ich auf, um aus dem Fenster zu sehen, ob sie zurück-
kommt und etwas für mich dabeihat.
»Was ich zu sagen versuche«, sagte er, »was ich dir zu sagen versuche ist, daß du nicht die einzige bist. Das bist du nicht. Ich war
auch ihr ein und alles, der, den sie immer gesucht hat. Ich war
der vor dir, und du bist bloß die vor jemand anderem.« Ich sah

sie um die Ecke 96. und Broadway biegen und konnte sehen, daß sie etwas in einer Tüte für mich dabeihatte, Doughnuts oder Kekse. Ich sagte nichts, schaute nur aus dem Fenster und zählte die Schritte, die sie bis zu unserem Gebäude machte. Sie war nach vorn gebeugt und hatte etwas Schlagseite zur Hauswand hin, so daß ich mir dachte, sie hat wohl in der Bar, wo sie immer ihre Zigaretten kauft, ein paar Drinks gehabt. Als ich hören konnte, wie ihr Schlüssel sich im Schloß der Haustür drehte, ging ich, um ihr die Tür aufzumachen, und da streckte Tito die Hand aus und packte mich am Arm.

»Hör mal zu«, sagte er. »Hör einfach zu. Niemand ist jemals der einzige für niemanden. Mach dir doch nichts vor!«

Ich riß mich los und machte ihr die Tür auf. Als sie hereinkam, durchgefroren und durchnäßt, vergrub ich mein Gesicht in ihrem Haar und atmete den Geruch von Gin und Zigaretten ein und den ganzen Sinn meines Lebens.

Am nächsten Tag ging Tito, aber er kam nicht weit, weil ich ihn immer noch an den Straßenecken herumhängen sehe. Jetzt spiegeln sich all die Frauen, die er gekannt hat, in seinen Augen, aber vor allem sie, und wenn er mich ansieht, kann ich es nicht ertragen, sie da im Dunkel verloren zu sehen. Immer wenn ich an ihm vorbeigehe, lächle ich.

»He, Tiiiiiito«, sage ich. »*Mira, mira*, hm?« Und seine ganzen Freunde lachen, während Tito sich den Anschein zu geben versucht, als hätte er sich das selbst ausgedacht, als hätte er mir diese Bemerkung irgendwie entlockt.

Ich denke, eines Tages wird Tito den Schlüssel, den er vergessen hat dazulassen, dazu benutzen, sich heimlich hereinzuschleichen und mich mit seinem erlahmenden Verlangen zu überziehen, mit seinem schwindenden Bedauern und seinen Enttäuschungen, und sie wird dann woanders hinziehen, weg von mir; aber der Mieterschutz wird in New York nicht bis in alle Ewigkeit in Kraft sein, und ich kann nicht bis zu den Anfängen und den Enden vorausdenken, um die sie betet.

Die Jungs im Auto lehnen sich aneinander und grinsen anzüglich und zucken wie gequälte Insekten, sie wechseln Blicke, von denen sie denken, daß sie viel zu raffiniert sind, als daß ich sie verstehen könnte, aber ich bin zu weit herumgekommen und habe zu viel erlebt, um auch nur einen einzigen davon zu übersehen. Wir fahren den Riverside Drive zu schnell hoch, so daß im Handumdrehen aus den besseren Vierteln Slums werden mit lauter Frauen in den Fenstern, mit farbenprächtigen Kleidern, die über Feuerleitern aufgehängt sind, und dem fröhlichen Lärm von Salsa-Musik, der wie ein dichter Dunstschleier über der Stadt liegt. Wie das Zirpen der Grillen, die sich in Ohio durch die Sommernächte schlängeln, bildet er den Grundton für alles andere.

»Also«, sagt einer von ihnen, »wo willst du überhaupt hin?«

»Tja«, sage ich. »Tja, ich hab vorgehabt, in die Bronx Botanical Gardens zu gehen.«

Die Bronx Botanical Gardens sind kein Ort, zu dem es mich wirklich jemals hinziehen würde, aber ich glaube, daß es wichtig ist, zumindest in ihren Augen, die Illusion eines Fahrtziels aufrechtzuerhalten. Wenn ich ein bißchen selbstsicherer wäre, würde ich vorschlagen, daß wir die Fähre nach Staten Island nehmen und es dort im Park tun. Dann könnte ich an sie denken.

Als wir nach Staten Island gefahren sind, war es kalt und grau und windig. Wir kamen dort an, und es wurde uns bewußt, daß es dort wirklich nichts gab, was wir sehen wollten, daß auf Staten Island zu sein wirklich nicht viel anders war, als in Manhattan zu sein.

»Oder sonstwo«, sagte sie und schaute eine Straße mit einer Galerie heruntergekommener Bekleidungsgeschäfte und Versicherungsbüros hinunter. Es war Sonntag, so daß alles fest verschlossen und niemand auf der Straße war. Schließlich entdeckten wir in der Nähe der Anlegestelle ein Restaurant, wo wir Coca-Cola und Kaffee tranken und sie Zigaretten rauchte, während wir darauf warteten, daß das Boot ablegt.

»Lesben«, hat der Kellner zu einem anderen Mann gesagt, der

an der Theke saß und einen Doughnut aß. »Was wollen wir wetten, daß das Lesben sind?«

Der Mann, der den Doughnut aß, drehte sich um und musterte uns.

»Jedenfalls sind sie nicht allzu aufregend«, sagte er. »Kein großer Verlust.«

Sie lächelte und legte ihre Hand einen Augenblick lang auf meine Wange. Der Rauch ihrer Zigarette zog an meinen Augen vorbei in mein Haar.

»Was für ein unvergeßlicher Augenblick«, sagte sie.

Auf der Rückfahrt beobachtete ich, wie der Wind ihr so ins Gesicht peitschte, daß ich es nicht wiedererkannte, und als ich die Aufmerksamkeit einiger Jungs auf der Fähre auf mich zog, sagte sie, ohne mich anzusehen oder ihren Blick von den Betonfalten des Kleids an den Füßen der Freiheitsstatue genau links von uns zu wenden: »Was du machst, ist deine Sache, aber erwarte nicht, daß ich dich bis in alle Ewigkeit liebe, wenn du so was tust. Ich bin«, sagte sie und drehte sich um, um mir direkt ins Gesicht zu sehen, »nicht deine Mutter, weißt du? Alles, was ich bin, ist deine Geliebte, und nichts dauert ewig.«

Als wir die Fähre verließen, sagte ich: »Ich erwarte nicht, daß du mich bis in alle Ewigkeit liebst«, und sie sagte, ich sei promiskuitiv und streitsüchtig, und dann zündete sie sich, während sie in die U-Bahn-Station hinunterging, eine Zigarette an. Ich beobachtete sie dabei, und es kam mir so vor, als wäre es das erste Mal, daß ich sie von hinten sehe, wie sie von mir weggeht und einen langen blauen Rauchfaden hinter sich herzieht.

Es geht etwas vor sich mit den Jungs, etwas an ihrem Gesichtsausdruck hat sich verändert, die Art, wie sie ihre Zigaretten halten, die Art, wie sie sich mit den Ellbogen anstoßen. Es verändert sich etwas, als das Licht schwächer zu werden beginnt, und einer von ihnen sagt zu mir: »Wir haben ein Klubhaus im Norden der Stadt, hast du Lust mitzukommen?«

»Was für ein Klub?« frage ich. »Was macht ihr da?«

»Wir trinken Whisky«, sagen sie, »und nehmen Drogen und gucken Fernsehen.«

Mein Junge, der, den ich mir in dieser ganzen Stadt voller Jungs ausgesucht habe, starrt aus dem Fenster, kaut auf einem Zahnstocher, den er irgendwo tief in seinem Mund festgeklemmt hat, und fährt mit seinem Finger über den glatten Kunststoff des Lenkrads. Ich merke an seiner Weigerung, mich zu fragen, daß er will, daß ich mitkomme. So stößt man, glaube ich, ins Innerste von Jungs vor, indem man in ihren Klub geht. Jungs sind wie Rudeltiere, und sie bilden immer Klubs. Es ist, als ob sie sich allein nicht zu helfen wissen. Das ist das einzige Naturgesetz des Menschen, das ich mit meiner begrenzten Lebenserfahrung beobachtet habe, das sich immer und immer wieder mit einer schlichten, banalen Beständigkeit abspielt: Da, wo es Jungs gibt, gibt es auch Klubs, und überall, wo es einen Klub gibt, ist er zwangsläufig voller Jungs, die auf der Suche sind nach den Vergnügungen, die ihnen einfach dadurch offenstehen, daß sie Jungs sind.

»Kann ich beitreten?« frage ich. Das ist das, was ich zu ihr zurückbringen werde, Zigaretten und einen Klub von Jungs. Dadurch wird sie für immer bei mir bleiben: daß ich ins Innerste von Jungs vorgestoßen und zu ihr zurückgekommen bin.

»Tja«, sagen sie und lächeln süffisant und grinsen und kratzen sich. »Tja, es gibt eine Aufnahmeprüfung.«

Der älteste der Jungs ist jünger als ich, und doch denken sie alle, wie es Jungs überall tun, daß ich nicht annähernd so viel weiß wie sie, als ob es irgendwie einen Kurzschluß in meiner Aufnahmekapazität verursachen würde, daß ich eine Frau bin. Sie sprechen eine Sprache, von der sie glauben, daß nur Jungs sie verstehen können, doch ihre Sprache zu verstehen ist mein Schlüssel zum Erfolg, also lächle ich und sage: »Ich werde euch nicht alle ficken, weder einzeln noch auf einmal.«

Mein Junge schaut zu mir herüber und gestattet sich den Anflug eines coolen Lächelns, und ich bin verärgert darüber, daß er jetzt mehr Achtung vor mir hat, weil ich in der Lage bin, eine Sprache zu sprechen, die jeder Idiot erlernen könnte.

Zwischen uns gibt es keine trivialen Augenblicke; entweder wir sprechen gar nicht, oder wir sprechen alles aus. Heizkosten und Zahnpasta und Abendessen und die ganzen alltäglichen Dinge des Lebens kommen in der Zeit, in der wir zusammen sind, nicht zur Sprache. Ich bin mir bewußt, daß so eine Intensität nicht lange aufrechterhalten werden kann und daß jede kurze Abwesenheit in unserer Zeit ein Ende zwischen uns ankündigt. Sie sagt zu mir, daß ich sie niemals verlassen darf, aber ich weiß, daß sie es ist, die mich eines Tages zurücklassen wird mit ein bißchen Unterhaltsgeld, um die Miete zu bezahlen, solange der Mieterschutz in New York noch in Kraft ist, und ich werde sie die Straßen entlangbummeln sehen, sie in den Armen eines anderen sehen, und manchmal sage ich spätnachts, wenn sie Rauchringe auf meine Brüste bläst, zu ihr: »Verlaß mich nicht. Verlaß mich bloß nie.«

»Das Leben«, sagt sie immer zu mir, »ist ein langer Abschied. Mach dir nichts vor, Kleines«, sagt sie und lacht. »Du bist jedenfalls mein kleiner Schatz, wie könnte ich dich jemals verlassen, und wie könnte ich das verlassen« – sanfte Berührung meiner Haut – »und das, und das.«

Sie weiß, daß mich das jedesmal umbringt.

Ihr Klubhaus ist schmutzig und unordentlich, und überall liegen Matratzen und leere Bierflaschen und Tüten von McDonald's, und durch diese ganze Unordnung jagen mehr Kakerlaken, als ich mir in einem einzigen Haus hätte vorstellen können, mehr Kakerlaken, als es Jungs in dieser Stadt gibt, mehr Kakerlaken, als es Augenblicke der Liebe auf dieser Welt gibt.

Die Jungs gehen wichtigtuerisch hinein. Das ist ihr Klub. Sie sind Jungs aus New York City, sie nehmen Drogen, und sie haben einen Klub, und ich beobachte, wie sie sich verteilen und auf Matratzen setzen und den Fernseher anmachen. Ich bleibe in der Tür stehen und strecke die Hand aus, um nach dem Zipfel der Jacke zu grabschen, die mein Junge trägt. Er dreht sich teilnahmslos zu mir um.

»Wie wär's mit etwas frischer Luft?« sage ich.

»Laß mich erst high werden«, sagt er, und geht zu einem Stuhl hinüber, setzt sich, holt sein Besteck raus, macht den Stoff heiß, bindet sich den Arm ab und verbringt gut zwei Minuten damit, nach einer Vene zu suchen, in die er sich den Schuß setzen kann. Überall auf seinen Händen und Armen und wahrscheinlich auch auf seinen Beinen und Füßen und seinem Bauch sind Spuren des Scheiterns und des Verfalls, als wäre sein Körper nur für einen einzigen Zweck geschaffen und als hätte er sein Leben eifrig und ergiebig darauf verwandt, ihn systematisch nach geeigneten Stellen zum Fixen zu durchforsten.

Ich beobachte ihn, während die anderen Jungs sich ihren Stoff verabreichen oder ihre Joints rollen oder ihre Pillen schlucken, und er bietet mir was davon an. Ich sage nein, ich wolle lieber einen klaren Kopf behalten, und wie es mit etwas frischer Luft wäre? Ich will nicht, daß er voll drauf kommt, bevor überhaupt irgendwas passiert ist, aber genau das ist meine Erfahrung mit Junkies, daß sie aus jeder Situation aussteigen, bevor überhaupt eine Situation entstanden ist.

»Laß uns das Auto nehmen«, sagt er.

Du bist mein Schatz, sagt sie, und wenn du mich verläßt, wirst du dein ganzes Leben darauf verwenden, zu mir zurückzukommen. Mit ihrer Zunge und ihren Worten und dem ruhigen Streicheln ihrer Hand auf meiner Haut hat sie für mich alle Grenzen meines Lebens und meiner Liebe gezogen. Das ist die eine Liebe, die mich geschaffen hat und mich in sich einschließen wird, und wenn sie mich verließe, wäre ich einsam, und ich würde lieber auf der Straße schlafen, mit ihrer Hand für immer zwischen meinen Beinen, als einsam zu sein.

Im Auto läßt der Junge seine Hand zwischen meine Beine gleiten und legt sie dann aufs Lenkrad. Die Luft ist kalt, die Straßen leer, und es ist spät. Jede Sekunde bringt mich tiefer in die Nacht hinein und fort von ihr; jede Sekunde schickt mich nach Hause.

Wir fahren zum Inwood Park und klettern über den Zaun, so daß wir nur ein paar Meter vom Hudson entfernt sind.

»Hier ist es ganz anders als in Ohio«, sage ich zu ihm, und er zündet sich eine Zigarette an.

»Wo liegt Ohio?«

»Gehst du nicht in die Schule?« frage ich ihn. »Hast du keinen Erdkundeunterricht?«

»Ich weiß alles, was ich brauche«, sagt er und streckt die Hand aus, um mir die Bluse aufzuknöpfen. Junkies wissen, daß sie nicht viel Zeit haben, und Jungs wissen, wie man gleich zur Sache kommt. »Das ist sehr romantisch«, sage ich, als seine eiskalten Finger meine Brustwarzen berühren. »Kommst du oft hierher?« Was mir an diesem Jungen gefällt, ist, daß er ihn gleich reinsteckt. Er steckt ihn einfach rein, als ob er die ganze Zeit nichts anderes täte, als ob er ihn normalerweise nicht durch seine Finger oder zwischen die rauhen Lippen seiner Freundin gleiten lassen müßte. Er steckt ihn einfach rein und kommt wie nasse Seife, die aus einer Faust flutscht, und das ist genau das, was ich wollte. Das ist genau das, was ich wollte, sage ich zu mir, während ich über seine Schulter hinweg den bräunlichen Hudson dahinfließen sehe. Das ist genau das, was ich wollte, aber ich denke nur daran, wie es bei uns ist. Das ist genau das, was ich wollte, aber ich sehe nur ihr Gesicht den Fluß hinuntertreiben, ihre Augen, die aussehen wie vom Wasser eingefangene Funken des Mondlichts.

Es spielt keine Rolle mehr, was ich für wahr halte; es spielt keine Rolle mehr, was ich für unwahr halte. Es spielt keine Rolle mehr, was ich überhaupt glaube, weil es nur noch sie gibt. Wie ein über mein Denken gebreitetes Bild überlagert sie jeden meiner Gedanken. Sie sitzt am Fenster und schaut auf die Straße hinaus, als würde sie auf etwas warten, darauf, daß der Mieterschutz ausläuft, oder darauf, daß etwas anderes anfängt. Sie sitzt am Fenster, wartet auf etwas und läßt eine lange Schnur durch ihre Finger gleiten. In dem Licht vom Fenster her kann ich jeden Knochen ihrer Hand sehen. Sie bilden ein zartes Muster, das sich in der Haut und den Knochen ihres Handgelenks verliert.

»Ändere dich nie«, sage ich zu ihr. »Ändere dich bloß nie.« Sie lächelt und läßt die Schnur von ihrer Hand herabhängen.

»Nichts bleibt jemals so, wie es ist«, sagt sie. »Du bist alt genug, um das zu wissen, mein Schatz, oder? Beständigkeit«, sagt sie, »ist nichts anderes als der Wunsch, daß alles so bleibt, wie es ist.« Ich weiß das.

»Das Leben ist hart für mich«, sagt der Junge. »Was fang ich schon mit meinem Leben an? Ich häng bloß den ganzen Tag rum oder fahre im Auto meiner Mutter spazieren. Das Leben ist so hart. Hier in dieser Stadt wird für mich immer alles das gleiche sein. Sie wird mich auffressen und wieder ausspeien, und ich könnte genausogut nie geboren sein.«

Er schaut poetisch über den Fluß.

»Ich wollte einen Jungen«, sage ich, »und keinen Dichter.«

»Ich bin kein Dichter«, sagt er. »Ich bin bloß ein Junkie, und du bist bloß eine Nutte. Du kannst zusehen, wie du heute nacht nach Hause kommst.«

Ich sage nichts und schaue zu, wie der Hudson dahinfließt.

»Tut mir leid«, sagt er. »Na und? Dann bin ich eben ein Junkie, und du bist eine Nutte, und wenn schon. Nichts ändert sich jemals. Außerdem«, sagt er, »will mein Lehrer, daß ich ein bekannter Langstreckenläufer werde, weil ich im Sportunterricht schneller laufen kann als alle anderen. Das hat er gesagt.«

»Na, das hört sich doch nach einer vielversprechenden Karriere an«, sage ich, obwohl ich mir den Lehrer in seiner ausgebeulten Trainingshose vorstellen kann, wie seine Erregung wächst, wenn er meinen Jungen anstarrt und ihm ein Extratraining nach der Schule anbietet. »Warum machst du das nicht?«

»Ich müßte das Rauchen aufgeben«, sagt er. »Und Dope.«

Gemeinsam schauen wir auf den Fluß, und schließlich sagt er: »Also, es ist Zeit, daß ich das Auto meiner Mutter nach Hause bringe.«

»Das war alles?« frage ich ihn.

»Was hast du erwartet?« sagt er. »Ich bin bloß ein Junkie. In zwei Jahren bin ich wahrscheinlich nicht mal mehr in der Lage, einen hochzukriegen.«

»Schau her«, sage ich, trete ein und gehe zum Fenster hinüber, wo sie sitzt. »Schau her. Ich bin eine Gezeichnete. Zwischen meinen Beinen ist Blut, und es stammt nicht von dir.«

Sie sieht mich an, richtet dann ihren Blick wieder auf das, womit sie beschäftigt war, bevor ich hereingekommen bin, und stößt Rauchringe aus, die an dem schmutzigen Fenster platt gedrückt werden. »Hast du mir ein paar Zigaretten mitgebracht?« fragt sie und drückt ihre in dem Aschenbecher aus, der auf der Fensterbank steht.

»Eine Gezeichnete«, sage ich. »Siehst du das Blut denn nicht?«

»Ich sehe gar nichts«, sagt sie, »und ich guck auch nicht hin, bevor ich nicht eine Zigarette kriege.«

Ich gebe ihr die Zigaretten, die ich vorher gekauft habe. Selbst als ich voll und ganz damit beschäftigt war, eine Frau zu werden, habe ich an die kleinen Dinge gedacht, die ihr Freude bereiten. Sie zündet sich eine an und atmet den Rauch ein, dann stößt sie ihn gleichzeitig durch Mund und Nase langsam wieder aus. Sie weiß, daß mich das umbringt.

»Sieht du's nicht?« frage ich.

»Ich sehe gar nichts«, sagt sie. »Ich verstehe nicht, warum du das tun mußtest.«

Sie steht auf und sagt: »Ich geh jetzt ins Bett. Ich war den ganzen Tag und die ganze Nacht auf, und ich bin müde und will schlafen gehen, bevor die Sonne rauskommt.«

»Ich bin eine Gezeichnete«, sage ich, während ich neben ihr liege. »Spürst du das nicht?«

»Ich spüre gar nichts«, sagt sie, aber sie hält mich fest, und gemeinsam warten wir geduldig auf den Tagesanbruch. Sie ist alles für mich. In der Kühle des Morgens, bevor die düsteren

Lichter der Stadt auf uns fallen, drehe ich mich zu ihrem Gesicht voller Schatten um.

»Ich bin eine Gezeichnete«, sage ich. »Das bin ich.«

»Still«, sagt sie und legt ihre dunkle Hand sanft auf meinen Mund, schiebt sie dann über meine Kehle zum Ansatz meiner Brust. Niemand in der ganzen Stadt merkt, daß sie das tut. Nirgends ändert sich das Geringste, als sie das tut.

»Still«, sagt sie erneut.

Sie preßt ihre Hand auf mein Herz und berührt mein Gesicht mit ihrem und nimmt mich mit sich in die mutterlos werdende Nacht. Alle Augenblicke hören hier auf; dies ist der erste und der letzte, und das einzige Fleisch ist ihres, die einzige Berührung die ihrer Hand. Nichts sonst existiert, und gemeinsam drehen wir uns um unter dem Streicheln des Mondes und dem Zischen der Sterne. Sie ist alles, was ich einmal sein werde, und gemeinsam werden wir zu jeder Erinnerung, die es jemals gegeben hat.

Paul Bowles
Wie oft um Mitternacht

Der Wind weht mir um den Kopf. Zwischen den größeren Wellen gibt es Tausende von leise plätschernden und gurgelnden Lauten, wenn sich das Wasser aus den Löchern und Felsspalten zurückzieht; und das Gefühl, halb schwebend, halb untergetaucht im Wasser zu sein, läßt mich nicht los, obgleich die Sonne auf mein Gesicht brennt. Ich sitze hier, ich lese, ich warte auf das angenehme Gefühl der Sättigung, das einem guten Essen folgt und langsam, während die Stunden vergehen, in die noch köstlichere, kaum wahrnehmbare Empfindung übergeht, die schließlich das Erwachen des Appetits begleitet.

Tatsächlich bin ich vollkommen glücklich hier, denn ich halte es immer noch nicht für sehr wahrscheinlich, daß in naher Zukunft dramatische Ereignisse diese Insel heimsuchen werden.

MS Ferncape *(New York – Casablanca)*, 1947

Wie oft um Mitternacht, überlegte sie, hatte sie die Jalousien hochgezogen, das große Fenster geöffnet und sich hinausgelehnt, um über die sanft flimmernde Stadt zu den höchsten Türmen zu starren? Dort drüben, hinter einer unverkennbaren Formation von Gebäuden, lag sein Haus und ganz oben, im sechsten Stockwerk, seine Wohnung. Im Sommer sah sie oft lange über die Dächer und seufzte, und während der heißesten Wochen rückte sie ihr Bett direkt unter das Fenster. Dann löschte sie alle Lichter, saß auf dem Bett und kämmte ihr Haar im schimmernden Halbdunkel der nächtlichen Stadt, oder manchmal sogar im Mondschein, was natürlich perfekt war. Im Winter aber mußte sie mit einem raschen Blick und einer kurzen Träumerei vorliebnehmen, bevor sie quer durchs Zimmer ins Bett eilte.

Jetzt war Winter. Sie ging in östlicher Richtung durch die Stadt, eine der oberen Vierziger entlang. Diese Gegend war ihr wegen der eigenartig gebauten Häuser, die nicht ganz das Pflaster berührten, immer irgendwie geheimnisvoll erschienen. Alle Häuser unmittelbar nördlich des Grand Central waren so gebaut, um die Erschütterungen abzufangen, hatte Van ihr erklärt; und es gab lange Gitter in den Bürgersteigen, durch die man, besonders bei Nacht, eine andere Welt sehen konnte: Eisenbahngleise und manchmal einen Zug, der langsam vorüberzog. Wenn es schneite, so wie jetzt, sank der Schnee durch die Gitter und bedeckte die Schwellen; dann kamen sie noch deutlicher zum Vorschein.

Van arbeitete in diesem Viertel. Er war Manager eines großen Buchladens und einer Leihbücherei auf der Madison Avenue. Und er wohnte auch hier, nur etwas weiter östlich, zwischen der Third und Second Avenue. Seine Wohnung war nicht ideal, weder ihre Ausstattung noch die Lage (denn die unmittelbare Nachbarschaft war zweifellos ein Slum), doch mit ihrer Hilfe hatte er sie bewohnbar gemacht, und sie pflegte zu sagen: »New York und Paris sind so: keine klare Abgrenzung von Vierteln.«

Jedenfalls hatten sie bereits einen Mietvertrag unterschrieben für eine Wohnung unweit von Gramercy Park, die am ersten März frei werden sollte. Dies war von größter Bedeutung, da sie vorhatten, am Valentinstag zu heiraten. Beide waren alles andere als sentimentale Gemüter, und aus diesem Grund fand June es ein wenig gewagt, als sie ihren Freunden beim Cocktail ankündigten: »Es ist der Valentinstag.«

Ihr Vater, der dafür bekannt war, immer das Vernünftige zu tun, hatte ihnen zwei Wochen auf den Bermudas geschenkt. »Weiß Gott, warum«, sagte Van. »Er kann mich nicht ausstehen.«

»Ich begreife nicht, wie du so etwas sagen kannst«, protestierte June. »Dad war immer ausgesucht höflich dir gegenüber.«

»Stimmt«, sagte Van, doch ohne Überzeugung.

Sie überquerte die Lexington Avenue. Der Himmel sah aus, als würde er von grau-violetten Neonlampen in seinem Innern erleuchtet. Die oberen Stockwerke der Häuser verloren sich in der Wolke, die der fallende Schnee bildete. Und die Geräusche des Hafens kamen nicht vom Fluß vor ihr, sondern von oben, als bahnten sich die Schlepper vorsichtig einen Weg um die Spitzen der Türme. »So war New York eigentlich gedacht«, grübelte sie – nicht die Sommer mit blühenden Essigbäumen, überfüllten Feuerleitern und spritzenden Hydranten. Sondern dieses feuchte, neutrale Klima, in dem das Wasser alles einzuhüllen schien. Sie blieb einen Augenblick in der Mitte des Blocks stehen und lauschte den Nebelhörnern; es gab eine ganze Reihe davon. Ganz weit entfernt war ein sehr leises, ein gedämpftes, das sagte: »Mmmmm! Mmmmm!«

»Das muß im Sund sein«, dachte sie. Dann ging sie weiter.

In ihrer Manteltasche hatte sie die Schlüssel, denn dies würde ein besonderer Abend werden. Nicht, daß es einen offenen Hinweis darauf gegeben hätte, das war nicht nötig. Es war in ihrem Gespräch deutlich geworden, gestern nachmittag, als sie ihn im Buchladen besuchte. Sie hatten einige Augenblicke plaudernd im hinteren Teil des Ladens zwischen den Schreibtischen gestanden, und dann hatte er ihr die Schlüssel zugesteckt. Das war gewiß das Aufregendste, was je zwischen ihnen geschehen war – dieser Übergang der Schlüssel von seiner Hand in die ihre. Mit dieser Geste gab er etwas auf, von dem sie wußte, daß es ihm sehr wichtig war – seine Privatsphäre. Er sollte nicht denken, daß sie sich dessen nicht vollkommen bewußt war, und daher sagte sie mit leiser Stimme: »Du kannst sie mir ruhig anvertrauen, glaube ich« und lachte gleich danach, damit die Bemerkung nicht lächerlich klang. Er hatte sie geküßt, und dann waren sie zehn Minuten Kaffee trinken gegangen.

Als sie an der Theke saßen, hatte er ihr erzählt, wie er am Abend zuvor einen Mann beim Bücherstehlen erwischt hatte. (Der Buchladen hatte bis spät nachts geöffnet; offenbar machte er seiner Lage wegen abends ebensoviel Umsatz wie tagsüber.) Van hatte gerade eins der Schaufenster mit neuen Büchern dekoriert; er stand draußen auf der Straße und blickte hinein. Er hatte einen Mann in einem langen Mantel bemerkt, der vor dem Regal mit technischen Werken stand. »Ich hatte ihn von Anfang an im Auge. Man hat ein Gespür dafür, weißt du. Man erkennt sie. Er sah mich durch das Fenster an. Wahrscheinlich hielt er mich für einen Passanten. Ich hatte ebenfalls meinen Mantel an.« Der Mann schaute sich hastig im Laden um; er wollte sichergehen, daß niemand ihn beobachtete. Dann griff er nach oben ins Regal, nahm ein Buch heraus und ließ es in seiner Manteltasche verschwinden. Van lief schnell zur nächsten Ecke, klopfte dem Verkehrspolizisten auf die Schulter und sagte: »Könnten Sie einen Augenblick in meinen Laden kommen? Ich möchte, daß Sie einen Mann verhaften.« Sie ergriffen ihn, durchsuchten seinen Mantel und stellten fest, daß er bereits drei Bücher gestohlen hatte.

Van sagte immer: »In einem Buchladen bekommt man die komischsten Dinge zu sehen«, und oft waren sie wirklich komisch. Doch diese Geschichte erschien June eher vage bedrohlich als amüsant. Nicht, weil es um einen Diebstahl ging, das gewiß nicht. Es war nicht der erste Fall, von dem er ihr erzählte. Vielleicht lag es daran, daß sie nichts mehr haßte, als hinterrücks beobachtet zu werden, und ohne es eigentlich zu wollen, schlug sie sich auf die Seite des Diebes, denn sie fand, daß Van nicht fair mit ihm umgegangen war. Sie war der Ansicht, er hätte hineingehen und ihm sagen sollen: »Ich habe Sie beobachtet. Ich habe alles gesehen. Nun gebe ich Ihnen eine letzte Chance. Stellen Sie alles, was Sie genommen haben, wieder hin, und dann hauen Sie ab und lassen sich hier nie wieder blicken!« Sich aus dem Dunkel auf den Mann zu stürzen, nachdem man ihn bespitzelt hatte, erschien ihr etwas unsportlich. Aber sie wußte, daß es absurd war. Van war niemals unfair zu jemandem; dies war seine Art, mit der Affäre umzugehen, und sie war typisch für ihn: Er ließ sich auf keine Auseinandersetzung ein. Sie wußte nie, daß er sich über sie geärgert hatte, bis alles vorbei war und er ihr lächelnd gestand: »Junge, war ich letzten Freitag sauer!«

Sie überquerte die Third Avenue. Bisher war der Schnee auf dem Boden geschmolzen, doch die Luft wurde kälter, und die Bürgersteige färbten sich silbrig. Die Schlüssel klimperten in ihrer

Manteltasche; sie zog den Handschuh aus und tastete nach ihnen. Auch sie waren kalt. Als sie aus dem Haus ging, hatte sie ihren Eltern gesagt: »Ich gehe mit Van aus. Wahrscheinlich komme ich erst sehr spät nach Hause.« Sie hatten nur »Ja« gesagt. Doch sie glaubte, einen Blick gegenseitigen Einverständnisses zwischen ihnen aufgeschnappt zu haben. Es war in Ordnung: In zehn Tagen würden sie heiraten. Während der letzten zwei Jahre war sie viele Abende die sechs steilen Treppen hinaufgestiegen, um eine Stunde mit ihm zu verbringen, und doch, sagte sie sich mit einem obskuren Stolz, war nie etwas zwischen ihnen geschehen, was in den Augen ihrer Eltern nicht »anständig« gewesen wäre.

Sie war vor seinem Haus angekommen; es hatte eine graue Steinfassade und eine Menge Schmiedeeisen um die Eingangstür. Eine Frau, die wie eine Puertorikanerin aussah, kam heraus. Als sie bemerkte, daß June eine Topfpflanze unter dem Arm trug, hielt sie ihr die Tür auf. June bedankte sich und trat ein. Es war ein Gummibaum, den sie für Vans Wohnung gekauft hatte. Er schien nicht viel Wert auf Pflanzen zu legen, oder auch, wie sie fürchtete, ganz allgemein auf die Einrichtung seiner Wohnung. Sie hatte stets gehofft, einen Sinn für Ästhetik in ihm zu erwecken, und fand, daß sie im vergangenen Jahr bemerkenswerte Fortschritte erzielt hatte. Praktisch waren alle Accessoires in seiner Wohnung Gegenstände, die sie entweder selbst gekauft oder ausgesucht hatte.

Sie wußte genau, wie viele Stufen jede Treppe hatte: neunzehn die erste und fünfzehn jede weitere. Das Treppenhaus war schwarzweiß gekachelt wie ein Badezimmer, und heute abend waren Fußboden und Treppen – gleichsam, um diesen Eindruck zu verstärken – völlig durchnäßt von geschmolzenem Schnee, den die Leute hereingetragen hatten. Es roch nach durchweichten Schuhabstreifern, nassen Gummistiefeln und feuchten Kleidern. Im dritten Stock blockierte ein großer Kinderwagen aus schwarzem Lederimitat den Korridor zwischen den Treppen. Sie runzelte die Stirn und dachte an die feuerpolizeilichen Sicherheitsvorschriften.

Da sie nicht außer Atem geraten wollte, stieg sie die Treppen langsam hinauf. Nicht, weil Van da wäre, wenn sie ankam – dazu war es noch zu früh –, doch Atemlosigkeit erzeugte in ihr stets eine falsche Art von Erregung, die sie besonders heute abend vermeiden wollte. Sie drehte den Schlüssel im Schloß und trat ein. Es war ein seltsames Gefühl, allein die Tür aufzuschließen und allein in der Diele zu stehen, um den besonderen Geruch der Wohnung in sich aufzunehmen: eine Mischung, in der sie Möbelpolitur, Rasiercreme und Holzrauch zu entdecken meinte. Holzrauch mit Sicherheit, denn er besaß einen offenen Kamin. Sie war es gewesen, die ihn überredet hatte, einen Kamin einbauen zu lassen. Und es war nicht halb so teuer gewesen, wie er angenommen hatte: Da er im obersten Stockwerk wohnte, mußte der Abzug nur durch die Decke geführt werden. Viele Male hatte er zu ihr gesagt: »Das war eine vernünftige Idee von dir!« – als seien die anderen nicht so gut gewesen! Sie hatten allen Möbeln im Wohnzimmer die Beine abgesägt, damit sie kleiner erschienen und dem Raum mehr Großzügigkeit verliehen; sie hatten jede Wand in einem anderen Grauton gestrichen und sie durch Konsolen, von denen Efeu rankte, abgesetzt; sie hatten den großen Kaffeetisch aus Glas gekauft. Mit all diesen Dingen war die Wohnung gemütlicher geworden, und sämtliche Ideen dazu stammten von ihr.

Sie schloß die Tür und trat in die Küche. In der Wohnung war es ein wenig kühl; sie zündete den Gasherd an. Dann wickelte sie den Gummibaum aus dem nassen braunen Papier und stellte den Topf aufrecht auf den Tisch. Die Pflanze hing irgendwie zur Seite. Sie versuchte sie aufzurichten, doch vergeblich. Der Motor des Kühlfachs summte. Sie nahm zwei Eisbehälter heraus und kippte die Würfel in eine Schale. Dann griff sie in das oberste Regal des Schranks und nahm eine fast volle Flasche Johnny Walker heraus, die sie zusammen mit zwei hohen Gläsern auf das große Lacktablett stellte. Die Luft im Raum war plötzlich furchtbar stickig; sie schaltete den Gasherd ab. Dann suchte sie überall nach Zeitungen, um ein Feuer anzuzünden. Es gab nur wenige, aber in der Küche fand sie ein paar alte Illustrierte. Sie drehte das Zeitungspapier zu dünnen Rollen zusammen und schichtete sie auf den Kaminbock. Darunter schob sie zusammengeknüllte Seiten aus den Illustrierten und legte die wenigen vorhandenen Holzspäne zum Anzünden obendrauf. Mit den Scheiten würde sie warten, bis die Späne Feuer gefangen hatten. Als das Feuer vorbereitet, doch noch nicht entzündet war, sah sie aus dem Fenster. Der Schnee fiel jetzt dichter als bei ihrer Ankunft. Sie zog die schweren Wollvorhänge zu; sie bedeckten die ganze Wand, und auch sie waren ihre Idee gewesen. Van hatte sich Jalousien machen lassen wollen. Sie hatte versucht ihm klarzumachen, wie häßlich das aussähe, doch obgleich er zugab, daß die schwarzweißen Vorhänge elegant wirkten, würde er nie eingestehen, daß Jalousien häßlich waren. »Vielleicht hast du für diesen Raum recht«, sagte er. »Für jeden Raum auf der Welt«, wollte sie erklären, doch dann besann sie sich eines Besseren; immerhin hatte er nachgegeben.

Es war nicht so, daß Van einen wirklich schlechten Geschmack hatte. Er verfügte über eine natürliche Empfindsamkeit und große Intelligenz; das zeigte sich, sobald er über die Bücher sprach, die er gelesen hatte (und er las eine Menge, wenn im Laden nichts zu tun war). Doch sein Sinn für Ästhetik war nie wirklich geweckt worden. Natürlich brachte sie das nicht zur Sprache – sie machte lediglich diskrete Vorschläge, und es stand ihm frei, sie anzunehmen oder zu verwerfen, ganz nach Belieben. Meistens jedoch, wenn sie ihre kleinen Hinweise in strategisch günstigen Augenblicken fallenließ, griff er sie auf.

Auf dem Kaminsims standen zwei große, mit Engeln verzierte Kandelaber aus Gips; sie hatte sie selbst den ganzen Weg von Matamoros Izúcar, Mexiko, bis hierher geschleppt. Ursprünglich hatte sie sechs davon eingepackt, doch alle waren zerbrochen, bis auf diese beiden, die nicht ganz zusammenpaßten, da der eine etwas größer war als der andere. (Sie gehörten zu den wenigen Dingen, gegen die Van immer noch aufbegehrte; er war nicht sicher, ob sie ihm gefielen, nicht einmal nach so langer Zeit.) In jeden paßten sechs Kerzen. Sie ging zum Tisch und nahm zwölf gelbe Wachskerzen aus der Schublade. Oft brachte sie ihm ein ganzes Dutzend auf einmal mit. »Wo soll ich die verdammten Dinger bloß unterbringen?« jammerte er. Sie holte ein Messer aus der Küche und begann, das Ende der Kerzen zurechtzuschneiden, damit sie in die Halterungen paßten. »Wahrscheinlich wird er mittendrin auftauchen«, dachte sie bei sich. Sie wollte alles fertig haben, bevor er kam. Nervös warf sie die Wachsreste in den Kamin. Sie hatte das Gefühl, daß er nicht einfach so heraufkommen würde; es sähe ihm ähnlicher, unten aus der Halle anzurufen. Zumindest hoffte sie, daß er das tun würde. Die Zeit, die er benötigte, um die Treppen hinaufzusteigen, konnte für die Wirkung des Raums ungeheuer wichtig sein. Sie steckte die letzte Kerze in den buntbemalten Ständer und seufzte erleichtert. Es waren langsam brennende Kerzen; sie beschloß, alle anzuzünden, bevor sie die Kandelaber wieder auf den Kaminsims stellte. Sie sahen wunderbar aus dort oben. Sie trat zurück, um diese Pracht zu bewundern, und beobachtete einen Augenblick lang das träge Spiel der Schatten auf der Wand. Sie schaltete das elektrische Licht im Zimmer aus. Zusammen mit dem Feuer im Kamin wäre die Wirkung atemberaubend.

Ungestüm beschloß sie, etwas Gewagtes zu tun. Möglicherweise würde es Van zuerst verärgern, aber sie würde es trotzdem tun. Sie lief zum anderen Ende des Raums und begann fieberhaft, den Diwan über den Fußboden zum Kamin zu schieben. Es wäre so gemütlich, vor dem prasselnden Feuer zu sitzen, besonders bei all dem Schnee draußen. Die Kissen fielen herunter, und eine Möbelrolle verhedderte sich im Haar des Läufers aus Ziegenfell, den sie ihm zum Geburtstag geschenkt hatte. Sie stieß ihn zur Seite und fuhr fort, den Diwan zu verrücken. Er sah absurd aus, hier mitten im Zimmer, und sie wuchtete ein Ende herum, so daß er im rechten Winkel zum Kamin vor der Wand stand. Nachdem sie die Kissen wieder draufgelegt hatte, trat sie zurück, um ihr Werk anzusehen; sie beschloß, es so zu lassen. Dann mußten die anderen Möbel arrangiert werden. In diesem Moment war das ganze Zimmer in Unordnung.

»Ich bin sicher, daß er jeden Moment die Tür aufschließen wird«, dachte sie. Sie schaltete die Deckenlampe wieder an und verrückte hastig Stühle, Stehlampen und Tische. Das letzte Möbelstück, das sie umstellen mußte, war eine kleine Kommode; sie hatte ihm dabei geholfen, sie abzuschmirgeln. Sie trug die Kommode gerade durch den Raum, als sich eine Schublade löste und zu Boden fiel.

Alle Briefe, die Van in den letzten Monaten erhalten hatte, lagen in einem ziemlich kompakten Haufen zu ihren Füßen. »Verflixt und zugenäht!« sagte sie laut, und noch während sie es sagte, hallte das gräßliche, metallische Geräusch der Klingel in der Küche durch die Wohnung. Sie stellte die Kommode ab und eilte hinaus, um den Türdrücker zu betätigen. Dann lief sie, ohne ihn zu drücken, ins Wohnzimmer zurück und kniete sich auf den Boden, um hastig alle Briefe einzusammeln und sie in die Schublade zu stopfen. Doch vor dem Mißgeschick waren sie sorgfältig in der kleinen Schublade verstaut gewesen und jetzt nicht; das Resultat war, daß die Schublade überfüllt war und sich nicht schließen ließ. Wieder sprach sie laut vor sich hin. »Oh, mein Gott!« Und sie sagte es, weil ihr plötzlich ohne jeden Grund einfiel, daß Van glauben könnte, sie habe seine Briefe gelesen. Jetzt kam es nur noch darauf an, die Kommode in die andere Ecke zu bringen; dann würde sie versuchen, die Schublade zu schließen. Als sie das Möbelstück hochhob, klingelte es erneut, hartnäckig. Sie rannte in die Küche, und diesmal drückte sie mit ganzer Kraft auf den Türöffner. Dann hastete sie zurück und trug die Kommode in die Ecke. Sie versuchte die Schublade zu schließen und merkte, daß es nicht ging. Einem plötzlichen Geistesblitz folgend, drehte sie das schmale Möbelstück um, so daß die Schublade zur Wand zeigte. Sie trat zum Kamin und hielt ein Streichholz an das Papier. In der Zwischenzeit konnte er höchstens im dritten Stock angelangt sein; es gab noch drei weitere.

Sie schaltete das Licht wieder aus, trat in die Diele und warf einen Blick in den Spiegel, löschte auch hier das Licht und ging zur Tür. Die Hand auf dem Türgriff stand sie mit angehaltenem Atem da und bemerkte, daß ihr Herz viel zu schnell schlug. Es war genau das, was sie nicht wollte. Sie hatte gehofft, ihn in eine kleine Welt absoluten Friedens eintreten zu lassen. Und jetzt hatte sie sich von dieser idiotischen Schublade aus der Fassung bringen lassen. Sie öffnete die Tür einen Spaltbreit und lauschte. Einen Moment später trat sie in den Hausflur und horchte erneut. Sie ging zur Treppe. »Van?« rief sie und war sogleich zornig über sich.

Zwei Stockwerke tiefer antwortete eine Männerstimme: »Riley?«

»Was?« rief sie.

»Ich bin auf der Suche nach Riley!«

»Sie haben die falsche Klingel gedrückt«, rief sie laut, wobei sie dennoch jedes Wort sehr deutlich artikulierte.

Sie ging hinein und schloß die Tür, hielt den Griff fest und legte einen Moment lang die Stirn gegen die Tür. Jetzt schlug ihr Herz noch heftiger. Sie kehrte zu der Kommode in der Ecke zurück. »Am besten bringe ich es ein für allemal in Ordnung«, dachte sie. Sonst würde sie ständig daran denken müssen. Sie drehte die Kommode um, nahm alle Briefe heraus und legte sie sorgfältig in vier gleich großen Stapeln in die Schublade zurück. Selbst jetzt ließ sie sich nur mit Mühe schließen, aber es ging. Als dies erledigt war, trat sie ans Fenster und hob den Vorhang. Es schien viel kälter zu werden. Der Wind hatte aufgefrischt; er blies von Osten. Der Himmel war nicht mehr violett. Er war schwarz. Sie konnte den Schnee an der Straßenlaterne vorbeiwirbeln sehen. Sie fragte sich, ob ein Blizzard bevorstand. Morgen war Sonntag. Sie würde einfach über Nacht hierbleiben. Natürlich gäbe es am Morgen, wenn ihre Eltern aufstanden und merkten, daß sie nicht heimgekommen war, einen schrecklichen Augenblick, aber sie wäre nicht dabei, und sie konnte es ihnen später erklären. Und welch idealer kleiner Urlaub es wäre: Eine Nacht und einen Tag hier oben im Schnee, von allem und jedem abgeschnitten, außer von Van. Während sie die Straße beobachtete, gewann sie allmählich die Überzeugung, daß der Sturm die ganze Nacht anhalten würde. Sie blickte ins Zimmer zurück. Es war ein unvergleichlicher Genuß, die Wärme hier mit der feindseligen Nacht draußen zu vergleichen. Sie ließ den Vorhang fallen und ging zum Kamin. Die Holzspäne brannten lichterloh, und mehr waren nicht da. Sie legte zwei kleine Holzscheite darauf. Bald prasselten sie mit derartiger Energie, daß sie es für besser hielt, das Gitter davorzustellen. Sie saß auf dem Diwan und schaute im Schein des Feuers und der Kerzen auf ihre Beine. Lächelnd lehnte sie sich in die Kissen zurück. Ihr Herz raste nicht mehr. Sie war beinahe ruhig. Draußen heulte der Wind, ihr erschien der Klang stets melancholisch. Selbst heute nacht.

Plötzlich fand sie es unverzeihlich, ihren Eltern nicht Bescheid zu sagen, daß sie über Nacht blieb. Sie ging ins Schlafzimmer, legte sich aufs Bett und stellte das Telephon auf ihren Bauch. Es machte lächerliche Bewegungen, als sie wählte. Ihre Mutter hob ab, nicht ihr Vater. »Gott sei Dank«, dachte sie und ließ den Kopf in die Kissen zurückfallen. Ihre Mutter hatte geschlafen; sie klang nicht sehr erfreut über den Anruf. »Ich hoffe, es ist alles in Ordnung mit dir«, sagte sie. Sie sprachen über den Sturm. »Ja, es ist schrecklich draußen«, sagte June. »Oh, nein, ich bin bei Van. Wir haben den Kamin an. Ich bleibe hier. Die ganze Nacht.« Es folgte eine kurze Pause. »Nun, ich finde das ziemlich töricht von dir«, hörte sie ihre Mutter sagen. June ließ sie eine Weile reden. Dann fiel sie ihr mit einem Anflug von Ungeduld ins Wort. »Ich kann das jetzt nicht besprechen. Du verstehst.« Die Stimme ihrer Mutter war schrill. »Nein, ich verstehe *nicht*!« schrie sie. Sie nahm die Sache ernster, als June gedacht hatte. »Ich kann jetzt nicht reden«, sagte June, »wir sehen uns morgen.« Sie sagte gute Nacht, legte auf und lag einen Augenblick ganz still. Dann nahm sie das Telephon und stellte es auf den Nachttisch, blieb aber noch liegen. Als sie sich hatte sagen hören: »Wir haben den Kamin an«, war ein Schrecken durch sie gefahren. Es war, als machte sie sich durch das Aussprechen der Lüge ihre Existenz bewußt. Van war nicht gekommen. Warum hatte sie so sorgfältig vorgegeben, er sei da? Sie konnte nur versucht haben, sich selbst zu beruhigen. Wieder schlug ihr Herz heftig. Und schließlich tat sie das, was sie aus ihrem Denken zu verbannen versucht hatte, seit sie hier war: Sie sah auf die Uhr.

Kurz nach Mitternacht. Es war nicht zu leugnen; er hatte sich bereits sehr verspätet. Eine Erklärung seinerseits war jetzt unumgänglich. Irgend etwas mußte passiert sein, und es konnte nur etwas Schlimmes sein. »Lächerlich!« rief sie wutentbrannt, sprang auf und ging in die Küche. Die Eiswürfel waren zum großen Teil geschmolzen; sie goß das kalte Wasser zwischen ihren gespreizten Fingern in den Ausguß und schüttelte den Rest mißmutig in der Schüssel, als wollte sie damit den Groll unterdrücken, der sich in ihr ausbreitete. »Mal sehen, was er für eine Ausrede hat«, sagte sie sich. Wenn er kam, konnte sie nur so tun, als hätte sie seine Verspätung nicht bemerkt.

Sie ließ einige Eiswürfel in eines der Gläser fallen, goß etwas Scotch darüber, rührte um und ging ins Wohnzimmer. Das Feuer brannte triumphierend; das ganze Zimmer tanzte im Schein der Flammen. Sie setzte sich auf das Sofa und stürzte ihren Drink hinunter, ein wenig zu hastig für die völlig entspannte junge Frau, die sie darzustellen versuchte.

Nachdem sie das Glas bis auf den letzten Tropfen geleert hatte, zwang sie sich, zehn Minuten still sitzen zu bleiben, den Blick fest auf die Uhr gerichtet. Dann ging sie hinaus und machte sich noch einen Drink, einen etwas stärkeren. Sie trank ihn, während sie nachdenklich in der Mitte des Zimmers im Kreis herum ging. Sie kämpfte gegen den absurden Impuls, ihren Mantel überzuziehen und in den Straßen nach ihm zu suchen. »Alte Frau«, sagte sie sich. Alte Menschen reagierten so – sie erwarteten immer irgendwelche Tragödien. Als sie mit dem zweiten Drink fertig war, gelang es ihr, sich davon zu überzeugen, daß die mathematische Wahrscheinlichkeit, nach der Van an diesem Abend seinen ersten schweren Unfall hatte, außerordentlich gering war. Diese moralische Gewißheit erzeugte ein Gefühl von Fröhlichkeit, das sich in dem Wunsch nach einem weiteren Drink äußerte. Kaum hatte sie ihn fertig, wurde sie von einer noch stärkeren Angst gepackt. Wenn es unwahrscheinlich war, daß er einen Unfall gehabt hatte, so war es völlig undenkbar, daß er sich von einer unvorhergesehenen Arbeit so lange hatte aufhalten lassen; auf alle Fälle hätte er sie angerufen. Noch unvorstellbarer, daß er ihr Rendezvous vergessen hatte. Blieb als letzte Möglichkeit, daß er es bewußt ignorierte, was natürlich absurd war. Sie warf ein neues Holzscheit ins Feuer. Wieder trat sie zum Fenster und spähte zwischen den Vorhängen auf die leere Straße hinunter. Der Wind war zum Sturm geworden. Trotz des geschlossenen Fensters fühlte sie jede Bö im Gesicht. Sie horchte auf die Geräusche des Verkehrs und hörte nichts; selbst die Schiffe schienen verstummt. Nur das Rauschen des Windes war geblieben – das und das feine Zischen des Schnees, der gegen die Scheiben trieb. Sie brach in Tränen aus; sie wußte nicht, ob aus Selbstmitleid, Ärger und verletztem Stolz, aus Einsamkeit oder einfach Nervosität.

Während sie am Fenster stand und die Tränen ihren Blick verschleierten, fiel ihr ein, welche Ironie es wäre, wenn er jetzt hereinkäme und sie so fände: angetrunken, schluchzend, das Makeup gewiß völlig ruiniert. Ein Geräusch hinter ihr brachte den Tränenfluß abrupt zum Versiegen. Sie ließ den Vorhang los und drehte sich zum Zimmer um; durch ihre Tränen hindurch sah sie nichts als schimmernde Lichtschleier. Heftig kniff sie die Augenlider zusammen: Ein Holzscheit war auseinandergebrochen. Das kleinere Stück lag vor dem Kamin und qualmte. Sie ging hinüber und beförderte es mit einem Fußtritt ins Feuer. Dann schlich sie auf Zehenspitzen zur Tür und legte die Kette vor. Kaum hatte sie das getan, erfaßte sie Panik. Es war nichts weniger als ein Symbol der Angst – sie merkte es, als sie auf die Messingglieder der Kette zwischen Rahmen und Tür hinunterstarrte. Doch einmal vorgelegt, hatte sie nicht den Mut, sie wieder zu lösen.

Noch immer auf Zehenspitzen kehrte sie ins Wohnzimmer zurück, legte sich auf das Sofa und vergrub ihr Gesicht in den Kissen. Sie weinte nicht mehr – sie fühlte sich zu leer und ängstlich, um irgend etwas anderes zu tun, als still dazuliegen. Doch nach einer Weile richtete sie sich auf und sah sich langsam im Zimmer um. Die Kerzen waren halb heruntergebrannt; sie betrachtete sie, den Efeu, der aus kleinen Töpfen an der Wand herabhing, das weiße Ziegenfell zu ihren Füßen, die gestreiften Vorhänge. Alles ihr Werk. »Van, Van«, sagte sie leise. Sie stand unsicher auf und tastete sich ins Badezimmer. Das helle Licht schmerzte in den Augen. Innen an der Tür hing Vans alter Bademantel aus Flanell. Er war ihr zu groß, doch sie zog ihn trotzdem an, krempelte die Ärmel auf, schlug den Kragen hoch und zog den Gürtel eng um die Taille. Im Wohnzimmer legte sie sich wieder aufs Sofa zwischen die Kissen. Von Zeit zu Zeit rieb sie die Wange am Wollstoff des Ärmels unter ihrem Gesicht. Sie starrte ins Feuer.

Van war im Zimmer. Draußen wurde es hell – eine seltsame graue Morgendämmerung. Sie setzte sich auf, fühlte sich benommen. »Van«, sagte sie. Er bewegte sich langsam durch den Raum auf das Fenster zu. Und die Vorhänge waren zurückgezogen. Da war das Rechteck trüben weißen Himmels, und Van ging darauf zu. Sie rief ihn noch einmal. Wenn er sie gehört hatte, schenkte er ihr keine Beachtung. Sie lehnte sich zurück und beobachtete ihn. Hin und wieder drehte er langsam den Kopf von einer Seite zur anderen; die Geste erweckte in ihr aufs neue den Wunsch zu weinen, doch diesmal nicht um sich selbst. Es war ganz natürlich, daß er da war, im fahlen Licht des frühen Morgens langsam durch das Zimmer glitt und seinen Kopf von einer Seite zur anderen bewegte. Plötzlich sagte sie sich, daß er etwas suchte, daß er es finden würde, und sie begann vor Kälte zu zittern. »Er *hat* es gefunden«, dachte sie, »aber er tut, als hätte er es nicht gefunden, weil er weiß, daß ich ihn beobachte.« Und noch während der Gedanke in ihrem Kopf Gestalt annahm, sah sie, wie er nach oben griff und sich aus dem Fenster schwang. Sie schrie, sprang vom Sofa auf und rannte durchs Zimmer. Als sie zum Fenster kam, war nichts zu sehen als das weite blasse Panorama einer Stadt im Morgengrauen, erschreckend deutlich bis ins kleinste Detail. Sie stand da und sah hinaus. Ringsum waren nur leere Straßen. Oder waren es Kanäle? Eine fremde Stadt.

Das leise Knistern einer verlöschenden Kerze weckte sie auf.

Mehrere waren bereits niedergebrannt. Die Schatten an der Decke flatterten wie Fledermäuse. Der Raum war kalt, und die Vorhänge vor dem geschlossenen Fenster blähten sich im Wind. Sie lag vollkommen still. Vom Kamin vernahm sie das pulvrige, leicht metallische Geräusch eines abkühlenden Holzscheits, das zerfiel. Lange Zeit rührte sie sich nicht. Dann sprang sie auf, schaltete alle Lampen an, ging ins Schlafzimmer und starrte einen Augenblick auf das Telephon. Der Anblick beruhigte sie ein wenig. Sie zog den Bademantel aus und öffnete die Tür zum Bad, um ihn aufzuhängen. Sie kannte alle seine Gepäckstücke genau; der kleine Handkoffer fehlte. Langsam öffnete sich ihr Mund. Sie dachte nicht daran, ihn mit der Hand zu bedecken.

Sie schlüpfte in den Mantel und löste die Kette von der Haustür. Im Flur zog es von allen Seiten. Sie stürzte die sechs Stockwerke hinunter und kam zur Eingangstür. Der Schnee hatte Verwehungen gebildet, bedeckte die Stufen. Sie trat hinaus.

Es war bitter kalt im Wind, doch nur vereinzelt fiel eine Schneeflocke. Sie stand da. Die Straße verriet nicht, was zu tun war. Sie begann, durch den tiefen Schnee zu stapfen, in östlicher Richtung. Ein Taxi, das mit rhythmisch klappernden Schneeketten vorsichtig die Second Avenue hinunterfuhr, begegnete ihr an der Ecke. Sie hielt es an, stieg ein.

»Zum Fluß«, sagte sie und zeigte geradeaus.

»Welche Straße?«

»Irgendeine, die bis hinunter führt.«

Sie waren im Nu da. Sie stieg aus, bezahlte den Fahrer und ging langsam bis zum Ende des Pflasters. Dort blieb sie stehen und sah hinaus. Die Dämmerung war jetzt richtig angebrochen, doch war sie ganz anders als diejenige, die sie durch das Fenster gesehen hatte. Der Wind raubte ihr den Atem, das Wasser draußen ging hoch. Vor dem Winterhimmel auf der anderen Seite des Flusses standen Fabriken. Weiter flußab schwammen die Lichter eines kleinen Bootes in der Mitte des Stroms. Sie ballte die Fäuste. Eine schreckliche Angst hatte sie überkommen. Sie zitterte, doch sie spürte die Kälte nicht. Abrupt wandte sie sich um. Der

Fahrer stand auf der Straße und blies in seine Hände. Und er beobachtete sie aufmerksam.

»Sie warten doch nicht auf mich, oder?« sagte sie. (War das ihre Stimme?)

»Doch, *Ma'am*«, antwortete er fest.

»Ich habe Sie nicht darum gebeten.« (Wenn ihr ganzes Leben in Trümmern vor ihr lag, wie kam es, daß ihre Stimme von derartiger Rauheit, einer solch entschiedenen Selbstsicherheit erfüllt war?)

»Das stimmt.« Er streifte die Handschuhe wieder über. »Lassen Sie sich Zeit«, sagte er.

Sie drehte ihm den Rücken zu und sah auf das stetig sich verändernde Wasser. Plötzlich kam sie sich lächerlich vor. Sie ging zum Taxi, stieg ein und nannte dem Fahrer ihre Adresse.

Der Portier schlief noch, als sie klingelte, und als sie dann endlich im Haus war, mußte sie fast fünf Minuten warten, bis der Liftboy den Aufzug aus dem Keller geholt hatte. Sie schlich auf Zehenspitzen durch die Wohnung in ihr Zimmer und schloß die Tür hinter sich. Als sie sich ausgezogen hatte, öffnete sie ohne hinauszusehen das große Fenster und legte sich ins Bett. Der kalte Wind wehte durchs Zimmer.

Tanger, 1947

Paul Auster
Auggie Wrens Weihnachtsgeschichte

Ich habe diese Geschichte von Auggie Wren gehört. Da Auggie darin keine allzu gute Figur macht, jedenfalls keine so gute, wie er es gerne hätte, hat er mich gebeten, seinen richtigen Namen zu verschweigen. Im übrigen aber entspricht die ganze Sache mit der verlorenen Brieftasche und der blinden Frau und dem Weihnachtsessen genau dem, was er mir erzählt hat.

Auggie und ich kennen uns jetzt seit fast elf Jahren. Er arbeitet als Verkäufer in einem Zigarrengeschäft an der Court Street in Brooklyn, und da dies der einzige Laden ist, der die kleinen holländischen Zigarren führt, die ich so gerne rauche, komme ich ziemlich oft dort vorbei. Lange Zeit habe ich kaum einen Gedanken an Auggie Wren verschwendet. Für mich war er nur der seltsame kleine Mann im blauen Sweatshirt mit Kapuze, der mir Zigarren und Zeitschriften verkaufte, der schelmische, witzelnde Typ, der immer etwas Komisches über das Wetter, die Mets oder die Politiker in Washington zu sagen hatte, und das war auch schon alles.

Aber dann blätterte er vor einigen Jahren eines Tages in seinem Laden eine Zeitschrift durch und stieß dabei zufällig auf eine Rezension eines meiner Bücher. Daß ich es war, sagte ihm ein Foto neben der Rezension, und danach änderten sich die Dinge zwischen uns. Ich war für Auggie nicht mehr nur ein Kunde unter anderen, ich war zu einem Mann von Rang geworden. Die meisten Leute hatten keinerlei Interesse an Büchern und Schriftstellern, aber wie sich herausstellte, hielt Auggie sich selbst für einen Künstler. Nachdem er das Rätsel um meine Person geknackt hatte, begrüßte er mich wie einen Verbündeten, einen Vertrauten, einen Kampfgenossen. Mir war das, ehrlich gesagt, ziemlich peinlich. Und dann kam fast unvermeidlich der Augenblick, da er mich fragte, ob ich bereit sei, mir seine Fotografien anzusehen. In Anbetracht seiner Begeisterung und seines guten Willens brachte ich es einfach nicht übers Herz, nein zu sagen. Weiß Gott, was ich erwartet habe. Auf alle Fälle nicht das, was Auggie mir dann am nächsten Tag gezeigt hat. In einem kleinen fensterlosen Hinterzimmer des Ladens öffnete er eine Pappschachtel und zog zwölf völlig gleich aussehende schwarze Fotoalben daraus hervor. Dies sei sein Lebenswerk, sagte er, und er brauche nicht mehr als fünf Minuten am Tag dafür. In den letzten zwölf Jahren habe er jeden Morgen um Punkt 7 Uhr an der Ecke Atlantic Avenue und Clinton Street gestanden und jeweils aus genau demselben Blickwinkel ein Farbfoto aufgenommen. Das Projekt umfaßte inzwischen über viertausend Fotografien. Jedes Album repräsentierte ein anderes Jahr, und sämtliche Bilder waren der Reihe nach eingeklebt, vom 1. Januar bis zum 31. Dezember, und unter jedes einzelne war sorgfältig das Datum eingetragen.

Als ich in den Alben herumblätterte und Auggies Werk zu studieren begann, wußte ich gar nicht, was ich denken sollte. Anfangs hatte ich den Eindruck, dies sei das Seltsamste, das Verblüffendste, was ich je gesehen hatte. Die Bilder glichen sich aufs Haar. Das ganze Projekt war ein betäubender Angriff von Wiederholungen, wieder und wieder dieselbe Straße und dieselben Gebäude, ein anhaltendes Delirium redundanter Bilder. Da mir nichts dazu einfiel, schlug ich erst einmal weiter die Seiten um und nickte voll geheuchelter Anerkennung. Auggie schien ungerührt, er sah mir mit breitem Lächeln zu, aber nachdem ich ein paar Minuten so herumgeblättert hatte, unterbrach er mich plötzlich und sagte: »Sie sind zu schnell. Wenn Sie nicht langsamer machen, werden Sie nie dahinterkommen.«

Er hatte natürlich recht. Wer sich keine Zeit zum Hinsehen nimmt, wird niemals etwas sehen. Ich nahm ein anderes Album und zwang mich, bedächtiger vorzugehen. Ich achtete genauer auf Einzelheiten, bemerkte den Wechsel des Wetters, registrierte die mit dem Fortschreiten der Jahreszeiten sich ändernden Einfallswinkel des Lichts. Schließlich vermochte ich subtile

Unterschiede im Verkehrsfluß zu erkennen, den Rhythmus der einzelnen Tage vorauszuahnen (das Gewühl an Werktagen, die relative Ruhe an Wochenenden, den Kontrast zwischen Samstagen und Sonntagen). Und dann begann ich ganz allmählich die Gesichter der Leute im Hintergrund zu erkennen, die Passanten auf dem Weg zur Arbeit, jeden Morgen dieselben Leute an derselben Stelle, wie sie einen Augenblick ihres Lebens im Blickfeld von Auggies Kamera verbrachten.

Sobald ich sie wiedererkannte, begann ich zu erforschen, wie ihre Haltungen von einem Morgen zum anderen wechselten; ich versuchte aus diesen oberflächlichen Anzeichen auf ihre Stimmungen zu schließen, als ob ich mir Geschichten für sie ausdenken könnte, als ob ich in die unsichtbaren, in ihren Körpern eingeschlossenen Dramen eindringen könnte. Ich nahm mir ein anderes Album vor. Jetzt war ich nicht mehr gelangweilt, nicht mehr verwirrt wie am Anfang. Auggie fotografierte die Zeit, wurde mir klar, sowohl die natürliche Zeit als auch die menschliche Zeit, und dies bewerkstelligte er, indem er sich in einem winzigen Winkel der Welt postierte und ihn in Besitz nahm, einfach indem er an der Stelle, die er sich erwählt hatte, Wache hielt. Auggie sah mir zu, wie ich mich in sein Werk vertiefte, und lächelte vergnügt in sich hinein. Und dann zitierte er, schier als hätte er meine Gedanken gelesen, eine Zeile aus Shakespeare. »Morgen, morgen und dann wieder morgen«, murmelte er leise, »kriecht so mit kleinem Schritt die Zeit von Tag zu Tag.« Und da begriff ich, daß er ganz genau wußte, was er da tat.

Das war vor mehr als zweitausend Bildern. Seit jenem Tag haben Auggie und ich oft über sein Werk diskutiert, aber erst letzte Woche habe ich erfahren, wie er überhaupt an seine Kamera gekommen ist und mit dem Fotografieren angefangen hat. Darum ging es in der Geschichte, die er mir erzählte, und ich versuche mir noch immer einen Reim darauf zu machen.

Etwas früher in derselben Woche rief mich jemand von der »New York Times an« an und fragte, ob ich bereit sei, für die Weihnachtsausgabe dieser Zeitung eine Short Story zu schreiben. Spontan sagte ich nein, aber der Mann war sehr charmant und hartnäckig, und am Ende des Gesprächs sagte ich ihm zu, daß ich es versuchen würde. Kaum hatte ich jedoch den Hörer aufgelegt, geriet ich in helle Panik. Was wußte ich schon von Weihnachten? fragte ich mich. Was wußte ich von auf Bestellung geschriebenen Kurzgeschichten?

Die nächsten Tage verbrachte ich in Verzweiflung, rang mit den Geistern von Dickens, O'Henry und anderen Meistern der weihnachtlichen Stimmung. Schon der Ausdruck »Weihnachtsgeschichte« war für mich mit unangenehmen Assoziationen verknüpft, denn ich konnte dabei nur an gräßliche Ergüsse von heuchlerischem Schmalz und süßlichem Kitsch denken. Selbst die besten Weihnachtsgeschichten waren nicht mehr als Wunscherfüllungsträume, Märchen für Erwachsene, und ich wollte mich hängenlassen, wenn ich mir jemals erlaubte, etwas Derartiges zu Papier zu bringen. Und doch, wie konnte sich irgendwer vornehmen, eine unsentimentale Weihnachtsgeschichte zu schreiben? Das war doch ein Widerspruch in sich, ein Ding der Unmöglichkeit, ein unlösbares Rätsel. Ebensogut konnte man sich ein Rennpferd ohne Beine vorstellen oder einen Spatz ohne Flügel.

Ich kam nicht weiter. Am Donnerstag machte ich einen langen Spaziergang, ich hoffte, an der frischen Luft einen klaren Kopf zu bekommen. Kurz nach Mittag trat ich in das Zigarrengeschäft, um meinen Vorrat wiederaufzufüllen, und Auggie stand wie immer hinter dem Ladentisch. Er erkundigte sich nach meinem Befinden. Ohne es eigentlich zu wollen, schüttete ich ihm plötzlich mein Herz aus. »Eine Weihnachtsgeschichte?« fragte er, nachdem ich fertig war. »Ist das alles? Wenn Sie mir ein Essen spendieren, mein Freund, erzähle ich Ihnen die beste Weihnachtsgeschichte, die Sie je gehört haben. Und ich garantiere, daß jedes Wort davon die reine Wahrheit ist.«

Wir gingen den Block runter zu Jack's, einem engen und lärmenden Imbiß, wo es gute Pastrami-Sandwiches gab und alte Mannschaftsfotos von den Dodgers an den Wänden. Wir fanden hinten einen freien Tisch, bestellten unser Essen, und Auggie begann seine Geschichte.

»Es war im Sommer '72«, sagte er. »Eines Morgens kam ein junger Bursche in den Laden und fing an zu stehlen. Er wird neunzehn oder zwanzig gewesen sein, und ich habe wohl in meinem ganzen Leben noch keinen so erbärmlichen Ladendieb gesehen. Er stand vor dem Taschenbuchregal an der hinteren Wand und stopfte sich Bücher in die Taschen seines Regenmantels. Da gerade mehrere Leute an der Kasse standen, konnte ich ihn zunächst gar nicht sehen. Aber sobald ich merkte, was er da trieb, fing ich an zu schreien. Er nahm Reißaus wie ein Karnickel, und als ich endlich hinterm Ladentisch hervorkonnte, stürmte er bereits die Atlantic Avenue hinunter. Ich habe ihn etwa einen halben Block weit verfolgt und es dann aufgegeben. Ich hatte keine Lust mehr, ihm nachzurennen, und da er unterwegs etwas hatte fallen lassen, bückte ich mich danach.

Es war seine Brieftasche. Geld war keins drin, dafür aber sein Führerschein und drei oder vier Schnappschüsse. Ich nehme an, ich hätte die Polizei holen und ihn verhaften lassen können. Sein Name und seine Adresse standen auf dem Führerschein, aber irgendwie tat er mir leid. Er war doch bloß ein mickriger kleiner Anfänger, und als ich mir die Bilder in seiner Brieftasche ansah, konnte ich einfach keine Wut auf ihn empfinden. Robert Goodwin. So hieß er. Auf einem der Bilder, erinnere ich mich noch, hatte er seine Mutter oder Großmutter im Arm. Auf einem anderen war er als Neun- oder Zehnjähriger zu sehen, er saß da in einem Baseballdress und grinste breit vor sich hin. Ich habe es einfach nicht übers Herz gebracht. Jetzt war er vermutlich drogensüchtig, dachte ich mir. Ein armer, chancenloser Junge aus Brooklyn, und wen kümmerten schon ein paar läppische Taschenbücher.

Die Brieftasche habe ich jedenfalls behalten. Ab und zu hatte ich ein leises Bedürfnis, sie ihm zurückzuschicken, aber das habe ich immer wieder aufgeschoben und nie etwas unternommen. Dann wird es Weihnachten, und ich sitze rum und habe nichts zu tun. Normalerweise lädt mich der Chef an diesem Tag zu sich nach

Hause ein, aber in dem Jahr war er mit seiner Familie zu Besuch bei Verwandten in Florida. Da sitze ich also an diesem Morgen in meiner Wohnung und bemitleide mich ein bißchen, und plötzlich sehe ich Robert Goodwins Brieftasche auf einem Regal in der Küche liegen. Ich denke, was zum Teufel, warum nicht ausnahmsweise mal was Nettes tun, ziehe meinen Mantel an und mache mich auf den Weg, die Brieftasche persönlich zurückzugeben.

Die Adresse war in Boerum Hill, in irgendeiner der Siedlungen da. Es fror an diesem Tag, und ich weiß noch, daß ich mich auf der Suche nach dem richtigen Gebäude ein paarmal verlaufen habe. In dieser Gegend sieht alles gleich aus, man läuft immer durch dieselbe Straße und denkt, man wäre ganz woanders. Jedenfalls komme ich endlich zu der Wohnung, die ich suche, und drücke auf die Klingel. Tut sich nichts. Ich nehme an, es ist niemand zu Hause, versuche es aber zur Sicherheit noch einmal. Ich warte ein bißchen länger, und grade als ich es aufgeben will, höre ich wen zur Tür schlurfen. Eine alte Frauenstimme fragt, wer da ist, und ich sage, ich möchte zu Robert Goodwin. ›Bist du das, Robert?‹ fragt die alte Frau, und dann schließt sie ungefähr fünfzehn Schlösser auf und öffnet die Tür.
Sie muß mindestens achtzig Jahre alt sein, vielleicht sogar neunzig, und als erstes fällt mir an ihr auf, daß sie blind ist. ›Robert‹, sagt sie. ›Ich wußte, du würdest deine Oma Ethel zu Weihnachten nicht vergessen.‹ Und dann breitet sie die Arme aus, als ob sie mich an sich drücken will.
Sie verstehen, ich hatte nicht viel Zeit zum Denken. Ich mußte ganz schnell etwas sagen, und ehe ich wußte, wie mir geschah, hörte ich die Worte aus meinem Mund kommen. ›Ja, Oma Ethel‹, sage ich. ›Ich bin zurückgekommen, um dich an Weihnachten zu besuchen.‹ Fragen Sie mich nicht, warum ich das getan habe. Ich habe keine Ahnung. Vielleicht wollte ich sie nicht enttäuschen oder so, was weiß ich. Es ist mir einfach so rausgerutscht, und plötzlich hat diese alte Frau mich vor ihrer Tür in die Arme genommen, und ich habe sie an mich gedrückt.

Daß ich ihr Enkel sei, habe ich nicht direkt gesagt. Jedenfalls nicht mit diesen Worten, aber sie hat es so aufgefaßt. Ich wollte sie bestimmt nicht reinlegen. Das war wie ein Spiel, für das wir uns beide entschieden hatten – ohne erst über die Regeln zu diskutieren. Ich meine, diese Frau hat gewußt, daß ich nicht ihr Enkel Robert war. Sie war alt und klapprig, aber sie war nicht so weit weggetreten, daß sie den Unterschied zwischen einem Fremden und ihrem eigen Fleisch und Blut nicht gemerkt hätte. Aber es hat sie glücklich gemacht, so zu tun als ob, und da ich sowieso nichts Besseres zu tun hatte, habe ich gerne mitgespielt.

Wir sind dann also rein und haben den Tag zusammen verbracht. Die Wohnung war ein richtiges Dreckloch, sollte ich vielleicht sagen, aber was kann man sonst auch von einer blinden Frau erwarten, die ihren Haushalt ganz alleine macht? Immer wenn sie mich gefragt hat, wie es mir geht, hab ich gelogen und ihr erzählt, ich hätte einen guten Job in einem Zigarrenladen gefunden, ich würde demnächst heiraten und hundert andere nette Geschichten, und sie hat getan, als ob sie mir jedes Wort glauben würde. ›Wie schön, Robert‹, hat sie gesagt und lächelnd genickt. ›Ich habe ja immer gewußt, daß du es zu etwas bringen würdest.‹

Nach einer Weile bekam ich ordentlich Hunger. Da nicht viel Essen im Haus zu sein schien, bin ich zu einem Laden in der Nähe gegangen und habe einen Haufen Zeug gekauft. Ein gekochtes Huhn, Gemüsesuppe, ein Eimerchen Kartoffelsalat, Schokoladenkuchen, alles mögliche. Ethel hatte im Schlafzimmer ein paar Flaschen Wein versteckt, und so konnten wir ein ganz ordentliches Weihnachtsessen auf die Beine stellen. Der Wein hat uns ein bißchen angeheitert, das weiß ich noch, und nach dem Essen haben wir uns ins Wohnzimmer gesetzt, weil die Sessel da bequemer waren. Ich mußte mal pinkeln, also entschuldigte ich mich und ging durch den Flur zum Badezimmer. Und da nahmen die Dinge plötzlich eine andere Wendung. Meine kleine Nummer als Ethels Enkel war ja schon reichlich absurd, aber was ich dann als nächstes tat, war absolut verrückt, und ich habe mir das nie verziehen.

Ich komme also ins Bad, und an der Wand gleich neben der Dusche sehe ich sechs oder sieben Kameras aufgestapelt. Nagelneue 35-Millimeter-Kameras, noch in der Verpackung, allerbeste Ware. Ich denke, das ist das Werk des echten Robert, ein Lagerplatz für seine letzte Beute. Ich habe noch nie in meinem Leben ein Foto gemacht, und gestohlen habe ich auch noch nie etwas, aber kaum sehe ich diese Kameras im Badezimmer, beschließe ich, daß eine davon mir gehören soll. Einfach so. Und ohne eine Sekunde nachzudenken, klemme ich mir eine der Schachteln unter den Arm und gehe ins Wohnzimmer zurück.

Ich kann höchstens drei oder vier Minuten weg gewesen sein, aber in dieser Zeit war Oma Ethel in ihrem Sessel eingeschlafen. Zuviel Chianti, nehme ich an. Ich habe dann in der Küche den Abwasch gemacht, und sie hat bei dem ganzen Lärm weitergeschlafen und geschnarcht wie ein Baby. Sie zu stören schien mir vollkommen überflüssig, also beschloß ich zu gehen. Ich konnte ihr noch nicht einmal einen Brief zum Abschied schreiben, schließlich war sie ja blind, und so bin ich einfach gegangen. Die Brieftasche ihres Enkels ließ ich auf dem Tisch liegen, dann nahm ich die Kamera und ging aus der Wohnung. Und damit ist die Geschichte aus.«

»Haben Sie die Frau noch mal besucht?« fragte ich.

»Einmal«, sagte er. »Etwa drei oder vier Monate danach. Ich hatte ein so schlechtes Gewissen wegen der Kamera, daß ich sie noch gar nicht benutzt hatte. Am Ende beschloß ich, sie ihr zurückzugeben, aber Ethel war nicht mehr da. Ich weiß nicht, was aus ihr geworden ist, aber es war jemand anders in die Wohnung eingezogen, und der konnte mir nicht sagen, wo sie steckte.«

»Wahrscheinlich ist sie gestorben.«

»Tja, wahrscheinlich.«

»Sie hat ihr letztes Weihnachtsfest mit Ihnen verbracht.«

»Anzunehmen. So habe ich das noch nie gesehen.«

»Es war eine gute Tat, Auggie. Das war nett von Ihnen, ihr die Freude zu machen.«

»Ich habe sie angelogen, und dann habe ich sie bestohlen. Ich verstehe nicht, wie Sie das eine gute Tat nennen können.«

»Sie haben sie glücklich gemacht. Und die Kamera war sowieso gestohlen. Sie haben sie jedenfalls nicht demjenigen weggenommen, dem sie wirklich gehört hat.«

»Alles für die Kunst, Paul, wie?«

»So würde ich das nicht ausdrücken. Aber zumindest haben Sie die Kamera für einen guten Zweck verwendet.«

»Und Sie haben jetzt Ihre Weihnachtsgeschichte, stimmt's?«

»Ja«, sagte ich. »Ich glaube schon.«

Ich unterbrach mich kurz und sah, daß Auggies Lippen sich zu einem boshaften Lächeln verzogen. Ich konnte nicht sicher sein, aber sein Blick war in diesem Moment so rätselhaft, leuchtete so hell von irgendeinem innerlichen Vergnügen, daß mir plötzlich der Gedanke kam, er könnte die ganze Geschichte erfunden haben. Ich wollte ihn schon fragen, ob er mich auf den Arm genommen habe, erkannte dann aber, daß er mir das nie verraten würde. Er hatte mich dazu gebracht, ihm zu glauben, und das war das einzige, was zählte. Solange auch nur ein Mensch daran glaubt, gibt es keine Geschichte, die nicht wahr sein kann.

»Sie sind ein As, Auggie«, sagte ich. »Danke, daß Sie mir geholfen haben.«

»Gern geschehen«, antwortete er und sah mich noch immer mit diesem irren Leuchten in den Augen an. »Was für Freunde sind das denn, wenn man seine Geheimnisse nicht mit ihnen teilen kann?«

»Dann stehe ich jetzt in Ihrer Schuld.«

»Aber nein. Schreiben Sie es einfach so auf, wie ich es Ihnen erzählt habe, und damit sind wir quitt.«

»Bis auf das Essen.«

»Stimmt. Bis auf das Essen.«

Ich erwiderte Auggies Lächeln, rief dann nach dem Kellner und bat um die Rechnung.

Tom Wolfe
Master of the Universe

Genau in diesem Moment, in genau der Art Park-Avenue-Eigentumswohnung, die den Bürgermeister so zwanghaft beschäftigte ... Vier-Meter-Decken ... zwei Trakte, einer für die weißen, angelsächsisch-protestantischen Wohnungseigentümer und einer fürs Personal ... kniete Sherman McCoy in seiner Diele und versuchte, einem Dackel die Leine anzulegen. Der Boden bestand aus dunkelgrünem Marmor, und der erstreckte sich weiter und immer weiter. Er führte zu einer anderthalb Meter breiten Nußbaumtreppe, die sich in einer pompösen Rundung zum darüber gelegenen Stockwerk hinaufschwang. Eine Wohnung also, die, wenn man nur an sie denkt, bei Leuten in ganz New York und letztlich in der ganzen Welt Neid und Habgier entfacht. Doch Sherman brannte auf nichts weiter, als für dreißig Minuten aus seinem sagenhaften Riesenreich herauszukommen.

Und hier kauerte er also auf beiden Knien und mühte sich mit einem Hund ab. Der Dackel, stellte er sich vor, war sein Ausreisevisum.

Wenn man Sherman McCoy so dahocken und so angezogen sah, wie er's jetzt war, in seinem karierten Hemd, den Khakihosen und den ledernen Segelmokassins, hätte man nie erraten, was für eine imposante Erscheinung er normalerweise abgab. Er war noch jung ... achtunddreißig Jahre alt ... hochgewachsen ... fast einsfünfundachtzig ... hervorragende Körperhaltung ... hervorragend, um nicht zu sagen: gebieterisch ... so gebieterisch wie sein Daddy, der Löwe von Dunning Sponget ... volles sandbraunes Haar ... lange Nase ... ein markantes Kinn ... Er war stolz auf dieses Kinn. Das McCoy-Kinn: Auch der Löwe hatte es. Es war ein männliches Kinn, ein starkes, rundes Kinn, wie es Yale-Absol-

venten auf jenen Zeichnungen von Gibson und Leyendecker normalerweise hatten, ein *aristokratisches* Kinn, wenn man wissen
möchte, was Sherman dachte. Er war Yale-Absolvent.

Aber in diesem Augenblick sollte seine ganze Erscheinung ausdrücken: Ich gehe nur mal mit dem Hund um den Block.

Der Dackel schien zu wissen, was auf ihn zukam. Er drückte sich
beharrlich vor der Leine. Die kurzen Beine des Köters täuschten.
Wenn man ihn zu greifen versuchte, verwandelte er sich in eine
sechzig Zentimeter lange muskelbepackte Röhre. Bei dem
Gerangel mit dem Tier mußte Sherman sich nach vorn werfen.
Und als er sich nach vorn warf, stieß er mit der Kniescheibe gegen
den Marmorboden, und der Schmerz machte ihn wütend.

»Komm, Marshall«, murmelte er immer wieder. »Halt still, verdammt noch mal.«

Das Vieh tauchte wieder weg, und er tat sich noch mal an seinem
Knie weh, aber jetzt ärgerte er sich nicht nur über das Tier, sondern auch über seine Frau. Es war vor allem der Wahn seiner
Frau, auf eine Karriere als Innenarchitektin zu verfallen, der sie
zu dieser protzigen Marmorfläche verführt hatte. Die kleine,
schwarze, grobgerippte Kappe eines Damenschuhs... Sie stand
da.

»Du scheinst ja deinen Spaß zu haben, Sherman. Was um alles
in der Welt tust du da eigentlich?«

Ohne aufzusehen: »Ich drehe mit Marshall eine R-u-u-u-un-
de.«

»Runde« kam als Stöhnen heraus, weil der Dackel mal nach
rechts, mal nach links auszuweichen versuchte, so daß Sherman
den Arm fest um den Rumpf des Hundes legen mußte.

»Du weißt, daß es regnet?«

Noch immer, ohne aufzusehen: »Ja, ich weiß.« Schließlich gelang
es ihm, die Leine am Halsband des Tieres zu befestigen.

»Du bist ja plötzlich so nett zu Marshall.«

Moment mal! War das Ironie? Argwöhnte sie etwas? Er blickte
nach oben.

Aber das Lächeln auf ihrem Gesicht war offensichtlich echt, alles in allem freundlich ... eigentlich ein nettes Lächeln ... Immer noch eine sehr gutaussehende Frau, meine Frau ... mit ihren feinen, schmalen Gesichtszügen, ihren großen, strahlend blauen Augen, ihrem vollen braunen Haar ... Aber sie ist vierzig ... Führt nichts dran vorbei ... Heute gutaussehend ... Morgen wird man drüber reden, was für eine *ansehnliche* Frau sie ist ... Nicht ihr Fehler ... Aber meiner auch nicht.

»Ich habe eine Idee«, sagte sie. »Warum läßt du nicht *mich* mit Marshall runtergehen? Oder ich bitte Eddie darum. Und du gehst nach oben und liest Campbell eine Geschichte vor, ehe sie einschläft. Das würde sie freuen. Du bist nicht oft so früh zu Hause. Warum tust du's nicht?«

Er starrte sie an. Es war kein Trick! Sie meinte es ehrlich! Und doch hatte sie *zip zip zip zip zip zip zip* mit ein paar raschen Handbewegungen, ein paar kleinen Sätzen ... ihn völlig konfus gemacht – ihn in ein Gewirr aus Schuldgefühlen und zwingender Logik gestürzt. Ohne auch nur den Versuch zu machen!

Die Tatsache, daß Campbell vielleicht in ihrem Bettchen lag – mein einziges Kind! – die reinste Unschuld, diese Sechsjährige! – und sich wünschte, daß er ihr eine Gutenachtgeschichte vorläse ... während er ... drauf und dran war zu tun, was immer es auch war, was er gerade tun wollte ... *Schlechtes Gewissen!* ... Die Tatsache, daß er normalerweise zu spät nach Hause kam, um sie überhaupt noch zu sehen ... *Gewissensbisse über Gewissensbisse!* ... Er war in Campbell vernarrt – liebte sie mehr als alles auf der Welt ... Um die Sache noch schlimmer zu machen – diese Logik des Ganzen! Das sanfte, mütterliche Gesicht, in das er nun starrte, hatte eben einen besonnenen und überlegten Vorschlag gemacht, einen logischen Vorschlag ... so logisch, daß er sprachlos war. Es gab nicht genug Notlügen auf der Welt, um so eine Logik auszutricksen. Und sie versuchte nur, nett zu sein!

»Na los«, sagte sie. »Es wird Campbell eine Riesenfreude machen. Ich kümmere mich schon um Marshall.«

Die Welt stand kopf. Was machte er, ein Master of the Universe, hier unten auf dem Fußboden, dazu gezwungen, sein Hirn nach

Notlügen zu durchwühlen, um der sanften Logik seiner Frau auszuweichen? Die Masters of the Universe waren finstere, raub-
gierige Plastikpuppen, mit denen seine ansonsten vollkommen
untadelige Tochter so gern spielte. Sie sahen aus wie nordische
Götter, die Gewichte stemmen, und sie hatten Namen wie Dra-
kan, Ahor, Mangelred und Blutong. Sie waren ungewöhnlich vul-
gär, selbst für Plastikspielzeug. Doch eines schönen Tages, nachdem er zum Telefon gegriffen und eine Order über Zero-Bonds
angenommen hatte, die ihm eine Provision von $ 50.000 ein-
brachte, war ihm in einem Anfall von Euphorie, einfach so, eben
diese Bezeichnung in den Sinn gekommen. In der Wall Street
waren er und noch ein paar andere – wie viele? Dreihundert, vier-
hundert, fünfhundert? – genau das geworden: Masters of the Universe, Herren des Universums. Sie kannten ... keine wie auch
immer gearteten Beschränkungen. Natürlich hatte er diesen Ausdruck nie einer lebenden Seele auch nur zugeflüstert. Er war doch
kein Narr! Dennoch bekam er ihn nicht aus dem Kopf. Und hier
lag nun der Master of the Universe mit einem Hund auf dem
Fußboden und war durch Sanftheit, Schuldgefühle und Logik gelähmt ... Warum konnte er (da er doch ein Master of the Universe
war) ihr das nicht einfach erklären? Sieh mal, Judy, ich liebe dich
noch immer, und ich liebe unsere Tochter, und ich liebe unser
Heim, und ich liebe unser Leben, und ich will an nichts etwas
ändern – es ist nur, daß ich, ein Master of the Universe, ein junger Mann, noch in den Jahren sich steigernder Lebenskraft, ab
und zu *mehr* als das verdiene, wenn es mich überkommt ...
Aber er wußte, er würde so einen Gedanken nie in Worte kleiden können. Und so stieg Groll in ihm hoch ... In gewisser Weise war sie doch selbst dran schuld ... Diese Frauen, deren Gesellschaft sie nunmehr offenbar zu schätzen weiß ... diese ... diese ...
Der Ausdruck kommt ihm genau in diesem Moment in den Sinn:
Society-Röntgenbilder ... Sie achten darauf, daß sie so mager bleiben, daß sie wie Röntgenfotos aussehen ... Man kann das Lam-
penlicht durch ihre Knochen scheinen sehen ... während sie über
Interieurs und Landschaftsgärtnerei schnattern ... und ihre dür-

ren Haxen zum Turnen in metallisch glänzende Lycra-Trikots hüllen ... Und es hat überhaupt nichts genutzt, oder? Sieh doch nur, wie schlaff ihr Gesicht und ihr Hals aussehen! Er konzentrierte sich auf ihr Gesicht und ihren Hals ... Schlaff ... Kein Zweifel ... das Turnen ... verwandelte sie in eine von ihnen ...

Es gelang ihm, gerade genügend Groll zu fabrizieren, um sich in die berühmte McCoy-Gereiztheit hineinzusteigern.

Er spürte, wie sein Gesicht heiß wurde. Er senkte den Kopf und sagte: »Juuuuuudy ...« Es war ein zwischen den Zähnen erstickter Schrei. Er drückte den Daumen und die ersten beiden Finger seiner linken Hand aufeinander, hielt sie vor seine zusammengepreßten Kiefer und die wütenden Augen und sagte: »Hör zu ... ich bin startklar-um-mit-dem-Hund-rauszugehen ... Also-werde-ich-mit-dem-Hund-rausgehen ... Okay?«

Als er den Satz halb beendet hatte, war ihm klar, daß es völlig unangemessen war, zu ... zu ... aber er konnte sich nicht beherrschen. Das war letztlich das Geheimnis der McCoy-Gereiztheit ... an der Wall Street ... wo auch immer ... das Übermaß an Herrschsucht.

Judys Lippen wurden schmal. Sie schüttelte den Kopf. »Mach bitte, was du willst«, sagte sie tonlos. Dann wandte sie sich ab, schritt über den Marmorfußboden und stieg die pompöse Treppe hinauf.

Immer noch auf den Knien, sah er ihr nach, aber sie schaute nicht zurück. *Mach bitte, was du willst.* Er hatte sie glatt überfahren. Ganz einfach. Aber es war ein schaler Sieg.

Ein weiterer Anfall von schlechtem Gewissen ...

Der Master of the Universe erhob sich; es gelang ihm, die Leine festzuhalten und sich gleichzeitig in seinen Regenmantel zu zwängen. Es war ein abgetragener, aber wundervoller gummierter britischer Automantel voller Patten, Schlaufen und Schnallen. Er hatte ihn bei Knoud in der Madison Avenue gekauft. Früher mal hatte er diesen angegammelten Look als genau das Richtige betrachtet, der Mode der Bostoner Cracked Shoes entsprechend. Jetzt wußte er nicht so recht. Er zerrte den Dackel an der Leine hinter sich her aus der Eingangshalle in den Fahrstuhlvorraum und drückte auf den Knopf.

Anstatt weiterhin an Iren aus Queens und Puertoricaner aus der Bronx, die in Rund-um-die-Uhr-Schichten den Fahrstuhl bedienten, $ 200.000 pro Jahr zu zahlen, hatten die Wohnungseigentümer vor zwei Jahren beschlossen, die Fahrstühle auf Automatik umzustellen. Heute abend paßte das Sherman gut in den Kram. In seiner Aufmachung und mit dem sich sträubenden Hund im Schlepptau war ihm nicht danach, in einem Fahrstuhl neben einem Fahrstuhlführer zu stehen, der wie ein österreichischer Oberst von 1870 aufgeputzt ist. Der Fahrstuhl setzte sich in Bewegung – und hielt zwei Stockwerke weiter unten an. *Browning.* Die Tür ging auf, und die glattrasierte Massigkeit Pollard Brownings trat ein. Browning betrachtete Sherman, dessen ländliche Aufmachung und den Hund von oben bis unten und sagte ohne die Spur eines Lächelns: »Hallo, Sherman.«

»Hallo, Sherman« befand sich am Ende einer unsichtbaren Drei-Meter-Stange und teilte in nur vier Silben die Botschaft mit: »Du und deine Klamotten und dein Vieh versauen uns unseren neuen, mahagonigetäfelten Fahrstuhl.«

Sherman war wütend, ertappte sich aber trotzdem dabei, daß er sich bückte und den Hund vom Boden hochnahm. Browning war der Vorsitzende des Eigentümerbeirats in dem Haus. Er war ein Bursche aus New York, der dem Schoß seiner Mutter fix und fertig als fünfzigjähriger Sozius bei Davis Polk und Präsident der Downtown-Vereinigung entschlüpft war. Er war erst vierzig, sah aber schon die letzten zwanzig Jahre wie fünfzig aus. Sein Haar war über den runden Schädel glatt nach hinten gekämmt. Er trug einen makellosen marineblauen Anzug, ein weißes Hemd, eine schwarzweiß gewürfelte Krawatte und *keinen* Regenmantel. Er stand mit dem Gesicht zur Fahrstuhltür, dann drehte er den Kopf, warf Sherman noch einen Blick zu, ohne etwas zu sagen, und drehte sich wieder um.

Sherman kannte ihn schon, seit sie als Kinder zur Buckley School gegangen waren. Browning war ein fetter, ungestümer, arroganter kleiner Snob gewesen, der bereits mit neun Jahren wußte, wie man die erstaunliche Neuigkeit an den Mann bringt, daß McCoy ein Provinzlername (und der Name einer Provinzlerfamilie) war, wogegen er, Browning, ein wahrer Knickerbocker, also ein echter New Yorker, war. Sherman nannte er immer »Sherman McCoy, Mountain Boy«.

Als sie im Parterre ankamen, sagte Browning: »Du weißt, daß es regnet, nicht wahr?«

»Ja.«

Browning warf einen Blick auf den Dackel und schüttelte den Kopf. »Sherman McCoy. Des Menschen besten Freundes Freund.«

Sherman merkte, wie sein Gesicht wieder weiß wurde. Er sagte: »Das war's?«

»Was war was?«

»Du hattest vom achten Stock bis hierher Zeit, dir was Geistreiches einfallen zu lassen, und das war's also?« Es hatte freundlich-sarkastisch klingen sollen, aber er wußte, seine Wut war um die Ränder herum hervorgedrungen.

»Ich weiß nicht, wovon du redest«, sagte Browning und ging voraus. Der Portier lächelte und nickte und hielt ihm die Tür auf. Browning ging unter dem Baldachin zu seinem Wagen. Sein Chauffeur hielt ihm den Wagenschlag auf. Nicht ein Regentropfen berührte seine glänzende Gestalt, und verschwunden war er, glatt und makellos, in der Masse der roten Schlußlichter, die die Park Avenue hinunterschwebten. Kein schäbiger Automantel beengte die fette, ölige Rückseite Pollard Brownings.

Es regnete nur leicht, und es wehte kein Wind, aber der Dackel wollte von nichts was wissen. Er fing an, in Shermans Armen herumzuzappeln. Die Kraft dieses kleinen Mistviechs! Er stellte den Hund auf den Läufer unter dem Baldachin und trat mit der Leine in der Hand in den Regen hinaus. In der Dunkelheit bildeten die Wohnhäuser auf der anderen Straßenseite eine ruhige, schwarze Wand; sie versperrte den Himmel über der Stadt, der in einem dunstigen Purpurrot schwamm. Er glühte, als sei er von einem Fieber entflammt.

Teufel noch mal, es war gar nicht so schlecht hier draußen. Sherman zog, aber der Hund stemmte sich mit den Krallen in den Läufer.

»Na komm, Marshall!«

Der Portier stand vor der Tür und beobachtete ihn. »Ich glaube, ihm macht's überhaupt keinen Spaß, Mr. McCoy.«

»Mir auch nicht, Eddie.« Und kümmere dich nicht um anderer Leute Meinung! dachte Sherman. »Na los, komm schon, komm, Marshall!«

Draußen im Regen zog Sherman inzwischen ziemlich kräftig an der Leine, aber das Tier bewegte sich nicht. Er nahm es hoch, hob es von dem Gummiläufer und stellte es auf den Bürgersteig. Der Hund versuchte, in Richtung Tür davonzulaufen. Sherman durfte ihm nicht noch mehr Leine lassen, sonst wäre er genau wieder am Anfang angekommen. Er stemmte sich nach der einen Seite und der Hund nach der anderen, während die Leine sich zwischen ihnen straffte. Ein Tauziehen zwischen einem Mann und einem Hund ... auf der Park Avenue. Warum zum Teufel ging der Portier nicht wieder ins Haus zurück, wo er hingehörte? Sherman versetzte der Leine einen scharfen Ruck. Der Dackel rutschte ein paar Zentimeter über den Bürgersteig. Man konnte seine Krallen kratzen hören. Na schön, wenn er ihn kräftig genug zog, würde er vielleicht aufgeben und zu laufen anfangen, nur um nicht gezogen zu werden.

»Na komm, Marshall! Wir gehen nur um die Ecke!«

Er ruckte wieder an der Leine, und dann zog er, was das Zeug hielt. Der Hund rutschte ein Stückchen vorwärts. Er rutschte! Er lief einfach nicht. Er gab einfach nicht auf. Der Schwerpunkt des Tieres schien im Mittelpunkt der Erde zu liegen. Es war, als versuchte man, einen Schlitten mit einem Stapel Ziegelsteinen darauf wegzuziehen. Herrgott, wenn er wenigstens bis um die Ecke käme. Mehr wollte er ja nicht. Wie kam es, daß die einfachsten Dinge – wieder ruckte er an der Leine, und dann behielt er den

Zug bei. Er stemmte sich wie ein Seemann in den Wind. Ihm wurde langsam heiß in seinem gummierten Automantel. Der Regen rann ihm über das Gesicht. Der Dackel hatte die Beine gegen den Bürgersteig gespreizt. Seine Schultermuskeln traten hervor. Er warf sich von einer Seite zur anderen. Sein Hals zog sich in die Länge. Gott sei Dank bellte er wenigstens nicht! Er *rutschte*. Herrgott, er konnte es hören! Man konnte seine Krallen über den Bürgersteig kratzen hören. Er gab keinen Zentimeter nach. Sherman hatte den Kopf gebeugt, die Schultern hochgezogen und zerrte dieses Vieh durch die Finsternis und den Regen über die Park Avenue. Er fühlte den Regen in seinem Nacken.

Er bückte sich und hob den Dackel hoch, während er einen raschen Blick zu Eddie, dem Portier, hinüberwarf. Guckte immer noch. Der Hund fing an, sich zu sträuben und zu winden. Sherman stolperte. Er schaute nach unten. Die Leine hatte sich um seine Beine gewickelt. Sherman humpelte den Bürgersteig entlang. Schließlich schaffte er es um die Ecke und bis zum Münzfernsprecher. Er stellte den Hund wieder auf den Bürgersteig.

Himmelherrgott! Fast entwischt! Er schnappt sich die Leine gerade noch rechtzeitig. Er schwitzt. Sein Kopf ist klatschnaß vom Regen. Sein Herz pocht. Einen Arm steckt er durch die Schlaufe der Hundeleine. Der Hund hört nicht auf zu zerren. Wieder hat sich die Leine um Shermans Beine gewickelt. Er hebt den Hörer ab, klemmt ihn zwischen Schulter und Ohr, kramt in seiner Tasche nach einem Vierteldollar, steckt ihn in den Schlitz und wählt. Dreimal klingelt es, dann eine Frauenstimme: »Hallo?«

Aber es war nicht Marias Stimme. Er meinte, es müßte ihre Freundin Germaine sein, von der sie die Wohnung in Untermiete hatte. Deshalb sagte er: »Könnte ich bitte Marie sprechen?«

Die Frau sagte: »Sherman? Bist du das?«

Herrgott! Es ist Judy! Er hat in seiner eigenen Wohnung angerufen! Er ist entsetzt – gelähmt!

»Sherman?«

Er legt auf. O Gott! Was soll er jetzt tun? Er wird sich rausreden. Wenn sie ihn fragt, wird er sagen, er weiß nicht, wovon sie redet.

Schließlich hat er bloß fünf, sechs Worte gesprochen. Wie kann sie sich da sicher sein?

Aber es hatte keinen Zweck. Sie würde sich sicher sein, na schön. Außerdem war er nicht gut im Bluffen. Sie würde ihn einfach durchschauen. Trotzdem, was konnte er sonst tun?

Er stand im Regen, im Dunkeln neben dem Telefon. Das Wasser hatte sich einen Weg in seinen Hemdkragen gebahnt. Er atmete heftig. Er versuchte, sich vorzustellen, wie böse die Geschichte werden würde. Was würde sie tun? Was würde sie sagen? Wie wütend würde sie sein? Diesmal hätte sie etwas, woran sie sich so richtig hochziehen könnte. Sie hatte sich ihre große Szene verdient, wenn sie sie unbedingt wollte. Er hatte sich wirklich blöde verhalten. Wie konnte er nur so was tun? Er machte sich Vorwürfe. Auf Judy war er überhaupt nicht mehr wütend. Konnte er sich rausreden, oder hatte er es nun getan? Hatte er sie wirklich verletzt?

Plötzlich wurde Sherman sich einer Gestalt bewußt, die auf dem Bürgersteig in den nassen, schwarzen Schatten der Stadthäuser und Bäume auf ihn zukam. Selbst aus fünfzehn Meter Entfernung und im Dunkeln wurde er sie gewahr. Es war diese tiefe Unruhe, die in der Schädelbasis eines jeden haust, der an der Park Avenue südlich der Sechsundneunzigsten Straße wohnt – ein schwarzer Jugendlicher, hochgewachsen, schlaksig, mit weißen Turnschuhen. Jetzt war er noch zwölf Meter entfernt, zehn. Sherman starrte ihn an. Na, soll er doch kommen! Ich rühre mich nicht von der Stelle. Das hier ist mein Territorium. Ich weiche vor keinem kleinen Straßengangster zur Seite.

Der junge Schwarze machte plötzlich eine Neunzig-Grad-Drehung und ging einfach über die Straße zum Bürgersteig auf der anderen Seite hinüber. Das matte Gelb einer Natriumdampf-Straßenlaterne spiegelte sich einen Moment lang auf seinem Gesicht, als er Sherman einen prüfenden Blick zuwarf.

Er hat die Straßenseite gewechselt! Was für ein Glück!

Es dämmerte Sherman McCoy keine Sekunde lang, daß der Junge nur folgendes zu Gesicht bekommen hatte: einen achtunddreißigjährigen Weißen, der, tiefnaß und mit einem irgendwie militärisch wirkenden Regenmantel bekleidet, ein heftig zappelndes Tier in den Armen hielt, ihn mit hervorquellenden Augen anstarrte und mit sich selber sprach.

Sherman stand neben dem Telefon und atmete schnell, fast keuchend. Was sollte er jetzt machen? Er fühlte sich so niedergeschlagen, daß er auch gleich nach Hause gehen konnte. Aber wenn er sofort zurückging, war die Sache doch ziemlich offenkundig, oder? Er war nicht weggegangen, um mit dem Hund eine Runde zu drehen, sondern um zu telefonieren. Außerdem – ganz gleich, was Judy sagen würde, er war nicht darauf vorbereitet. Er mußte nachdenken. Er brauchte Rat. Er mußte dieses eigensinnige Viech aus dem Regen schaffen.

Er brachte noch einen Vierteldollar zum Vorschein und legte sich in seinem Kopf Marias Nummer zurecht. Er konzentrierte sich auf sie. Er nagelte sie fest. Dann wählte er sie mit einer angestrengten Bedächtigkeit, als benutze er diese spezielle Erfindung, das Telefon, zum erstenmal.

»Hallo?«

»Maria?«

»Ja?«

Kein Risiko eingehend: »Ich bin's.«

»Sherman?« Es klang wie Schuh-mun. Sherman war beruhigt. Es war Maria, na prima. Sie sprach einen Südstaatendialekt, in dem die Hälfte der Vokale wie Us und die andere Hälfte wie kurze Is gesprochen wurde. Birds wurde buds, pens waren pins, bombs waren bumbs und envelopes waren invilups.

»Hör zu«, sagte er, »ich bin gleich bei dir. Ich bin in einer Telefonzelle. Ich bin nur ein paar Blocks entfernt.«

Es trat eine Pause ein, die er so verstand, daß sie ärgerlich war. Schließlich: »Wo um alles auf der Welt bist du gewesen?« Where on earth have you been: Where un uth have you bin? Sherman lachte verdrossen: »Hör zu, ich bin gleich drüben bei dir.«

Die Treppe des Mietshauses bog sich durch und knarrte, als Sherman nach oben stieg. Auf jedem Stockwerk warf eine einzelne nackte, runde Zweiundzwanzig-Watt-Leuchtstoffröhre, unter dem Namen »Hauswirtsheiligenschein« bekannt, ein schwächliches, tuberkulös-blaues Licht gegen die Wände, die mietshauseinheitsgrün gestrichen waren. Sherman kam an Wohnungstüren mit unzähligen Schlössern vorbei, eins über dem anderen in beschwipsten Kolonnen. Man sah Zylindersicherungen über den Schlössern und Anti-Brechstangen-Beschläge an den Türpfosten und Stahlverkleidungen über den Türblättern.

In unbekümmerten Momenten, wenn König Priapus ohne Krisen in seinem Reich regierte, machte sich Sherman mit einem Anflug von Romantik an diesen Aufstieg zu Maria. Wie unbürgerlich! Wie … real das hier alles war! Wie absolut richtig für diese Augenblicke, wenn der Master of the Universe die trübseligen Anstandsregeln von Park Avenue und Wall Street abstreifte und seine Liederjanhormone sich austoben ließ. Marias Zimmer mit einem Nebengelaß als Küche und einem weiteren Nebengelaß als Badezimmer, ihr sogenanntes Apartment, vierter Stock nach hinten, das sie von ihrer Freundin Germaine untervermietet bekam – tja, es war perfekt. Germaine war wieder ganz was anderes. Sherman war ihr zweimal begegnet. Sie war wie ein Hydrant gebaut. Auf ihrer Oberlippe sproß eine wilde Hecke aus Haaren, praktisch ein Schnurrbart. Sherman war überzeugt, daß sie lesbisch sei.

Aber was sollte es? Es war alles so real! Verkommen! New York! Ein Feuersturm in den Lenden!

Aber heute abend hatte Priapus sein Zepter weggelegt. Heute abend lastete die Unerbittlichkeit des alten roten Sandsteingemäuers auf dem Master of the Universe.

Nur der Dackel war glücklich. Er hievte seinen Bauch in fröhlichem Tempo die Treppe hoch. Hier drin war es warm und trocken – und vertraut.

Als Sherman vor Marias Tür ankam, stellte er zu seiner Überraschung fest, daß er außer Atem war. Er schwitzte. Unter dem

Regenmantel, seinem karierten Hemd und dem T-Shirt glühte sein Körper eindeutig vor Vitalität.

Ehe er anklopfen konnte, öffnete sich die Tür ungefähr einen Fußbreit, und da stand sie. Sie machte den Spalt nicht weiter auf. Sie stand da und blickte an Sherman rauf und runter, als sei sie wütend. Ihre Augen funkelten über ihren bemerkenswert hohen Wangenknochen. Ihr kurzgeschnittenes Haar wirkte wie eine schwarze Kappe. Die Lippen hatte sie zu einem O zusammengezogen. Plötzlich begann sie zu lächeln und mit kleinen Schniefern durch die Nase zu kichern.

»Na, komm schon«, sagte Sherman, »laß mich rein! Warte nur, bis ich dir erzähle, was passiert ist!«

Nun machte Maria die Tür völlig auf, aber anstatt ihn hereinzubitten, lehnte sie sich gegen den Türpfosten, kreuzte die Beine, verschränkte die Arme unter ihren Brüsten und starrte ihn weiter kichernd an. Sie trug hochhackige Pumps, in deren Leder ein schwarzweißes Schachbrettmuster eingearbeitet war. Sherman kannte sich mit der Schuhmode kaum aus, aber er hatte den Eindruck, daß die hier topaktuell waren. Sie hatte einen maßgeschneiderten weißen Gabardinerock an, sehr kurz, gut zehn Zentimeter über dem Knie, der ihre Beine freigab, die in Shermans Augen wie die einer Tänzerin wirkten und ihre schmale Taille unterstrichen. Sie trug eine helle Seidenbluse, die bis oberhalb der Brüste geöffnet war. Das Licht in dem winzigen Flur war so, daß es ihre ganze Erscheinung plastisch hervorhob: ihr dunkles Haar, diese Wangenknochen, die feinen Gesichtszüge, die gewölbte Kurve ihrer Lippen, die cremeweiße Bluse, diese cremeweißen, festen Brüste und ihre schimmernden Beine, die so unbekümmert gekreuzt waren.

»Sherman.« Schuh-mun. »Weißt du was? Du siehst süß aus. Genau wie mein kleiner Bruder.«

Der Master of the Universe war leicht gereizt, aber er trat ein und sagte, während er an ihr vorbeiging: »O Mann! Warte nur, bis ich dir erzähle, was passiert ist!«

Ohne ihre Stellung in der Tür zu ändern, schaute Maria auf den

Hund hinunter, der an dem Teppich schnuffelte. »Hallo, Marshall!« Muh-schull. »Du bist eine richtig nasse, kleine Wurscht, Marshall.«

»Warte nur, bis ich dir erzähle …«

Maria fing an zu lachen, dann machte sie die Tür zu. »Sherman … du siehst aus, als hätte dich eben jemand … zusammengeknüllt« – sie knüllte ein imaginäres Stück Papier zusammen – »und weggeschmissen.«

»Genauso fühle ich mich auch. Laß dir nur schnell erzählen …«

»Genau wie mein kleiner Bruder. Jeden Tag, wenn er von der Schule nach Hause kam, guckte sein Bauchknopf raus.«

Sherman blickte nach unten. Es stimmte. Unter dem offenen Mantel war sein kariertes Hemd aus der Hose gerutscht, und man sah seinen Nabel. Er stopfte das Hemd wieder in die Hose, aber den Regenmantel zog er nicht aus. Er durfte sich's nicht erst bequem machen. Er konnte nicht allzu lange bleiben. Er wußte nicht genau, wie er Maria das klarmachen sollte.

»Jeden Tag geriet mein kleiner Bruder in der Schule in eine Klopperei …«

Sherman hörte nicht mehr zu. Marias kleinen Bruder hatte er satt, nicht so sehr, weil die Stoßrichtung war, daß er, Sherman, kindisch sei, sondern weil sie am liebsten unaufhörlich über ihn schwatzte. Auf den ersten Blick wäre Sherman nie in den Sinn gekommen, daß irgend jemand Maria für ein Südstaaten-Girl halten könnte. Sie sah italienisch oder griechisch aus. Aber sie sprach wie ein Südstaaten-Girl. Das Geplapper strömte einfach aus ihr raus.

Sie redete immer noch, als Sherman sagte: »Ich habe dich doch eben aus einer Telefonzelle angerufen. Willst du wissen, was passiert ist?«

Maria kehrte ihm den Rücken zu und ging bis in die Mitte der Wohnung, dann drehte sie sich rasch um und erstarrte zu einer Pose, indem sie den Kopf neigte, die Hände auf die Hüften legte, einen der hochhackigen Schuhe nonchalant nach außen drehte, ihre Schultern nach hinten drückte, den Rücken leicht wölbte, wobei sie ihre Brüste nach vorn schob, und sagte: »Bemerkst du gar nichts Neues?«

Wovon zum Teufel redete sie? Sherman war nicht in der Stimmung für was Neues. Aber er betrachtete sie pflichtschuldig. Hatte sie eine neue Frisur? Ein neues Schmuckstück? Herrgott, ihr Mann behängte sie mit so vielen Klunkern, wer sollte da noch nachkommen? Nein, es mußte was im Zimmer sein. Sein Blick hüpfte im Zimmer herum. Es war vor hundert Jahren wahrscheinlich mal als Kinderschlafzimmer erbaut worden. Es besaß einen kleinen Erker mit drei Bleifensterflügeln und einer Fensterbank rundherum. Er warf einen Blick über die Möbel ... dieselben alten drei Wiener Kaffeehausstühle, derselbe alte plumpe Eichentisch mit dem Säulenfuß, dieselbe alte Klappcouch mit ihrer Kordsamtdecke und den drei oder vier Paisley-Kissen, die darüber verteilt waren, um dem Ganzen das Aussehen eines Diwans zu verleihen. Das ganze Zimmer schrie: Genügsamkeit. Auf jeden Fall hatte sich nichts verändert.

Sherman schüttelte den Kopf.

»Wirklich nicht?« Maria nickte mit dem Kopf in Richtung Bett. Jetzt bemerkte Sherman über dem Bett ein kleines Gemälde in einem einfachen Rahmen aus hellem Holz. Er trat ein paar Schritte näher. Es war das Bildnis eines nackten Mannes von hinten gesehen, in groben schwarzen Pinselstrichen skizziert, wie es vielleicht ein Achtjähriger tun würde, vorausgesetzt, ein Achtjähriger hätte Lust, einen nackten Mann zu malen. Der Mann schien eine Dusche zu nehmen, zumindest war da was über seinem Kopf, das wie eine Brause aussah, und ein paar schludrige schwarze Striche kamen aus der Brause. Er schien in Heizöl zu duschen. Die Haut des Mannes war gelbbraun, mit krankhaften lavendelrosa Flecken darauf, als hätte er Verbrennungen. Was für ein Schund ... Es war zum Kotzen ... Aber es verbreitete den geheiligten Geruch ernsthafter Kunst, und darum zögerte Sherman, aufrichtig zu sein.

»Wo hast du es her?«

»Gefällt's dir? Kennst du seine Arbeiten?«

»Wessen Arbeiten?«

»Filippo Chirazzi.«

»Nein, ich kenne seine Arbeiten nicht.«

Sie lächelte. »In der ›Times‹ hat ein ganzer Artikel über ihn gestanden.«

Da er nicht den Wall-Street-Philister spielen wollte, nahm Sherman noch mal die Betrachtung dieses Meisterwerks auf. »Nun ja, es hat eine gewisse … wie soll ich sagen? … Direktheit.« Er ging gegen das Gelüst an, ironisch zu sein. »Wo hast du es her?«

»Filippo hat's mir geschenkt.« Sehr fröhlich.

»Das war großzügig.«

»Arthur hat vier von seinen Bildern *gekauft*, riesig große.«

»Aber er hat es nicht Arthur geschenkt, er hat es dir geschenkt.«

»Ich wollte auch eins haben. Die großen gehören Arthur. Außerdem würde Arthur Filippo nicht von … von ich weiß nicht was auseinanderhalten, wenn ich's ihm nicht gesagt hätte.«

»Aha.«

»Du magst es nicht, stimmt's?«

»Ich mag's. Um dir die Wahrheit zu sagen: Ich bin etwas durcheinander. Ich habe eben so was verdammt Dämliches getan.«

Maria gab ihre Pose auf und setzte sich auf den Rand des Bettes, des Pseudodiwans, als wolle sie sagen: Okay, ich bin bereit zuzuhören. Sie schlug die Beine übereinander. Der Rock war jetzt die Schenkel halb hinaufgerutscht. Auch wenn diese Beine, ihre herrlichen Schenkel und Flanken, jetzt im Augenblick nicht zur Debatte standen, konnte Sherman den Blick nicht von ihnen wenden. Ihre Strümpfe brachten sie zum Funkeln. Jedesmal, wenn sie sich bewegte, schimmerten die Reflexe auf.

Sherman blieb stehen. Er hatte nicht viel Zeit, wie er ihr gerade erklären wollte. »Ich wollte mit Marshall Gassi gehen.« Marshall lag inzwischen ausgestreckt auf dem Teppich. »Und es regnet. Und er fängt an, mir das Leben zur Hölle zu machen.« Als er zu dem Telefongespräch selber kam, regte ihn schon allein die Schilderung furchtbar auf. Er bemerkte, daß Maria ihre Anteilnahme, falls sie überhaupt welche verspürte, recht erfolgreich im Zaum hielt, aber er konnte sich nicht beruhigen. Er stürzte sich in den emotionalen Kern der Sache, auf die Dinge, die er empfand, unmittelbar nachdem er aufgelegt hatte – und Maria schnitt ihm mit einem Achselzucken und einer kleinen ruckartigen Bewegung, die sie mit dem Handrücken in die Luft beschrieb, das Wort ab: »Ach, das ist nichts, Sherman.« That's nuthun, Shuh-mun.

Er sah sie an.

»Du hast nichts weiter getan als angerufen. Ich verstehe nicht, warum du nicht einfach gesagt hast: ›Ach, Entschuldigung. Ich wollte eben meine Freundin Maria Ruskin anrufen.‹ Ich hätte das jedenfalls getan. Ich mache mir nie die Mühe, Arthur zu belügen. Ich erzähle ihm nicht jede Kleinigkeit, aber ich belüge ihn auch nicht.«

Wäre er möglicherweise zu so einer Unverfrorenheit imstande gewesen? Er führte sich die Sache noch einmal vor Augen.

»Hmmmmmmmm.« Es endete in einem Unmutslaut. »Ich weiß nicht, wie ich um halb zehn am Abend runtergehen soll und sagen, ich führe den Hund spazieren, und dann rufe ich an und sage: ›Ach, entschuldige, ich bin eigentlich runtergegangen, um Maria Ruskin anzurufen.‹«

»Du kennst den Unterschied zwischen dir und mir, Sherman? Dir tut deine Frau leid, mir tut Arthur nicht leid. Arthur wird zwei-undsiebzig im August. Er wußte, daß ich meine eigenen Freun-de hatte, als er mich heiratete, und er wußte, daß er sie nicht mochte, und er hatte seine Freunde, und er wußte, daß ich *sie* nicht mochte. Ich kann sie nicht ertragen. Alle diese alten Jid-den… Sieh mich nicht an, als hätte ich was Schreckliches gesagt! Das ist die Art, in der Arthur redet. ›Die jiddim.‹ Und die gojim, und ich bin eine schikse. Ehe ich Arthur kennenlernte, hatte ich von alldem nie was gehört. Ich bin diejenige, die zufällig mit einem Juden verheiratet ist, nicht du, und ich hatte die letz-ten fünf Jahre genug von diesem jüdischen Zeug zu schlucken, um ein bißchen davon benutzen zu dürfen, wenn mir danach ist.«

»Hast du ihm gesagt, daß du hier eine eigene Wohnung hast?«

»Natürlich nicht. Ich habe dir ja gesagt, ich belüge ihn nicht, aber ich erzähle ihm auch nicht jede Kleinigkeit.«

»Ist das hier eine Kleinigkeit?«

»Das ist keine so große Angelegenheit, wie *du* denkst. Die Wohnung hier geht mir furchtbar auf den Wecker. Der Hauswirt macht schon wieder Terror.«

Maria erhob sich, ging zum Tisch, nahm ein Blatt Papier und reichte es Sherman, dann kehrte sie auf die Bettkante zurück. Es war ein Brief der Anwaltskanzlei Golan, Shander, Morgan und Greenbaum an Mrs. Germaine Boll bezüglich ihres Status als Mieterin einer mietgebundenen Wohnung im Besitz von Winter Real Properties, Inc. Sherman konnte sich nicht drauf konzentrieren. Er hatte keine Lust, darüber nachzudenken. Es wurde langsam spät. Maria schweifte andauernd vom Thema ab. Es wurde langsam spät.

»Ich weiß nicht, Maria. Das ist etwas, worauf Germaine antworten muß.«

»Sherman?« Sie lächelte mit leicht geöffnetem Mund. Sie stand auf. »Sherman, komm her!«

Er machte ein paar Schritte auf sie zu, aber er weigerte sich, sehr nahe an sie heranzugehen. Der Ausdruck in ihrem Gesicht sagte ihm, sie hatte »sehr nahe« im Sinn.

»Du denkst, du hast Ärger mit deiner Frau, und hast nichts weiter getan, als einen Anruf gemacht.«

»Ha. Ich denke nicht, ich habe Ärger, ich weiß, daß ich Ärger habe.«

»Na schön, wenn du schon Ärger hast und hast noch nicht mal etwas getan, dann könntest du doch genausogut auch was tun, denn es läuft aufs selbe hinaus.«

Dann berührte sie ihn.

König Priapus, der Todesängste ausgestanden hatte, stand jetzt wieder von den Toten auf.

Auf dem Bett liegend, warf Sherman kurz einen Blick auf den Dackel. Das Tier hatte sich von dem Teppich erhoben und war zu dem Bett herübergewackelt, wo es zu ihnen heraufschaute und mit dem Schwanz wedelte.

Teufel noch mal! Gab's durch irgendeinen Zufall eine Möglichkeit, daß ein Hund petzen konnte … Gab's irgendwas, was Hunde machten, das bewies, daß sie gesehen hatten … Judy wußte über Tiere Bescheid. Sie sorgte und erregte sich über jede Laune von Marshall, daß es schon abstoßend war. Gab's irgendwas, das Dackel taten, wenn sie zugesehen hatten, wie … Aber dann löste sich sein Nervensystem langsam auf, und ihn interessierte nichts mehr.

Seine Majestät, der uralte König Priapus, Master of the Universe, kannte kein Gewissen.

Sherman betrat seine Wohnung, wobei er sich bemühte, die üblichen Belobigungslaute zu verstärken. »So ist's brav, Marshall, okay, okay!«

Er zog seinen Regenmantel mit viel Geraschel des gummierten Stoffs und Schnallengeklirr und ein paar »Mannomann« aus.

Von Judy keine Spur.

Das Eßzimmer, das Wohnzimmer und eine kleine Bibliothek schlossen an die marmorne Eingangshalle an. Jeder Raum hatte seine vertrauten Glanzpunkte und Lichter aus geschnitztem Holz und geschliffenem Glas, dazu naturfarbene Seidengardinen, polierte Lackarbeiten und alle übrigen atemberaubend teuren persönlichen Noten seiner Frau, der aufstrebenden Innenarchitektin. Dann bemerkte er etwas. Der mächtige lederne Ohrensessel, der normalerweise der Tür in der Bibliothek zugewandt war, war herumgedreht. Er konnte gerade eben Judys Scheitel von hinten sehen. Eine Lampe stand neben dem Sessel. Sie schien ein Buch zu lesen.

Er ging zu der Tür. »Na! Hier wären wir wieder!«

Keine Antwort.

»Du hattest recht. Ich bin klatschnaß geworden, und Marshall hat's keinen Spaß gemacht.«

Sie drehte sich nicht um. Er vernahm nur ihre Stimme aus dem

Ohrensessel: »Sherman, wenn du mit jemandem namens Maria sprechen möchtest, warum rufst du mich da an?«

Sherman ging einen Schritt in das Zimmer hinein. »Was meinst du? Wenn ich *wen* sprechen möchte?«

Die Stimme: »Oh, Herrgott! Bitte, lüge nun nicht auch noch!«

»Lügen – inwiefern denn?«

Dann schob Judy den Kopf um eine Seite des Sessels. Der Blick, den sie ihm zuwarf!

Mit einem beklommenen Gefühl im Magen trat Sherman zu dem Sessel. In dem Kranz aus glattem braunem Haar war das Gesicht seiner Frau die pure Seelenpein.

»Wovon redest du, Judy?«

Sie war so durcheinander, daß sie zuerst kein Wort herausbrachte. »Ich wollte, du könntest deinen schäbigen Gesichtsausdruck sehen.«

»Ich weiß nicht, wovon du redest.«

Das Schrille in seiner Stimme brachte sie zum Lachen. »Na schön, Sherman, du willst also behaupten, du hast hier nicht angerufen und jemanden namens Maria zu sprechen verlangt?«

»*Wen?*«

»Irgendeine kleine Nutte, wenn ich raten soll, namens Maria.«

»Judy, ich schwöre bei Gott, ich weiß nicht, wovon du redest. Ich bin mit Marshall spazieren gewesen. Ich *kenne* nicht mal jemanden namens Maria. Jemand hat hier angerufen und nach jemandem namens Maria gefragt?«

»Uhhh!« Es war ein kurzes, ungläubiges Aufstöhnen. Sie stand auf und sah ihm fest in die Augen. »Du hast die Stirn! Du glaubst, ich erkenne deine Stimme am Telefon nicht?«

»Vielleicht tust du das, aber heute abend hast du sie nicht gehört. Ich schwör's bei Gott.«

»Du lügst!« Sie schenkte ihm ein giftiges Lächeln. »Und du bist ein gemeiner Lügner. Und du bist ein niederträchtiger Kerl. Du meinst, du bist so großartig, und bist doch so schäbig. Du lügst doch, oder?«

»Ich lüge *nicht*. Ich schwöre bei Gott, ich habe mit Marshall eine

Runde gedreht und komme wieder zurück und: peng! Ich meine, ich weiß kaum, was ich sagen soll, denn ich weiß wirklich nicht, wovon du redest. Du verlangst von mir, daß ich eine Negativbehauptung bestätige.«

»Negativbehauptung!« Abscheu troff von dieser ausgefallenen Bezeichnung. »Du warst lange genug weg. Hast du ihr auch einen Gutenachtkuß gegeben und sie gut zugedeckt?«

»Judy …«

»Nun?«

Sherman drehte den Kopf von ihrem flammenden Blick weg, kehrte seine Handflächen nach oben und seufzte.

»Hör zu, Judy, du hast total … total … absolut unrecht. Ich schwöre es bei Gott.«

Sie starrte ihn an. Plötzlich waren Tränen in ihren Augen. »Oh, du schwörst bei Gott. Oh, Sherman.« Nun zog sie die Tränen in der Nase hoch. »Ich werde nicht – ich gehe nach oben. Da steht das Telefon. Warum rufst du sie nicht von hier an?« Sie brachte die Worte mühsam durch die Tränen hervor. »Es macht mir nichts aus. Es macht mir wirklich nichts aus.«

Dann ging sie aus dem Zimmer. Er hörte ihre Schuhe über den Marmor in Richtung Treppe klappern.

Sherman ging an den Schreibtisch und setzte sich in seinen Hepplewhite-Sessel. Er ließ sich nach hinten sacken. Sein Blick fiel auf den Fries, der um die Decke des kleinen Raumes herumlief. Er war als Hochrelief aus indianischem Rotholz geschnitzt und stellte Menschen dar, die einen Bürgersteig in einer Großstadt entlanghasten. Judy hatte ihn in Hongkong für eine erschreckende Summe anfertigen lassen … *von meinem Geld*. Er beugte sich vor. Der Teufel soll sie holen! Verzweifelt versuchte er, die Flammen seines gerechten Zorns neu zu entfachen. Seine Eltern hatten ja so recht gehabt! Er verdiente Besseres. Sie war zwei Jahre älter als er, und seine Mutter hatte gesagt, auf solche Dinge *könne* es ankommen – was nach dem Ton, wie sie es sagte, bedeutete, es *würde* darauf ankommen. Aber hatte er darauf gehört? Ohhhhh nein. Sein Vater, der damit vermutlich auf Cowles Wilton anspielte, der eine kurze, chaotische Ehe mit irgendeiner obskuren kleinen Jüdin eingegangen war, hatte gesagt: »Ist es nicht genauso leicht, sich in ein reiches Mädchen aus guter Familie zu verlieben?« Und hatte er *darauf* gehört? Ohhhhh nein. Und all die Jahre lang hatte Judy als Tochter eines Geschichtsprofessors aus dem Mittelwesten – eines Geschichtsprofessors aus dem Mittelwesten! – sich aufgeführt, als sei sie eine intellektuelle Aristokratin. Aber sie hatte nichts dagegen gehabt, sein Geld und seine Familie zu benutzen, um Zugang zu ihrer neuen Clique zu bekommen und mit ihrer innenarchitektonischen Marotte anzufangen und ihre Namen und ihre Wohnung auf den Seiten dieser vulgären Zeitschriften breitzutreten, »W« und »Architectural Design« und wie sie nicht alle hießen. Ohhhhhhhh nein, nicht eine Minute lang! Und womit saß er nun da? Mit einer Vierzigjährigen, die fortwährend zu ihren Turnstunden raste …

Und mit einemmal sieht er sie so, wie er sie zum erstenmal an jenem Abend vor vierzehn Jahren gesehen hat: im Village in Hal Thorndikes Apartment in den schokoladenbraunen Wänden und dem riesigen, mit Obelisken vollgestellten Tisch und dem Menschengewimmel, das beträchtlich über Boheme hinausging, wenn er was von Boheme verstand – und das Mädchen mit dem hellbraunen Haar und den feinen, feinen Gesichtszügen und dem verrückten kurzen, engen Kleid, das so viel von ihrem vollkommenen kleinen Körper enthüllte. Und mit einemmal spürt er, wie unsagbar fest sie sich in den vollkommenen Kokon eingesponnen hatten, sein kleines Apartment in der Charles Street und ihr kleines Apartment in der Neunzehnten Straße West, immun gegenüber allem, was man ihm in Buckley, St. Paul's und Yale eingetrichtert hatte. Und er erinnert sich, daß er zu ihr gesagt hat – mit praktisch diesen Worten –, daß ihre Liebe *alles* … übersteigen werde …

Und nun geht sie, vierzig Jahre alt, ausgezehrt und sportlich zur Fastperfektion trainiert, weinend zu Bett.

Er ließ sich in dem Sessel wieder nach hinten sinken. Wie so mancher Mann vor ihm war er letztlich den Tränen einer Frau nicht gewachsen. Er preßte sein edles Kinn auf sein Schlüsselbein und krümmte sich zusammen.

Gedankenverloren drückte er auf einen Knopf auf der Schreibtischplatte. Die Rolltür eines Pseudo-Sheraton-Schränkchens rollte zurück und gab die Mattscheibe eines Fernsehers frei. Eine weitere persönliche Note seiner teuren, weinenden Innenarchitektin. Er zog die Schreibtischschublade auf, nahm die Fernbedienung heraus und schaltete den Fernseher an. Die Nachrichten. Der Bürgermeister von New York. Eine Bühne. Eine wütende Menge Schwarzer. Harlem. Reichlich Gerangel. Ein Krawall. Der Bürgermeister geht in Deckung. Schreie … Durcheinander … ein richtiger Aufstand. Absolut sinnlos. Für Sherman hatte das Ganze nicht mehr Bedeutung als ein Windstoß. Er konnte sich nicht darauf konzentrieren. Er schaltete wieder aus.

Sie hatte recht. Der Master of the Universe war gemein und verdorben und ein Lügner.

John Updike
Schnee in Greenwich Village

Die Maples waren erst tags zuvor ans westliche Ende der Dreizehnten Straße gezogen, und heute abend hatten sie Rebecca Cune eingeladen, weil sie ja jetzt so nah beieinander wohnten. Rebecca war ein hochgewachsenes Mädchen, das immer ein wenig lächelte und nie ganz bei der Sache war. Sie ließ sich von Richard Maple Mantel und Schal abnehmen und wandte sich zur gleichen Zeit in sanfter Begrüßung Joan zu. Richard, der sich mit besonderer Exaktheit und Würde bewegte, vor lauter Stolz, daß ihm das Mantelabnehmen so elegant von der Hand gegangen war – er und Joan waren schon fast zwei Jahre miteinander verheiratet, aber er sah noch so jung aus, daß man ihm instinktiv keine Gastgeberpflichten zumutete, und diese Rücksicht bewirkte, daß er sich seinerseits in einer unsicheren Reserve hielt und das Ausschenken der Getränke zum Beispiel meist seiner Frau überließ, während er sich wie ein besonders begünstigter, besonders reizender Gast auf dem Sofa rekelte –, Richard nun ging ins dunkle Schlafzimmer, vertraute Rebeccas Garderobe dem Bett an und kehrte ins Wohnzimmer zurück. Ihr Mantel hatte überhaupt kein Gewicht gehabt.

Rebecca saß unter der Lampe auf dem Boden, ein Bein unter sich gezogen, einen Arm auf das Wandklappbett gestützt, das die vorigen Mieter noch nicht herausgenommen hatten, und sagte gerade: »Ich kannte sie erst diesen einen Tag, an dem sie mir meine Arbeit erklärte, aber ich sagte ja. Bis dahin hatte ich in einem schauerlichen Appartementhaus gewohnt, einem sogenannten Wohnheim für Damen. In den Korridoren standen Schreibmaschinen, in die man 25 Cents stecken mußte.«

Joan saß mit kerzengeradem Rücken auf einem Hitchcock-Stuhl, der noch aus ihrem Elternhaus in Vermont stammte, zerknüllte ein feuchtes Taschentuch in der Hand und erläuterte, zu Richard gewandt: »Bevor Becky ihre Wohnung kriegte, hat sie mit diesem Mädchen und deren Freund zusammengewohnt.«

»Ja, Jacques hieß er«, sagte Rebecca.

»Du hast mit ihnen *zusammen*gewohnt?« fragte Richard; sein neckend überlegener Ton rührte noch von der gehobenen Stimmung her, in die das so glücklich verlaufene Manöver mit dem Mantel ihn versetzt hatte (im dämmrigen Schlafzimmer hatte es ihm einen richtigen Stich gegeben – es war, als entledige er sich mit großem Takt einer enttäuschenden Nachricht).

»Ja, und er bestand darauf, daß sein Name auf den Postkasten kam. Er hatte schreckliche Angst, daß ein Brief ihn mal nicht erreichen könnte. Als mein Bruder bei der Marine war und mich besuchte und auf dem Briefkasten die Namen sah –« mit drei Parallelbewegungen ihres Fingers setzte sie die Namen untereinander –

»Georgene Clyde,

Rebecca Cune,

Jacques Zimmerman,

sagte er, ich sei doch immer so ein nettes Mädchen gewesen. Und Jacques wollte nicht einmal ausziehen, um meinem Bruder Platz zum Schlafen zu machen. Mein Bruder mußte auf dem Fußboden schlafen.« Sie senkte die Lider und suchte in ihrer Handtasche nach einer Zigarette.

»Ist das nicht wundervoll?« sagte Joan, und ihr Lächeln zog sich hilflos in die Breite, als ihr aufging, was für eine unsinnige Bemerkung das war. Richard machte sich Sorgen wegen ihrer Erkältung. Sieben Tage ging es nun schon so und wurde nicht besser. Ihr Gesicht war blaß und mit rosa und gelben Flecken gesprenkelt, und das unterstrich das Modiglianihafte noch, das in ihrem langen Hals und den ovalen blauen Augen lag und in ihrer Gewohnheit, hochaufgerichtet auf dem Stuhl zu sitzen, den Kopf dabei spöttisch zur Seite geneigt und die Hände mit den Flächen nach unten im Schoß zu halten.

Auch Rebecca war blaß, aber ihre Blässe hatte die konsistentere Schattierung einer – ja, die schweren Lider und eine gewisse Virtuosität um die Lippen legten diesen Vergleich nahe – einer Zeichnung von Leonardo.

»Möchte jemand einen Sherry?« fragte Richard mit tiefer Stimme zu ihr hinunter.

»Wir haben auch ein paar harte Sachen da, wenn du die lieber magst«, sagte Joan, zu Rebecca gewandt. Und von Richards Standpunkt aus enthielt dieser Satz – wie manche Reklameplakate, die, aus verschiedenen Blickwinkeln gesehen, verschiedene Bedeutungen ergeben – die unmißverständliche Aufforderung, diesmal möge er die Old Fashioneds mixen.

»Sherry ist eine gute Idee«, sagte Rebecca. Sie hatte eine klare Aussprache, aber ihre Stimme war so verhaucht und zart, als lege sie gar keinen Wert darauf, gehört zu werden.

»Ich finde auch«, sagte Joan.

»Gut.« Richard nahm die Acht-Dollar-Flasche Tio Pepe vom Kaminsims, und damit alle das Schauspiel genießen könnten, entkorkte er sie an Ort und Stelle im Wohnzimmer. In dekorativer Haltung schenkte er drei Gläser halbvoll, reichte sie herum, lehnte sich gegen den Kamin (die Maples hatten bislang noch nie einen Kamin gehabt), schwenkte das Glas in der Hand, wie der Fachmann in der Weinhandlung ihm geraten hatte, um die Ester und Äther freizusetzen, bis seine Frau sagte, was sie immer in solchen Fällen sagte – es war der Standardtoast in ihrem Elternhaus gewesen –: »Prösterchen, ihr Lieben!«

Rebecca erzählte weiter von ihrer ersten Wohnung. Jacques hatte nie gearbeitet. Georgene hielt es nie länger als drei Wochen in einer Stellung aus. Alle drei zahlten in eine gemeinsame Kasse ein, die allen dreien auch gleichermaßen zugänglich war. Rebecca hatte ein separates Schlafzimmer. Jacques und Georgene dachten sich zuweilen Fernsehsendungen aus; sie legten alle ihre Hoffnungen in eine Sendereihe, die den Titel *Das IBI* – »I« für Intergalaktisch oder Interplanetarisch oder so etwas Ähnliches – *in Raum und Zeit* trug. Ein junger Kommunist zählte zu ihren

Freunden, der sich nie wusch und immer Geld hatte, da seinem Vater die halbe West Side gehörte. Tagsüber, wenn die beiden Mädchen fort waren zur Arbeit, flirtete Jacques mit einer jungen Schwedin, die über ihnen wohnte und nicht davon abließ, ihren Mop auf den winzigen Balkon vor dem Fenster der drei auszuschütteln. »Ein tolles Geschütz«, sagte Rebecca. Als sie dann ein eigenes kleines Appartement bezog und sich endlich zu Hause und zufrieden fühlte, machten Georgene und Jacques den Vorschlag, eine Matratze zu besorgen und bei ihr auf dem Fußboden zu nächtigen. Da hatte Rebecca das Gefühl, daß jetzt der Zeitpunkt gekommen sei, energisch zu werden. Sie sagte nein. Später heiratete Jacques dann, aber ein anderes Mädchen, nicht Georgene.

»Möchte jemand Cashews?« fragte Richard. Er hatte im Feinkostgeschäft an der Ecke eine Büchse voll gekauft, speziell für diesen Besuch, aber auch wenn Richard nicht hätte kommen können, würde er etwas in dem Geschäft gekauft haben, irgend etwas anderes, unter irgendeinem Vorwand, einfach aus Vergnügen daran, den ersten Einkauf in diesem Laden zu tun, in dem er all die kommenden Jahre so viel kaufen und in dem er so gut bekannt werden würde.

»Nein, danke«, sagte Rebecca. Aber Richard rechnete so wenig mit einer Absage, daß er ihr die Nüsse geradezu aufdrängte in seiner Begeisterung: »Bitte! Die sind so gut für dich!« Sie nahm zwei und biß eine in der Mitte durch.

Er hielt die Schale – ein Ding aus Silber, das die Maples zur Hochzeit geschenkt bekommen und aus Platzmangel bisher nicht ausgepackt hatten – seiner Frau hin, die sich eine gefräßige Handvoll herausfischte und so blaß aussah, daß er fragte: »Wie fühlst du dich?« Nicht daß er die Anwesenheit ihres Gastes vergessen hätte: im Gegenteil, er paradierte mit seiner durchaus ehrlichen Besorgnis. »Gut«, sagte Joan kratzbürstig, und vielleicht stimmte das ja.

Obgleich die Maples Anekdötchen erzählten – etwa, wie sie die ersten drei Monate ihres Ehelebens in einer Blockhütte in einem

Camp des Christlichen Vereins Junger Männer zugebracht hatten, oder wie Bitsy Flaner, eine gemeinsame Freundin, als einziges Mädchen in die Bentham Divinity School aufgenommen wurde, oder wie die Arbeit in der Werbebranche Richard mit Yogi Berra in Kontakt brachte –, hielten sie sich nicht (das heißt: hielten sie einander nicht) für Raconteurs, und Rebeccas schmächtige Stimme herrschte in der Unterhaltung vor. Sie hatte das Talent, Sonderbares zu erleben.

Ihr reicher Onkel lebte in einem Haus aus Metall, das vollgestopft war mit Refektoriumsstühlen. Er hatte eine schreckliche Angst vor Feuer. Unmittelbar vor der Depression hatte er ein ungeheures Boot gebaut, das ihn und ein paar Freunde nach Polynesien tragen sollte. Alle seine Freunde verloren ihr Geld bei dem Börsenkrach damals, nur er nicht. Er machte weiter Geld. Er machte Geld aus allem und jedem. Aber er konnte die Reise ja nicht gut allein antreten, und so wartete das Boot immer noch in der Oyster Bay: ein gewaltiges Ding, neun Meter ragte es aus dem Wasser. Der Onkel war Vegetarier. Rebecca hatte bis zu ihrem dreizehnten Lebensjahr keinen Truthahn am Thanksgiving Day gegessen, weil es eine Familiengepflogenheit war, dies Fest im Hause des Onkels zu begehen. Im Krieg gab man diese Gepflogenheit dann auf: die Kunststoff-Absätze der Kinder hinterließen allenthalben schwarze Spuren auf den feinen Asbestfußböden. Seither hatte Rebeccas Familie nicht mehr mit diesem Onkel gesprochen. »Ja, und was mich immer so erschlagen hat«, sagte Rebecca, »jede neue Gemüsewelle rollte an, als ob es sich um einen völlig andersartigen Gang handelte.«

Richard schenkte wieder eine Runde Sherry ein, und weil er dadurch sowieso schon im Mittelpunkt der Aufmerksamkeit stand, sagte er: »Lassen sich manche Vegetarier für den Thanksgiving Day nicht Truthähne aus gemahlenen Nüssen modellieren?«

Nach einer langen Pause sagte Joan: »Ich weiß nicht.« Und ihre Stimme, seit zehn Minuten nicht in Gebrauch, brach auf der letzten Silbe. Sie räusperte sich, und Richards Herz verschrammte ganz dabei. »Womit füllen sie die wohl?« fragte Rebecca und stäubte Asche in die Untertasse neben sich.

Draußen vor dem Fenster ertönte plötzlich Hufgeklapper. Joan war als erste am Fenster, Richard als nächster, und dann kam Rebecca; sie hob sich auf die Fußspitzen und reckte den Hals. Sechs berittene Polizisten galoppierten, aufgerichtet in den Steigbügeln, zu Paaren gruppiert, die Dreizehnte Straße hinab. Als das helle Staunen der Maples sich gelegt hatte, sagte Rebecca beiläufig: »Das machen sie jeden Abend um diese Zeit. Ich finde, für Polizisten sehen sie enorm vergnügt und munter aus.«
»Oh, und es schneit!« rief Joan. Ihr wurde immer ganz sentimental ums Herz, wenn sie Schnee sah, sie liebte ihn so, und in den letzten Jahren hatte es so selten geschneit. »An unserem ersten Abend hier! An unserem ersten *richtigen* Abend!« Sie vergaß alles um sich her und schlang die Arme um Richard, und Rebecca, im Gegensatz zu jedem anderen Gast, der sich abgewendet oder allzu breit, allzu ermunternd gelächelt hätte, behielt unverändert ihre Blickrichtung bei: mit süßem, geistesabwesendem Ausdruck sah sie durch das umschlungene Paar hindurch immer weiter auf die Szene draußen. Der Schnee haftete nicht auf der nassen Straße, nur über die Motorhauben und die Dächer der geparkten Autos zog sich eine dünne Schneedecke.
»Ich gehe dann jetzt wohl«, sagte sie.
»Oh, bitte nicht!« rief Joan, und ein Drängen lag in ihrer Stimme, das Richard erstaunte: sie war sichtlich sehr müde. Aber die neue Wohnung, der Wetterumschwung, der gute Sherry, die zärtlichen Strömungen zwischen ihr und ihrem Mann, die neu ausgelöst worden waren, als sie ihm so jäh um den Hals fiel, Rebeccas Anwesenheit – all das hatte sich ihr wahrscheinlich unentwirrbar zu diesem einen verzauberten Augenblick verflochten.
»Doch, ich glaube, ich muß gehen, du siehst so verschnupft und angegriffen aus.«

»Kannst du nicht wenigstens noch auf eine Zigarette bleiben? Dick, gieß uns noch einen Sherry ein.«

»Ein winziges bißchen nur«, sagte Rebecca und hielt ihr Glas hin.

»Hab ich dir eigentlich schon von dem jungen Mann erzählt, Joan, mit dem ich mal ausgegangen bin und der so getan hat, als sei er Oberkellner?«

Joan kicherte erwartungsvoll. »Nein, wirklich nicht, noch nie.« Sie schlang den Arm um die Rückenlehne ihres Stuhls und flocht die Finger durch die Stäbe, wie ein Kind, das sich die Gewißheit verschafft hat, noch ein bißchen aufbleiben zu dürfen. »Was hat er denn getan? Hat er Oberkellner nachgemacht?«

»Ja und überhaupt: zum Beispiel, als wir aus dem Taxi kletterten, war da gerade ein Kanalisationsdeckel, aus dem Dampf aufstieg, und er bückte sich –« Rebecca beugte den Kopf und hob die Arme – »und tat, als ob er der Teufel wär.«

Die Maples lachten, weniger über Rebeccas Worte als über die Art, wie sie ihnen die Situation vor Augen gerufen hatte mit ihrer sparsamen nachahmenden Geste, in der sich beides ausdrückte: das dramatische Gehabe ihres Begleiters und ihre eigene, so wenig von sich hermachende Natur. Sie sahen Rebecca vor dem Taxischlag stehen und ausdruckslosen Blicks verfolgen, wie ihr Begleiter sich tiefer und tiefer kauerte, ganz aufging in seinem Scherz und dämonisch die Finger krümmte, während er deutlich zu spüren vorgab, wie ihm Hörner durch die Schädeldecke sprossen, Flammen an seinen Beinen emporzüngelten und die Füße ihm zu Hufen schrumpften. Rebeccas Talent, erkannte Richard jetzt, lag nicht darin, daß ihr sonderbare Dinge *zustießen*, sondern darin, daß sie mit ihrer trockenen Sachlichkeit alles so *wiedergab*, als sei es sonderbar. Vermutlich würde sich auch dieser Abend mal grotesk ausnehmen in ihrer Schilderung: »Sechs berittene Polizisten galoppierten vorbei und sie rief: ›Es schneit!‹ und fiel ihm um den Hals. Und er hielt ihr unaufhörlich vor, wie krank sie sei, und pumpte uns mit Sherry voll.«

»Und was hat er noch gemacht?« fragte Joan.

»Wo wir zuerst hingingen – ein großer Nachtclub war das, irgendwo auf dem Dach –, da setzte er sich ans Klavier und spielte, bis eine Frau mit Harfe sagte, er solle aufhören.«

Richard fragte: »Hat die Frau auf der Harfe *gespielt*?«

»Ja, sie zupfte dran herum.« Rebecca machte kreisförmige Bewegungen mit ihren Händen.

»Ja, hat er denn dieselbe Melodie gespielt, die *sie* spielte? Hat er sie *begleitet*?« Verdrießlichkeit, merkte Richard, und wußte nicht, weshalb, hatte sich in seinen Ton geschlichen.

»Nein, er setzte sich einfach hin und spielte irgendwas anderes. Ich weiß nicht, was es war.«

»Ist das *wirklich* wahr?« fragte Joan anspornend.

»Und im nächsten Lokal, in das wir dann gegangen sind, mußten wir an der Bar warten, bis ein Tisch frei wurde; ich schaute mich ein bißchen um, und er ging von Tisch zu Tisch und fragte die Leute, ob alles zu ihrer Zufriedenheit sei.«

»War das nicht *peinlich*?« fragte Joan.

»Doch. Später hat er dann auch da Klavier gespielt. Wir waren so was wie die Hauptattraktion dort. Gegen Mitternacht schlug er vor, wir sollten jetzt nach Brooklyn fahren, zu seiner Schwester. Ich war total erschöpft. Wir sind zwei Stationen zu früh aus der Subway gestiegen, unter der Manhattan-Brücke. Es war ganz leer dort, nichts kam vorbei, nur schwarze Limousinen. Meilenweit über unseren Köpfen –« sie starrte nach oben, als spähe sie zu einer Wolke oder zur Sonne hinauf – »war die Manhattan-Brücke, und er behauptete, das sei die Hochbahn. Schließlich fanden wir eine Treppe und zwei Polizisten, die uns zurückschickten zur Subway.«

»Womit verdient dieser erstaunliche Mann seinen Unterhalt?« fragte Richard.

»Er ist Lehrer. Er ist ganz intelligent.« Sie erhob sich und reckte einen langen silberweißen Arm. Richard holte ihren Mantel, und sagte, er werde sie nach Hause begleiten.

»Ich hab aber doch nur ein ganz kurzes Stück«, sagte Rebecca, und ihre Stimme entbehrte jeden Nachdrucks.

»Du mußt sie nach Hause begleiten, Dick«, sagte Joan. »Bring eine Schachtel Zigaretten mit.« Die Vorstellung, wie er da im Schnee gehen würde, schien ihr Spaß zu machen: als sähe sie ihn schon heimkommen, mit Schnee auf den Schultern und Kälte im Gesicht – alldem, was dieser Weg einbringen würde und wofür sie nicht gesund genug war.

»Du solltest ein paar Tage mit dem Rauchen aufhören«, sagte er. Sie winkte ihnen zum Abschied vom obersten Treppenabsatz nach.

Die Flocken fielen kaum sichtbar, außer im Schein der Straßenlaternen, und wehten ihnen mit schwerelosem, romantischem Druck ins Gesicht. »Ziemlich viel, was da runterkommt«, sagte Richard.

»Ja.«

An der Ecke, wo der Schnee dem grünen Ampellicht wässerige Bläue gab, folgte sie ihm nur zögernd über die Straße, und er fragte: »Du wohnst doch auf dieser Seite, nicht?«

»Ja.«

»Ich meinte mich nämlich zu erinnern – wir haben dich doch mal von Boston nach Hause gefahren.« Die Maples hatten damals in den westlichen Achtzigern gewohnt. »Ich hab noch dunkel im Kopf, daß da irgendwelche großen Gebäude waren.«

»Die Kirche und die Schlachterschule«, sagte Rebecca. »Jeden Tag um zehn, wenn ich zur Arbeit gehe, haben die Jungen, die Schlachter werden wollen, Pause und kommen raus, ganz blutig, und sie lachen.« Rebecca sah an der Kirche hinauf; der Turm zeichnete sich skelettiert gegen die vereinzelt erhellten Fenster eines hohen Gebäudes in der Seventh Avenue ab.

»Arme Kirche«, sagte Richard, »ein Turm hat es schwer in dieser Stadt, das Höchste zu sein.«

Rebecca sagte nichts, nicht einmal ihr übliches Ja. Als tadele sie seine Redseligkeit, so empfand er es. In seiner Verwirrung lenkte er ihre Aufmerksamkeit auf das Nächstbeste, das er sah: ein dürftig beschriftetes Schild über einer hohen Tür. »Berufsschule für Lebensmittelhändler«, las er laut. »Die Leute über uns haben uns erzählt, daß der Mann, der vor unserem Vorgänger in unserer Wohnung gewohnt hat, Fleischwarengroßhändler war und sich *Lieferant für die elegante Küche* nannte. Er hielt sich eine Freundin in der Wohnung.«

»Die großen Fenster da oben«, sagte Richard und zeigte zum dritten Stock eines braunen Sandsteinhauses hinauf, »liegen genau gegenüber von meinem. Ich kann hineinsehen und habe dann das Gefühl, daß wir Nachbarn sind. Immer ist jemand da. Ich habe keine Ahnung, womit die ihr Geld verdienen.«

Sie gingen noch ein paar Schritte und blieben dann stehen, und Rebecca sagte – mit einer Stimme, die Richard eine Nuance lauter vorkam als sonst –: »Magst du mit raufkommen und dir ansehen, wie ich wohne?«

»Gern.« Es gab keinen Grund, nein zu sagen.

Sie stiegen vier Zementstufen hinauf, öffneten eine unansehnliche orangefarbene Tür, traten in einen überheizten, im Hochparterre gelegenen Vorplatz und erklommen dann vier Holztreppen. Der Verdacht, der Richard schon auf der Straße beschlichen hatte, nämlich keineswegs mehr in den öffentlichen Anlagen reiner Höflichkeit zu wandeln, verdichtete sich zu schuldhafter Gewißheit. Es gab kaum etwas, dem so sehr der Geruch des Verbotenen anhaftet, wie hinter einem Frauenhintern die Treppe hinaufzusteigen. Joan hatte vor drei Jahren in Cambridge vier Treppen hoch gewohnt, ohne Fahrstuhl, und jedesmal, wenn er sie nach Hause brachte – auch dann noch, als bei ihnen alles, bis zur letzten Intimität, unter Dach und Fach war –, hatte er Angst gehabt, der Hauswirt würde, zu Recht ergrimmt, hinter seiner Tür hervorspringen und ihn verschlingen, sowie sie beide vorbeikämen.

Rebecca öffnete ihre Tür und sagte: »Höllisch heiß hier«, und das war der erste Fluch, den er aus ihrem Mund hörte. Sie knipste eine trübe Lampe an. Das Zimmer war klein; schräge Wand- und Deckenflächen – unmittelbar darüber war das Dach – schnitten große, prismatische Teile aus dem Raum. Als Richard weiter ins Zimmer hineinging, auf Rebecca zu, die noch immer im Mantel dastand, entdeckte er rechts von sich einen überraschenden Winkel, der dadurch entstand, daß das steil abfallende Dach hier unmittelbar bis zum Fußboden reichte. Ein Doppelbett stand dort. Fest eingezwängt auf drei Seiten, wirkte es weniger wie ein Möbelstück als wie ein permanent installiertes, weißbezogenes Podium. Er wandte hastig die Augen ab, und unfähig, jetzt, sofort danach, Rebecca anzusehen, starrte er zwei Küchenstühle an, eine metallene Stehlampe mit schwenkbarem Arm, deren Schirm mit einem aufgemalten Fries aus dicken Fischen und Steuerrädern gesäumt war, und ein Büchergestell mit vier Brettern: alles Dinge, die sich schmalbrüstig den schrägen Wänden anpaßten und von verschreckter Vertikalität waren.

»Ja, und dies hier ist der Herd auf dem Kühlschrank, von dem ich euch erzählt habe«, sagte Rebecca. »Oder hab ich's nicht erzählt?« Der obere Apparat ragte auf allen Seiten etliche Zoll über den unteren hinaus. Richard fuhr mit dem Finger über die weiße Vorderseite des Herds und sagte: »Hübsch hier bei dir.«

»Und dies ist mein Ausblick«, sagte sie. Er trat neben sie ans Fenster, schob den Vorhang weg und sah durch die winzigen, fleckigen Scheiben zur Wohnung auf der anderen Straßenseite gegenüber.

»Der Bursche da drüben hat aber wirklich ein riesiges Fenster«, sagte er. Rebecca stimmte ihm zu mit einem kurzen »Mhm«. Alle Lampen brannten in der Wohnung drüben, aber sie war leer. »Sieht wie ein Möbellager aus«, sagte Richard. Rebecca hatte immer noch ihren Mantel an. »Es hört nicht auf zu schneien.«

»Nein.«

»Also dann –« das kam zu laut; und zu leise führte er seinen Satz zu Ende: »Danke, daß du mir dein Zimmer gezeigt hast. Ich – hast du das schon gelesen?« Er zeigte auf die Ausgabe von *Auntie Mame*, die auf einem Fußschemel lag.

»Ich hatte noch keine Zeit dazu«, sagte sie.

»Ich hab's auch noch nicht gelesen. Nur Rezensionen. Zu mehr komme ich nie.«

Er hatte es bis zur Tür geschafft. Unsinnigerweise drehte er sich

357

dort um. Nur an der Tür, entschied er später rückblickend, war ihr Benehmen unverantwortlich gewesen: nicht genug damit, daß sie unnötig nahe stand, machte sie sich auch noch dadurch, daß sie ihr Gewicht auf ein Bein verlagerte und den Kopf zur Seite neigte, um mehrere Zentimeter kleiner, machte ihn, Richard, zum Dominierenden, was nur zu gut zu den tiefen, demütigen Schatten paßte, die – sie mußte es gewußt haben – auf ihrem Gesicht lagen.

»Also dann –« sagte er.

»Also dann.« Ihr Echo kam unverzüglich und bedeutete sicher nichts.

»Paß auf, daß die Sch-Schlachter dich nicht erwischen.« Das Stottern verdarb den Scherz natürlich, und ihr Lachen, das eingesetzt hatte, sobald sie von seinem Gesicht ablas, daß er etwas Witziges produzieren wollte, war verstummt, noch ehe er etwas gesagt hatte.

Als er die Treppe hinunterging, stützte sie sich mit beiden Händen auf das Geländer und sah ihm nach. »Gute Nacht«, sagte sie.

»Nacht.« Er sah hinauf; sie war ins Zimmer gegangen. Oh, aber sie waren einander nahe.

Andy Warhol
Tagebuch

Mittwoch, den 5. Juli 1978

Fuhr zur Chembank (Taxi $ 4.50). Danach ging ich ins Büro und telefonierte. Ich fuhr zu »La Petite Marmite« ($ 3.00), um mich mit Truman und Bob MacBride zu treffen. Die beiden tranken nichts, aber ich bestellte Orangensaft mit Wodka. Ich nahm seine Ideen für Stücke auf Band auf. Mein Gott (lacht), was waren sie langweilig. Er sagte: »Ich habe so viele Ideen für Stücke, daß ich dir gleich drei davon erzählen muß.« Und dann erzählte er mir die erste (ahmte ihn nach): »Das Stück heißt ›Das griechische Ideal‹ und handelt von einem jungen Mann und seiner Mutter. Er ist ein griechischer Gelehrter und will nach Harvard. Vielleicht hat er auch eine kleine Behinderung. Seine Mutter macht ihm ein Geschenk, ehe er weggeht. Sie bringt ihn auf eine griechische Insel. Nur der Sohn, die Mutter und ein Dienstmädchen sind dort« – ich glaube, ein Dienstmädchen war dabei – »und wie sie so auf der Insel sitzen, geht plötzlich der Mond auf, und vom Mond herab kommen Hunderte kleiner Ratten und fressen ihn auf. Die Mutter trägt eine schwarze Haube.« Also (lacht) im ersten Moment wußte ich nicht, was ich dazu sagen sollte. »Oh, das ist großartig, Truman«, sagte ich, »aber müssen es unbedingt Ratten sein? Ich meine, weil es doch schon ›Ben‹ und ›Willard‹ gab und so weiter …«

Da mischte sich Bob ein und sagte zu mir: »Weißt du denn nicht, daß das aus Trumans alter Short story ›Walk Around the Block‹ stammt? Er hat sie vor Jahren geschrieben, und alle haben sie *kopiert*.« Und dann erzählte Truman die zweite Geschichte, die nicht ganz so schlimm war (ahmt ihn nach): »Ein junger Mann, 16 Jahre alt, heiratet unten im Süden ein Mädchen von 13 wegen ihres Geldes. Er ist frühreif und paranoid –« Ich begriff das Stück nicht ganz. Und als er zum dritten Stück kam, sagte er (lacht): »Jetzt improvisieren wir. Wir können alles daraus machen. Das Stück heißt ›Tiefe Löcher‹.« Ich sagte: »Ach, Truman, kann ich nicht nur dich aufnehmen? Das Echte; und dann Stücke über Leute machen, die es wirklich gibt. Kann ich dich nicht zu deiner Gymnastik begleiten?« Für Freitag 11.00 sind wir verabredet. Nach dem Lunch gingen wir in seine Wohnung. Auf dem Tisch lagen zwei Vorausexemplare eines Artikels über ihn, der diese Woche im »New York Times«-Magazin erscheinen wird. Auf dem Foto sieht Truman seiner Mutter ähnlicher als sich selbst. Er steht im Gras, trägt einen Strohhut und hat ein Bettlaken um, das ihn wie schwanger aussehen läßt. Der Artikel gibt ziemlich genau sein bisheriges Leben wieder. Es steht auch drin, daß er nur verheiratete Männer mit vielen Kindern mag, weil sie ihm eine Familie ersetzen, die er selbst nie gehabt hat. Und daß sich Truman gern mit den Kindern anfreundet. Dann wird Trumans Freund John O'Shea beschrieben. Das ist der, den Bob und ich vor ein paar Jahren in Monte Carlo kennengelernt haben. Seltsamerweise wird Bob MacBride nicht erwähnt. Dabei paßt die Beschreibung genau auf ihn. Truman über das Thema Kinder: »Nein, nicht sechs Kinder, vier reichen mir schon.« Während Truman den Artikel las, führte mich Bob ins Schlafzimmer und zeigte mir noch mehr von seinen Arbeiten. Truman las etwa eine Stunde lang. Bob wollte seinen Mittagsschlaf halten. Ich fragte Truman, ob er jetzt zum Psychiater gehe, und er sagte, nein, ins Sportzentrum. Es liegt an der Ecke 47. Straße und Second Avenue, dort, wo früher die Factory war.

Unten im Foyer zeigte er den Artikel mit seinem Bild den Leuten, die in den Aufzug stiegen. »Das bin ich. Wie gefällt es Ihnen?« Und dann sprach er über den Artikel. Er störte sich an dem Wort »Niedergang«. »Niedergang? Wieso Niedergang? Über keinen Schriftsteller auf der ganzen Welt wird so viel geschrieben wie über mich.« Offenbar verwechselt er »geschrieben über« mit Selbstgeschriebenem.

Donnerstag, den 6. Juli 1978

Die Frau aus Detroit rief an. Wir sollen diesen Monat noch Henry Fords Porträt machen. O Gott, Detroit. Na ja, vielleicht wohnt Henry Ford wenigstens in einer anständigen Gegend.

Freitag den 7. Juli 1978

Ich traf Truman um 11.00 im »UN Plaza« (Taxi $ 3.00). Er kam aus dem Aufzug; ich ließ das Tonbandgerät laufen.

Wir gingen ins Sportzentrum. Die Leute starrten uns an; wir sahen seltsam aus. Dann gingen wir in den Raum, in dem sich Truman von einem Tony massieren lassen wollte. Truman zog sich aus, und ich (lacht) fotografierte. Er ist dick, hat aber etwas abgenommen. Seine Unterhose rutschte wie eine locker sitzende Windel. Man konnte seine Arschkimme sehen.

Später, nach dem Lunch, nahm Truman Bob MacBride, der zu uns gestoßen war, und mich mit zu Percelli, seinem Psychiater. Percelli arbeitet im »Roosevelt«. Truman hatte ihm gesagt, daß ich alles mitschneiden würde. Truman lag auf der Couch (lacht) und sprach über seinen Vater, seine Mutter und seinen Stiefvater. Er erzählte, wie sein Vater ihm sein Geld weggenommen hat und so. Und der Psychiater sagte alles, was man aus dem Kino kennt: »Kommen wir auf Ihren Traum zurück.« Irgendwann stand Truman auf und ging ans Fenster. Er sah hinaus, und als er sich umdrehte, hatte er Tränen in den Augen; er schien zu weinen. Nach der Sitzung machte er einen Luftsprung und sagte: »Gute schauspielerische Leistung, was?«

Sie wollten zum »Nickerchen« nach Hause. Endlich begriff ich, daß ein »Nickerchen« wohl Sex mit Bob bedeutete. Sie tun es jeden Nachmittag, und ich habe wohl gestört. Bob schien allerdings ganz recht zu sein, daß ich da war. Ich lieferte ihm eine Ausrede.

Wir gingen zurück zum »UN Plaza«. Ich wollte Truman auf der Toilette beim Pinkeln aufnehmen, aber er machte die Tür zu.

Bob sagte, es sei Zeit zum Dinner. Es war wie im Urlaub oder auf dem Land – Dinner gleich nach dem Lunch. Wie ich beobachten konnte, ißt Truman aber nur einmal am Tag richtig.

Truman trank ein großes Glas Wodka, bevor wir zu »Antolotti's« gingen. Bob schlief am Tisch ein, und Truman schickte ihn nach Hause.

Truman sagte, er würde es gern mal mit seinem Psychiater treiben, um ihre Beziehung auf »ein neues Level« zu bringen – dann wäre nämlich *er* »an der Macht«. Ich wollte ihn fragen, ob ihm diese Idee nicht ziemlich altmodisch vorkomme, ließ es aber dann bleiben. Ich hebe mir die Frage für die nächste Sitzung auf (lacht). Er erzählte mir, daß er John Huston 40mal einen geblasen habe, und kam dann auf Humphrey Bogart zu sprechen. Er sagte, Bogart habe »eine Heidenangst« vor ihm gehabt. Eines Nachts habe er ihn ins Bett gebracht, zugedeckt und dann zu ihm gesagt: »Du mußt es mich machen lassen, Humphrey.« Bogart (lacht) soll daraufhin reichlich nervös geworden sein und gesagt haben: »Einverstanden, aber nicht in den Mund nehmen.« Also sagte Truman: »Hör mal, Humphrey, wir waren beide auf dem Trinity College. Ich weiß genau, daß du es dort gemacht hast.« Also, ich glaube ja nicht, daß sie beide auf dem Trinity College waren. Truman denkt sich so vieles aus. Später, so erzählte er weiter, seien sie dann die besten Freunde geworden. Einmal hätten sie bei David Selznick übernachtet und Bogart sei mit einem Ständer zu ihm ins Bett gekommen, aber er habe ihn abblitzen lassen, weil es zu früh am Morgen gewesen sei (lacht).

Ach ja, er behauptet, daß John O'Shea den Roman »Answered Prayers« von vorn bis hinten geklaut hat. Angeblich hat er ihn deshalb nicht fertig geschrieben. Ich glaube, das hat Truman auch nur erfunden.

Truman sagt, daß er nicht in der Gegenwart leben will, weil sein Buch 1965 endet und er es zu Ende schreiben will. Aber wann kommt er schon zum Arbeiten?

Was ihn wirklich aufregt und nervös macht, ist alles Anale. Wenn ich etwas sage wie Faust-Ficken, wird er ganz unruhig. Er sagt, er will nicht darüber reden. Ich frage mich, wie kann sich überhaupt jemand mit Truman einlassen? Also, ich könnte nie mit Truman (lacht). Mein Gott … (Dinner $52.15).

Mittwoch, den 17. Oktober 1984

Fürstin Gloria von Thurn und Taxis, die Märchenprinzessin, kam mit ihrem Mann, dem 58 Jahre alten Märchenprinzen, zum Lunch ins Büro. Mit 20 oder so hat sie ihn geheiratet. Jede deutsche Illustrierte hatte damals ihr Foto auf der Titelseite, denn er war Milliardär und brauchte dringend Erben. Inzwischen haben sie drei Kinder. Betsy Bloomingdale war auch da.

Und dann fing Fürst Johannes von Thurn und Taxis an, schmutzige Geschichten zu erzählen. Als junger Mann habe er in Hollywood Marilyn Monroe kennengelernt. Er sagte, sie habe sich an ihn herangemacht und ihn zu sich zum Dinner eingeladen, doch er habe sich damals nichts aus Frauen gemacht – er sprach das ganz offen aus. So reden sie nun mal. Und seine Frau spricht über Jungs, und dann spricht er über Jungs mit großen Schwänzen. Es ist sehr eigenartig. Na, jedenfalls will er Marilyn Monroe dann gefragt haben, wer sonst noch käme, und sie nannte ein paar Namen. Und dann kommt er hin, und Marilyn empfängt ihn in einem dekolletierten Negligé. Und er fragte: »Wo sind die anderen Gäste?« Und sie sagte: »Sie haben alle abgesagt.« Sie tranken rosa Champagner und aßen zusammen, und dann zog sie an einem Bändchen und stand splitternackt da, und er konnte nicht ... er tätschelte nur ihre Brüste und sagte: »Bis später.« Er sagte, er hätte so tun können als ob, und dann wären sie einander in die Arme gefallen, aber – er wiederholte es – er habe sich damals nichts aus Frauen gemacht. Sie muß gewußt haben, wie reich er war. Aber vielleicht hat er ja damals auch gut ausgesehen, denn wie er außerdem sagte, wollte ihn Pablo Picasso mal porträtieren, als er ihn am Strand sah. Er habe angeboten, zwei Porträts von ihm zu machen und ihm eins zu schenken, doch er dachte, der alte Knabe sei nur scharf auf seinen Körper. Ich weiß ja nicht, ob seine Geschichten wahr sind. Wahrscheinlich sind sie es. Andererseits erzählt er Dinge von mir, an die ich mich überhaupt nicht erinnern kann, von daher ... Zum Beispiel will er mich mal eingeladen haben, und da hätte ich gesagt, ich sei krank. Daraufhin habe er mich zu Hause angerufen, und ich sei nicht dagewesen. Dabei weiß ich genau, daß ich ihm nie meine Privatnummer gegeben habe.

Ich begleitete sie zu ihrem Wagen. Gloria wollte, daß ich ihr einen Schwanz auf ein »Interview« zeichne. Fred sagte, das sei unsere erste Party für die bessere Gesellschaft im neuen Gebäude gewesen. Im Ballsaal wäre es auch toll gewesen, aber dort regnet es rein. Fred hatte Tische auf dem Dach aufgestellt! Keine Ahnung, warum. Sein kleines Eßzimmer ist nämlich sehr hübsch. Doch es ist nun mal nicht dasselbe.

Montag, den 22. Oktober 1984

Fuhr zu den neuen Büros und sprach mit dem Mann von der Baufirma, den Vincent und Fred so mögen. Ich wurde wütend, als ich hörte, daß eine Dachterrasse $100000.00 kosten sollte. »Wir wollen nur ein schlichtes Dach«, sagte ich. Ich lachte ihm ins Gesicht, als er sagte, Weihnachten sei alles fertig. Natürlich. Ich muß noch mal darüber nachdenken.

Rupert erzählte mir, bei ihm sei eingebrochen worden und ich solle mich nicht aufregen, wenn plötzlich bei Auktionen unsignierte Blätter von mir auftauchten. Aber dann rief die Polizei an und sagte, sie hätte einiges wiederbekommen.

Arbeitete bis 7.30 (Taxi $6.00).

Freitag, den 26. Oktober 1984

Viktor kam. Halston arbeitet jetzt zu Hause.

Julian Schnabel gab bei »Mr. Chow's« eine Geburtstagsparty und lud mich dazu ein, jedoch ohne Jean Michel. Ich wollte Julian nicht zurückrufen, weil wir wußten, daß er kommen würde, um sich unsere Arbeit anzusehen. Arbeitete bis 7.50 (Taxi $6.00).

John Lurie, der Star von »Stranger than Paradise«, kam zu Besuch. Wir tranken Champagner, und das war ein Fehler. Setzte ihn um 12.30 ab (Taxi $7.00).

Samstag, den 27. Oktober 1984

Kates Foto erschien groß im ersten Teil des Artikels über Truman Capote im Magazin »New York«, und ich bin gespannt, ob man im zweiten Teil erfährt, daß sie in Wahrheit die Tochter seines alten Freundes Jack O'Shea ist.

Montag, den 28. Oktober 1984
Heute fand der New Yorker Marathonlauf statt. Es war heiß und schwül und schlecht für die Läufer. Ein Franzose starb – der erste bei diesem Marathon.
Die Siegerin hat in die Hosen gemacht, Durchfall. Sie versuchten, die Sache zu übergehen, doch dann hieß es plötzlich: »Sie zerrt schon wieder an ihren Hosen.«
Kenny Scharf lud mich zu einer Fahrt in seinem Cadillac ein, den er aus L. A. mitgebracht und mit Champagnergläsern und Monstern bemalt hat. Er brachte Keith mit. Das Auto sah wirklich nach was aus, und die Polizei fuhr hinter ihnen her, weil sie neugierig war, wie alle andern auch. Wir fuhren zur Ecke 90. Straße und East River Drive, um uns das Wandbild von Keith anzusehen. Es ist ungefähr 70 cm hoch und 60 m lang, so lang wie drei Häuserblocks. Auf weißen Untergrund hat er kleine schwarze und rote Figuren gesprüht, doch in Silber hätte es besser ausgesehen. Die Stadt wird dadurch jedenfalls nicht schöner.
Halston rief an und lud mich zum Dinner in sein Haus ein. Jack, Anjelica, Steve Rubell, Alana und Bianca wurden auch erwartet. Ich sagte okay, sah noch ein bißchen fern, und ging dann um 9.00 hin. Ann Turkel war auch da. Sie war mit Richard Harris verheiratet. Bianca küßte ihren Freund vor Alana, die sich über finanzielle Abfindungen ausließ. Diese Frauen. Ich finde es seltsam, über »Abfindungen« zu sprechen. Das klingt, als hätte man die besten Jahre schon hinter sich. Bianca machte Alanas Haus in L. A. mies. Sie behauptete, es sei schäbig und äußerst geschmacklos. Sie und Alana hätten sich beinahe geprügelt. Sie sind Freundinnen.
Peter Wolf war der King der Party. Ich sagte, alle Mädchen seien ganz verrückt nach ihm seit seinem Musik-Video. Das Dinner war gut. Halstons Haar lichtet sich ein wenig, und sein Haus hat nicht mehr das Flair von früher, als Viktor noch dort wohnte.

Die Autoren

Paul **Auster** (*1947), Auggie Wrens Weihnachtsgeschichte, aus dem Amerikanischen von Werner Schmitz, in: Made in the U. S. A. Neue Stories aus Amerika, herausgegeben von Michael Naumann, Rowohlt Verlag GmbH, Reinbek bei Hamburg 1994, © 1991 by Rowohlt Verlag GmbH, Reinbek

Jurek **Becker** (1937–1997), New Yorker Woche, in: Nach der ersten Zukunft. Erzählungen, suhrkamp taschenbuch 941, 1983, © Suhrkamp Verlag, Frankfurt am Main 1980

Paul **Bowles** (*1910), Wie oft um Mitternacht, aus dem Amerikanischen von Pociao, in: Eisfelder. Erzählungen, Goldmann Taschenbuch 41235, © Wilhelm Goldmann Verlag, München 1990

Bill **Bryson** (*1951), New York City, aus dem Amerikanischen von Claudia Holzförster, in: Straßen der Erinnerung. Reisen durch das vergessene Amerika, © 1993 by Ullstein GmbH Berlin, Frankfurt/M.

Anthony **Burgess** (1917–1993), Rundgang durch die Stadt, aus dem Englischen von Ute Seeßlen, in: Anthony Burgess und die Redaktion der Time-Life-Bücher, New York (Die großen Städte, Chefredakteur Dale Brown), © 1976 TIME-LIFE International (Nederland) B. V.

John **Dos Passos** (1896–1970), Dollars, aus dem Amerikanischen von Paul Baudisch, in: Manhattan Transfer, © 1959 by Rowohlt Verlag GmbH, Hamburg (rororo 14133)

Roald **Dahl** (*1916), Der Weg zum Himmel, aus dem Englischen von Wolfheinrich von der Mülbe, in: Georgy Porgy. Gesammelte Erzählungen, © 1962, 1963, 1970 by Rowohlt Verlag GmbH, Reinbek bei Hamburg

Durs **Grünbein** (*1962), Manhattan Monolog, in: du, Heft Nr. 4, April 1994, © Suhrkamp Verlag, Frankfurt am Main

Patricia **Highsmith** (1921–1995), Die blaurote Luftmatratze, aus dem Amerikanischen von Otto Bayer, in: Die blaurote Luftmatratze. John Irving, Patricia Highsmith, Harold Brodkey und 12 weitere Autoren lassen sich treiben, Ullstein Taschenbuch 24205, 1997, © Vito von Eichborn GmbH & Co. Verlag KG, Frankfurt am Main, Juli 1996, © by Diogenes Verlag AG Zürich

Uwe **Johnson** (1934–1984), Ein Teil von New York, in: Wohin ich in Wahrheit gehöre. Ein Uwe-Johnson-Lesebuch, Herausgegeben und mit einem Nachwort versehen von Siegfried Unseld, © Suhrkamp Verlag, Frankfurt am Main 1994

Franz **Kafka** (1883–1924), Der Onkel, in: Der Verschollene (Amerika), © 1994 Fischer Taschenbuch Verlag GmbH, Frankfurt am Main (Fischer TB 12442)

Wolfgang **Koeppen** (1906–1996), Amerikafahrt, in: Amerikafahrt, suhrkamp taschenbuch 802, 1982, © Henry Goverts Verlag GmbH, Stuttgart 1959. Alle Rechte vorbehalten durch Suhrkamp Verlag, Frankfurt am Main

Henry **Miller** (1891–1980), Der vierzehnte Bezirk, aus dem Amerikanischen von Kurt Wagenseil, in: Schwarzer Frühling. Erzählungen, Rowohlt Taschenbuch, © 1960 by Rowohlt Verlag GmbH, Reinbek bei Hamburg

Beth **Nugent**, Stadt voller Jungs, aus dem Amerikanischen von Thomas Gunkel, in: Kleine Opfer. Stories, © 1995 by Rowohlt Taschenbuch Verlag GmbH, Reinbek bei Hamburg

Jonathan **Raban** (*1942), Das größte Kaufhaus der Welt, aus dem Englischen von Hans-Jürgen Heckler, in: Neue Welt. Eine ame-